AF644173

DAS REISEBUCH SÜDTIROL

Die schönsten Ziele entdecken

Highlights, Naturparks und Traumtouren

Eugen E. Hüsler Manfred Kostner

DAS REISEBUCH SÜDTIROL

Die schönsten Ziele entdecken
Highlights, Naturparks und Traumtouren

BRUCKMANN

INHALTSVERZEICHNIS

Gut ausgeschildert: Radlwege in Südtirol. Frostberegnung schützt Kulturen während der Blütezeit vor Schäden. Teil des gesellschaftlichen Lebens im Land: die Tracht. Fresko im Kreuzgang des Dominikanerklosters in Bozen. Romanische Skulpturen am Portal der Kapelle von Schloss Tirol. Aus den historischen Ortsbildern nicht wegzudenken: schmucke Erker, hier in der Bozner Bindergasse (v.l.n.r.).

Der Nuvolau mit seiner Gipfelhütte. Im Dolomitenpanorama von links Monte Cernera, Civetta, Pala, Marmolada, Sella; rechts Fanisspitzen, Tofana di Rozes

BOZEN/UNTERLAND MEDITERRANES FLAIR

WIPPTAL/PUSTERTAL DIE GRÜNEN TÄLER

INHALTSVERZEICHNIS

Bewacht den Brennerweg: die Trostburg bei Waidbruck. Rafting im Eisack. Die Milch kommt per Seilbahn ins Tal. Schmeckt köstlich, der Kaiserschmarrn. Fensterschmuck. Die Pustertalbahn (v.l.n.r.).

EISACKTAL/WESTLICHE DOLOMITEN WIESENGRÜN UND FELSGRAU

Sonnenuntergang am Piz da Peres. Blick auf die Gipfelketten der Pragser Dolomiten und der Fanesberge. Im letzten Abendlicht das Kreuzkofelmassiv

GADERTAL UND HOCHABTEI INS HERZ DER DOLOMITEN

SÜDÖSTLICHE DOLOMITEN WILDE BERGWELT AM ALPENRAND

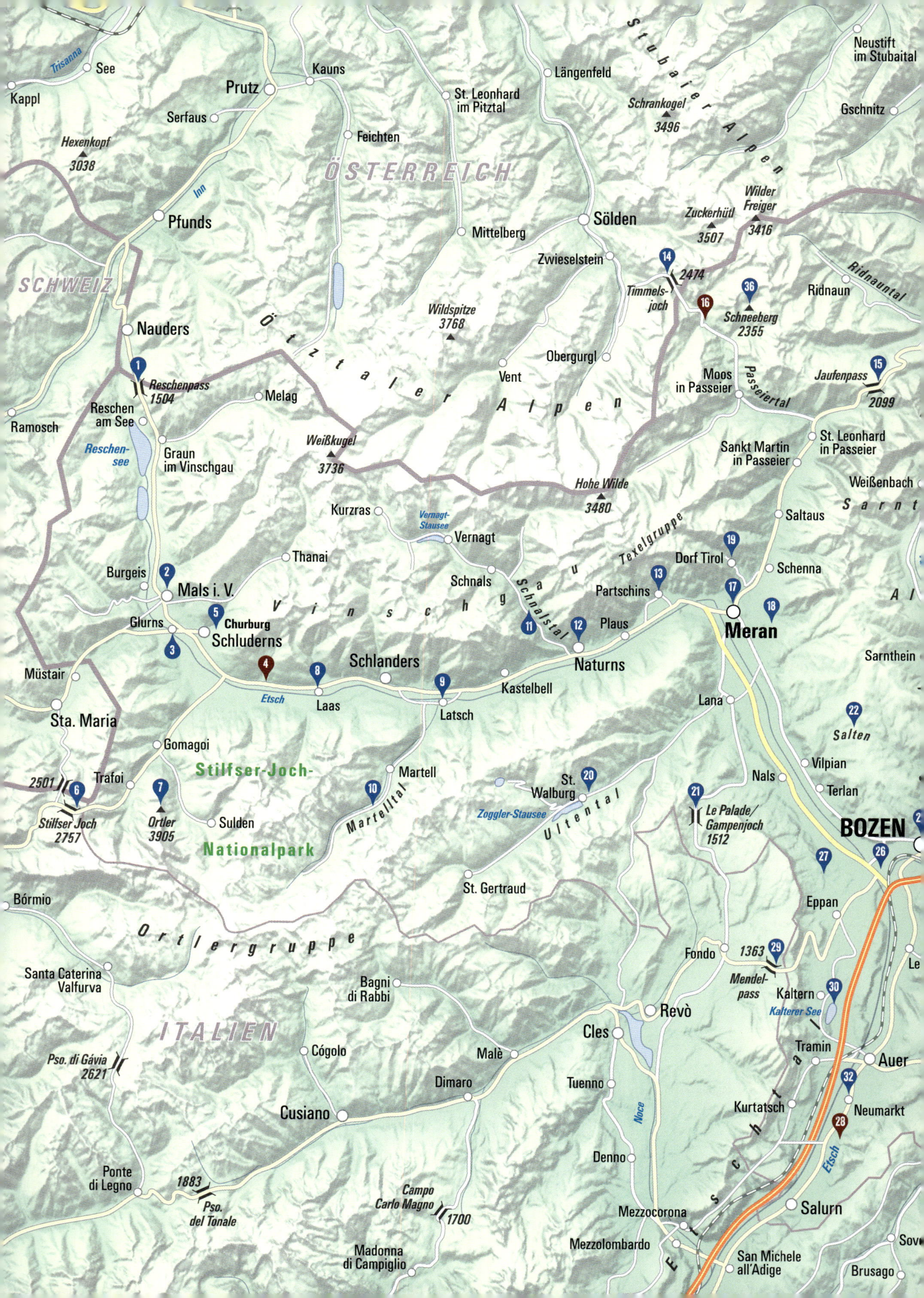

Trisanna
See
Kappl
Prutz
Kauns
Serfaus
Hexenkopf 3038
Feichten
St. Leonhard im Pitztal
Längenfeld
Stubaier Alpen
Schrankogel 3496
Neustift im Stubaital
Gschnitz
ÖSTERREICH
Inn
Pfunds
Mittelberg
Sölden
Zuckerhütl 3507
Wilder Freiger 3416
Zwieselstein
SCHWEIZ
Timmelsjoch 2474
Ridnaun
Ridnauntal
Schneeberg 2355
Wildspitze 3768
Nauders
Ötztaler Alpen
Obergurgl
Vent
Moos in Passeier
Passeiertal
Jaufenpass 2099
Reschenpass 1504
Melag
Reschen am See
Ramosch
Reschensee
Graun im Vinschgau
Weißkugel 3736
St. Leonhard in Passeier
Sankt Martin in Passeier
Hohe Wilde 3480
Weißenbach
Sarntal
Kurzras
Vernagt-Stausee
Vernagt
Saltaus
Thanai
Texelgruppe
Dorf Tirol
Schenna
Burgeis
Mals i. V.
Schnals
Schnalstal
Partschins
Vinschgau
Churburg
Glurns
Schluderns
Plaus
Meran
Müstair
Schlanders
Naturns
Sarnthein
Etsch
Laas
Latsch
Kastelbell
Lana
Sta. Maria
Salten
Gomagoi
Stilfser-Joch-Nationalpark
Martell
Vilpian
Nals
Terlan
St. Walburg
Trafoi
2501
Stilfser Joch 2757
Ortler 3905
Sulden
Martelltal
Zoggler-Stausee
Ultental
Le Palade/Gampenjoch 1512
BOZEN
St. Gertraud
Bórmio
Eppan
Ortlergruppe
Fondo
1363
Mendelpass
Kaltern
Kalterer See
Santa Caterina Valfurva
Bagni di Rabbi
Revò
Cles
ITALIEN
Cógolo
Malè
Tramin
Auer
Pso. di Gávia 2621
Dimaro
Tuenno
Noce
Kurtatsch
Neumarkt
Cusiano
Etsch
Denno
Ponte di Legno
1883
Pso. del Tonale
Campo Carlo Magno 1700
Mezzocorona
Salurn
Mezzolombardo
Madonna di Campiglio
San Michele all'Adige
Brusago

Highlights
Traumstraßen
0
10 km
N
Zillertaler Alpen
Ahrntal
Ahrnbach
ÖSTER-REICH
ITALIEN
Dolomiten
Steinach am Brenner
Dornauberg
Olperer 3476
Prettau
Steinhaus
Brennerpass 1374
Hochfeiler 3510
Brenner
Pfitscher Tal
Pfunderer Berge
Rein
Hochgall 3435
Lappach
Sand in Taufers
Staller Sattel 2052
Sterzing
Freienfeld
Wipptal
Valser Tal
Tauferer Tal
Antholzer Tal
Antholz
St. Magdalena
St. Martin
Gsieser Tal
Ahr
Gais
2215
Mittewald
Vintl
Pustertal
Mühlbach
Bruneck
Percha
Olang
Welsberg
Nieder-dorf
Sillian
Schabs
Lüsen
Rienz
Brixen
Durnholz
Kronplatz 2275
Zwischen-wasser
Toblach
Innichen
Toblacher See
Sexten
Antermoia
Pragser Wildsee
Seekofel 2810
Eisack
Strudelkopf 2309
1636
Fischleintal
Peitlerkofel 2875
St. Martin in Thurn
Dürren-see
Kreuz-berg-pass
Villanders
Klausen
Campill
Heiligkreuz-kofel 2907
Schluderbach
Drei Zinnen 2999
Villnößtal
Gaderbach
Bad Dreikirchen
St. Peter
Villnöß
Seceda 2519
Hochabtei (Alta Badia)
M. Cristallo 3221
Antornosee
Cadini-Gruppe
St. Ulrich
Grödner Tal
Stern
Misurina
Misurinasee
Tofana 3244
Kastelruth
Wolkenstein in Gröden
P. Tre Croci 1809
Lagazuoi 2778
Grödner Joch
Corvara
Langkofel 3181
Pso. di Falzárego
Cortina d'Ampezzo
Seis
Schlern 2563
Seiser Alm
2121
Sella
1875
2105
Nuvolau 2575
Völs
Sellajoch 2240
2239
Arabba
Cernadoi
Tierser Tal
Rosengarten 2981
Canazei
Pordoijoch
Passo Giau 2236
Lago Mosigo
Antelao 3264
Pieve di Cadore
Marmolada 3343
Selva di Cadore
San Vito di Cadore
Welschnofen
Vigo di Fassa
Val di Fassa
1745
Pelmo 3168
Venas di Cadore
Karersee
Karerpass
Pso. di S. Pellegrino 1918
M. Civetta 3218
Bletterbach-schlucht
Latemar 2846
Moena
Falcade
Cencenighe
Forno di Zoldo
Ospitale di Cadore
1805
1601
Pso. Duran
1097
Predazzo
Cavalese
Val Venegia
Rollepass/ Pso. di Rolle 1970
San Martino di Castrozza
Ágordo
Piave
Avisio
Val di Fiemme
Naturpark Pale di San Martino
La Muda
Longarone
Castello-Molina di F.
Bellunese Dolomitenpark
Gosaldo
Cordevole
Lago Welsperg
Pso. di Cereda 1369
Caoria
Tonadico
Fiera di Primiero
Ponte nelle Alpi

Dolomitenidylle Großfanes. Rechts die Croda del Valon Bianco und die Pizes de Furcia Rossa

UNSER NACHHALTIGKEITSKODEX

Die Welt birgt viele Wunder, Abenteuer und spektakuläre Aussichten, die wir gerne erkunden möchten. Doch sie ist auch leicht aus dem Gleichgewicht zu bringen. Hier ein paar Tipps, wie wir unsere Welt nachhaltig entdecken können:

- **Die Hauptsaison meiden:** Wenn wir nicht gerade auf die Ferienzeiten angewiesen sind, können wir der Umwelt einen großen Gefallen tun, indem wir in der Nebensaison verreisen. Damit tragen wir zu einer gleichmäßigeren Auslastung der Umwelt und der Infrastruktur bei und der Urlaub wird dazu auch noch wesentlich entspannter.

- **Die Aufenthaltsdauer dem Reiseziel anpassen:** Je weiter das Reiseziel ist, desto länger sollte der Aufenthalt sein. Dadurch lernen wir die Region nicht nur intensiver kennen, sondern stärken sie ganz nebenbei noch durch unsere Ausgaben vor Ort. Anfahrtsintensive Tagesausflüge sollten besser vermieden werden, das bedeutet nur Stress, sowohl für die Umwelt als auch für uns selbst.

- **Auf umweltschonende Verkehrsmittel setzen:** Wo es möglich ist, reisen wir mit öffentlichen Verkehrsmitteln an. Das reduziert nicht nur die Luftverschmutzung, sondern schont auch unsere Nerven. Falls das nicht geht, helfen verschiedenste Plattformen dabei, den CO^2-Austoß auszugleichen, vor allem, wenn das gewünschte Reiseziel nur mit dem Flugzeug zu erreichen ist.

- **Nur dort parken und campen, wo es erlaubt ist:** Selbst, wenn wir uns noch so vorbildlich verhalten und unseren Aufenthaltsort so hinterlassen, wie wir ihn vorgefunden haben, stören wir den Lebensraum von Wildtieren und hinterlassen Spuren und Gerüche. Auch Lagerfeuer entzünden wir ausschließlich an den dafür vorgesehenen Stellen und achten dabei auf Waldbrandstufen und Naturschutzgebiete.

- **Ressourcen gewissenhaft nutzen:** Manche Umweltressourcen sind bereits knapp, endlich sind auf jeden Fall alle. Um sie zu schonen, sollten wir sparsam mit ihnen umgehen, gerade in Gegenden, in denen beispielsweise Wasser oder Strom nicht im Überfluss vorhanden sind.

- **Ein guter Gast sein:** Nachhaltig unsere Umgebung zu erkunden bedeutet auch, der hiesigen Flora und Fauna mit Respekt zu begegnen. Pflanzen sollten auf keinen Fall gepflückt werden, aber sie stehen uns bestimmt gerne Modell für das eine oder andere Foto. Das gleiche gilt für wilde Tiere: Wir füttern sie nicht, halten Abstand und beobachten sie aus der Ferne.

- **Auf den Wegen bleiben:** Wer die vorgegebenen Wege verlässt, dringt nicht nur in die Rückzugsräume heimischer Arten ein, sondern trägt auch dazu bei, dass sich neue Wege bilden, was zur Erosion des Bodens führt.

- **Abfall wieder mitnehmen:** Plastikverpackungen jeglicher Art, Dosen, Flaschen und Papiertaschentücher (es dauert Jahre, bis sich ein einzelnes Taschentuch vollständig abgebaut hat!) gehören nicht in die Natur, sondern artgerecht entsorgt. Am besten gleich eine wiederverwendbare Brotdose oder Trinkflasche mitnehmen. Das gilt natürlich auch für Toilettenpapier und den Inhalt von (Chemie-) Toiletten. Entsprechende Entsorgungsstationen finden sich überall.

- **Lokal kaufen:** Dadurch lernen wir Land und Leute besser kennen und unterstützen die regionale Wirtschaft, außerdem sind regionale Produkte meist auch preisgünstiger und qualitativ hochwertiger.

So wie wir die Umwelt respektieren, wollen wir auch unseren Mitmenschen und deren Kultur Respekt entgegenbringen, gerade im Hinblick auf ihre Tradition, Religion oder typische Gebräuche. So können ein Lächeln oder ein paar Worte in der Landessprache Berge versetzen!

Auf der alten Trasse der Dolomitenbahn sind heute Radler unterwegs. Blick zum Cristallomassiv

Tierser Tal und Rosengarten, gesehen vom Aussichtspunkt Furner Oach oberhalb von Steinegg.

WILLKOMMEN IN SÜDTIROL

Daten und Fakten

Südtirol ist ein kleines Land auf der Südseite der Alpen, der Sonne zugewandt, mit mediterranem Flair und eisigen Höhen. Weinberge und Badeseen rund um Bozen, Kletterzacken in den Dolomiten, dazu allüberall Zeugnisse einer weit zurückreichenden Historie. Ein Gemälde fast, von den Einheimischen liebevoll gepflegt.

7400 Quadratkilometer

groß ist Südtirol, nur wenig größer als der benachbarte Schweizer Kanton Graubünden. Aktuell leben hier rund 535 000 Menschen, rund zehn Prozent sind ausländische Staatsbürger. Knapp zwei Drittel der Wohnbevölkerung sind deutschsprachig. Für etwas weniger als ein Viertel ist Italienisch die Muttersprache, vier Prozent sprechen ladinisch. Größte Stadt des Landes ist Bozen mit 108 000 Einwohnern.

Zwei Nationalparks, neun regionale Naturparks

gibt es in Südtirol und den Dolomiten. Die beiden Nationalparks umfassen große Teile des Ortlermassivs (Stilfser-Joch-Park) und der Belluneser Dolomiten. Von den neun Regionalparks liegen sieben in Südtirol, je einer in Trentino (Pala) und in den Belluneser Dolomiten.

157 Museen

listet die Südtiroler Landesverwaltung, eine sagenhafte Zahl. Ihr Spektrum umfasst Altes wie Modernes, naturkundliche Themen und historische Plätze, auch recht Abseitiges wie den Gampen Bunker oder die Galerie Gefängnis. Die Hitliste der meistbesuchten Sammlungen wird angeführt – wen wundert's? – vom Archäologiemuseum, der letzten Heimstadt des Urzeitmenschen Ötzi.

Rund 30 Millionen

Übernachtungen verzeichnet Südtirol alljährlich. 20 Millionen entfallen auf Besucher aus dem Ausland, von denen wiederum zwei Drittel Deutsche sind. Damit gehört Südtirol zu den absoluten Spitzenreitern unter den italienischen Regionen, noch vor Rom.

Welterbe Dolomiten

dürfen sich weite Teile des weltberühmten Gebirges seit 2009 nennen. Insgesamt neun Regionen mit einer Gesamtfläche von 1420 Quadratkilometern tragen den Welterbestatus, wobei zwei von ihnen (Brenta, Karnische Alpen) außerhalb des Kerngebiets liegen. Die sieben Teilgebiete: Pelmo, Marmolada, Pala–Civetta–Belluneser Dolomiten, Tofane–Seekofel–Pragser Dolomiten–Sextener Dolomiten (mit Drei Zinnen), Puez–Geislerspitzen, Schlern–Rosengarten–Latemar, Bletterbach.

Südtiroler Weine

zählen längst zu den Spitzengewächsen Italiens, bei den klassischen Roten wie dem Blauburgunder, dem Merlot und dem Lagrein dunkel, als auch bei den Weißweinen, wo Chardonnay, Gewürztraminer und Kerner besonders gefragt sind. Auf einer Anbaufläche von 5400 Hektar keltern die 160 Betriebe des Landes rund 330 000 Hektoliter Rebensaft. Sensationell: der höchstgelegene Weinberg der Alpen beim Kloster Marienberg, ganz oben im Vinschgau auf einer Seehöhe von 1340 Metern!

Rund 400 Dreitausender

registriert die Statistik in Südtirol und den Dolomiten. Am höchsten in den Himmel ragt der Ortler (3905 m). Südlichster Gipfel mit der Drei vorn in der Höhenkote ist der Cimòn della Pala (3184 m), die Krone des höchsten Dolomitengipfels gehört der Marmolada (3343 m).

Südtirols größter See

ist ein künstlicher: der 6,6 Quadratkilometer große Reschensee. Da kann der Kalterer See (1,5 Quadratkilometer) nicht mithalten, ist aber der wärmste Badesee Südtirols, mit bis zu 28 Grad Celsius im Sommer.

Moderne Architektur

Wer Südtiroler Architektur mit alten Mauern und protzigen Hotelbauten assoziiert, liegt völlig falsch. In den letzten Jahrzehnten hat sich hier eine eigenwillig-selbstbewusste Szene entwickelt, die sogar außerhalb Italiens für Aufsehen sorgte. Ganz der Topografie des Landes entsprechend wird nicht nur in den Städten und Tälern, sondern auch in alpinen Höhen gebaut. Gelungene Beispiele sind die neue Schwarzensteinhütte (3032 m) und das Museum MMM Corones der Stararchitektin Zaha Hadid.

Das Kirchlein von Ranui vor den bizarren Zacken der Geislerspitzen. Links neben dem Kirchturm der Sas Rigais, flankiert von dem schroffen Eckzahn der Furcheta, beide 3025 Meter hoch (oben). Frühes Morgenlicht im Höhlensteintal (rechts).

SÜDTIROL – EIN ECHTER EVERGREEN

Jenseits des Alpenhauptkamms

Das Paradies ist immer anderswo. Nicht dort, wo wir gerade sind, und das heißt dann Fernweh. Manchmal ist das Ferne aber auch ziemlich nah, gleich hinterm Alpenhauptkamm, im Süden, wo die Sonne öfter scheint, der Wein besser schmeckt und man sich gleich zu Hause fühlt. Zwischen Gletschern und Apfelhainen, oben in den Bergen und drunten an der Etsch. In Südtirol.

Vielleicht stimmt es ja, was der Volksmund behauptet, dass die erste Liebe die schönste sei oder zumindest jene, die Mann/Frau nie vergisst. Das mag auch auf jene Plätze zutreffen, die man gern als Sehnsuchtsorte bezeichnet. Und so einer liegt gleich hinterm Brenner, seit vielen Generationen schon, auf der Sonnenseite der Alpen, im Süden Tirols. Südtirol, das »Land an der Etsch und im Gebirg'«. Bereits im ausgehenden 19. Jahrhundert blühte hier der Tourismus, Sisi war da, die Rothschilds und viele betuchte Herrschaften mit Gefolge, auch ein paar Künstler. Der Erste Weltkrieg macht das meiste zunichte, einen richtigen Aufschwung brachte erst das deutsche Wirtschaftswunder nach der zweiten Weltkatastrophe. Südtirol, Gardasee und Adriastrand – da lebte der Nachkriegsdeutsche seinen Traum vom »fernen Glück für alle«. Die Familie reiste im Sommer über den Brenner, der Schlagbaum hob sich, das gelobte Urlaubsparadies war erreicht. Derweil wanderte die Pizza nach Norden, damit auch nach dem Urlaubsglück noch das eine oder andere Häppchen vom unbeschwert mediterranen Lebensgefühl erhalten blieb.

Jenseits des Brennerpasses, das merkten die Gäste aus dem Norden bald, scheint nicht nur die Sonne öfter, hier durchdringen sich zwei Kulturkreise, was einen Mix ergibt, der Bayern und Preußen gleichermaßen magisch anzieht: germanische Ordnung und südliches Laisser-faire. Man trinkt den Caffè in ganz kleinen, aber keineswegs homöopathischen Portionen, die einen sagen »Ciao!«, und die anderen haben einen blauen Schurz umgebunden: Südtirol halt.

Klischees

Das Land lebt mit vielen Klischees, wie alle Sehnsuchtsorte dieser Erde, von der Schweiz bis zum Himalaja. Es lebt ihnen (gelegentlich) auch hinterher. Doch Ferienträume werden von Vorstellungen gespeist, und zum Land Südtirol fallen einem besonders viele ein – grüne, saftige Wiesen, über denen bizarre Felsen thronen, Frühlingsblüte unterm Gletscherweiß, schmucke Bauernhäuser, viel Gotik, spitze Kirchtürme, Törggelen-Partien und stiebender Pulverschnee.

Südtirol: ein alter Ferientraum. Und mittlerweile ein wohlhabendes Land. Es verzeichnet kaum Arbeitslosigkeit, dafür kontinuierlich steigende Umsätze, vor allem im Tourismus. Da erweist sich der Massenskilauf als kräftiger Motor. Aber Wachstum – das wissen wir – hat seinen Preis, und den bezahlt die Natur. Denn der märchenhafte Boom, den Südtirol seit den 1960er-Jahren als Reiseziel erlebt, hat dem Land nicht nur eine Viertelmillion Gästebetten und zahllose Arbeitsplätze beschert, da ist auch mehr als nur ein kleines Stück Heimat planiert und zubetoniert worden.

Tradition und Moderne

Das haben mittlerweile nicht nur ein paar Oppositionelle im SVP-Land gemerkt, das seit dem Ende des Zweiten Weltkriegs gerade mal den fünften Regierungschef hat. Es sind skeptische Stimmen zu vernehmen, manches Projekt, das noch mehr Verkehr, noch mehr platt gewalzte Natur gebracht hätte, scheitert am Widerstand der Einheimischen. Der wird gelegentlich auch ignoriert, wie etwa am Kronplatz, wo eine Volksabstimmung ein deutliches Nein zu einem Ausbau des Skigebiets Richtung Percha ergab. Widerspruch gegen die Obrigkeit hat hier halt noch wenig Tradition, der einzige Südtiroler Revoluzzer, Michael Gaismair, wurde bis ins 20. Jahrhundert hinein totgeschwiegen, Kirche und Partei regierten unangefochten, die Gotteshäuser waren am Sonntag voll, und die SVP fuhr sagenhafte Wahlergebnisse ein.

Ein Land verändert sich

Doch Südtirol ist im Wandel. Das sieht man – und man schmeckt es auch. In der Architek-

Aufspielen in großer Kulisse. Am Horizont Sellamassiv und Langkofel (oben). Blumenschmuck an einem Bauernhaus im Ridnauntal (unten).

turlandschaft tauchen bunte Tupfer auf, die faszinieren und auch provozieren; Beispiele sind etwa das Museion in Bozen, die Puni-Destillerie bei Glurns oder die neue Therme von Meran. Mehr noch hat sich in den Küchen des Landes getan – und in den Weinkellern. Man besinnt sich heute wieder auf das kulinarische Erbe, das auf so einzigartige Weise drei Kulturräume an einen Tisch bringt. »Turisten-Menus, 8000 Lire« sind längst passé. Kreativität am Herd ist gefragt und wird auch geboten. Mittlerweile ist Südtirol ein Schlemmerland, gekocht wird auf höchstem Niveau, weshalb es seit Jahren Sterne und Mützen regnet. Angeführt wird die Reihe von Spitzenköchen wie Norbert Niederkofler, der im Hochabtei den Löffel schwingt (St. Hubertus), und Gerhard Wieser in Dorf Tirol (Trenkerstube) – beide von den Michelin-Gourmets mit drei respektive zwei Sternen dekoriert. Und sogar Berghütten streben nach kulinarischen Höhen, neben den topografischen, naturgegebenen, beispielsweise im Hochabtei.
Südtirol wird dabei immer grüner und umweltfreundlicher. Ein Viertel der Landesfläche ist Naturschutzgebiet, mancher Weinbauer produziert aus Überzeugung biologisch (und das auf höchstem Niveau), die Chemie ist auf dem Rückzug. Es gilt mittlerweile fast überall: Qualität vor Quantität. Die Südtiroler Weinbauern räumen auf Italiens Weinmessen regelmäßig erste Preise ab, die Käselandschaft wird immer vielfältiger, und von manchem Südtiroler Speck schwärmt der Gambero Rosso in den höchsten Tönen.
Grüner wird auch die Verkehrspolitik. »Alles fürs Auto!« stimmt so nicht mehr. Im Vinschgau, im Pustertal und auf der Brennerlinie verkehren in kurzen Abständen moderne Regionalzüge, das riesige (und weitgehend ungenutzte) Bahnhofsgelände von Bozen soll komplett umgestaltet werden. Sogar eine Wiederbelebung der in den 1960er-Jahren eingestellten Schmalspurbahn ins Überetsch spukt in manchen Köpfen herum.

Moderne Architektur in Bozen: das Museion bei Nacht (oben).

Auch in der Landeshauptstadt ist der Wandel deutlich zu erkennen. Das verrußte Industriequartier aus faschistischer Zeit ist größtenteils verschwunden; als Symbol der neuen Zeit ragt am Autobahnanschluss Bozen-Süd der futuristische Glasturm der Salewa-Zentrale in den Bozner Himmel.

Unveränderlich

Manches dagegen ändert sich nie. Da hockst du auf einem Balkon, den die Natur hingestellt hat, am Rand der Langen Alm, mit einem Felsen als Rückenlehne. Es ist Abend, ein Bergtag mit Gipfelglück und müden Knochen geht allmählich zu Ende. Stille umgibt dich, greifbar fast, kein Mensch weit und breit, nur drunten im Höhlensteintal zittern ein paar winzige Lichter; der Cristallo ist ein mächtiger schwarzer Schattenriss. Die Nordwände der Drei Zinnen ragen in den Dolomitenhimmel, ganz langsam verfärben sie sich, erst gelb, dann überzieht sie ein flammendes Rot. Was für ein Schauspiel! Ein Bild, das sich einprägt für immer, nicht dem Auge, sondern deiner Bergsteigerseele. Ein winziger Wolkenschleier hängt am Gipfel der Westlichen Zinne, löst sich auf. Das leuchtende Rot geht allmählich in ein fahles Grau über, die Sonne taucht über dem Horizont ab. Da sitzt der kleine Mensch lange noch, vergisst Raum und Zeit, ein Gefühl grenzenloser Weite kommt auf, tiefe Zufriedenheit, die über den Augenblick hinausreicht.
Berge, Stein gewordene Ewigkeit. Südtiroler Berge zum Nichtvergessen. Wie die erste Liebe.

VINSCHGAU

Wo Südtirol am höchsten ist

Der prächtige Arkadenhof der Churburg, die heute noch im Besitz der Grafen von Trapp ist (links). Originelle Architektur: die neue Whisky-Destillerie Puni in Glurns (oben). Gustav Thöni war in den 1970er-Jahren einer der weltbesten Alpinskiläufer (unten).

Über dem Reschensee steht mächtig der Ortler (oben). Ein Hingucker: der Kirchturm von Graun, Überrest des alten Dörfchens, das beim Erststau des Reschensees in den Fluten verschwand, zusammen mit fünf Quadratkilometern fruchtbaren Bodens (rechts unten). Kostbarer gotischer Freskenschmuck im Rojener Kirchlein (rechts oben).

1 DER RESCHENPASS – EIN TOR IN DEN SÜDEN TIROLS

Ein Pass, ein See und ein Kirchturm

Wer über den Reschenpass nach Südtirol reist, bekommt gleich jenseits der zugigen Scheitelhöhe zwei Highlights vorgesetzt: den alten Kirchturm von Graun, der im Wasser steht und keine schöne Geschichte erzählt, und König Ortler, den höchsten Gipfel Tirols. Er ragt, stattliche 3905 Meter hoch, am südlichen Horizont in den Himmel und trägt das ganze Jahr über seine weiße Kappe.

Das Bild kennt alle Welt, es ziert Kalender, findet sich in fast jedem Buch über Südtirol und ging, gespeichert auf Zelluloid oder einem winzigen Chip, schon millionenfach um die ganze Welt: der alte Kirchturm von Graun draußen im Wasser des Reschensees. Er ist pittoresk, aber auch ein Mahnmal, das daran erinnert, wie es zur Entstehung des Stausees kam, wie Menschen vor zwei Generationen in Südtirol als Rechtlose behandelt wurden. Die Bilanz: Über fünf Quadratkilometer fruchtbarer Boden gingen verloren, 163 Häuser versanken in den Fluten, mehr als die Hälfte der Grauner Bevölkerung wanderten in der Folge aus, sie wurden zwangsenteignet. Pläne für einen (kleineren) Stausee am Reschenpass gab es bereits in den 1920er-Jahren, konkret wurden sie während der Mussolini-Ära. Der Krieg verhinderte den Bau vorerst, dann fehlte es am Geld. Ein Konsortium von Schweizer Elektrizitätsgesellschaften – eben spektakulär mit dem Rheinwald-Kraftwerksprojekt im eigenen Land gescheitert – sprang ein. Der Deal war so simpel wie effizient: »Kohle« gegen Strom. Am 16. Juli 1950 läuteten die Glocken der alten Grauner Kirche zum letzten Mal …

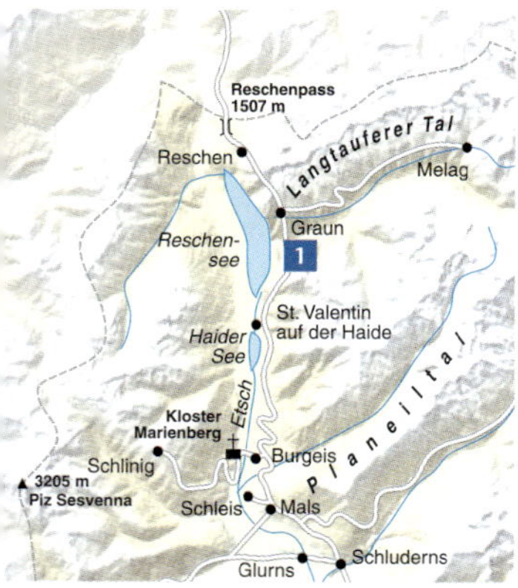

Wind und Windkraft

Die weit offene Passsenke des Reschen (1507 m) – nach dem Brenner die tiefste im Alpenhauptkamm – ist eine ausgesprochen windige Gegend. Das hat sich bei Trendsportlern und auch in der Energiewirtschaft herumgesprochen. Im Sommer vergnügen sich Kitesurfer auf dem Gewässer, im Winter, wenn der See zugefroren ist, sind es Eissegler und Snowkiter. Der Wind, der manchmal eisig kalt, dann wieder föhnwarm über den Reschen pfeift, ließe sich auch zur Energiegewinnung nutzen. Am Rand der Malser Haide standen bis 2012 deshalb zwei große Windräder. Inzwischen sind sie wieder abgebaut, und das Projekt eines Windparks auf Plamord oberhalb des Passscheitels liegt ebenfalls auf Eis. Der Streit zwischen Befürwortern und Gegnern dieser umweltfreundlichen, aber nicht unbedingt ins Landschaftsbild passenden Anlage wird wohl noch einige Jahre weitergehen.

Gletschereis

In Graun kann man nicht nur ins Wasser, sondern auch auf den Berg steigen. Von Osten mündet hier das knapp 20 Kilometer lange und mehr als 2000 Meter hohe Langtauferer Tal. Die Weißkugel (3738 m), der Parade-Gletscherberg am Talende, überragt die Spitze des Grauner Kirchturms um mehr als zwei Kilometer. Für gute Alpinisten ist der Dreieinhalbtausender ein lohnendes Ziel, wer die Wanderschuhe dabeihat und nicht schon beim Treppensteigen zu Hause außer Atem gerät, kann von Melag (1912 m), dem hintersten Weiler im Tal, zur Weißkugelhütte (2542 m) aufsteigen: 2,5 Stunden mäßige Anstrengung. Und mit Blick auf Langtauferer Ferner und Weißkugel samt Trabanten schmeckt oben das Weißbier dann besonders gut. Der interessanteste Hüttenzustieg ist der neueste: Der erst 2007 angelegte Gletscherlehrpfad informiert mit mehreren Schautafeln über das Leben und Sterben des alpinen Eises und über naturkundliche Aspekte des Gletscherrückzugs. Vor gut anderthalb Jahrhunderten, während der sogenannten Kleinen Eiszeit, reichte der Langtauferer Ferner bis hinunter in den Boden der Melager Alm (1970 m). Heute endet seine Zunge rund drei Kilometer weiter taleinwärts. Ewiges Eis? Wohl nicht.

Die Weißkugelhütte, 1893 von der Alpenvereinssektion Frankfurt am Main errichtet und nach dem Ersten Weltkrieg als CAI-Hütte geführt, ist seit 2010 im Besitz des Landes Südtirol. Das beschloss den Abriss des alten Hauses und einen Neubau. Der verzögerte sich allerdings wegen Streitereien um das Siegerprojekt, das vielen zu futuristisch erschien. Bis zur Eröffnung des Neubaus wird die alte Hütte im Sommer weiter bewirtschaftet.

TOP ★ ERLEBNISSE

★ ROJEN

Ein paar Kilometer südwestlich von Reschen liegt der winzige Weiler Rojen (1973 m), eine der höchstgelegenen, ganzjährig bewohnten Siedlungen der Alpen. Das kleine gotische Kirchlein St. Nikolaus bewahrt kostbare Fresken aus dem frühen 15. Jahrhundert. Im innersten Rojental sind schöne Wanderungen möglich, z. B. auf den Seebodenspitz (2859 m; 2,5 Std.).

★ PLAMORT

Eine Idylle mit schaurigem Namen: *Todesboden*. Dazu passen die restaurierten Panzersperren aus den 1930er-Jahren, ein Relikt von Mussolinis *Vallo Alpino*. Von Reschen führt ein markierter Weg zur Etschquelle und weiter hinauf nach Plamort (1,5 Std.) Von der weiten Lichtung genießt man einen Prachtblick auf die Samnaunberge mit dem mächtigen Muttler. Wer sein Bike dabei hat, nimmt die alte Militärstraße, die über ein paar Kehren ebenfalls zu dem kleinen Hochplateau hinaufklettert.

★ SCHIFFFAHRT

Im Sommer verkehrt ein ausgemustertes Tegernseeschiff, die MS Hubertus, auf dem Reschensee, allerdings nur bei ausreichend hohem Wasserstand.

www.vinschgau.net,
www.reschenpass.it
www.schifffahrt-reschensee.com

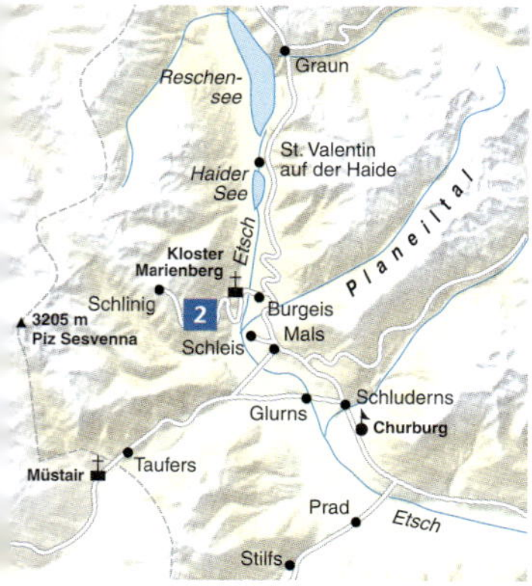

2 MALS UND MARIENBERG – URALTER KULTURBODEN

Türme, alte Mauern und ein Kloster

Bei der Fahrt über den mächtigen Murkegel der Malser Haide hinab in den Talboden der Etsch fallen einem – neben Marienberg, das wie ein tibetisches Kloster an der westseitigen Talflanke oberhalb von Burgeis klebt – bald die Türme des Städtchens Mals auf, darunter zwei spitze Kirchtürme und der runde Bergfried der fast völlig zerstörten Fröhlichsburg.

Mit seinen so prächtig verwinkelten, krummen Gassen, den stattlichen Bürgerhäusern und seinen Gotteshäusern zählt Mals zu den sehenswertesten Orten Südtirols. Da macht man sich gern auf zu einer kleinen Sightseeingtour, die nicht nur mit hübschen architektonischen Details überrascht, sondern auch immer wieder einen Fernblick auf König Ortler gewährt, dessen hoher Firnrücken in so manche Gasse hineinschaut. Ortsunkundige wundern sich über rätselhafte Schriftzüge, die Mauern und Hauswände im Dorf zieren – »Pietà«, »Frau am Fenster«, »Ferien« usw. Es handelt sich um Werktitel des aus Mals stammenden Malers Karl Plattner (1919–1986), eine Hommage an den über die Grenzen Südtirols hinaus bekannten Künstler.

St. Benedikt

Das bedeutendste Sakraldenkmal des Orts ist gleichzeitig sein unscheinbarstes: St. Benedikt. Der einschiffige Bau mit dem seitlich angebauten romanischen Turm diente nach der Säkularisation 1786 zeitweise als Rumpelkammer. Sein aus karolingischer Zeit stammender, kulturhistorisch wie künstlerisch sehr bedeutsamer Freskenschmuck wurde zusammen mit Resten von Flechtornamenten erst im letzten Jahrhundert wiederentdeckt und freigelegt. Beeindruckend ist vor allem der fränkische Edelmann in Tracht mit seinem mächtigen Schwert – übrigens die einzige zeitgenössische Darstellung dieser Art! Das zweite Stifterporträt zeigt den Bischof von Chur. Der Turm stammt aus dem 12. Jahrhundert.

Blickfang über der Malser Haide ist das uralte Kloster Marienberg (unten). Bei einem Rundgang durch die Klosteranlage entdeckt man immer wieder reizvolle architektonische Details (rechts oben). Auf Schweizer Boden, ein paar Kilometer hinter der Grenze, liegt das Kloster Müstair (rechts unten).

Vinschger Bahn

Unterhalb des historischen Stadtkerns liegt der Bahnhof von Mals. Hier endet die 2005 wiedereröffnete Vinschger Bahn, und von hier verkehren mehrere Buslinien, auch ins bündnerische Val Müstair. Und eines (fernen?) Tages wird man in Mals möglicherweise nicht mehr aus- oder umsteigen müssen, sondern gleich ins Engadin weiterfahren können. Eine alte Idee aus der Zeit vor dem Ersten Weltkrieg, die heute ihre Renaissance erlebt. Umdenken, umsteigen – vom Auto auf die Bahn? Die neue Vinschger Bahn jedenfalls ist bereits eine Erfolgsgeschichte, man zählt mehr als 2,5 Millionen Passagiere pro Jahr, die schmucken Züge der Stadler Rail verkehren im Halbstundentakt und sind bei Schülern, Pendlern und Touristen gleichermaßen beliebt.

Marienberg

Den schönsten Anblick des obersten Vinschgaus bieten aber weder Mals noch der Ortler, sondern das Bergkloster oberhalb von Burgeis, das weiß leuchtet und mit seinen mächtigen Stützmauern sehr wehrhaft wirkt. Dabei ist die Botschaft der Benediktiner, die es seit bald einem Jahrtausend bewohnen, eine ganz und gar friedliche: *ora et labora.* Trotzdem wurde das Kloster immer wieder in Streitigkeiten verwickelt, mehrfach geplündert, auch während der Bauernaufstände im 16. Jahrhundert, und zu Beginn des 19. Jahrhunderts kurzzeitig sogar aufgehoben. Heute ist Marienberg vor allem ein Ort der Ruhe und der Einkehr. Wer die historischen Mauern nicht nur als Sehenswürdigkeit, sondern als Lebens- und Kraftraum begreift, spürt das bereits bei einem Kurzbesuch. Interessante Einblicke ins Klosterleben vermittelt das 2007 eröffnete Museum. Gezeigt werden auch die berühmten romanischen Fresken der Kirchenkrypta (um 1160), allerdings nur in einem Film. Wer die ausdrucksstarken farbenprächtigen Figuren in natura erleben will, muss an der abendlichen Vesper der Mönche teilnehmen (nur im Sommer, 17.30 Uhr).
Seit Kurzem hat das Kloster auch einen Weinberg, am Hang unterhalb seiner Mauern und gut gegen die kalten Nordwinde abgeschirmt. Mit einer Seehöhe von 1340 Metern ist er der höchstgelegene in den Alpen! Und – das ist die eigentliche Sensation – er liefert einen hervorragenden Wein, rot wie weiß. Etwas für echte Genießer.

TOP ★ ERLEBNISSE

★ WEINE VON MARIENBERG

Seit ein paar Jahren bietet Marienberg gleich doppelten Kulturgenuss. Nicht nur Kunstfreunde, sondern auch passionierte Weinbeißer pilgern zu dem Bergkloster. Grund: der höchstgelegene Rebberg der Alpen (1340 m) von Hilde van den Dries. Ihre Weine sind nicht nur Bio, sondern auch absolute Spitzenklasse. Verkauf in Laatsch (Calvenschlössl) und im Bistro von Kloster Marienberg.

★ KLOSTER MÜSTAIR

Gleich jenseits der Grenze zur Schweiz, nur wenige Kilometer von Mals, liegt das Kloster Müstair, Weltkulturerbe der UNESCO. Es bewahrt den größten karolingischen Freskenzyklus im Alpenraum (Anfang 9. Jh.). In dem modern konzipierten Museum kann man sich über das Kloster und seine Geschichte informieren. Es werden auch Klosterführungen angeboten.

★ SESVENNAHÜTTE

Das Haus ist ein beliebtes Wanderziel und gleichzeitig Stützpunkt für die Besteigung des Piz Sesvenna (3204 m), ab Schlinig etwa zwei Stunden auf bequemem Weg zur Sesvennahütte (2258 m).

www.vinschgau.net,
www.calvenschloessl.eu,
www.muestair.ch,
www.sesvenna.com

Von Mauern umgeben: das Städtchen Glurns (oben). In Südtirol wird nicht nur Wein gekeltert und Bier gebraut, sondern auch Whisky hergestellt: in der Puni-Destillerie (rechts oben). Mitten im Tal liegt das kleinste Städtchen Südtirols: Glurns (rechts unten).

3 GLURNS – WENN MAUERN REDEN KÖNNTEN ...

Die kleinste Stadt Südtirols

Das Städtchen Glurns ist nicht viel größer als ein paar Fußballfelder, im Geviert misst es ganze 200 mal 400 Meter: ein Stück Spätmittelalter, das sich in unsere Zeit verirrt hat. So manche Mauer stand hier schon, bevor Kolumbus nach Amerika segelte. Mehr als einmal stand das (Etsch-)Wasser ziemlich hoch in den Gassen, und im Januar 1732 erlebte Glurns eine verheerende Feuersbrunst.

Es ist schon erstaunlich, was hinter diesem engen Mauerring mit seinen sieben Türmen und drei Toren so alles Platz findet: der krummste Laubengang des Landes, ein stimmungsvoller Stadtplatz, ein paar Straßen, drei herrlich altmodische Hotels, eine Bäckerei, die auch »süße Mäuse« herstellt, zwei Museen, dazu malerisch verwilderte Hinterhofgärten. Und im Sommer viele, zu viele Autos – schade. Aber Abhilfe ist in Sicht, in den nächsten Jahren soll Glurns von Motorenlärm und Abgasen befreit werden.

Mauern und Mäuse

Im Jahr 1291 verlieh der Tiroler Herzog Meinhard II. (um 1238–1295) dem Ort das Marktrecht, erstmals urkundlich erwähnt wurde Glurns 1304 – das 700-jährige Jubiläum haben die Einheimischen 2004 denn auch groß gefeiert. So mancher Redner schaute dabei zurück auf eine Geschichte, die man als sehr wechselvoll bezeichnen kann. Nach dem Aufstieg zu einem wichtigen Warenumschlagplatz mit Stadtrecht wurde das Städtchen im Engadiner Krieg gebrandschatzt, danach wieder aufgebaut und als Bollwerk gegen die Graubündner stark befestigt. Dann begann eine lange Zeit des Niedergangs. Glurns verlor nach und nach den Anschluss, was sich heute durchaus als Segen erweist, denn nur wenig wurde verändert, abgerissen oder umgebaut. So präsentiert sich das Ministädtchen mit seinen malerischen Gassen, den Bürgerhäusern und Lauben als nahezu unversehrtes Stück Spätmittelalter.

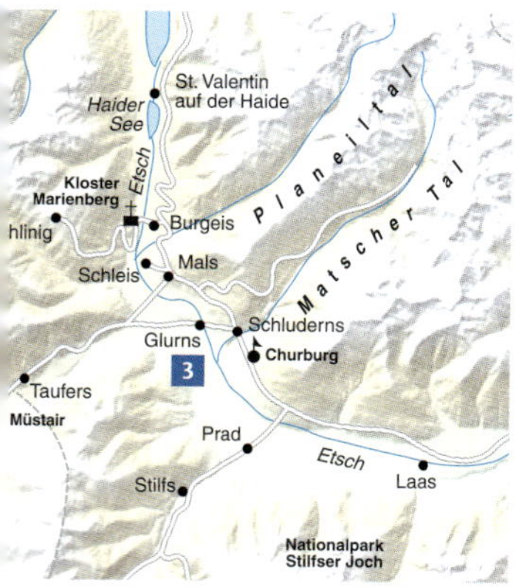

Keinen Platz innerhalb der Stadtmauern hatte offenbar die Pfarrkirche, steht das stattliche spätgotische Gotteshaus doch am anderen Ufer der Etsch. Der romanische Turm stammt von einem Vorgängerbau, erhielt später dann seine barocke Zwiebelhaube.
Berühmt ist der »Glurnser Mäuseprozess« aus dem Jahr 1520, eine Episode in der Geschichte des Städtchens, die man wohl ins Reich der Legenden verbannen würde, wäre sie nicht durch Urkunden belegt. Die Einwohner von Stilfs klagten damals beim Gericht von Glurns wegen der immer schlimmer werdenden Mäuseplage, bestanden aber gleichzeitig darauf, dass den Angeklagten (also den Feldmäusen) ein Verteidiger beigestellt werde. Dieser berief sich in der Verhandlung darauf, dass die Tierchen ja auch ihren Nutzen hätten, und empfahl dem Richter, ihnen freien Abzug zu gewähren (»... bei solchem Abzug ein frey sicher Geleit vor iren Feinden erteilt, es seyen Hund, Katzen oder andere ire Feind ...«). Das Urteil entsprach diesem Vorschlag, über seinen Vollzug ist allerdings nichts bekannt. Doch vielleicht erzählt man sich in den Mäusefamilien ja heute noch die Geschichte von den freundlichen Menschen aus Stilfs.

Mäuse hat er auch schon mal gezeichnet, der aus Glurns stammende Paul Flora (1922–2009), den seine unverwechselbare Strichtechnik berühmt machte. So schuf er für die Zeit zwischen 1957 und 1971 rund 3500 Karikaturen – so etwas wie ein erster nachhaltiger Karriereschub. Über Leben und Werk des Künstlers informiert eine Ausstellung im Tauferer Torturm.

Lichtenberg

Bei Weitem nicht so gut erhalten wie die Glurnser Stadtmauern sind jene der Burg Lichtenberg, die einen felsigen Hügel oberhalb des gleichnamigen Weilers krönt, nur vier Kilometer weiter südlich. Wer im Obervinschgau unterwegs ist, kann das weiße Mauerskelett kaum übersehen, das selbst im Verfall noch beeindruckend wirkt. Lichtenberg dürfte im Kern wohl auf das 13. Jahrhundert zurückgehen. Der profane gotische Freskenzyklus – neben Runkelstein der bedeutendste in Südtirol – musste wegen akuter Gefährdung vor dem Ersten Weltkrieg abgenommen werden und kann heute im Ferdinandeum in Innsbruck besichtigt werden (von Lichtenberg zur Ruine ist es ein 15-minütiger Fußmarsch).

TOP ★ ERLEBNISSE

★ PUNI-DESTILLERIE

Südtirol gilt als Weinland, ganz klar. Dass es hier auch eine Whisky-Destillerie gibt, wissen die wenigsten. Und bei einem Besuch ist die Überraschung noch größer, denn einen stärkeren Kontrast als jenen zwischen den alten Glurnser Mauern und dem 13 Meter hohen Kubus aus roten Ziegeln kann man sich kaum vorstellen. Die Puni-Destillerie ist täglich geöffnet, auch sonntags.

★ GLURNSER MITTERWAAL

Auch im oberen Vinschgau gibt es zahlreiche Waale. Einer der schönsten schöpft sein Wasser wenig unterhalb von Rifair nahe der Schweizer Grenze und leitet es auf die Felder bei Glurns. Eine Lohnende familienfreundliche Halbtagswanderung (hin und zurück etwa 3 Std.) lässt sich gut mit einem Besuch des Benediktinerinnenkloster Müstair verbinden.

★ PAUL-FLORA-MUSEUM

Dass Alt und Neu gut miteinander können, beweist nicht nur die Puni-Destilllerie von Werner Tscholl, sondern auch das kleine Paul-Flora-Museum im Kirchtorturm. Feiner Humor, oft sehr aktuell, hinter mehr als 500 Jahre alten Mauern. Das Museum ist Mai bis Oktober von Dienstag bis Sonntag 10–13, 14–17 Uhr geöffnet. Sehr zu empfehlen: der Paul-Flora-Kalender (ca. 30 Euro).

www.glurns.eu,
www.vinschgau.net,
www.puni.com

4 ROUTE DURCH DEN VINSCHGAU

Marillen, Äpfel, alte Mauern und Gletschereis

Der Vinschgau ist höher und trockener als jeder andere Südtiroler Landstrich. Mit 3905 Metern Gipfelhöhe hält der Ortler den Landesrekord, durchschnittlich 500 Millimeter Jahresniederschlag sind weniger als überall sonst im sonnigen Südtirol. Gletschergipfel säumen den Obervinschgau, im Tal gedeihen Äpfel, Marillen und Weintrauben.

Der längste Fluss Südtirols, die Etsch, entspringt oben am Reschenpass, der Wasserscheide zum Inntal. Hier startet die Reise durch den Vinschgau, diesen monumentalen Graben zwischen den Ötztaler Alpen und dem Ortlermassiv. Knapp unter der Wasserscheide liegt der aufgestaute Reschensee. In den Fluten versank 1950 das Dörfchen Graun, von dem lediglich der Kirchturm, jetzt ein Wasserturm, erhalten blieb. Er ist eines der beliebtesten Fotomotive im Land.

Die Reschenpassstraße steigt in ein paar weiten Schleifen über den riesigen Murkegel der Malser Haide ab. Rechter Hand kommt das Kloster Marienberg in Sicht, weiß leuchtend und mit seinen mächtigen Stützmauern ein echter Blickfang. Seit ein paar Jahren

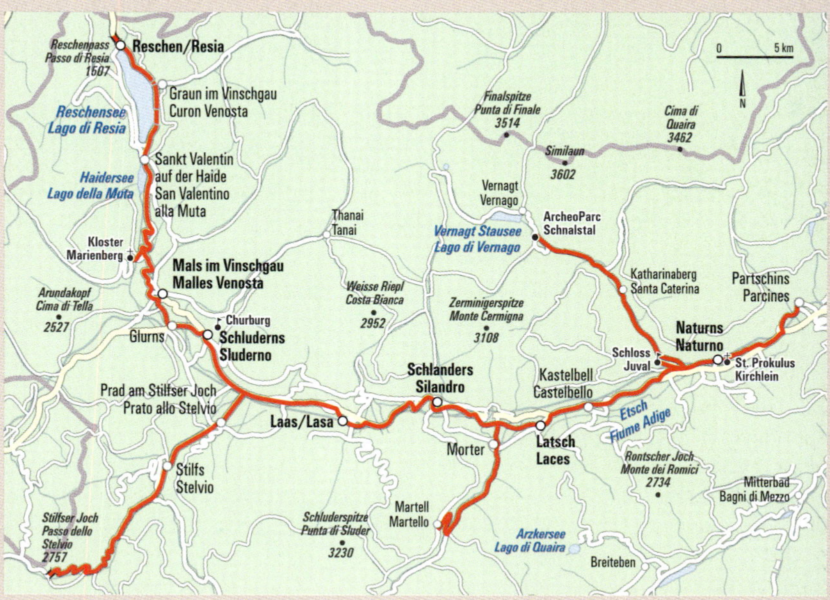

Das Kirchlein St. Prokulus bei Naturns

steuern nicht mehr nur Bildungsbürger, sondern auch Weinbeißer den uralten Baukomplex an. Unterhalb der Klostermauern gedeiht nämlich ein feiner Tropfen: der Marienberger Klosterwein.

Alte Mauern und viele Kurven

Alte Mauern gibt's auch in Mals, aber gänzlich wie ein aus der Zeit gefallenes Stück Mittelalter wirkt Glurns mit seiner vollständig erhaltenen Mauer aus dem 16. Jahrhundert: die kleinste Kleinstadt Tirols. Ein paar Kilometer weiter etschabwärts thront oberhalb von Schluderns die Churburg mit ihrem markanten Bergfried, einem der vielen Vinschgauer Schlösser. Wer gerne Kurven fährt (und das sind

Von hoher Warte zeigt sich, wie intensiv die breite Sohle des Etschtals landwirtschaftlich genutzt wird. Tiefblick von Schloss Juval

wohl nicht nur Motorradler), biegt in Spondinig rechts ab zum Stilfser Joch. Mit ihren 48 Kehren ist die Passroute eine der berühmtesten Alpenstraßen überhaupt, und bis 1936 war sie die höchste. Gut trainierte Hobbyradler schaffen die 27 Kilometer lange Bergstrecke auch mit Muskelkraft – bravo!

Der Untervinschgau

Ab Laas dominieren Obstplantagen mehr und mehr den weiten Talboden – Marillen- und vor allem Apfelbäume. Und an den sonnigen Hängen wird Wein angebaut, vor allem weißer. Ganz anderes »weißes Gold« liefert der Laaser Berg: Marmor, schneeweiß und buchstäblich steinhart. Im Gegensatz zu diesem verhärteten Kalkstein, der in alle Welt exportiert wird, bleibt die Obsternte des Martelltals in Südtirol. Die hier in Höhen bis 1700 Meter angebauten Erdbeeren gelten als die besten des Landes. Über Latsch und Kastelbell führt die Reise weiter bis zur Mündung des Schnalstals, über dem das Schloss Juval thront, Museum und Wohnsitz der Bergsteigerlegende Reinhold Messner. Wer einen Abstecher in das Hochtal unternimmt und seine Wanderschuhe dabeihat, kommt einem noch berühmteren Südtiroler fast so nah wie bei einem Besuch des Bozner Archäologiemuseums: Ötzi. Als tiefgefrorene Mumie wurde er 1991 oben am Tisenjoch, nur einen Steinwurf von der Grenze Österreichs, entdeckt und nach einigem Hickhack schließlich in die Südtiroler Landeshauptstadt gebracht. Viel Wissenswertes über den »Mann im Eis« und seine Zeit vermittelt ein Besuch im ArcheoParc Schnals.
Naturns wird von der Talstraße nordseitig in Tunnels umfahren, was einem den Blick auf die (zu) vielen Neubauten erspart. Vor dem Ort, inmitten der Apfelhaine, steht das unscheinbare Kirchlein St. Prokulus. Es hat es aber buchstäblich in sich, denn dieses Gotteshaus birgt die vermutlich ältesten Fresken im deutschsprachigen Raum (7. oder 8. Jh.).
An eine technische Errungenschaft, von der bloß die Tastatur bis heute geblieben ist, erinnert das Mitterhofer-Museum in Partschins: an die Schreibmaschine. Peter Mitterhofer gilt als einer ihrer Erfinder.

TOP ★ TOUREN

★ GOLDSEEWEG (3,5 Std.)

Wandern bergab, mit grandiosen Ausblicken auf das Ortlermassiv und einer Einkehr am Zielpunkt. Das macht gute Laune, und für einen anregenden Auftakt sorgen die 48 Serpentinen der Stilfser-Joch-Straße, die man stressfrei im SAD-Bus hinter sich bringt. Nach dem Anstieg zur Dreisprachenspitze geht's talaus- und abwärts, vorbei am Goldsee, zur Furkelhütte (2153 m; Lift nach Trafoi).

★ VINSCHGER HÖHENWEG (6 Tage)

Eine Landschaft und ihre Menschen kennenzulernen, geht am besten per pedes. Und da bietet sich im Vinschgau die sechstägige Wanderung am Vinschger Höhenweg an: fast 110 Kilometer auf markierten Wegen, von der Etschquelle bei Reschen bis Staben an der Mündung des Schnalstals, am Sonnenberg mit seiner Trockenhang-Vegetation und großem Ortler-Panorama. Ein intensives Erlebnis!

★ VORDERE ROTSPITZE (3030 m, 7 Std.)

Eine besonders lohnende Wanderrunde im innersten Martelltal führt via Zufall- und Marteller Hütte ins Gletschervorfeld der Veneziaspitzen. Da gibt's viel zu sehen: Moränen, Gletscherseen, Felszacken. Und natürlich Gipfel, am schönsten die Königsspitze.

www.vinschgau.net,
www.martell.com

Die Churburg oberhalb von Schluderns ist ein echtes Bilderbuchschloss (oben) mit bestens erhaltener Ausstattung (Bibliothek, rechts unten). Waal auf der Malser Haide (rechts oben).

5 SCHLUDERNS UND CHURBURG – BAUERN UND GRAFEN

Die Bilderbuchburg derer von Trapp

Das Schloss oberhalb von Schluderns, das mit seinem venezianischem Zinnenkranz eher feudal als wehrhaft wirkt, ist so etwas wie das Wahrzeichen des Vinschgaus. Hinter seinen dicken Mauern verbirgt sich ein absolutes Highlight: die größte private Rüstkammer mit der »eisernen Garderobe« der Trapp-Familie, die seit mehr als einem halben Jahrtausend Besitzerin der Churburg ist.

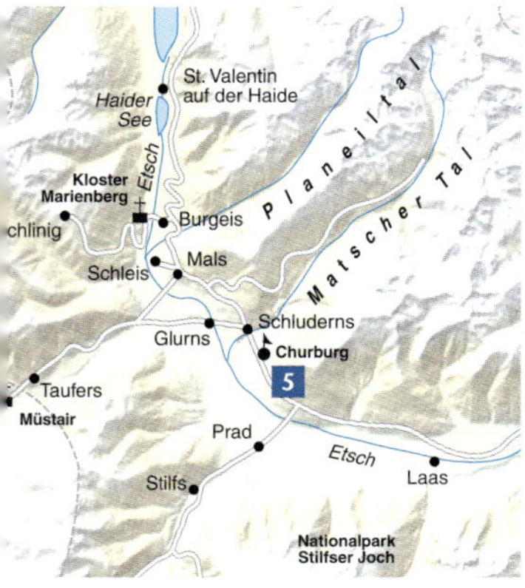

Schluderns ist ein schmuckes Dorf mit krummen Gassen, um das der Verkehr glücklicherweise einen Bogen macht. Es liegt direkt an der Mündung des Saldurbachs, der durch seine Ausbrüche öfter schwere Schäden verursachte. Dass es hier früher überhaupt recht feucht gewesen sein könnte, lässt der früheste urkundliche Name des Fleckens – Sludernes – vermuten, der auf das lateinische *lutum* zurückgeht, das so viel wie Sumpf bedeutet. Davon ist heute nichts mehr zu sehen, im Dorfkern reihen sich alte Bauernhäuser aneinander. Der Dorfbrunnen ist so groß, dass man glatt darin baden könnte, und bei der Alten Mühle knarzt tagsüber ein großes hölzernes Mühlrad. An einem Stall kann man nachlesen, dass in Schluderns der Urvater aller Haflinger geboren wurde: 1874 war's, und »249 Folie« hieß das Tier mit der blonden Mähne.

Die Trapp-Burg

Oberhalb von Schluderns thront auf einem breiten Bergrücken die Churburg. Um 1230 von den Churer Bischöfen als Bastion gegen die rauflustigen Vögte von Matsch erbaut, war sie bereits 1297 in deren Hand. Anfang des 16. Jahrhunderts gelangte die Burg auf dem Erbweg an die Grafen von Trapp, die sie großzügig im Stil eines Renaissanceschlosses ausbauten und heute noch bewohnen. Zum Kernbestand gehört die eigentliche Hochburg aus Ringmauer, Palas und dem 26 Meter hohen, wuchtigen Bergfried. Noch unter den Matschern wurde die alte Burgkapelle geweiht (1334). Im 16. Jahrhundert kamen die neue Burgkapelle, der Torturm und der reich dekorierte, zwischen Bergfried und Palas eingefügte Arkadenhof hinzu: räumlich, künstlerisch und stammesgeschichtlich der Mittelpunkt der Churburg und ein schönes Beispiel für mittelalterliche Prachtentfaltung. Einzigartig in Europa ist die Rüstkammer der Churburg – keine Sammlung im herkömmlichen Sinn, sondern gewissermaßen die »eiserne Garderobe« der Matscher und Trapp und ihrer Kriegsknechte: frühe Kettenpanzer mit Hundskugelhelmen und Harnischbrust, gotische Harnische aus der Lombardei (Mitte 15. Jh.), mehrere Rüstungen der Innsbrucker Waffenschmiede (1480–1510). Besonders eindrucksvolle Einzelstücke sind der Trecento-Harnisch eines Matscher Vogts aus der Mailänder Missaglia-Werkstatt und der gotische Riesenharnisch des Ulrich von Matsch. Der wog immerhin 45,5 Kilogramm – da hatten Pferd und Reiter ganz schön zu schleppen. Die Churburg kann im Rahmen von Führungen besichtigt werden.

Sprudelnde Wasser

Der Besuch der Churburg lässt sich bestens mit einer Waalrunde im unteren Matscher Tal verbinden. Sie führt vom Schloss auf dem schattigen Bergwaal sanft ansteigend hinein in die Schlucht des Saldurbachs. Alle etwas ausgesetzten Passagen sind mit Holzgeländern abgesichert. Im Talinnern quert der Weg nach links übers Wasser zum Leitenwaal. Auf ihm geht es an der Sonnenseite der Klamm hinab und hinaus zum Ganglegg, einer abgeflachten Schieferkuppe oberhalb von Schluderns. Hier wurden die Überreste einer Höhensiedlung aus der Bronze- und Eisenzeit entdeckt. Die systematischen Ausgrabungen förderten Erstaunliches zutage. So lassen die Funde Rückschlüsse auf die Ernährung in prähistorischer Zeit und auf die in der Siedlung gehaltenen Nutztiere zu. Nachgewiesen sind vier Siedlungsperioden, die von der Kupferzeit (ab 3000 v. Chr.) über die Bronzezeit bis in die Spätantike reichen; dazwischen wurde der Platz jeweils für längere Zeit aufgegeben. Vor Ort können nachgebaute Behausungen aus verschiedenen Epochen besichtigt werden. Der Abstieg erfolgt auf einem markierten Weg nach Schluderns (insgesamt 2,5 Stunden).

TOP ★ ERLEBNISSE

★ VINTSCHGER MUSEUM

Über Schluderns thront die Churburg, drunten im Ort widmet sich das Vintschger Museum weniger den Reichen und Schönen, sondern dem harten Leben der Bauern anno dazumal. Die verdingten ihre Kinder früher ins Schwäbische, wo sie Geld für ihre Familien verdienten. Weiter sind die bronze- und eisenzeitlichen Funde vom Ganglegg ausgestellt. Ausführlich dokumentiert ist das für den Vinschgau so wichtige Waalwesen (Lehrpfad am Quairwaal).

★ DORFLODEN TRAFOIER

Feines aus der Region kann man im Dorfloden kaufen: Speck, Vinschgauer Käse, Obst natürlich, leckere Marmeladen, Obstsäfte und vieles mehr – alles in bester Qualität und Bio. Churburggasse 3/a, Schluderns, Tel. 0473 614 139.

★ SCHLUDERNSER RITTERSPIELE

Jeweils Ende August finden die Südtiroler Ritterspiele vor den Toren von Schluderns statt. Ein dreitägiges Spektakel mit Ross und Reiter, Schwertkämpfen usw. Da wird gehauen und gestochen, Artisten zeigen ihre Kunststücke, an den Abenden spielt die Musik auf.

www.vinschgau.net,
www.vuseum.it,
www.ritterspiele.it

6 STILFSER JOCH – IM ANGESICHT DES ORTLERS

Die berühmtesten Serpentinen der Alpen

Der Gebirgspass Stilfser Joch ist unbestritten die »Königin der Alpenstraßen«. Bis 1936 markierte sie auch den höchsten anfahrbaren Punkt in den Alpen (2757 m ü. M.). Diesen Rekord musste sie an den Col de l'Iseran abgeben, jenen des spektakulärsten Straßenzugs aber nicht: In 48 Kehren windet sich das Asphaltband aus dem oberen Vinschgau hinauf in die Hochgebirgsregion um den Ortler.

Dass Kurven eine erhebliche Faszination auf Männer ausüben, ist nicht unbedingt eine Neuigkeit. Normalerweise sind die Rundungen allerdings nicht aus Stein und Asphalt wie am Stilfser Joch, doch das tut ihrer Wirkung offensichtlich keinen Abbruch. Man muss sich nur die in schwarzes Leder gewandeten, voll maskierten Gestalten ansehen, die ihre Motorräder von einer Kurve zur nächsten jagen. Oder den Radlern zuschauen, wie sie sich den Berg hinaufquälen, der Faszination des Stilfser Jochs ebenso erlegen. Rund 27 Kilometer lang ist die Steigung, und 48 Serpentinen sind zu durchfahren, bevor man es oben an der Cima Coppi (benannt nach dem legendären italienischen Radprofi der 1940er-Jahre) auslaufen lassen darf: Geschafft! Alle Kehren sind nummeriert und mit einer Höhenzahl versehen, was manchen anspornt, andere jedoch schier verzweifeln lässt. Die meisten schaffen es und meistern den Asphalt-Tatzelwurm. Die Motorradfahrer nehmen den Helm herunter und lassen sich samt Maschine vor dem Ortler (3905 m) ablichten.

Ein Pass mit Geschichte

Das Stilfser Joch ist ein echter Touristenpass, verkehrstechnisch heute ohne größere Bedeutung. Das war ursprünglich ganz anders. Als der fast 50 Kilometer lange Straßenzug 1825 eröffnet wurde, bildete er die kürzeste Verbindung zwischen Tirol und der (damals noch österreichischen) Lombardei. Planung und

Bei Zweiradfahrern berühmt: die Serpentinen der Stilfser-Joch-Straße (unten). Lorenz Kuntner, der »Indianer«, hat seine ganz eigenen Vorstellungen von Kunst (rechts oben). Heilige Drei Brunnen bei Trafoi (rechts unten).

Bau leitete Carlo Donegani, ein Ingenieur aus Brescia, der später für seine Verdienste in den erblichen Adelsstand erhoben wurde: Nobile di Monte Stelvio.
Ob und wie viele Adelige seither den Pass überquert haben, weiß niemand; eine frühe Statistik belegt geradezu paradiesische Zustände auf der Strecke. Im Jahr 1922 waren 358 Fuhrwerke, 2694 Automobile, 15 Lastwagen und 213 Motorräder am Stilfser Joch unterwegs ... Längst gehört der Pass zu den Big Points des Südtiroler Tourismus, der Verkehr ufert aus, Anrainer sind genervt. So denkt man in Bozen daran, eine Maut für die Strecke einzuführen. Ein erster Versuch vor ein paar Jahren wurde allerdings gleich wieder abgeblasen. Gastwirte und Motorradvereine waren unisono dagegen ...

Nationalpark versus Skigebiet

Das Stilfser Joch hat einem der größten Nationalparks Italiens seinen Namen gegeben. Wer an einem Sommertag oben auf dem Pass ankommt, wird vielleicht an der Aussagekraft all der Hochglanzprospekte mit Bildern unbefleckter Natur zweifeln. Zumal es direkt am Joch hineingeht in eines der letzten Sommerskigebiete der Alpen, per Seilbahn selbstverständlich. Zehn Liftanlagen und 30 Kilometer präparierte Pisten – mitten im Nationalpark. Der wurde 1935 gegründet, er ist nach einer Erweiterung 1346 Quadratkilometer groß und erstreckt sich über drei italienische Provinzen.
Trotz all der Verwüstungen lohnt es sich, den kleinen Abstecher zur Dreisprachenspitze (2843 m) zu unternehmen, auf der – Nomen est omen! – Graubünden, Südtirol und die Lombardei zusammentreffen: Hier hat man eine großartige Aussicht!

Kanonendonner

Im Ersten Weltkrieg war das Stilfser Joch unmittelbares Frontgebiet, flankiert vom Militär der neutralen Schweiz: eine heikle Situation, zumal es Gerüchte gab, die Alpini könnten durch das Val Müstair, also über Schweizer Hoheitsgebiet, in den Vinschgau vorstoßen. Die delikate Situation entspannte sich erst, als Österreicher den Monte Scorluzzo (3095 m) eroberten.
Der Kanonendonner ist längst verhallt, die Stellungen und das dichte Wegnetz rund um das Brauliotal verfallen, die Zeitzeugen sind gestorben. Seit einem Jahrzehnt bemüht sich der im Val Müstair ansässige Verein »Stelvio – Umbrail 14/18«, die Spuren der Geschichte zu sichern, teilweise zu rekonstruieren und über markierte und mit Infotafeln versehene Wanderwege erlebbar zu machen.

TOP ★ ERLEBNISSE

★ NICHT VORBEIFAHREN!

Vor der Passfahrt lohnt sich ein Besuch beim »Prader Indianer« – der mit dem Wind spricht. Lorenz Kuntner hat bei Prad – zwischen der Straße und dem Suldenbach – ein Museum der besonderen Art geschaffen. Da stehen Totempfähle, manche mit ausgebleichten Tierknochen verziert, gucken einen hundert bemalte Steine an – eine skurrile Welt fernab des Alltags. Kinder und Junggebliebene haben auf jeden Fall ihre Freude daran. Anfahrt von Prad Richtung Stilfser Joch, Parkmöglichkeit am Ortsausgang

★ HEILIGE DREI BRUNNEN

Beliebtes Ausflugsziel im Talschluss von Trafoi, möglicherweise mit prähistorischen Wurzeln. Seit dem 13. Jahrhundert ist eine Einsiedelei nachgewiesen, die Wallfahrtskirche stammt aus dem frühen 18. Jahrhundert.

★ MUSEO CARLO DONEGANI

Interessantes zum Pass, seine Geschichte, den Bau und die Ortlerfront im Ersten Weltkrieg präsentiert das kleine Museum auf dem Pass (in der Banca Popolare di Sondrio).

www.ortlergebiet.it,
www.valtellina.it,
www.stelvio-umbrail.ch

Paradeberge von Sulden: Königsspitze (3851 m), Monte Zebrù (3740 m) und Ortler (3905 m)(oben). Erinnert an Reinhold Messners Bruder: das »Günther-Messner-Biwak« beim MMM Ortles in Sulden (rechts unten). Eis und Fels: Königsspitze, Gran Zebrù und Ortler vom Rosimgletscher gesehen (rechts oben).

7 KEINER IST HÖHER IN TIROL: DER ORTLER

Der »Hausberg« von Sulden

Er ist der höchste Alpengipfel östlich der Schweiz, aber nicht unbedingt der schönste. Der Ortler (3905 m) wirkt eher durch Masse, die benachbarte Königsspitze – fast so hoch – bezaubert dagegen mit ihrer eleganten Form. Zusammen bilden sie die grandiose Eis- und Felskulisse von Sulden. Da passen die Vierbeiner, die Reinhold Messner aus dem fernen Himalaya mitbrachte, bestens: Yaks.

Dass der zwischen Hinter- und Martlgrat eingebettete Gletscher End-der-Welt-Ferner heißt, darf als leichte Übertreibung betrachtet werden. Jenem Journalisten aus Innsbruck, der vor 200 Jahren Sulden besuchte, muss die Gegend am Ortler wohl so vorgekommen sein. Er nannte das Bauerndorf »Sibirien Tirols«, »allwoh die Bauern mit den Bären aus einer Schüssel essen und die Kinder auf den Wölfen daherreiten«. Erst zwei Generationen später, 1863, öffnete die erste Herberge am Fuß des Ortlers ihre Pforten: die Pension Eller. In dem Haus logierte viel Prominenz, unter anderen Theodor Christomannos, der Südtiroler Tourismuspionier, und Julius Payer. Payer, aus dem tschechischen Teplitz stammend, war ein bedeutender Kartograf, Expeditionsreisender und Alpinist seiner Zeit; als Offizier der Donaumonarchie bestieg er allein in der Ortlergruppe (meistens zusammen mit dem Bergführer Johann Pinggera) mehr als 50 Gipfel, davon 22 als Erster. Auch außerhalb der Alpen war Payer aktiv; 1873/74 erforschte er das von ihm entdeckte (und nach seinem Kaiser benannte) Franz-Joseph-Land am Nordpolarmeer.

Ortler

Als Julius Payer in Sulden weilte, war die Erstbesteigung des Ortlers längst Alpingeschichte. Initiiert hatte sie Erzherzog Johann, der 1804 über den Reschenpass in den Vinschgau reiste und von dem mächtigen Berg scheinbar schwer beeindruckt war. Immerhin galt der schon damals, wie man im berühmten Kartenwerk von

Kartograf Peter Anich nachlesen kann, als der »höchste Spitz in ganz Tyrol«. Erste Begehungsversuche schlugen fehl, der von Johann beauftragte Beamte und Botaniker Johannes Gebhard wollte das Unterfangen bereits abbrechen, »als am 26. September Joseph Pichler, vulgo Pseyrer Josele, aus St. Leonhard in Passeier, bei ihm erschien und erklärte, daß er die Besteigung des Ortlers mit zwei Zillertalern wagen wolle. Am nächsten Tage, um 1:30 Uhr morgens, verließen die drei Männer das Dorf Trafoi, stiegen zu dem Unteren Ortlerferner und dann zu den Hintern Wandln empor, worauf sie dann über den Obern nach 10 Uhr die Spitze erreichten.«
Den heute üblichen Normalweg über den Tabarettakamm entdeckte im Jahr 1865 der Suldener Bergführer Johann Pinggera. Am Seil hatte er Julius Payer. Nach ihm ist die erste, bereits 1875 eröffnete Unterkunft am Ortler benannt. Die AV-Sektion Prag errichtete die bescheidene Hütte in spektakulärer Lage auf einer Felskuppe des Tabarettagrats. Sie musste bald erweitert werden; bereits 1899 verzeichnete man über tausend Besucher. Ab 1901 wurde die Payerhütte während der Sommersaison täglich mit Post versorgt, 1911 bekam sie sogar Telefonanschluss.

Krieg im Hochgebirge

Mit dem Ausbruch des Ersten Weltkriegs war Schluss mit dem zivilen Bergsteigen, nun trugen die Männer Uniformen: die der K.-u-k.-Monarchie und des Königreichs Italien. Kanonendonner hallte von den Bergflanken wider; am Firnplateau des Ortlers sprengten die Österreicher Stellungen ins Gletschereis.1916 wurde eine erste Kanone zum Gipfel gebracht; ab 1917 standen dann zwei 10,5-Zentimeter-Geschütze auf dem Ortler. Die Payerhütte bekam wiederholt prominenten Besuch, weshalb der Frontabschnitt bei den Soldaten abschätzig als »Salonfront« bezeichnet wurde. Erzherzog Joseph August von Österreich bestieg kurz vor Kriegsende den höchsten Berg der Monarchie.
Den schönsten Blick auf das Suldener Gebirgspanorama bekommt man fast geschenkt. Eine Liftfahrt zur Kanzel (2348 m) reicht da. Wem nach etwas Bewegung in dieser atemberaubenden Umgebung ist, wandert in 1,5 Stunden zur Düsseldorfer Hütte (2721 m). Die bietet Speis und Trank vor einem halben Dutzend Dreitausendern – einfach himmlisch! Da passt der Hohe Angelus (3521 m) natürlich prima. Dass sich der Gipfelname nicht auf einen Engel bezieht, sondern vom lateinischen *angulus* (= Ecke) herkommt, muss man ja nicht weitersagen.

TOP ★ ERLEBNISSE

★ MESSNER MOUNTAIN MUSEUM ORTLES

Das Museum entführt Besucher in die Welt des Eises, was gut zu den Gletschern rund um Sulden passt. Eine zentrale Rolle spielt der mächtige Ortler (3905 m). Der weitgespannte Themenbogen umfasst historische Polarexpeditionen, Eisgipfel und Gletscher der Welt, Lawinen – und den Yeti, den sagenumwobenen Schneemenschen.

★ DÜSSELDORFER HÜTTE

Das Haus im inneren Zaytal ist Stützpunkt zahlreicher schöner Hochtouren, u. a. auf die Vertainspitze (3545 m) und den Hohen Angelus (3521 m). Weniger Ambitionierte begnügen sich mit der leichten Wanderung zur Düsseldorfer Hütte (2721 m) und genießen von der Terrasse den fantastischen Blick über das Suldental auf Königsspitze und Ortler.

★ HINTERGRATHÜTTE

Noch ein herrlicher Logenplatz im innersten Suldental ist die Hintergrathütte (2661 m). Von der Bergstation des Langenstein-Lifts führt der Morosiniweg, nur wenig steigend, südwärts zu ihr, wo sich ein fantastischer Blick zur Königsspitze auftut. Abstieg zur Mittelstation der Schaubach-Seilbahn und weiter nach Sulden (3 Stunden).

vinschgau.net/de/ortlergebiet, messner-mountain-museum.it, duesseldorferhuette.com

8 MARMOR UND MARILLEN: LAAS

Der weiße Stein vom Berg – ein Südtiroler

Das »Gold« von Laas ist weiß, härter als das edle Metall – und auch sehr kostbar. Abgebaut wird es droben am Berg, in Laas dann zu größeren und kleineren Blöcken verarbeitet, bevor es seinen Weg hinaus in alle Welt antritt, bis nach Abu Dhabi und nach New York. In der US-Metropole wurde der neue World-Trade-Center-Bahnhof mit 3000 Tonnen Laaser Marmor ausgekleidet (2014).

Das weiße »Gold« von Laas wird hoch am Berg gebrochen und mittels einer Seilbahn und einer Schienenbahn ins Tal gebracht, wo man den Marmor dann in kleinere Stücke zersägt (unten). Ein Industriedenkmal: der Schrägaufzug am Eingang ins Laaser Tal (rechts oben). Köstlich: die Apfelsäfte von Karl Luggin (rechts unten).

Der Brunnen auf dem Dorfplatz ist aus Marmor, die Pflastersteine sind es auch. Wie die Apsis der Pfarrkirche gleich um die Ecke, die Straßenschilder, die Gehsteige. Nur die »Laaser Würfel«, die man hier kaufen kann, sind, obwohl schneeweiß, aus Schokolade. Laas ist Marmor, weißer Marmor von höchster Qualität, reiner und härter als jener von Carrara. Das gesamte Vorkommen wird auf etwa 30 Millionen Kubikmeter geschätzt. Gebrochen wird der Marmor am Laaser Jennwandstock, seit 1883 schon. Zunächst wurde im Tagebau gearbeitet, Anfang des 20. Jahrhunderts dann der Abbau in den Berg verlegt. Wer den Jennwandbruch besucht, ist überwältigt von den Dimensionen der Bruchhallen: Sie sind bis zu 40 Meter hoch, 30 Meter breit und weit über 100 Meter tief! Die Marmorblöcke reisen vom Bruch am Drahtseil hinunter zum Endpunkt der Marmorbahn, dann geht's flach talauswärts zum Bremsberg. Hier werden die Marmorblöcke auf den Schrägaufzug verladen, eine kurze Flachbahn befördert sie schließlich zum Marmorlager beim Bahnhof Laas. Die Anlage wurde in den Jahren 1929/30 durch die Leipziger Firma Bleichert & Co. erbaut und ist ein Industriedenkmal von Rang.

Marillen und Äpfel

Die süßen Marmorwürfel kann man in Laas bei Venustis an der Vinschgaustraße 10 kaufen, direkt vom Hersteller. Thomas Tappeiner, in Laas aufgewachsen, hat auch die Marille in seinem Sortiment, als Schokolade. Sie gehört,

meint er, genauso zum Vinschgau wie der Laaser Marmor. Die so herzhaft schmeckende *Prunus armeniaca* – ursprünglich, wie der Name verrät, aus Armenien stammend – steht hier allerdings ganz im Schatten des Apfelanbaus. Rund 370 Tonnen ernten die Bauern jedes Jahr, nicht viel, nur ein winziger Bruchteil der italienischen Produktion. Dafür gelten die Vinschgauer Marillen als besonders aromatisch.
Äpfel, ganz besondere, gibt's bei Karl Luggin im Kandlwaalhof: den »Weirouge«, eine seltene Sorte, identisch mit dem 1915 in Russland gezüchteten »Roten Mond«. Das Rot bzw. *rouge* im Namen hat sie nicht zufällig, ist doch nicht nur die Schale von leuchtendem Rot, sondern auch das Fruchtfleisch. Darin unterscheidet sich der »Weirouge« von allen anderen Apfelsorten. Ursache für diese Eigenheit ist der hohe Gehalt an Anthocyanen. Diese Farbstoffe kommen in vielen Pflanzen vor (u. a. Himbeere, Traube, Blutorange, Kirsche). Dass Anthocyane als gesundheitsfördernd gelten, ist in unserer auf Selbstoptimierung getrimmten Gesellschaft ein gutes Verkaufsargument. Als Tafelapfel ist der »Weirouge« allerdings nur bedingt geeignet – weil viel zu sauer. Deshalb presst Karl Luggin aus seinen »Roten« einen naturbelassenen Saft. 100 Prozent Vinschgauer Natur – schmeckt einfach köstlich!

Wasserwosser

Der Kandlwaalhof hat seinen Namen von einem erstaunlichen Bauwerk: dem Laaser Aquädukt. 1790 errichtet, bildete er das Herzstück des Kandlwaals, der Wasser aus dem Laaser Tal auf die sonnige Talseite brachte, auf 32 gemauerten Pfeilern, 15 Meter über der Etsch. Leider fielen die hölzernen Bestandteile – die Kandln – 1907 einem Brand zum Opfer. Die spektakuläre Etschbrücke wurde dann durch eine unterirdische Wasserleitung ersetzt. Heute ist sie ein markantes Laaser Wahrzeichen. Ein paar Holzteile wurden 1992 erneuert.
In der Umgebung von Laas gibt es noch mehrere Waale. Der 1992 restaurierte Leitenwaal (Lehrpfad) versorgt, ausgehend von Allitz (sehenswerte alte Mühlen), die Felder am Fuß der Laaser Leiten mit Wasser. Ebenfalls noch in Betrieb ist der Zinswaal, der sein Wasser am Fuß des Kirchhügels von St. Martin schöpft. Auch hier plätschert noch das »Wasserwosser«, wie man im Vinschgau sagt: das Wasser zum Wässern.

TOP ★ ERLEBNISSE

★ MARMORBRUCH IM LAASER TAL

In Laas werden verschiedene Führungen im Zusammenhang mit dem Marmorabbau angeboten: Besichtigung des Marmorwerks und Dorfrundgang, Besuch des Weißwasserbruchs, wo im Berg das »Weiße Gold« abgebaut wird, Besichtigung der Laaser Schrägbahn. Wer gut zu Fuß ist, kann das Laaser Tal mit seinem Marmorbruch auch per pedes erkunden. Von der im Sommer bewirtschafteten Oberen Laaser Alm (2047 m; 3,5 Stunden ab Laas) genießt man freie Sicht auf die mächtige Jennwand und den Steinbruch.

★ DER KANDLWAALHOF

Bei Karl Luggin gibt's nicht nur feine Apfelsäfte, das Sortiment des Hausladens umfasst auch Apfel-, Kräuter- und Fruchtessig, Trockenobst und Senf in verschiedenen Variationen. Vom Kandlwaalhof sind es nur ein paar Schritte zum in Teilen noch erhaltenen Laaser Aquädukt.

★ VENUSTIS

Wer Süßes liebt und neugierig ist auf Marmorschmuck, kommt an der Vinschgaustraße 10 in Laas nicht vorbei. Venustis hat beides; das eine zergeht auf der Zunge, das andere ist etwas fürs Auge.

marmorplus.it, lasamarmo.it, luggin.net, venustis.it

Erhebt sich auf einem Felsen über dem gleichnamigen Dorf: Schloss Kastelbell (oben). Die Seilbahnfahrt nach St. Martin im Kofel bietet packende Tiefblicke auf Latsch und die Etsch (rechts unten). Der Lederer-Altar in Latsch (rechts oben).

9 LATSCH UND DER SONNENBERG

Der Vinschgau in vier Dimensionen

Wer durch das alte Bauerndorf Latsch spaziert und dann die Seilbahn hinauf nach St. Martin im Kofel nimmt, lernt den Vinschgau räumlich und emotional kennen. Denn erst der Blick von oben macht den monumentalen Zug dieser Landschaft deutlich: ihre gewaltigen Höhenunterschiede. So überragt der Gipfel des Hasenöhrls (3257 m) den Boden der Etsch um 2,5 Kilometer!

Hohe Bergketten rundum sorgen im Vinschgau und vor allem am Sonnenberg für ein ganz spezielles, trockenes »Steppenklima«, weshalb die Bauern seit jeher gezwungen waren, die Bewässerung ihrer Felder zu organisieren. Die Lösung kann man überall im Vinschgau beobachten: Waale. Sie leiten auch heute noch, trotz vieler moderner Beregnungsanlagen, das kostbare Nass aus den Seitentälern auf die Felder, vielfach verästelt und nach einem exakt festgelegten Verteilschlüssel.

»Wasserwosser« nennen das die Einheimischen, und sie wissen um den Wert dieser vielfach uralten und oft viele Kilometer langen Anlagen. Sie müssen gepflegt, auch gegebenenfalls repariert werden, und dafür ist der Waalwächter zuständig. Ein einfaches System informierte früher über das Funktionieren des Waals: die Waalschelle, ein vom Wasser angetriebener Hammer. War das Klopfen nicht mehr zu hören, wusste man, dass der Kanal undicht, der Wasserfluss vielleicht sogar ganz unterbrochen war.

Alt und neu

Dorfspaziergang und Seilbahnfahrt zusammen ergeben auch eine kleine Zeitreise, vermitteln sie doch einen guten Eindruck des für den Vinschgau typischen Nebeneinanders von Alt und Neu, von Tradition und Moderne. Vor einem halben Jahrtausend entstand der kunstvolle Schnitzaltar des Schwaben Jörg Lederer in der Latscher Spitalkirche, 2005 wurde das Bürogebäude Selimex bei der Talstation der St.-Martin-Seilbahn von

Werner Tscholl realisiert, ein futuristisch wirkender Kubus mit streng geometrischen Linien, mattgrün schimmernd, der über einer Wasserfläche »schwebt« und nachts in verschiedenen Farben leuchtet – fast schon magisch. Werner Tscholl begegnet man auch da, wo man es nicht unbedingt erwarten würde: am Sonnenberg, in St. Martin im Kofel, unweit vom gotischen Kirchlein und mehr als einen Kilometer über dem Etschlauf. Hier realisierte der Architekt an dem extrem steilen Gelände in sieben Jahren einen runden Wohnturm (1999) – an dem sich dann die Geister schieden. Was für ein Kontrast zu den alten Bauernhöfen, die wie Schwalbennester am Sonnenberg kleben!

Vinschgauer Sonnenberg

Unterhalb der Talschwelle des Kortscherfelds – dem mächtigen Murkegel des kleinen Gadriatals – liegt Schlanders, Hauptort des unteren Vinschgaus, dessen spitzer Kirchturm fast so hoch in den Himmel ragt wie die Berggipfel rundum. Scheinbar. Denn wenn man hinaufsteigt zu den Höfen, die wie Adlerhorste an den extrem steilen Hängen des Sonnenbergs kleben, verändert sich die Perspektive dramatisch. Wer hinabschaut ins weite, landwirtschaftlich intensiv genutzte Etschtal, auf Häuser, Burgen und Schlösser, Straßen und Bahn, kann vielleicht nachvollziehen, dass sich die Bergbauern am Sonnenberg – allen Mühen ihres Alltags zum Trotz – wie kleine Könige gefühlt haben müssen. Manche mussten trotzdem aufgeben: zu trocken das Steppenklima, das Wasser rar, die Winter zu lang. In jenen Bereichen, die von der Aufforstung mit Schwarzföhren ausgespart blieben, hat sich eine ungewöhnlich vielfältige Flora erhalten (ca. 120 Pflanzenarten). Ein Ausflug mit der Seilbahn von Latsch hinauf zum Weiler St. Martin im Kofel bietet Gelegenheit, sich ein Bild von der exponierten Lage der Siedlungen am Sonnenberg, auf halber Höhe zwischen Tal und Gipfeln, zu machen: schwindelerregend!

Am Sonnenberg, zwischen der Etsch und den Gipfeln, verläuft der Vinschger Höhenweg, eine rund 100 Kilometer lange Wanderroute vom Reschenpass bis zur Mündung des Schnalstals. Sechs unvergessliche Wandertage mit einigem Auf und Ab, viel Sonnenschein (Nomen est Omen!) dazu. Eine ordentliche Kondition ist für die recht langen Tagesetappen Voraussetzung, dazu Trittsicherheit. Übernachtung in Bauernhöfen und kleinen Gasthäusern.

TOP ★ ERLEBNISSE

★ ST. MARTIN IM KOFEL

Die Seilbahnfahrt allein bietet schon packende Vogelschaublicke auf die fruchtbaren Talfluren an der Etsch, noch intensiver wird das Erlebnis, wenn man sie mit einer Höhen- und Bergabwanderung verbindet, etwa von St. Martin im Kofel via Schloss Annenberg nach Latsch oder über Trumsberg nach Kastelbell. Zurück nach Latsch auf dem Latschanderwaal.

★ SCHLOSS KASTELBELL

Ein Kalenderbild: die Trutzburg von Kastelbell, auf einem schroffen Felsen direkt über der Talstraße thronend. Ihre Anfänge dürften auf das 13. Jahrhundert zurückreichen. 1536 kam sie an die Grafen von Hendl, die sie großzügig ausbauten. Das Schloss, heute Eigentum des Landes Südtirol, kann besichtigt werden (Ausstellungen, Führungen).

★ OBERMONTANI

Westlich von Latsch, am Eingang ins Martelltal, thront die Burgruine über der Plima. Hier wurde eine der ältesten Abschriften des Nibelungenlieds (1323) entdeckt. Der Abstecher lässt sich gut mit einer Waalrunde (Raut-, Neu- und Mareinwaal) verbinden, etwa drei Stunden ab Morter.

latsch-suedtirol.com,
vinschgau.net,
schloss-kastelbell.com

10 MARTELLTAL – HOHE GIPFEL, MÄCHTIGE GLETSCHER

Erdbeeren auf Eis

Im Martelltal reifen die Erdbeeren, während ganz hinten im Quellgebiet der Plima Gletscher hinabziehen. Das Tal ist ein Südtiroler Unikum: Es ist ein ideales Gelände für den Massenskilauf, aber trotzdem gibt es keine Seilbahnen, Pisten und Schneekanonen, stattdessen viel hochalpine Natur – und eben Erdbeeren, die mittlerweile im ganzen Land berühmt sind.

Auch das schönste Bild hat zuweilen ein paar weniger schöne Flecken. Beim Martelltal sind es zwei, und beide bestehen aus Stein: die Sperre des Zufrittsees (1850 m) und die Ruine des Hotels Paradiso. Der Speichersee fügt sich bei Vollstau bestens in das an dieser Stelle recht enge Tal mit seinen bewaldeten Flanken ein, doch vor 30 Jahren führte sein Wasser beinahe zu einer ganz großen Katastrophe. Nach heftigen Unwettern öffnete der Schleusenwärter die Grundschleusen, was zu einer gewaltigen Flutwelle führte (eine Million Kubikmeter!). Die Spur der Verwüstung reichte bis in die Latscher Industriezone unten im Etschtal! Wie durch ein Wunder gab es weder Verletzte noch Tote. Eine Tafel erinnert an den Tag:

»Der Mensch wollt' die Natur bezwingen/
und ihr mit Gier Profit abringen./
Sie forderte dann grausam zurück,/
jedoch kein Menschenleben zum Glück./
Drum wurde geschaffen dieser Ort,/
als Dank und Ermahnung immerfort.«

Auch das Hotel Paradiso sorgt seit seiner Errichtung (1933–1935) für Kontroversen. Der Bau des Mailänder Architekten Gio Ponti, obwohl durchaus originell, wurde von den Einheimischen stets als Fremdkörper in der »paradiesischen« Bergkulisse empfunden, was vermutlich auch beabsichtigt war. Hier sollte ein Stück städtisch-faschistisches Lebensgefühl mitten ins bäuerlich deutsche Südtirol gepflanzt werden. Ponti plante aber noch ungleich Größeres, im Auftrag des

Kontraste im Martelltal: Über dem Talschluss stehen vergletscherte Dreitausender, drunten an der Plima werden die schmackhaften Erdbeeren geerntet (rechts oben). Schönster Gipfel des Ortlermassivs ist die Königsspitze (unten). Die Halbruine des Hotels Paradiso im inneren Martell (rechts unten).

italienischen Fremdenverkehrsamts sollte zwischen Bozen und Cortina d'Ampezzo eine 160 Kilometer lange Seilbahnanlage samt Hotels und Restaurants an den zahlreichen Stationen entstehen. Da nimmt sich das »Paradiso« vergleichsweise bescheiden aus. Der Hotelbetrieb wurde mit Ausbruch des Zweiten Weltkriegs eingestellt, nach kurzer Wiederaufnahme folgte 1946 der Konkurs.

Hohe Gipfel, mächtige Gletscher

Hat man Erdbeerfelder, Stausee und das »Paradiso« erst einmal hinter sich gelassen, ist bald der schönste Teil des Tals erreicht. Das geht allerdings nur zu Fuß, doch die kleine Wanderung zur Zufallhütte (2265 m) schaffen auch Untrainierte in einer Stunde. Und wer noch ein Stück weiter taleinwärts spaziert, genießt bald freie Sicht auf die ganze fantastische Fels- und Eiskulisse, bis zum Zufallferner und zu den Zufallspitzen (3757 m). Zufall? Nein, eigentlich müsste es »zum Fall« heißen, denn gemeint ist nicht des Schicksals unwägbares Walten, sondern der stattliche Wasserfall der Plima, nach dem Spitzen, Gletscher und Hütte benannt sind. Vor dem Bergbach hatten die Marteller schon immer einen Heidenrespekt, und um die Gefahr von Hochwassern, etwa nach Ausbrüchen von Gletscherseen, zu bannen, bauten sie bereits Ende des 19. Jahrhunderts im flachen Talboden hinter der Zufallhütte eine mehrere Hundert Meter breite Mauer.

Heute ist diese Gefahr gebannt, und eine andere hoffentlich auch: Noch vor wenigen Jahren geisterte das Projekt einer Skischaukel zwischen Sulden und dem Martell durch die Gazetten. Manche sahen bereits ein Skigebiet ähnlich jenem am Kronplatz heranwachsen. Wer schon einmal im Sommer den geschundenen Hausberg von Bruneck besucht hat, wird dem Martelltal bestimmt kein ähnliches Schicksal wünschen.

Der gleichen Ansicht sind bestimmt auch die Skitourengeher, gilt dieser Teil der Ortlergruppe doch als ein echtes Dorado für jene, die sich eine Abfahrt im stiebenden Pulverschnee »by fair means« verdienen wollen. Und hinterher wird man auf den Einkehrschwung in die Zufallhütte nicht verzichten, ist die Küche des Hauses doch mindestens so berühmt wie die Abfahrt vom Cevedale.

TOP ★ ERLEBNISSE

★ HOTEL ZUM SEE

Mitten im Wanderparadies Martell, am oberen Ende des Zufrittsees, liegt das Hotel zum See, ideal für ein paar Tage Entspannung abseits vom Trubel. Angenehme Atmosphäre, feines Essen (auch für den Bergsteigerhunger). Im Pool oder in der Sauna kann man nach einem Tourentag prima relaxen.

★ ZUFALLHÜTTE

Das erst jüngst sanierte Haus ist der Stützpunkt im innersten Martelltal schlechthin, und das im Sommer wie im Winter. Die Zufallhütte ist aber auch ein beliebtes Wanderziel. Spektakuläre Eindrücke vermittelt der Plima-Schluchtweg, Hängebrücke inklusive (1,5 Std. vom Parkplatz). Der Name der Berghütte hat übrigens nichts mit den Unwägbarkeiten des Lebens zu tun; er leitet sich vom Wasserfall der Plima ab (zu Fall).

★ MARTELLER ERDBEEREN

Sie schmecken einfach köstlich, die Erdbeeren aus dem Martell. Die roten Früchte werden Anfang Juni bis Anfang September geerntet und direkt an der Talstraße verkauft. Ende Juni wird das Erdbeerfest gefeiert.

www.martell.bz.it,
www.latsch-martell.it,
www.hotelzumsee.com,
www. zufallhuette.com

WEGE AM WASSER – DIE SÜDTIROLER WAALE

Wie das Gletscherwasser auf die Felder kommt

»Wasserwosser« kennt jeder im Vinschgau. Gemeint ist das Wasser, das von den Bergen auf die Kulturflächen in Talnähe geleitet wird, oft über mehrere Kilometer, auch durch felsiges Gelände. Dass diese Bewässerungsmethode im Vinschgau und in der Meraner Gegend starke Verbreitung fand, hat einen simplen Grund: ein vertikales Landschaftsprofil, das für viel Sonne, aber wenig Niederschlag sorgt.

Solch eine Landschaft freut die Urlauber, bereitete den Bauern aber schon immer Probleme. Not macht erfinderisch, auch wenn es partout nicht regnen will. Wasser gab's ja reichlich, vor allem im Sommer. Da schwitzten die Gletscher der Ötztaler Alpen und des Ortlermassivs ordentlich, doch auf den – überwiegend sonnseitigen – Hängen über der Talsohle kam nur wenig davon an. Also baute man Kanäle mit meist geringem Gefälle, die das begehrte Nass aus den Bergen heraustrugen (daher der Begriff Tragwaal). Im Zielgebiet wurde das Wasser dann auf die Felder verteilt, exakt nach Maßgabe der Waalordnungen.

Historische Wasserwege in den Alpen

Waale sind keine Südtiroler Erfindung. Man begegnet ihnen vor allem in trockenen inneralpinen Regionen, etwa im Wallis (wo vor 100 Jahren noch rund 2000 Kilometer in Betrieb waren), im Aostatal und rund um Briançon. Auch in der unmittelbaren Nachbarschaft Südtirols wurden da und dort Waale angelegt, so im Inntal (Landeck) und im Nonsberg. Über den Ursprung all dieser Kanäle kann man nur mutmaßen. Urkundlich erwähnt werden Waale seit dem Mittelalter. Aus dem Jahr 1227 stammt der erste schriftliche Nachweis einer künstlichen Bewässerung: Graf Ulrich von Ulten schenkte sein Wasserrecht aus dem Rametzbach bei Meran dem Kloster Steingaden. Ein halbes Jahrhundert

Über die Malser Haide laufen mehrere Waale. Am Horizont der Ortler.

Kostbares Nass, hergeleitet aus alpinen Regionen: das Aquädukt am Tarscher Jochwaal.

später wird in Schlanders erstmals ein »Crazewal« genannt, und ab dem frühen 15. Jahrhundert tauchen dann vermehrt Waalordnungen in den Dorfbüchern auf.
Ein uralter Waal ist jener von Algund (mit dem Plarser und dem Gratscher Waal), der seine Schöpfe wenig unterhalb der Töll hat. Er wird bereits 1333 in einem Schriftstück genannt. Margarete Maultasch, Gräfin von Tirol, soll die Errichtung des Waals sowie die Verteilung des Wassers unter den Bauern veranlasst haben. Der »Leiter am Waal« wurde mit dem Unterhalt beauftragt. Heute ist der Hof eine beliebte Einkehr, und den Waal gibt's auch noch.

Der Marlinger Waal

Der längste wasserführende Waal Südtirols verläuft rechts der Etsch und führt von der Töll zwölf Kilometer weit bis nach Oberlana. Am Marlinger Berg existierten im 18. Jahrhundert bereits mehrere kleine Kanäle, wie ältere Urkunden belegen. Initiiert wurde der Bau des Tragwaals durch die Mönche des Kartäuserklosters im Schnalstal, die ihre Weingüter in der Marlinger Gegend ausreichend mit Etschwasser versorgt wissen wollten. Die Kosten für das ambitionierte Unterfangen liefen dann ziemlich aus dem Ruder, was zum Streit zwischen den Kartäusern und den Bauern in Marling führte.
Erst 1756 – 19 Jahre nach dem ersten Spatenstich – ging der Waal in Betrieb. Längst ist er ein Hit unter den Meraner Wanderwegen: Man spaziert mit dem Wasser von der Töll nach Lana, stets den Meraner Talkessel und den Hausberg der Kurstadt, den Ifinger, im Blick. Infotafeln am Weg vermitteln allerlei Wissenswertes über das Südtiroler Waalwesen. Und verhungern muss unterwegs garantiert niemand, dafür sorgen mehrere Einkehrmöglichkeiten. Es ist ein Glück, dass man im Land rechtzeitig auf die touristische Bedeutung der Waale aufmerksam geworden ist. So konnte das Waalsterben, das nach dem Zweiten Weltkrieg mit der Einführung moderner Berieselungsanlagen einsetzte, gestoppt werden. 1935 gab es in Südtirol noch etwa 350 größere Tragwaale, ein halbes Jahrhundert später sind immerhin noch 35 von ihnen in Betrieb.

Moderne Berieselungsanlagen im Obervinschgau.

Der Eishof im Pfossental (oben). Bauen einst und jetzt: die uralten Bauernhöfe und der Vernagt-Stausee (rechts oben). Nostalgie pur verströmt der urkundlich bereits 1581 erwähnte Oberraindlhof – heute ein sehr beliebtes Gasthaus, wo's noch Schnalser Nudeln gibt (rechts unten).

11 SCHNALSTAL – ZWISCHEN TRADITION UND MODERNE

Der Mann im Eis

Das Schnalstal, das längste Seitental des Vinschgaus, ist das Tal des Ötzi, das Tal der Schafe, die alljährlich über hohe Pässe auf die Weiden in Nordtirol ziehen, und das Tal von Leo Gurschler, der einen zu großen Traum träumte. Hier gibt es ein altes Kloster, das heute ein Dorf ist, und über der Mündung thront Schloss Juval, Museum und zeitweise Wohnsitz von Reinhold Messner.

Ob Schafe Frühaufsteher sind? An einem Tag im Juni jedenfalls schon. Für mehr als tausend Schafe geht es über den Berg, über die hohen Pässe hinten im Schnalstal, das Hoch- und das Niederjoch (3016 m), zu den Weidegründen im Nordtiroler Ötztal. Ein beschwerlicher Weg, da und dort liegt noch der Schnee vom vergangenen Winter, der Pfad ist oft schmal und steil. Mitten in der Nacht startet der Treck in Vernagt und Kurzras. Kürzer ist der Weg von Kurzras; mehr als 1300 Höhenmeter liegen zwischen Vernagt und dem Niederjoch (das kurioserweise höher ist als das Hochjoch). Es ist ein langer Geisterzug, der da in dunkler Nacht unterwegs ist, zitternde Lichtkegel, vielstimmiges Blöken, dazwischen menschliche Stimmen. Immer wieder verdecken Wolken die Mondsichel, es ist empfindlich kühl, doch das macht den Tieren nichts aus. Im Dämmerlicht, eine gute Stunde später, wird der lange Zug allmählich sichtbar: farbig markierte Schafe auf ihrem Weg zum Tisenberg, von ein paar Dutzend Treibern und vielen Hunden geführt. Transhumanz nennt sich diese archaisch uralte Form der Weidewirtschaft mit wechselnden Standorten, die ihre Ursprünge in den Westalpen hat und mittlerweile weitgehend verschwunden ist. Im Schnals- bzw. Ötztal gibt es sie – wissenschaftlich nachgewiesen – seit mindestens 6000 Jahren.

Ötzi und der »König des Schnalstals«

Vor fast so langer Zeit war ein Mann hier unterwegs, und auch er wollte über den Alpenhauptkamm: Ötzi. 5300 Jahre ist es her,

In Schloss Juval (unten) werden ferne Bergwelten und fremde Kulturen lebendig (ganz unten). Denkmal für den Schnalser Tourismuspionier Leo Gurschler (rechts oben). ArcheoParc im Schnalstal (rechts unten).

dass er am Tisenjoch (3206 m) starb, heute liegt seine Mumie im Museum in Bozen, und Zigtausende wollen jedes Jahr den »Mann im Eis« sehen. Auch im Schnalstal kann man auf seinen Spuren wandeln, und dazu muss man nicht einmal den fünfstündigen Anstieg zur Fundstelle unternehmen. Im ArcheoParc beim Dorf Unser Frau (1527 m) können Besucher Ötzis Lebensraum, seine Welt entdecken, beim Gang durch das Museumsgebäude und bei einem Abstecher ins Freigelände mit seinen drei (rekonstruierten) steinzeitlichen Hütten. Hier darf der Homo sapiens des frühen 21. Jahrhunderts sogar eine echte Zeitreise unternehmen und nach Art seiner Vorvorfahren Brot backen, Bogen schießen und töpfern.

Ötzi ist längst weltberühmt, vor 35 Jahren war das im Schnalstal ein anderer: Leo Gurschler (1947–1983), denn er brachte die moderne Zeit. Aus dem armen Südtiroler Bergtal, noch ganz bäuerlich geprägt, sollte eine touristische Top-Destination werden, Ganzjahresskilauf inklusive. Gurschler initiierte den Bau der Gletscherseilbahn auf die Grawand, damals die »höchste Seilbahn Südtirols«, baute das Hotel seiner Eltern um und aus. Die Zahl der Gästebetten im Tal stieg in wenigen Jahren um das Zigfache an. Doch Erfolg macht gelegentlich blind, das Gurschler-Imperium musste weiter wachsen, mit immer mehr geliehenem Geld. Im Talschluss von Kurzras (2011 m) entstand Anfang der 1980er-Jahre ein modernes Feriendorf. Damit hatte sich der »König des Schnalstals«, wie Gurschler gelegentlich genannt wurde, endgültig übernommen. 1982 war er pleite, der Schuldenberg fast so hoch wie die Gipfel im Schnalstal. Ein Jahr später nahm sich Leo Gurschler das Leben, gerade 36 Jahre jung.

Der mächtige Baukomplex in Kurzras wirkt heute immer noch modern, das Bemühen des Architekten, einen Bezug zur alpinen Umgebung zu finden, ist nicht zu übersehen. Und Gurschlers Seilbahn auf die Grawand – mit der Bergstation auf 3212 Metern die höchste in Südtirol – fährt immer noch. Der Sommerskilauf auf dem Hochjochferner wurde allerdings eingestellt – mangels Eis.

Einst Kloster, heute Dorf

Nicht mehr gebaut werden darf in Karthaus (1327 m), das auf einer kleinen Anhöhe gegenüber der Mündung des Pfossentals thront und als Ensemble unter Denkmalschutz steht. Der Name ist kein Zufall, geht die Siedlung doch auf ein 1326 gegründetes Kartäuserkloster zurück. Nach dessen Auflösung im Jahr 1782 entwickelte sich in den und um die verlassenen Bauten herum ein kleines

Dorf, das 1924 durch einen Brand weitgehend zerstört wurde. Erhalten (und sorgfältig restauriert) blieben z. B. das Priorhaus, einige Mauern und der Südflügel des großen Kreuzgangs. Der Rundgang durch das historische Ensemble führt an dem kleinen Gewürzgarten des ehemaligen Klosters vorbei. Ein paar dieser feinen Kräuter finden sich auch in der Küche des Hotels Zur Goldenen Rose wieder. Das Haus steht ebenfalls auf den Fundamenten des Klosters, und im uralten Weinkeller lagern einige ganz feine Tropfen.

Bei Karthaus zweigt die Straße ins Pfossental ab, das gegen den Ötztaler Hauptkamm ansteigt und bei Wandersleuten hoch im Kurs steht. Ganz besonders populär ist der wenig anstrengende Ausflug vom Straßenende bis zum Eishof (2071 m; 2 Std.), der zudem als Themenweg mit zahlreichen Tafeln über verschiedene Aspekte der Almwirtschaft, ihrer Geschichte und Kultur informiert.

Der Eishof wurde bereits um 1300 als »Eppo ze Eise« erwähnt und bis 1897 ganzjährig bewohnt – die höchstgelegene Dauersiedlung in den Ostalpen. Im Jahr 1973 brannte das Anwesen bis auf die Grundmauern ab, ist dann aber wieder aufgebaut worden. In den 1980er-Jahren gab es konkrete Pläne, im Pfossental einen Stausee anzulegen; der Hof wäre dann in den Fluten verschwunden. Das Projekt scheiterte – glücklicherweise – am Protest der Schnalstaler.

Der Schnalser Waal und Schloss Juval

Ein Stück unterhalb von Karthaus, bei Altratheis, wird der Schnalser Waal gefasst, einer der längsten in Südtirol. Er stammt aus dem frühen 16. Jahrhundert, wie uns die Tscharser Chronik verrät; die Bauzeit betrug stattliche 13 Jahre. Über eine Distanz von rund elf Kilometern wird das Wasser (mit einem Seitenast, dem Stabener Waal) auf die Felder oberhalb von Tschars geleitet. Der Waal ist noch heute in Betrieb – und ein beliebter Wanderweg. Das liegt nicht zuletzt daran, dass der Wasserweg im Mündungsbereich ganz in der Nähe von Schloss Juval vorbeiläuft. Hier im Vinschgau wurde die Idee des Messner Mountain Museum geboren. In dem Schloss, dessen Kernsubstanz auf die Zeit um 1200 zurückgeht, zeigt der berühmte Südtiroler Alpinist u. a. seine Tibetika-Sammlung, eine Galerie mit Bildern heiliger Berge, eine große Maskensammlung aus fünf Kontinenten, den Tantra-Raum und den Expeditionskeller: Mythos Berge.

Nach der Reise durch die Welt der Berge kehrt man gern beim Schlosswirt Juval neben dem Schloss ein. Wie wär's mit einer Südtiroler Marende (die Produkte stammen von Bauern aus der Umgebung), dazu einem Glas Vinschgauer Wein? Die besondere Empfehlung für den Weg ins Tal: Am Schnalser Waal entlang gelangt man in etwa 1,5 Stunden nach Tschars, garantiert auch für empfindliche Knie geeignet.

TOP ★ ERLEBNISSE

★ SCHLOSS JUVAL

Juval war das erste von Messners Museen. In den alten Mauern über dem Eingang ins Schnalstal wohnt der berühmte Grenzgänger das halbe Jahr über. Fürs Publikum ist Schloss Juval vom vierten Sonntag im März bis zum ersten Sonntag im November 10–17 Uhr geöffnet (Mittwoch Ruhetag). Shuttlebus vom Vinschger Bauernladen an der Talstraße, von Tschars über den Tscharser oder Stabener Schnalswaal etwa 1,5 Std. zu Fuß.

★ ARCHEOPARC SCHNALSTAL

Wem die etwa fünfstündige Tour zur Ötzi-Fundstelle zu anstrengend ist, braucht nicht auf das Steinzeiterlebnis zu verzichten. Im ArcheoParc kann man Ötzis Lebensraum entdecken, beim Gang durch das Museumsgebäude und bei einem Abstecher ins Freigelände mit seinen drei (rekonstruierten) steinzeitlichen Hütten. Hier darf der Homo sapiens des 21. Jahrhunderts eine echte Zeitreise unternehmen und nach Art seiner Urahnen Brot backen, Bogenschießen und Töpfern.

www.schnalstal.com, www.messner-mountain-museum.it, www.archeoparc.it

Das Kirchlein St. Prokulus, das außerhalb von Naturns in den Apfelhainen steht, bewahrt die möglicherweise ältesten Fresken im deutschsprachigen Raum. Berühmt ist der eigenartige »Schaukler« aus dem 7. oder 8. Jahrhundert.

12 ST. PROKULUS BEI NATURNS – DER »SCHAUKLER«

Der Heilige auf der Schaukel

An Naturns, ein paar Kilometer von Meran entfernt, lässt sich die rasante Entwicklung des Tourismus beispielhaft beobachten, auch der damit verbundene Landschaftsfraß. Nur draußen vor dem Dorf, inmitten der Apfelhaine, scheint die Zeit stehen geblieben zu sein: im Kirchlein St. Prokulus.

Das Gotteshaus wird ins 7. Jahrhundert datiert und bewahrt einzigartige Fresken – wahrscheinlich die ältesten im deutschsprachigen Raum (7. oder 8. Jh.). Sie sind darüber hinaus sehr rätselhaft: Da ist jener eigenartige »Schaukler« (man beachte seine Hände!), der von zwei Figuren aufmerksam beobachtet wird und schon mal als Darstellung der Flucht des Paulus aus Damaskus (oder des heiligen Vigilius aus Verona?) gedeutet wurde. An der Eingangswand fällt eine Rinderherde mit Hund und Hirte auf – besteht da ein Zusammenhang mit dem Kirchenheiligen, der als Viehpatron und Wasserheiliger verehrt wird?
In gotischer Zeit wurde das ursprünglich flach gedeckte Kirchenschiff erhöht und eingewölbt, die vorkarolingischen Fresken wurden übermalt (und so konserviert). Die abgelösten Wandmalereien aus dem 14. Jahrhundert kann man im modernen Museum von St. Prokulus besichtigen, zusammen mit Funden, die bei neueren Ausgrabungen ans Tageslicht kamen, u. a. Mauerreste einer spätrömischen Villa. Auf dem Gottesacker neben der Kirche wurden während der Pestzeit (17. Jh.) viele Seuchenopfer begraben. Das interessante Museum führt den Besucher durch Vinschgauer Kulturgeschichte.
Naturns wirbt mit 315 Sonnentagen pro Jahr, und bei so viel Schönwetter wird auch klar, weshalb die nach Süden gerichtete Bergflanke des Vinschgaus Sonnenberg heißt.
www.naturns.it

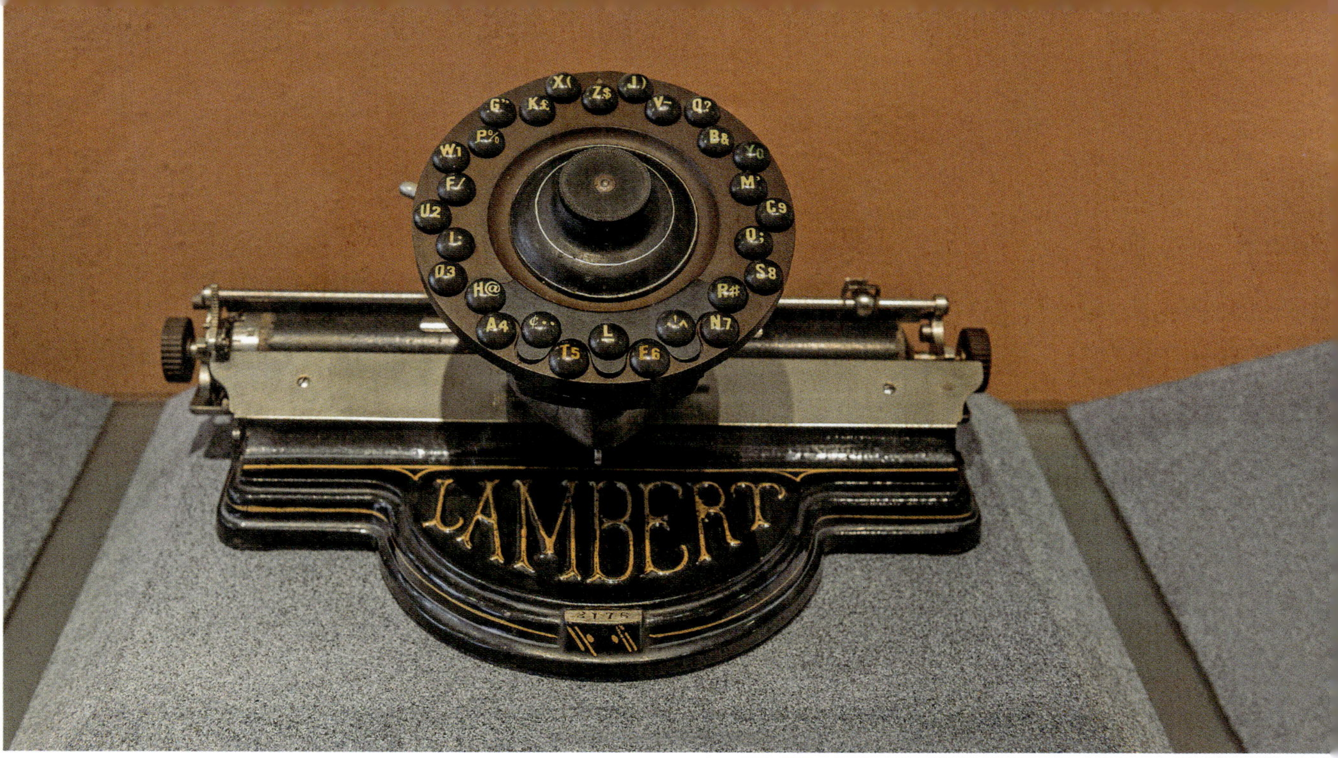

13 PARTSCHINS – GEBURTSORT DER SCHREIBMASCHINE

An den Hang gebaut

In Partschins kennt man nur zwei Richtungen: hinauf oder hinab. Das Dorf liegt zwar im Tal, der Zielbach hat aber viel Geschiebe aus der Texelgruppe herausbefördert und so für eine ziemlich schräge Topografie gesorgt. Drei Museen gewähren einen nostalgischen Blick in vergangene Zeiten.

In Partschins gibt es zwei interessante Museen. Jenes im Dorf selbst ist dem (Mit-) Erfinder der Schreibmaschine Peter Mitterhofer gewidmet, jenseits der Etsch, im ehemaligen Bad Egart, herrscht Onkel Taa über sein originelles K.-u.-k-Museum.

Hinauf und hinab über immerhin vier Stockwerke geht's auch im Peter-Mitterhofer-Museum. Wer ein Faible für Mechaniken hat, wird sich leicht zwischen all den sensationellen Schreibmaschinen-Modellen verlieren, die hier präsentiert werden. Peter Mitterhofer (1822–1893) gilt als einer der Erfinder der Schreibmaschine; eines seiner ersten Modelle (1864) ist im modernen Partschinser Museum ausgestellt, ebenso die dänische Malling Hansen (1867), eine »Schreibkugel«, und die legendäre »Enigma« aus dem Zweiten Weltkrieg, eine Chiffriermaschine, mit der die deutschen U-Boote ausgerüstet waren. Mit ihren rund 2000 Exponaten dokumentiert die Ausstellung die technische Entwicklung von der Erfindung der ersten Schreibmaschine bis zum Beginn des Computer-Zeitalters.

Um Mechanik geht es auch im Hotel Hanswirt in Rabland, wo auf vielen Gleisen kleine Züge unterwegs sind. Vier Sterne nicht nur für Küche und Wellness des Hauses, sondern auch für die Modelleisenbahn! Detailgetreu nachgebildet ist nicht nur die reaktivierte Vinschger Bahn, sondern auch der Laaser Schrägaufzug (siehe Seite 38/39).
Ein herrliches Durcheinander gibt's jenseits der Etsch, beim Bahnhof Töll im ehemaligen Bad Egart, zu bestaunen: Habsburger Antiquitäten, Südtiroler Folklore und Freilichtmuseum mit Kunst und Kuriosem. Onkel Taa herrscht mit königlicher Grandezza (und Zigarre) über sein K.-u.-k-Museum, und das Minirestaurant verspricht sogar »kaiserlichen Genuss«.
www.bad-egart.com

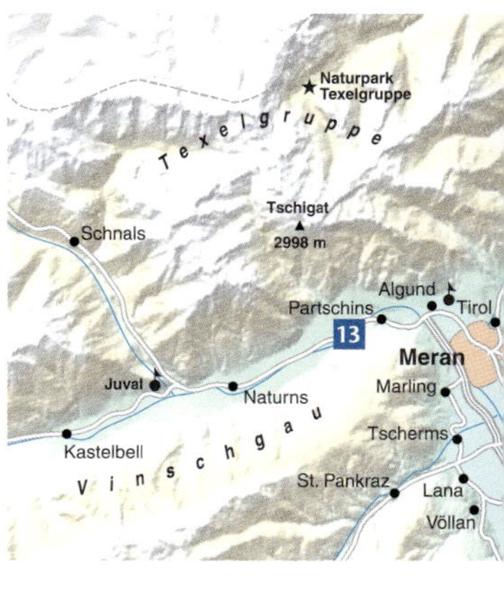

PASSEIERTAL / MERAN

Eiskristalle und Weinberge

Schloss Trauttmansdorff und seine Gärten (links). Braucht Kraft und Geschicklichkeit, damit's richtig knallt: Goaßlschnalzer (oben). Noch ein echter Südtiroler: der Haflinger, aus dem Vinschgau stammend, heute vor allem in der Meraner Gegend und in den Sarntaler Bergen heimisch (unten).

14 TIMMELSJOCH – ÜBER DEN ÖTZTALER HAUPTKAMM

Oben einsteigen!

Rund 2500 Meter über dem Spiegel des Mittelmeers liegt das Timmelsjoch, der uralte Übergang vom Ötz- ins Passeiertal, ganz unten dann Meran. Da kann es schon passieren, dass einen oben ein paar Schneeflocken umtanzen und ein eisiger Wind bläst und man zwei Stunden später auf einer Passerpromenade in der Kurstadt sitzt und die südlich-warme Sonne genießt.

Schon erstaunlich, dass es zwei Diktatoren brauchte, um eine Straße übers Timmelsjoch zuwege zu bringen. Ohne die Angst Mussolinis vor seinem übermächtigen »Verbündeten« nördlich der Alpen wäre der Übergang wohl nie ausgebaut worden, würden sich zwischen Zwieselstein und Moos bis auf den heutigen Tag bloß Wanderer und Kühe begegnen. Der Duce wollte einen Alpenschutzwall errichten, ließ dafür Straßen und Festungswerke an der Nordgrenze Italiens anlegen. Auch eine Straße aus dem Passeiertal hinauf zum Timmelsjoch entstand in den 1930er-Jahren. Sie wurde allerdings nie fertiggestellt – wie übrigens große Teile des Vallo Alpino. In den 1950er-Jahren erinnerte man sich im Norden und Süden Tirols der unvollendeten Trasse. Es sollte allerdings noch einige Jahre dauern, bis der alt-neue Alpenübergang eröffnet werden konnte. Die Nordtiroler Rampe war bereits 1959 fertig, doch erst knapp ein Jahrzehnt später hieß es endlich: Freie Fahrt übers Timmelsjoch!

Zukunft am Timmelsjoch

Damit ist die Geschichte dieser Hochalpenstraße noch nicht zu Ende erzählt. Auf italienischer Seite wurde bis zur Jahrhundertwende immer wieder nachgebessert, verbreitert und begradigt: nicht schön, aber zweckmäßig. Das führte schließlich zu einer bemerkenswerten Initiative, gespeist aus der seit 2006 auch für die Südtiroler Passrampe erhobenen Maut. Ihr Ziel: ein Straßenzug, der sich opti-

Hoch über den Tälern: Der Milchsee auf der Spronser Seenplatte (rechts oben). Im Mooseum werden Besucher zu einer spannenden Zeitreise eingeladen (rechts unten). In den Serpentinen unterm Timmelsjoch (unten).

mal in die Landschaft einfügt, aber kein weiterer Ausbau, dafür ein besseres öffentliches Transportangebot. Zu diesem schönen Straßenzug passt die »Timmelsjoch-Erfahrung«, ein Erlebniskonzept aus fünf Stationen zwischen Hochgurgl und Moos, die über verschiedene naturkundliche und historische Aspekte informieren. Dazu gehören auch das vom Südtiroler Architekten Werner Tscholl (der u. a. das Messner Mountain Museum in Sigmundskron gestaltete) entworfene Passmuseum und die beiden Granaten bei Moos im Passeiertal.

Ein kleines Kuriosum: Bis heute konnten sich die Kartografen nicht über die exakte Höhe des Passscheitels einigen. Die Angaben reichen je nach Kartengrundlage von 2474 (aktuelle Angabe der offiziellen Österreichkarte) bis zu 2509 Metern.

Autofreies Pfelders

Zum zukunftsweisenden Verkehrskonzept der Timmelsjochstraße passt die Initiative in Pfelders ganz gut. Was 2007 recht holperig begann, zeitigt mittlerweile positive Folgen: ein weitgehend autofreies Dorf, damit Vorfahrt für Radler – und natürlich Fußgänger. Die genießen Ruhe und dazu vielfältigste Möglichkeiten, die hochalpine Umgebung kennenzulernen. Für den ersten Date bietet sich der Panoramaweg an, gut zwei Wanderstunden in sanftem Abwärtsgang, mit der Parade des Ötztaler Hauptkamms und seinen Dreitausendern vor Augen. Den Aufstieg übernimmt freundlicherweise der Grünbodenlift, auf knapp halber Wegstrecke kommt man an der Faltschnalalm vorbei. Hier zweigt ein Weg nach Süden ab, zum Spronser Joch (2581 m). Dahinter erstreckt sich die Spronser Seenplatte, ein zauberhafter Bergwinkel, ohne Gegenstück in Südtirol: zehn Seeaugen, eingebettet in eine von den eiszeitlichen Gletschern ausgehobelte Buckellandschaft unter dem Tschigat. Das mit Abstand größte Gewässer ist der Langsee mit einer Fläche von rund 40 Hektar; zum kleinsten hält man besser etwas Abstand, es hört nämlich auf einen wenig schmeichelhaften Namen: Mückensee.

Die »Eroberung« dieses weltabgeschiedenen Paradieses hat allerdings seinen Preis. Bis zum Rand der Seenplatte geht's fast nur bergauf, von Pfelders sind 1000 Höhenmeter zu überwinden.

TOP ★ ERLEBNISSE

★ BUNKER MOOSEUM

Viel Interessantes über das Innerpasseier und seine Geschichte erfährt man im Bunker Mooseum. Ungewöhnlich schon der Bau, ein alter Bunker, ergänzt um einen modernen Anbau. Ebenfalls einen kurzen Besuch wert: die beiden Museen am Pass.

★ SEEBER SEE

Ausgedehnter Spaziergang ins idyllische Seeber Tal, große Kulisse mit dem vergletscherten Hochfirst (3403 m) als Blickfang. Die kleine Runde startet beim Parkplatz an der 5. Kehre der Passstraße nach dem Gasthaus Hochfirst (2026 m), 2,5 Std.

★ PASSERSCHLUCHT

Früher war die Passer wegen ihrer verheerenden Ausbrüche gefürchtet, heute ist der Wildfluss die Sensation des sechs Kilometer langen, aufwendig konstruierten Schluchtwegs. Er verläuft zwischen St. Leonhard und Moos mal links, dann wieder rechts des Bachs, auf längeren Abschnitten als Steg über der Klamm. Spannend, vor allem auch für Kids. Spektakulär die vom Wasser geschaffenen Strudellöcher und Felsformationen; finales Highlight: der Stieber Wasserfall unterhalb von Moos.

www.timmelsjoch.com, www.museum.hinterpasseier.com, www.merano-suedtirol.it

Die Jaufenpassstraße (oben). Andreas Hofer, der tragische Tiroler Held, wurde im Passeiertal geboren (rechts unten). In der Gilfenklamm (rechts oben)

15 KURVEN-RALLYE: DIE JAUFENSTRASSE

Aussichtsreiche Fahrt vom Wipptal ins Passeiertal

Gezählte 21 Kehren, viele Kurven und oben ein berauschender Blick auf firnbedeckte Dreitausender der Ötztaler, Stubaier und Zillertaler Alpen. Das bietet die rund 40 Kilometer lange Passstraße von Sterzing nach St. Leonhard. So etwas mögen Radler, jene mit strammen Waden und großer Lunge genauso wie die in dunkles Leder gehüllten Gestalten auf ihren PS-starken Maschinen.

Exakt ein Jahrhundert alt ist die Jaufenstraße 2012 geworden, begangen wurde der Pass schon vor Jahrtausenden, wie Funde aus der Steinzeit belegen. Die Römer bauten einen Karrenweg über den Berg, doch mehr als regionale Bedeutung hatte er nicht. Im Mittelalter waren Kraxenträger und Säumer auf dem »strenghen perg« unterwegs, auch im Winter. Dass es da zu Unfällen kam, erstaunt nicht weiter. Als am 8. Februar 1342 Kaiser Ludwig der Bayer mit seiner Entourage über den Pass zog, zur Hochzeit seines Sohns Ludwig mit Margarete Maultasch, stürzte der Bischof von Freising vom Pferd und brach sich dabei das Genick. Ein böses Omen?

Modern Times

Nachdem St. Leonhard 1899 Straßenanschluss bekommen hatte, wurde schon bald der Ruf nach einer Verbindung mit Sterzing laut. Im Jahr 1903 begannen die Bauarbeiten, und am 15. Juni 1912 hieß es: Freie Fahrt! Als das bis dato geltende Fahrverbot für Automobile fiel, gab es im Passeiertal lautstarken Protest, fürchtete man doch die »große Gefahr für Mensch und Vieh«. Tempi passati. Mittlerweile ist der gesamte Straßenzug zeitgemäß ausgebaut. Was man 1957 im Alpenstraßenführer von Eduard Denzel lesen konnte, stimmt nur noch teilweise: »Die nicht staubfreie, im Durchschnitt 4–5 m breite Straße kann ohne Schwie-

rigkeiten befahren werden, wenngleich die Südrampe nicht ohne Gefahren ist und dort eine vorsichtige Fahrweise ratsam erscheint. Achtung besonders auf dem oberen Streckenabschnitt, der am Rand einer abgründigen Tiefe verläuft! Fahren Sie auf übersichtlichen Geraden näher an die Bergseite heran! Auf der Waldstrecke unterhalb von Walten sind einige enge und gefährliche Kurven, davon eine in einem Kehrtunnel. [...] Die Steigungen schwanken auf der Nordseite zwischen 7 und 9 %, auf der Südrampe etwas mehr bis zu einer Maximalsteigung von 14 %.«

Panoramawandern

Wer die Wanderschuhe dabei hat, wird sich bei schönem Wetter die Gelegenheit zu einer aussichtsreichen Höhenwanderung nicht entgehen lassen. Der gut markierte »Urweg Jaufenkamm« verläuft, ausgehend von der sogenannten Römerkehre (1960 m), in Gratnähe westwärts. Mit einer Überschreitung des Fleckner (2331 m) ins Glaitner Joch ergibt sich eine wenig anstrengende Halbtagsunternehmung; fürs leibliche Wohl sorgt man in der schön gelegenen Flecknerhütte.

Der Tiroler Volksheld

Am Südfuß des Jaufenpasses liegt St. Leonhard, und von dort ist es talauswärts nicht mehr weit bis zum Sandwirt. In dem Gasthaus wurde am 22. November 1767 jener Mann geboren, der in Tirol absoluten Heldenstatus genießt: Andreas Hofer, Anführer des Tiroler Aufstands 1809 gegen die bayerische und napoleonische Besatzung Tirols. Zum Kampf musste der Gastwirt, Pferde- und Weinhändler allerdings eher gedrängt werden, und auch wenn er mit seinen Landsleuten Bayern und Franzosen am Bergisel dreimal vernichtend schlug, blieb Andreas Hofer – seinem Kaiser in unerschütterlicher Treue verbunden – nur eine Randfigur im europäischen Machtpoker. Nach verlorenen Kämpfen versteckte er sich auf der Passeirer Pfandleralm, wo er nach Verrat gefangen genommen und 1810 in Mantua standrechtlich erschossen wurde, auf Anordnung Napoleons. Andreas Hofer – Held oder Tor? Diese Frage kann das Museum Passeier im Sandwirt nicht beantworten, auch wenn unter dem Titel »Helden & Hofer« seine Rolle hinterfragt wird. Neben dem Themenschwerpunkt präsentiert das Museum eine volkskundliche Sammlung; angegliedert ist ein Außenbereich mit mehreren Gebäuden aus dem Passeiertal (16.–19. Jh.), dem Heilig-Grab-Kirchlein (1691) und der in historisierendem Stil erbauten Herz-Jesu-Kapelle von 1899.

TOP ★ ERLEBNISSE

★ GILFENKLAMM

Beliebtes Ausflugsziel am Eingang zum Ratschingstal, gerade mal zwei Kilometer von der Jaufenpassstraße (Gasteig). In etwa einer Stunde wandert man durch die Schlucht hinauf zum Gasthof Jaufensteg – prickelnd im Wortsinn, vor allem, wenn der Ratschingsbach viel Wasser führt.

★ DER JÄGERHOF

Als Wander- und Genießerhotel bezeichnet sich das Haus an der Südrampe der Jaufenpassstraße – und das ganz zu Recht. Beides passt hier bestens zusammen, macht wandern doch hungrig. Was am Abend auf den Tisch kommt, lässt auch bei verwöhnten Gaumen kaum Wünsche offen. Alle Zutaten, die verarbeitet werden, stammen aus der Umgebung, von Höfen mit artgerechter Tierhaltung und kontrolliertem Anbau. Siegfried Augschellers Küche ist authentisch, aber auch kreativ, und diese Philosophie überträgt sich auf den ganzen Betrieb.
Wandern wird groß geschrieben im Jägerhof: hinauf zu den Gipfeln mit kompetenter Führung oder gemütlich von Alm zu Alm am Jaufenpass. Das Angebot ist so vielfältig wie die Berge des Passeiertals.

sterzing.com, jagerhof.net, sankt-leonhard.eu, meranerland.org

16 VOM TIMMELSJOCH NACH MERAN

Wo der Süden beginnt

Wer den Weg übers Timmelsjoch wählt, erlebt die ganze Vielfalt Südtirols: Gletscherberge am Pass oben, Bauernland im Passeier, Weinberge und mediterranes Flair rund um Meran. Nach der langen Talfahrt genießt man bei einer Marende in einem der vielen Wirtsgärten das schöne Gefühl, im Süden angekommen zu sein.

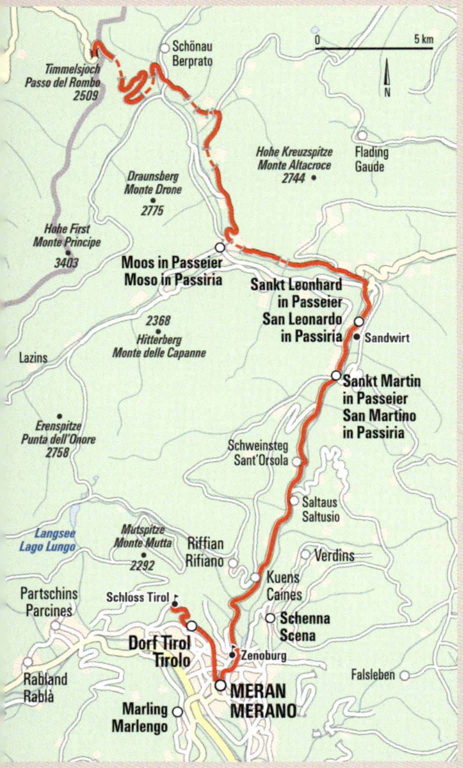

Wenn man von Nord- nach Südtirol will, motorisiert natürlich, hat man die Wahl zwischen drei Übergängen: dem Reschenpass (1507 m) im Westen, dem Timmelsjoch (2474 m) und der Brennerroute (1370 m). Fraglos am schönsten ist jener über das Timmelsjoch. Die Strecke, unter Mussolini in den 1930er-Jahren im Zusammenhang mit dem Vallo Alpino begonnen, aber erst in den 1960er-Jahren vollendet, macht es möglich, Südtirol sozusagen von oben zu betreten, an der Nahtstelle zwischen den Ötztaler und den Stubaier Alpen. Hinter der Scheitelhöhe mit ihren beiden kleinen Museen geht's nur noch bergab, mit den Temperaturen dafür aufwärts. Von den oberen Schleifen der Strecke genießt man freie Sicht auf die Dreitausender rund ums Passeiertal, manche mit weißer Kappe, wie der markante Hochfirst. Die Sarntaler Gipfel, die hinter Moos in Passeier allmählich näher rücken, sind nicht so hoch, deshalb auch eisfrei, und sie präsentieren sich in den Farben Grau und Grün. In St. Leonhard, dem Hauptort der Talschaft, mündet eine weitere Passstraße, jene vom Jaufen (2099 m). Sie verbindet das alte Fuggerstädtchen Sterzing an der Brennerroute mit dem Passeiertal. Noch so ein Kurvenkarussell.

Meran, einst Hauptstadt Tirols

Zwei Kilometer hinter St. Leonhard kommt ein geschichtsträchtiger Platz ins Bild: der Sandwirt, das Geburtshaus des Tiroler Freiheitshelden Andreas Hofer (Museum). Weiter talauswärts, auf der Höhe von Riffian zeigt sich auf der gegenüberliegenden Talseite der stattliche Flecken Schenna, darüber ragt der markante Zacken des Ifingers in den Himmel. Vorbei an den Resten der Zenoburg fährt man zuletzt nach Meran hinein. Die traditionsreiche Kurstadt, der Kaiserin Elisabeth zu Weltruf verhalf, ist gerade dabei, ihr etwas verstaubtes Image abzulegen, wovon die moderne Therme von Matteo Thun, ein Wellnesspalast der

Sisi-Denkmal im Meraner Elisabethpark

Blickfang am Tappeinerweg, der schönsten Meraner Promenade, ist der markante Turm der Pfarrkirche.

Superlative mit 25 Pools, eindrucksvoll Zeugnis ablegt. Schlicht überwältigend und ein Muss für jeden Meran-Besucher sind die Gärten von Schloss Trauttmansdorff. Auf einer Fläche von rund zwölf Hektar blüht und duftet es hier vom Frühling bis weit in den Herbst: lebendige Natur in allen Facetten. Sisi residierte übrigens bei ihren Meran-Aufenthalten immer im Schloss Trauttmansdorff. Ganz in der Nähe, an der Mündung des Naiftals, liegt die Talstation der großen Seilbahn ins ausgedehnte Wander- und Skigebiet von Meran 2000.

Keinesfalls das Letzte: das Ultental (Val d'Ultimo)

Tief eintauchen in die Geschichte des Landes Tirol kann man nur ein paar Kilometer vor den Toren der Stadt. Schloss Tirol beherbergt in seinen Mauern das Südtiroler Museum für Kultur- und Landesgeschichte. Der Gang durch das Schloss ist eine Reise durch die Jahrhunderte, garniert mit hübschen Ausblicken auf das Etschtal. Hinter dem breiten Bergrücken des Vigiljochs (wo übrigens das Meraner Thermalwasser herkommt) versteckt sich ein Landstrich, der so ganz anders ist als das mondäne Meran: das Ultental. Hier gibt es Bauernwelt statt Lifestyle, Bergwege statt Promenaden und Hausmannskost statt Vier-Gänge-Menüs. Zwischen Lana, dem Südtiroler Apfeldorf schlechthin, und den Gipfeln im hintersten Tal liegen über 3000 Höhenmeter und fast 40 Straßenkilometer. Südtiroler Kontraste.

TOP ★ TOUREN

★ MERANER HÖHENWEG – EINE WOCHE

Er ist der absolute Klassiker unter den großen Trecks Südtirols, bereits 1985 eröffnet. In einer Woche umrundet man auf schmalen Pfaden die Texelgruppe, von den Mittelgebirgshöhen über Meran bis in die Region des ewigen Schnees, von Hütte zu Hütte mit viel Auf und Ab. Die durchgehend markierte Route verläuft überwiegend innerhalb des Texel-Naturparks. Am Eisjoch (2925 m), Übergang vom Pfossen- ins Pfelderstal, kommt man der magischen 3000-Meter-Marke ganz nahe. Mit zusätzlicher Nächtigung auf der neuen Stettiner Hütte lässt sich eine Besteigung der Hohen Wilde (3480 m) in die Wochentour einbauen – ein echtes Highlight!

★ HASENÖHRL (3257 m, 6 Std.)

Durch den putzigen Namen sollte man sich nicht täuschen lassen. Der stattliche Dreitausender ist nichts für ausgesprochene Hasenfüße. Bergerfahrung, ein sicherer Tritt und Ausdauer sind am Weg zum Gipfel unerlässlich. Zur Belohnung gibt's ein magistrales Panorama, das vom Adamello bis tief in die Dolomiten reicht. Im Norden reihen sich die Dreitausender des Alpenhauptkamms aneinander, im Westen dominieren Ortler & Co.

www.meraner-hoehenweg.com, www.meran-suedtirol.it

Vor 100 Jahren war das Kurhaus die große Attraktion Merans, schön gelegen am Ufer der Passer (oben). Wie in Bozen laden auch die Meraner Lauben zum Flanieren und Shoppen ein, sogar bei Schlechtwetter. Wenn die Sonne scheint, sitzt man gern bei einem Apéro draußen (rechts).

17 MERAN – NOSTALGIE UND MODERNE

Kurstadt an der Passer

Meran war schon einiges in seiner Geschichte: Tiroler Hauptstadt, vergessenes »Kuhstadtl«, dann Kurort und Treff der High Society. Und gerade – so scheint es – häutet sich die Stadt am Eingang ins Passeiertal erneut, verpasst sie sich ein neues, moderneres Image. An ihrer Beliebtheit als Reise- und Urlaubsziel wird sich wenig ändern, dafür sorgen auch Klima und Kulisse: beides erstklassig.

Natürlich wissen die Meraner, was sie an der Kaiserin aus dem fernen Wien hatten. Schließlich war es Elisabeth, die das ziemlich verschlafene Städtchen an der Passer durch ihren ersten Kuraufenthalt 1870 zurück in den Fokus der europäischen Hautevolee schubste. Zeitungen gab's zu K.-u.-k-Zeiten ja schon, Klatschspalten auch, und so erfuhr die Schickeria bald, wohin die Prominenz zur Erholung reiste. Aus der ehemaligen Hauptstadt Tirols wurde so ein Kurort von Weltruf. Dass Sisi mit ihrer Entourage damals ausgerechnet in jenem Schloss Trauttmansdorff logierte, dessen Gärten heute die Top-Sehenswürdigkeit Merans sind, ist eine nette kleine Pointe. So ist die Kaiserin in gewissem Sinn erneut angekommen in »ihrem« Schloss, und der Weg von der Stadt herauf, den sie vor über 100 Jahren oft nahm, ist heute ausgeschildert: natürlich als Sissi-Weg.

Die österreichisch-ungarische Monarchie ist längst Geschichte, das Reisen eine Angelegenheit der Massen. Elisabeths steinernes Ebenbild sitzt an der Sommerpromenade, ihr Blick lässt allerdings nicht erkennen, ob der Kaiserin das muntere Treiben unserer Zeit gefällt. Bestimmt hätte sie sich aber gern in jenem Restaurant niedergelassen, in dem Andrea Fenoglio seit 1991 – inzwischen mit einem Michelin-Stern geadelt – magistral den Kochlöffel schwingt: im »Sissi«.

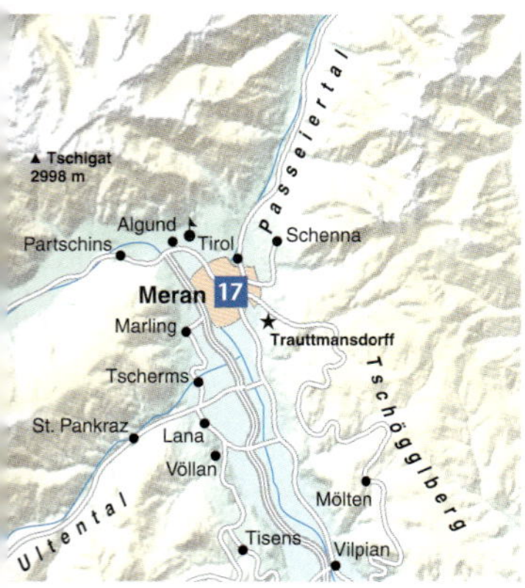

Die Altstadt

Vom Restaurant sind es nur ein paar Schritte bis in die Meraner Lauben. Reiseführer vermerken gern, dass sie ein Stück länger sind

ALPIN
LIFESTYLE

Moderne Architektur am Rand der Altstadt: die Meraner Therme (unten). Gartenbaukunst an der Gilfpromenade (ganz unten). Von der Sonne verwöhnt: das Burggrafenamt (rechts oben). Im »Pfefferlechner« wird Bier gebraut (rechts unten).

als jene in Bozen. Das Gedränge ist vergleichbar, und in den Schaufenstern dominiert Mode. Das Thema interessiert, natürlich, und es lässt sich sogar noch vertiefen: im Frauenmuseum Evelyn Ortner, das seit 2011 im Gebäude der Volksbank untergebracht ist. Eher als Männerbastionen wird man die »Festungen« an beiden Enden der Laubengasse bezeichnen: die Pfarrkirche St. Nikolaus, ein sehenswerter Bau der Gotik mit seinem unverkennbaren achteckigen Turmabschluss auf der einen, der Landesfürstlichen Burg (15. Jh.) auf der anderen Seite.
Durch das Bozner Tor – eines der drei erhaltenen alten Stadttore – und über die Postbrücke kommt man in wenigen Minuten zur Spitalkirche zum Heiligen Geist. Kunstliebhaber werden diesen kleinen Abstecher nicht versäumen. Merans vielleicht schönstes Gotteshaus, ein spätgotischer Bau, der Stefan von Burghausen (einem Schüler des Bayern Hans von Burghausen) zugeschrieben wird, besticht sowohl durch seine ausgewogenen Proportionen in einem originellen Grundriss mit Umgangschor als auch durch seinen reichen plastischen Schmuck. Neun Säulen tragen das schöne Sternrippengewölbe.

Matteo Thuns Meraner Therme

Bloß 200 Meter, aber mehr als sechs Jahrhunderte liegen zwischen der Spitalkirche und dem neuen Hingucker Merans, der modernen, von Matteo Thun entworfenen Therme, einem Wellnesspalast der Superlative mit 25 Pools, Saunen, Dampfbädern und einem schönen Park. Das radonhaltige Wasser wird übrigens nicht in Meran, sondern am Vigiljoch gefasst, seit den 1960er-Jahren schon. Bemerkenswerte Architektur auch auf der anderen, der orografisch rechten Seite der Passer: das Meraner Kurhaus, ein Juwel des Jugendstils, das in mehreren Etappen entstand und erst 1914 mit dem Bau der Kuppel und des großen Kursaals vollendet wurde. Die Pläne dazu stammten von dem Wiener Architekten Friedrich Ohmann. Ihm schwebte ursprünglich ein noch weit größerer Komplex vor, doch der Ausbruch des Ersten Weltkriegs setzte diesen Plänen ein abruptes Ende. Angestoßen hatte den Bau eines neuen Kurhauses Josef Valentin Haller, fast vier Jahrzehnte lang Bürgermeister Merans, das er vom schlechten Ruf eines »Kuhstadtl« befreien und dem er zu neuem Ansehen in der Welt (vor allem der Reichen und Schönen) verhelfen wollte.

Ein Spazierweg und ein Rennplatz

Auch ein anderer Name ist eng mit dem Aufschwung Merans in der zweiten Hälfte des 19. Jahrhunderts verbunden: Dr. Franz

Tappeiner. Der aus Laas stammende Tappeiner ließ sich nach dem Medizinstudium in Meran nieder, wo er mit großem Erfolg praktizierte. Ihm verdankt Meran seine schönste Promenade, den Tappeinerweg, den der Arzt 1893 auf eigene Kosten anlegen und mit mediterranen Gewächsen bepflanzen ließ, die an dem südseitigen windgeschützten Hang des Küchelbergs bestens gedeihen: Himalajazeder, Korkeiche, Ölbaum, Eukalyptus, Bambus, Magnolien, Chinesische Hanfpalmen, Agaven und viele mehr. Der beliebte Spazierweg wurde später bis Gratsch verlängert. Er verläuft nahezu eben und bietet einen bezaubernden Blick über den Meraner Talkessel und seine Bergumrahmung. Jenseits der Etsch, an dem zum Vigiljoch ansteigenden Hang, liegt Marling, auch ein beliebter Ferienort. Gleich diesseits des größten Südtiroler Flusses erstreckt sich eine weite Grünfläche: der 1935 angelegte Meraner Pferderennplatz, ein Denkmal des italienischen Faschismus. Er hatte einen Vorgänger, kleiner natürlich, aber bei den Kurgästen sehr beliebt. Seit 1896 werden hier allerlei Wettbewerbe ausgetragen, 2013 zum 74. Mal der Große Preis von Meran, ein Jagdrennen über 5000 Meter. Eingeläutet wird die Turfsaison traditionell am Ostermontag mit dem Haflinger-Galopprennen, einer bei Groß und Klein sehr beliebten Veranstaltung mit einem attraktiven Rahmenprogramm.

Der echte Pferdehimmel, wenn es ihn denn gibt, liegt einen Kilometer über der Kurstadt, auf dem sanftwelligen Bergrücken des Tschögglbergs: Hafling (1290 m). Das Kirchlein St. Katharina – vom Etschtal aus gut sichtbar – markiert gewissermaßen den Eingang zu diesem kleinen Paradies für die blondmähnigen Vierbeiner. Einer von ihnen ziert – wen wundert's? – das Wappen der Gemeinde. Der Haflinger gilt übrigens als sehr ausdauernd, sanftmütig und intelligent. So lautet ein Sarntaler Spruch: »Das Haflingerrössl macht alles, kann alles, versteht alles; nur Zeitung lesen kann es nicht.«

Meran alpin

Meran hat auch eine alpine Seite, was durch die Weite der nach Süden offenen Talmulde am Zusammenfluss von Etsch und Passer buchstäblich etwas in den Hintergrund rückt. Mutspitze (2294 m) und Ifinger (2581 m) ragen schon beachtlich hoch in den Himmel, zwei Kilometer und mehr über den Meraner Promenaden, und der erste Dreitausender ist auch nicht mehr weit. Der Meraner Höhenweg umrundet die gesamte Texelgruppe zwischen 1000 und fast 3000 Höhenmetern – ein intensives, mehrtägiges Bergerlebnis.

TOP ★ ERLEBNISSE

★ KUNST MERAN

Zeitgenössische Kunst in den historischen Mauern der Altstadt: kein Gegensatz, sondern eine Bereicherung. Kunst Meran präsentiert eine reiche Themenpalette, die von neuer Musik über Architektur bis zu Literatur und Neuen Medien reicht.

★ PFEFFERLECHNER

Schon etwas ungewöhnlich: ein Buschenschank mit eigener Bierbrauerei, in einer absoluten Weingegend! Zum Gerstensaft passt bestens ein warmer Bauchspeck mit Hopfenbrot oder Rettich mit Schnittlauchbrot. Ein Klassiker für den großen Appetit ist die Schlachtplatte.

★ MARLINGER WAALWEG

Der längste und schönste Meraner Waal hält zwar Abstand zur Kurstadt, bietet dadurch aber den schönsten Blick auf den weiten Talkessel und seine Bergkulisse. Ganz besonders lohnend ist die Wanderung von der Töll nach Lana im Frühling, zur Zeit der Apfelblüte. Rund um Meran grünt es, die Gipfel der Sarntaler Alpen und der Texelgruppe tragen noch ihre weißen Winterkappen. Was für ein berauschendes Bild! Gehzeit (etwa 3 Std.), mehrere Einkehrmöglichkeiten unterwegs.

www.meran.eu,
www.kunstmeranoarte.org,
www.pfefferlechner.it,
www.marling.de

Luftiger Aussichtspunkt:
der Skywalk in den Gärten
von Trauttmansdorff.

Ein Netz von Spazierwegen durchzieht die Gärten von Trauttmansdorff (oben). Dort grünt und blüht es fast das ganze Jahr über (rechts unten). Das Touriseum präsentiert anschaulich die Entwicklung Südtirols vom Bauernland zur weltweit bekannten Tourismus-Destination (rechts oben).

18 SCHLOSS TRAUTTMANSDORFF – WO ES GRÜNT UND BLÜHT

Die schönsten Gärten des Landes

Natürlich schwebt auch hier über all der blühenden Pracht der Geist der Kaiserin, die für Meran so etwas wie den Schlüssel zur Wiedergeburt darstellte. Schließlich war sie 1870 Gast im Schloss Trauttmansdorff, was der Yellow Press ihrer Zeit nicht entging und der Stadt zu neuem Ruhm verhalf. Sisi-Fans spazieren auf dem nach der Kaiserin benannten Weg hinauf zu den Gärten des Schlosses.

Seit ihrer Eröffnung im Juni 2001 werden die Gärten von Schloss Trauttmansdorff mit Auszeichnungen überhäuft; erst 2013 kürte sie die Garden Tourism Conference in Toronto zum »Internationalen Garten des Jahres«. Man kann solchen Wettbewerben durchaus skeptisch gegenüberstehen, fast eine halbe Million Besucher pro Jahr sprechen aber für sich: Trauttmansdorff ist ein Big Point des Südtiroler Tourismus und eine wirklich genial realisierte Gartenlandschaft, von der auch Meran erheblich profitiert. Allerdings – das darf nicht unterschlagen werden – drohen die Gärten auch irgendwie ein Opfer ihrer Beliebtheit zu werden. Denn allzu viele Besucher schaden dem Zauber des Platzes, beeinträchtigen das Naturerlebnis. Das leidet auch unter einer Manie, die epidemisch um sich greift: fotografieren und filmen statt zu schauen.

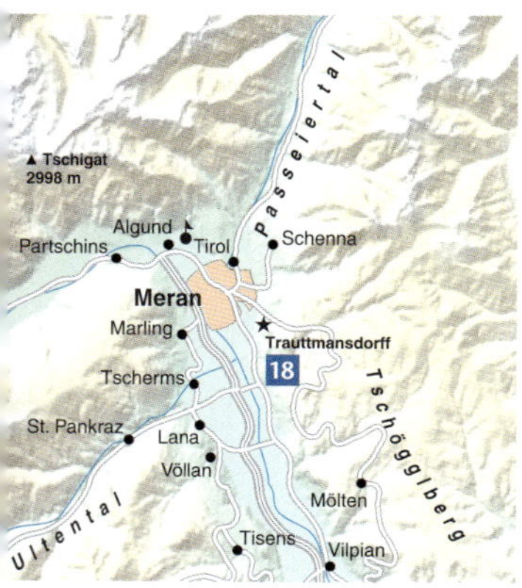

Tausend Pflanzen, Farben und Düfte

Denn auf einer Fläche von rund zwölf Hektar gibt es ja so viel zu sehen, zu riechen. Der Besucher erlebt ein faszinierendes Fest der Sinne, das sich übers Jahr ständig wandelt: lebendige Natur in tausend Farbfacetten, herrlich duftend. Die Saison auf Trauttmansdorff startet im Frühling mit einer Farbenorgie. Überall blüht es bunt, man kann das Leben riechen, und das Auge ist überwältigt von einer einmaligen Vielfalt. Die Gärten verwandeln sich in einen Blumenteppich: Narzissen, Tulpen und Kaiserkronen mit ihrem typischen Laubblattschopf, Asiatischer Hahnenfuß (Ranunkel), und Islandmohn und viele andere Pflanzen sorgen für ein herrlich buntes Bild, Kamelien und japanische Zierkirschen für exotische Akzente. Die Rhododendren-Zeit beginnt (rund 400 verschiedene Züchtungen), die Pfingstrosen entfalten ihre tiefrot-üppigen Blüten. Im Sommer verströmt das lila Lavendelfeld unterhalb des Schlosses seinen Provence-Duft; Oleander und Seidenakazie blühen, und im großen Teich schwimmen Seerosen und Lotosblüten. Der Herbst bringt die Laubbäume zum Leuchten, ihre Blätter färben sich rot und gelb; Trauben, Granatäpfel, Feigen und Oliven reifen. Und auf den Gipfeln der Texelgruppe liegt schon der erste Schnee.

Raritäten

Auch so manche sensationelle Überraschung haben die Gärten zu bieten. Hier steht heute ein aus Sardinien stammender, rund 700 Jahre alter Olivenbaum mit einem Stammumfang von drei Metern! Eine echte Rarität ist die Wollemia nobilis, ein Nadelbaum, der als ausgestorben galt, bis er in Australien von Wildhütern wiederentdeckt wurde. Ein weiteres Exemplar kann seit 2006 im Farntal bewundert werden. Im gleichen Jahr übernahmen die Gärten die Patenschaft für den Versoaln, die weltweit größte und wahrscheinlich auch älteste Rebe. Bei Schloss Katzenzungen in Prissian breitet sich ihr Laubdach über eine Fläche von fast 20 mal 20 Meter aus. Sehr interessant sind auch die bepflanzten Lehmwände, die Orangerie, die im Sommer blühenden Hortensien und die Sukkulenten-Halbwüste mit vielen stacheligen Exponaten.

Vielfältige Flora und Fauna

Überwältigend ist die Vielfalt der Gartenlandschaften: In den Waldgärten überraschen ein Reisfeld und ein Teegarten, in den Sonnengärten kann man den Süden erleben, in den Terrassengärten mit Beispielen europäischer Gartenarchitektur blühen den Sommer über 80 verschiedene Rosensorten. Auch den Landschaften Südtirols ist ein Bereich der Gärten gewidmet: Auwald, Obstanger, Bauerngarten, ein Weinberg mit alten Rebsorten. Und auch Tiere haben natürlich ihren Platz in den Gärten, u. a. Papageien (in der Voliere), Enten, Schafe und Pfauen.

TOP ★ ERLEBNISSE

★ DER SISSI-WEG

Eine stilvolle Annäherung an die Gärten bietet der Sissi-Weg. Er beginnt beim Jugendstiltempel des Kurhauses, führt über die Passerpromenaden erst flussaufwärts und dann, vorbei an den Villen von Obermais, wo schon im 19. Jahrhundert die Reichen und Schönen residierten, hinauf zum Schloss Trauttmansdorff. Im Elisabeth-Park an der Sommerpromenade begegnet man noch heute der Kaiserin – als Marmorstatue (1903).

★ TOURISEUM

Im neugotischen Schloss Trauttmansdorff, das auf den Fundamenten einer Burg aus dem 13. Jahrhundert steht, befindet sich das Touriseum, das auf originelle Weise die Geschichte des Südtiroler Fremdenverkehrs von den Anfängen bis in die Gegenwart thematisiert, nicht ohne das eine oder andere Augenzwinkern. Vor allem die kleinen Besucher finden den von Grödner Schnitzlern gestalteten Flipper-Automaten der zu einer rasanten Fahrt durch Südtirol einlädt, einfach Klasse. Natürlich kommt man auch hier nicht an der Kaiserin aus Wien vorbei, die mehrfach Gast im Schloss war.

www.trauttmansdorff.it,
www.meran.eu,
www.touriseum.it

SÜDTIROL MIT KINDERN

Kraxeln, Baden, Reiten und viel mehr

Kinder lieben Abwechslung, Spannung, Abenteuer – alles, nur keine Langeweile! Die Natur ist für sie vor allem ein großer Spielplatz, auf dem sie sich so richtig austoben können. Also bitte keine drögen Almwanderungen, Kultur am besten in dicke Burgmauern verpackt. Und Wasser, das passt immer – wenn's nicht zu kalt ist.

Hochseilgärten und Rodelbahnen

Hochseilgärten sorgen garantiert für Hochspannung, und nicht nur beim Nachwuchs! Doch der bewegt sich oft ungezwungener auf all den wackeligen Brücken und Seilrutschen. Dem Rausch der Geschwindigkeit können sich große und kleine Kinder auf den Südtiroler Sommerrodelbahnen hingeben.

Burgen und Schlösser

Südtirol ist »Burgenland«, und die meisten der alten Gemäuer kann man auch besichtigen, vielfach in Verbindung mit einer kleinen Wanderung: ideal für Familien. Und bis zur nächsten Einkehr ist es meistens auch nicht weit.

Ein Herz für Tiere

Das haben ohnehin alle Kinder. Deshalb kann man mit einem Besuch im Wildpark Gustav Mahler in Toblach, bei der Lamazucht Kaserhof in Oberbozen, im Pflegezentrum für Vogelfauna, Gufyland bei Schloss Tirol, oder auf der Eselfarm in Terenten eigentlich nichts verkehrt machen.

Klettern

Klettern ist angeboren. Jede und jeder von uns hat in jungen Jahren diverse Bäume bestiegen, und an Felsen herumzuturnen macht einfach unheimlich Spaß. Aber natürlich unter professioneller Anleitung. Manche Ferienorte, mitunter auch Hotels, bieten spezielle Kurse für Kids an.

Museen

Langweilig? Auch Museen können interessant sein, wenn's nicht gerade das Heimatmuseum in einem alten Bau-

Burgen und Berge – das passt zusammen: Messners Mountain Museum in Schloss Sigmundskron.

Faszinierend, auch im Kleinen: Eisenbahnen

ernhaus ist. Da macht ein Besuch auf Schloss Sigmundskron, wo Reinhold Messner die Welt des Alpinismus vorstellt, doch viel mehr Spaß. Und den über 5000 Jahre alten Ötzi würde man sich doch auch gerne mal anschauen. Leicht gruslig, aber cool.

Reiten

Pferde stehen vor allem bei Mädels hoch im Kurs. Da entwickelt sich zwischen dem blondmähnigen Haflinger und der Reiterin im Handumdrehen eine tierische Freundschaft. In Hafling und am Salten gibt es mehrere Reitställe, die Ausritte mit Kids organisieren.

Ritterspiele

Der Oswald-von-Wolkenstein-Ritt hat längst seinen Platz im Veranstaltungskalender Südtirols, ist sogar jenseits der Landesgrenzen ein Begriff. Seit ein paar Jahren hat auch Schluderns im Vinschgau seine Ritterspiele, passenderweise gleich unter der Churburg.

Schluchten

Wie wäre es mit einer Wanderung durch Südtirols Grand Canyon? Die Bletterbachschlucht versteckt sich am Fuß des Weißhorns, gar nicht weit vom Etschtal. Rauschende Wasser erleben Groß und Klein in der Gilfenklamm bei Sterzing und auf dem tollen Passer-Schluchtenweg.

Wasserwelten

Wasser ist Leben. Und grenzenloser Spaß, vor allem für Kinder. Die können sich in vielen Frei- und Hallenbädern austoben. Und dann sind da ja noch die Montiggler Seen und der Kalterer See – die wärmsten natürlichen Badewannen der Alpen. Mit vielen Attraktionen warten die großen Wasser-Wellness-Anlagen auf, wie es sie in Meran, Sterzing, Brixen, Reischach und Gröden gibt. Für viel Plantschfreude!

TOP ★ ERLEBNISSE

★ TROSTBURG

Die Bilderbuchburg am Hang über der Mündung des Grödnertals ist auf jeden Fall einen Besuch wert, für Alt und Jung. Kinder sind fasziniert von den 86 Modellen von Südtiroler Burgen, die hier ausgestellt sind, die Eltern staunen über den Komfort des Renaissanceschlosses. Prunkvoll der Große Saal mit seinen reichen Stuckaturen und der kunstvollen Kassettendecke. Im Vorhof der Burg steht ein mächtiger Torggl, eine Traubenpresse.

★ KLETTERSTEIG HEXENSTEIN

Keine Hexerei ist es, das alpine Wahrzeichen des Falzáregopasses, den Hexenstein (2477 m), über den neuen Klettersteig zu besteigen. Größere Kinder in Begleitung eines erfahrenen Bergsteigers werden ihre Freude an dem Abenteuer nahe der Vertikalen haben. Nur mit entsprechender Ausrüstung (Klettersteigset, Helm); für den Zugang über den Goiginger Stollen braucht's eine (Stirn-)Lampe (Bild Seite 70/71).

★ FÜR KLEINE UND GROSSE BUBEN

Seit 2005 haben die Vinschgauer ihre Bahn zurück, 60 Schienenkilometer von Meran bis Mals. Da passt es natürlich prima, dass nur ein paar Jahre später eine weitere Bahn in Betrieb ging: die Eisenbahnwelt in der umgebauten Scheune des Hotels Hanswirt (Rabland), alles im Maßstab 1:87 gehalten.

★ ACQUARENA BRIXEN

Grenzenlosen Wasserspaß verspricht die Acquarena, samt Riesenrutsche, diversen Saunen, großer Außenanlage (u. a. Kinderspielplatz), Fitnessstudio und Restaurant.

burgeninstitut.com,
eisenbahnwelt.eu,
acquarena.com

Der neue Klettersteig am Hexenstein (Ferrata Sottotenente Fusetti). Links die Marmolada, in der Bildmitte der Setsas

Ein wehrhafter Bau: Schloss Tirol, heute Museum (oben). Die Kreuzigungsgruppe in der Schlosskapelle (rechts unten). Flugvorführung in Gufyland – etwas für die ganze Familie (rechts oben).

19 SCHLOSS TIROL – EINE REISE DURCH JAHRHUNDERTE

Das Stammschloss des Landes

Wer sich für die Geschichte Südtirols interessiert, muss dem Schloss Tirol, in dem einst die Landesfürsten residierten, seine Reverenz erweisen. In seinen alten (mittlerweile sorgsam restaurierten) Mauern spaziert man durch die Jahrhunderte, erlebt Aufstieg und Niedergang der Grafen von Tirol und kann das wechselvolle Schicksal Südtirols nachvollziehen.

Es mag ja Zufall sein, dass die beiden Highlights von Dorf Tirol »Burgen« sind: das Castel im Ort und das mächtige Schloss Tirol auf einem schmalen, steil abfallenden Moränenrücken oberhalb von Gratsch. Während Gerhard Wieser in der Trenkerstube des Hotels Castel seit Jahren für kulinarische Spitzenleistungen sorgt, wird in der Stammburg des Landes Tiroler Geschichte lebendig, fühlt man sich in die längst vergangene Zeit der Rittersleut' versetzt. Ein alter Spruch sagt: »Nur der Herr des Schlosses Tirol ist auch der Herr des Landes Tirol«. Ein Historiker berichtet sogar von einem Bauern, der stets, wenn er das »G'schloß« nannte, seinen Hut zog.

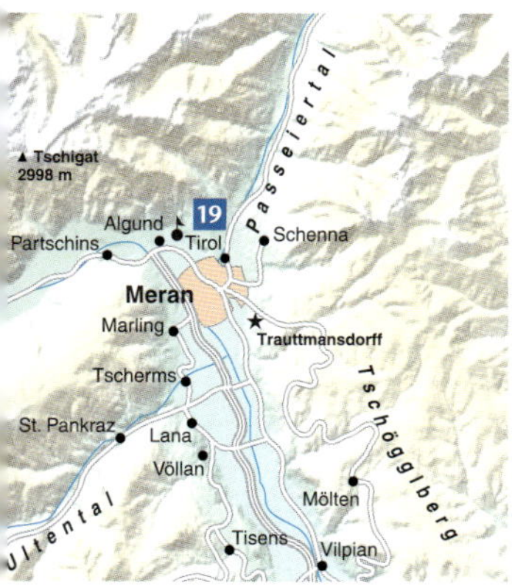

Tempi passati

Südtirol hat zwar noch einen Landesfürsten, der jetzt Landeshauptmann heißt, doch dürfte wohl niemand mehr bei seiner Erwähnung den Hut lüpfen. Er residiert auch nicht in Schloss Tirol wie jene Grafen von Vintschgau, die das Schloss erbauten und sich fortan Grafen von Tirol nannten. Es erlebte seine Glanzzeit im 14. Jahrhundert, als der deutsche Kaiser bei der Vermählung seines Sohns mit Margarethe von Maultasch auf dem Schloss weilte: »Am Montag danach, den 11. Hornung 1342 zu morgens, ritt der Kayser mit dem präutigam und der praut von Tyrol gen Meran in des Bischofs von Trient Behausung. Allda… saß der Kayser und liehe

der Fürstin und ihrem gemahl zwei land, Kärnten und Tyrol.«
Nach der Verlegung des Regierungssitzes unter Erzherzog Sigmund »dem Münzreichen« nach Innsbruck im Jahr 1363 verlor Schloss Tirol an Bedeutung und verfiel zunehmend. Im 16. Jahrhundert stürzte ein Teil der Feste in die Tiefe – kein Wunder angesichts des wenig stabilen Untergrunds. Während der Zeit der bayerischen Herrschaft (1807) wurde die Burg sogar öffentlich versteigert.
Heute ist das aufwendig restaurierte Schloss Tirol im Besitz des Landes und beherbergt das Südtiroler Museum für Kultur- und Landesgeschichte. Der Gang durch das Schloss wird zur Reise durch die Jahrhunderte, garniert mit reizvollen Ausblicken auf das Etschtal. Die Burgkapelle – doppelstöckig mit umlaufender Holzgalerie – wurde im 14. Jahrhundert fast vollständig ausgemalt. Überregionale Bedeutung besitzt der plastische Schmuck an Kapellen- und Palastportal, dessen Motive der Forschung bis heute Rätsel aufgeben. Möglicherweise stammt er von jener romanischen Kirche, deren Fundamente (samt denen zweier Vorgängerbauten) in den 1990er-Jahren unterhalb vom Schloss entdeckt und teilweise freigelegt wurden.
Im Sommer finden auf Schloss Tirol übrigens regelmäßig interessante Soireen mit alter Musik statt.

Am Weg zum Schloss

Ein gemütlicher Spaziergang führt von Dorf Tirol hinüber zum Schloss. Links unterhalb des Sträßchens zeigt sich Schloss Brunnenburg, im Kern aus spätromanischer Zeit, um 1910 »im rheinischen Burgenstil abscheulich pompös« (Sayn-Wittgenstein) wieder aufgebaut. Es beherbergt neben dem Südtiroler Landwirtschaftsmuseum eine Ezra-Pound-Gedenkstätte. Der exzentrische amerikanische Dichter – ein Bewunderer Mussolinis – bewohnte das Schloss bis zu seinem Tod im Jahr 1972.
Am Eingang zum Köstengraben führt der Weg nach Schloss Tirol durch das Knappenloch, einen kurzen Tunnel, der unter Kaiser Leopold I. im 17. Jahrhundert angelegt wurde. Rechts oberhalb in dem bewaldeten Graben stehen ein paar Erdpyramiden, allerdings weder an Anzahl noch Form mit denen am Ritten vergleichbar.

TOP ★ ERLEBNISSE

★ GUFYLAND

Am Burghügel hat das Pflegezentrum für Vogelfauna seinen Sitz. Es nimmt verletzte Tiere auf, pflegt sie, um sie später nach Möglichkeit wieder in ihren natürlichen Lebensraum entlassen zu können. Zweimal täglich demonstrieren Greifvögel – die Jäger der Lüfte – ihre Flugkünste. Auf einem schön angelegten Weg, der an zahlreichen Volieren vorbeiführt, erfährt man so manches über diese Tiere, ihre Funktion im Naturkreislauf und ihre Lebensweise. Wer von uns hat schon mal einen Karakara aus der Nähe gesehen oder einem Gänsegeier beim Flug zugeschaut?

★ BRUNNENBURG

Als Klein-Neuschwanstein könnte man die Brunnenburg bezeichnen, die unterhalb von Schloss Tirol einen schroffen Geländesporn krönt. Sie geht im Kern auf das 13. Jahrhundert zurück, verfiel später und wurde anfangs des 20. Jahrhunderts im Stil des Historismus wieder aufgebaut. Hier vollendete der umstrittene Literat Ezra Pound 1958–1962 sein Hauptwerk, die »Cantos«. In den Räumlichkeiten ist heute das Südtiroler Landwirtschaftsmuseum untergebracht.

www.schloss-tirol.it,
www.gufyland.com,
www.brunnenburg.net

Blick vom Weg zum Hasenöhrl auf den Arzkarsee und das Ultental (oben). Solides Fundament: Das Haus am Stein blieb bei einem verheerenden Hochwasser der Falschauer, das alles rundum mitriss, einfach stehen – unversehrt (rechts).

20 ULTENTAL – BAUERNLAND VOR DEN TOREN MERANS

Urlaub im Meraner Land

Der kürzeste Weg in hochalpine Regionen, wenn man in Meran Urlaub macht? Jener ins Ultental natürlich. Unten mehr Schlucht als Tal, öffnet es sich hinter St. Walburg zu einem alpinen Paradies, über dem die Dreitausender thronen. Das Ultental war lange Zeit ein vergessener Winkel Südtirols, ist aber keineswegs »das Letzte« *(l'ultimo)*.

Lana, das Südtiroler Apfeldorf schlechthin, liegt unmittelbar am Eingang zum Ultental, ganz hinten über dem Talschluss markiert die Hintere Eggenspitze (3443 m) den höchsten Punkt dieses Landstrichs, der dessen Lebensbedingungen von mediterranen Breiten bis in die Arktis reichten. Letztere ist allerdings seit einiger Zeit auf dem Rückzug, was man an schwindenden Gletschern und einer langsam, aber stetig weiter nach oben wandernden Waldgrenze ablesen kann.

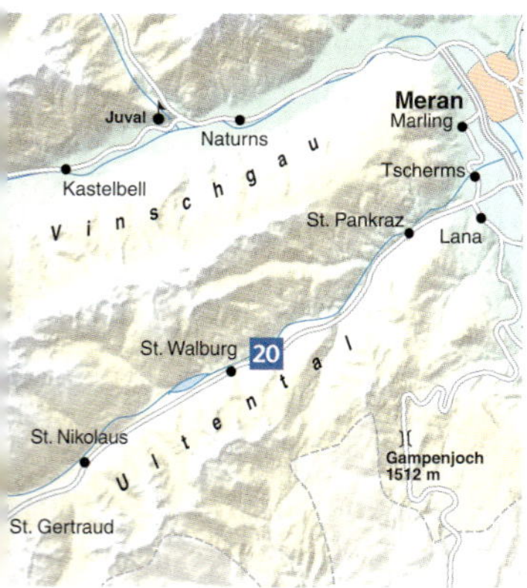

Heilbad und Wintersport

Ulten war immer Bauernland, auch armes Land, trotz der Nähe zu Meran, war allerdings auch früh schon Tourismusziel. Der Fremdenverkehr konzentrierte sich auf das Mitterbad im Marauntal, einem waldigen Nebenast des unteren Ultentals. Berühmtheiten wie Kaiserin Elisabeth und der Maler Franz von Defregger besuchten im 19. Jahrhundert die Heilquelle, die bereits 1418 als »Mitern Pad« urkundlich genannt wurde. Bei einem Aufenthalt dort soll Thomas Mann seine »Buddenbrooks« vollendet haben. Der spätere Reichskanzler Otto von Bismarck war von der Tochter des Badwirts besonders angetan, was den Ultner Burschen natürlich gar nicht passte. Als »Stadtfrack aus der Fremd'« wurde er bezeichnet, von dem man nicht einmal sicher wisse, ob er »Franzoser oder Christ« sei.

Ein paar Jahrhunderte alt: die berühmten Ultner Lärchen (unten). Herzlich willkommen (rechts oben)! Heinrich Pöder und sein Speck (rechts unten).

Das Bad ist heute nur noch Ruine, dem Verfall preisgegeben. Dafür hat sich im Talinnern der moderne Tourismus etabliert, man sieht's an einigen etwas groß geratenen Hotelbauten, und ein familienfreundliches Skigebiet fehlt auch nicht. Möglich wurde diese Entwicklung durch die ENEL, den staatlichen italienischen Energiekonzern, der in den 1950er-Jahren Ulten »entdeckte« und – um seine Pläne verwirklichen zu können – endlich für eine ordentliche Straßenzufahrt sorgte. So gelangen Ausflügler, Wanderer und Gipfelstürmer heute vergleichsweise komfortabel bis hinauf zum Weißbrunner See und nach der Besteigung der Zufrittspitze (3439 m) bleibt dann sogar noch ausreichend Zeit für einen Veneziano auf der Passerpromenade Merans, bevor zum Vier-Gänge-Menü gerufen wird.

Das Hasenöhrl

Wer's lieber gemütlicher mag, bleibt gleich im Tal, sucht sich eine Bleibe und genießt am Abend bei einem Spaziergang den Blick auf den Dreitausender mit dem schönsten Namen weitum: das Hasenöhrl (3257 m). Das lässt sich vergleichsweise leicht besteigen, und die Werkstraße zum Arzker See verkürzt den Weg zum Gipfel erheblich. Der markierte Anstieg führt westlich des Marcheggs, beim Latscher Jöchl, an einem Kulturdenkmal der besonderen Art vorbei: dem Tarscher Jochwaal. Er leitete das Wasser von der Ultner auf die Vinschgauer Seite des Kamms, ein Stück weit als Aquädukt. Der hochalpine, über zwei Kilometer lange Waal wurde 1782 erbaut; er diente (zusammen mit den Siebenbrunnen, einer Quelle) der Bewässerung von Feldern im Vinschgau.

Ulten einst und heute

Ulten hat den Anschluss an die Moderne erst recht spät geschafft, was die einen als Vorteil, andere eher als Nachteil empfinden. Immerhin blieb das Tal so von manchen Architektursünden verschont, wie sie andernorts in Südtirol zur Genüge zu sehen sind, und in den holzgetäfelten Stuben des „Eggwirt" in St. Waldburg könnte man glauben, die Zeit wäre einfach stehen geblieben. Gemütlich ist's halt, und was auf den Tisch kommt, ist bodenständig gut, ganz nach Ultner Art. Ob man das vom »Arosea Life Balance Hotel« auch sagen kann, wagen wir zu bezweifeln. 5000 Quadratmeter Beauty und Wellness sind vielleicht doch ein wenig zu viel Lifestyle für ein Tal, das stolz ist auf seine bäuerlichen Wurzeln. Denen kann man im Ultner Talmuseum nachspüren, das mit seiner Räucherküche und der Ultner Stube ein Bild der guten alten Zeit präsentiert, als die Welt noch in Ordnung und die Kirche im Dorf war. Das

Gebäude von 1827 musste allerdings erst einmal umziehen, bevor es am neuen Platz als Museum eröffnet werden konnte.
Noch anschaulicher erlebt man den bäuerlichen Alltag in Ulten bei einer Wanderung auf dem »Höfeweg«, der von Kuppelwies taleinwärts nach St. Gertraud führt. Die schönen Bauernhäuser an der Sonnenseite des Tals haben teilweise mehrere Jahrhunderte auf dem Buckel. In moderner Zeit hat man eine Straße zum Hof gebaut, damit das Leben etwas leichter wird, und die Antenne am Dach bringt die weite Welt in den kleinen Ultner Kosmos. In gut drei Stunden wandert man gemütlich bis nach St. Gertraud, zurück geht es auf der anderen Talseite. Dabei führt der Weg an den größten Ultnern vorbei: den Urlärchen, einer Gruppe mächtiger Lärchen, die mehr als 800 Jahre alt sein dürften. Der größte dieser Giganten hat einen Umfang von rund acht Metern!
Ein Großer war auch jener Mann, der bis zu seinem Unfalltod 1994 das Gasthaus Enzian am Weißbrunner See führte: Giancarlo Godio. Geboren im Piemont, prägte er in den 1970er- und 1980er-Jahren die Entwicklung der neuen Südtiroler Küche ganz entscheidend, was ihm auch – damals eine Sensation – einen Michelin-Stern eintrug. Heute ist das Haus am Stausee, einst Geheimtipp und dann Mekka der Feinschmecker, eine Halbruine. Immerhin: Die Erinnerung an den Ausnahmekoch lebt im »Primo Godio« weiter, einem renommierten Gastronomiepreis.

Nationalpark Stilfser Joch

Der Weißbrunner See (1972 m) liegt bereits innerhalb des 1935 gegründeten Nationalparks Stilfser Joch, der mit einer Fläche von 1346 Quadratkilometern zu den größten Schutzgebieten der Alpen zählt. Er erstreckt sich über die drei italienischen Provinzen Südtirol, Trentino und Sondrio (was seine Verwaltung nicht unbedingt erleichtert) und wird in den Randbereichen leider durch Stauseen und Skigebiete erheblich beeinträchtigt. Dass der Weißbrunner See eine (schmale) Straßenzufahrt hat, verkürzt so manche Wanderung im innersten Ultental, und per pedes wäre wohl auch kaum jemand zu Giancarlo Godio gepilgert. So kann man nahe der 2000-Meter-Höhenkote ausgeruht zur Tour starten, der Aufstieg zu der im Sommer bewirtschafteten Höchster Hütte (2561 m) ist dann nur noch eine halbtägige Wanderung. Das Haus, 1909 von der Alpenvereinssektion Höchst am Main erbaut, kam nach dem Ersten Weltkrieg an Italien und musste in den 1950er-Jahren dem Grünsee weichen, der zur Kraftwerksgruppe Ulten gehört.
Das Gebäude wurde knapp oberhalb der Staumauer neu errichtet und dient als Stützpunkt für die Zufrittspitze und die Hintere Eggenspitze, deren Besteigung allerdings solides alpinistisches Können voraussetzt. Ein leichteres, aber ebenfalls sehr lohnendes Ziel ist der Gleck (2957 m) mit markiertem Weg und großem Panorama (3 Std. vom Weißbrunner See).

TOP ★ ERLEBNISSE

★ ULTNER BAUERNSPECK

Über Geschmack kann man bekanntlich streiten, beim Essen sowieso. Wenn sich allerdings Gambero Rosso zu einer geradezu hymnischen Beurteilung hinreißen lässt und eine Jury den Pöder-Speck zum Besten in Südtirol kürt, ist klar: Da hat jemand ein besonders feines Händchen für Schweine. Schmeckt einfach himmlisch!

★ KRÄUTERREICH WEGLEITHOF

Wer sich für die Welt der Kräuter und Gewürze interessiert oder alles über die Ultner Schafe wissen will, ist auf dem Erbhof der Familie Schwienbacher genau richtig. Im Hofladen kann man die feinen Bioprodukte (Kräutermischungen, Kosmetik, Wollsachen) kaufen. Ab Mai finden jeweils am Dienstag (10 Uhr) Führungen im Kräutergarten statt.

★ ULTNER HÖFEWEG

Die Bauernhöfe an der Sonnenseite des Tals sind echte Unikate, wettergegerbtes Holz, ein paar Jahrhunderte alt. Und viel Aussicht dazu. Die rund zehn Kilometer lange Runde startet in St. Niklaus, Wendepunkt ist St. Gertraud. Am Rückweg kommt man bei den berühmten Ultner Lärchen vorbei.

www.meranerland.org,
www.poeder-speck.it,
www.kraeuterreich.com

21 ÜBER DAS GAMPENJOCH NACH DEUTSCHNONSBERG

Reise in einen unbekannteren Winkel Südtirols

Es gibt Regionen, sogar in Südtirol, die segeln buchstäblich im Windschatten berühmter Hotspots des Tourismus. Wie Deutschnonsberg. Die drei Gemeinden hinter dem Gampenjoch sind über eine in den 1930er-Jahren erbaute Passstraße mit Meran verbunden. Zwei kleine Dörfer liegen an der Strecke, die in Fondo endet: Unsere Liebe Frau im Walde und St. Felix – Oasen der Ruhe.

Der Weg über den Gampen muss früher recht bedeutend gewesen sein, ist doch bereits 1562 eine Zollstätte bezeugt. Pläne für eine Fahrstraße gab es schon zu K.-u.-k.-Zeiten, doch erst unter dem Duce wurde die Verbindung zwischen dem Südtiroler Burggrafenamt und dem Trentiner Nonsberg (Val di Non) realisiert. Beim Bau dürften möglicherweise militärstrategische Überlegungen mit im Spiel gewesen sein. Dafür spricht, dass unmittelbar am Pass eine riesige Bunkeranlage – Teil des Vallo Alpino – angelegt wurde. Sie blieb allerdings unvollendet, wie die meisten der geplanten Festungen.

Alte Mauern

Wesentlich älter sind jene Mauern, deren man auf der Fahrt hinauf zum Gampenjoch ansichtig wird: Südtirol, das Burgenland. Längst schon Ruine geworden ist die Burg Brandis, deren teils eingestürzter Turm zwischen Baumwipfeln unterhalb der Passstraße hervorlugt. Ganz anders die doppeltürmige Leonburg als bestens erhaltene mittelalterliche Anlage (13./15. Jh.). Sie wird noch heute von den Brandis bewohnt, kann deshalb nicht besichtigt werden, im Gegensatz zum Kirchlein St. Hippolyt, das auf einem Hügel über dem Weiler Naraun thront und

Ideal für Familien: die Tierwelt Rainguthof in Gfrill an der Gampenjochstraße (unten). Logieren in historischen Mauern: das Schlosshotel Wehrburg in Tisens (rechts oben). Eingang zur Bunkeranlage am Gampen (rechts unten)

als einer der bedeutendsten prähistorischen Siedlungsplätze Südtirols gilt. Die ältesten Funde stammen aus der Jungsteinzeit. Hier kann man aber nicht nur in die Vergangenheit schauen; St. Hippolyt bietet auch ein prächtiges Panorama, das – wie uns ein Reiseführer verrät – »nicht weniger als 20 Ortschaften und gegen 40 Schlösser und Burgen einschließt.«

Mit so viel Aussicht können die beiden Dörfer auf dem Tisner Mittelgebirgsplateau nicht dienen, dafür aber mit einem sehenswerten Ortsbild ohne protzige Neubauten. Rund um Prissian gruppieren sich gleich mehrere wehrhafte Bauten. Die Wehrburg, wohl im 13. Jahrhundert erbaut, zwischenzeitlich ziemlich heruntergekommen, präsentiert sich heute als gediegenes Schlosshotel. Hinter den dicken Mauern fühlen sich Besucher in eine andere, längst vergangene Zeit zurückversetzt. Da könnte man glatt vergessen, dass die Anreise nicht in einer Kutsche, sondern am Steuer eines SUV erfolgt ist.

Auch die Fahlburg, ein stattlicher Renaissancesitz, kann besucht werden. Unterhalb von Schloss Katzenzungen hält die Natur eine echte Sensation bereit: den Versoaln, mit 350 Jahren einer der ältesten Rebstöcke der Welt. Sein Pflanzendach umfasst eine Fläche von etwa 300 Quadratmetern!

Kunstfreunden ist ein Abstecher nach Grissian zu empfehlen. Das aussichtsreich gelegene Kirchlein St. Jakob bewahrt romanische Fresken, die zu den schönsten im Land zählen.

Hinterm Gampenjoch

Über den Gampen verläuft die Grenze zum Nonsberg, der gemeinhin als »Apfelkiste des Trentino« bezeichnet wird. Die knackigsaftigen Kernobstgewächse stehen weiter talabwärts in Reih und Glied, am Pass dominieren Nadelhölzer. Hier kann man in den Berg (Gampen Gallery) und auf den Berg. Der Große Laugen (2434 m), der sich westseitig erhebt, gilt als der beste Aussichtspunkt weitum. Das Klasse-Panorama reicht vom Alpenhauptkamm bis zu den Gardaseebergen und vom Adamello zum Großglockner. Und im Osten stehen mit den Dolomiten die schönsten Bergzacken Südtirols.

Südlich, nur wenig unterhalb der Wasserscheide, liegt Unsere Liebe Frau im Walde, ein kleiner Wallfahrtsort. Letzter deutschsprachiger Ort auf der Fahrt nach Fondo ist St. Felix; direkt an der Provinzgrenze rauscht die Cascata di Tret über eine 70 Meter hohe Felsklippe hinab. Höher am Mendelkamm liegt der seichte, von Schilf gesäumte Felixer Weiher, der Lago di Tret, ein beliebtes Ausflugsziel. Das Gewässer ist lediglich drei Meter tief; um ein Verlanden durch Schilf und andere Wasserpflanzen zu verhindern, wird es alljährlich »gemäht«.

TOP ★ ERLEBNISSE

★ GAMPEN GALLERY

Knapp südlich der Passhöhe befindet sich der Eingang zum Gampenbunker. Die unterirdische Anlage erstreckt sich über 1,5 Kilometer und vier Stockwerke. Im Stollen: Fotoausstellung zur Geschichte der Passstraße, große Mineraliensammlung.

★ SCHLOSSHOTEL WEHRBURG

Mehr als nur einen Hauch Romantik bietet die Wehrburg; hinter den dicken Mauern fühlt man sich bestens aufgehoben. Das liegt aber nicht nur am mittelalterlichen Ambiente, sondern auch an den herzlichen Gastgebern. Der besondere Tipp: eines der Turmzimmer buchen.

★ FELIXER WEIHER

Die westseitige Abdachung des Mandelkamms ist überwiegend bewaldet, lädt deshalb vor allem im Sommer zu angenehm schattigen Wanderungen ein. Felixer Weiher und Tret-Wasserfall sind die Highlights einer Runde mit Ausgangspunkt St. Felix. Gehzeit etwa drei Stunden, Einkehr am Felixer Weiher und in den beiden Dörfern St. Felix und Tret.

merano-suedtirol.it, wehrburg.com, suedtirolkompakt.com/gampenbunker-am-gampenpass, meranerland.org

BOZEN / UNTERLAND

Mediterranes Flair

Die Wandmalereien von Schloss Runkelstein gelten als die wertvollsten profanen Fresken Südtirols (links). Mittelpunkt der Landeshauptstadt Bozen ist der Waltherplatz mit der gotischen Domkirche (oben). Ein wichtiger Wirtschaftszweig im Unterland: der Weinbau (unten).

Heile Bergwelt am Salten: Lärchenwiesen und am Horizont Dolomitfels (oben). St. Jakob auf Lafenn (rechts oben). Auf dem Salten zuhause: Haflinger (rechts unten).

22 PARADIES ÜBER DEM ETSCHTAL: DER SALTEN

Wo im Herbst die Lärchenwälder »brennen«

Der Ritten mag berühmter sein, doch das hat seinen Preis. Dafür gibt's an seinem Nachbarn, dem Salten, noch mehr Natur, obwohl der Tourismus auch dieser Idylle immer näher rückt. Bewahren statt Bauen muss die Devise heißen, damit der Zauber des Salten auch für die Zukunft (und ihre Kinder) erhalten bleibt.

Der Herbst gilt als schönste Wanderzeit. Die heißen Tage sind vorbei, Gewitter drohen keine und auch jener Ansturm, der meistens auf vier Rädern daherkommt, ebbt ab. Ruhe kehrt ein auf den Bergen, fast könnte man meinen, der viele Staub, der über den Sommer aufgewirbelt wurde, sei verschwunden. Südtirol scheint zusammenzurücken, so klar stehen selbst die fernsten Gipfel am Horizont. Ein azurblauer Himmel wölbt sich über der Szenerie, und irgendwann verfärben sich die Lärchen, ziehen sich ihr festliches Herbstkleid über. Dann ist es höchste Zeit, zu jenem Höhenrücken aufzusteigen, der sich als südwestlicher Ausläufer der Sarntaler Alpen zwischen Etsch- und Sarntal erhebt: der Salten. Paul Tschurtschenthaler, Heimatdichter aus Bruneck, beschrieb ihn als kleines Paradies, vergaß dabei nicht, seine Ode mit einer ernsten Warnung zu verbinden. »Der Salten ist ein einziger Lärchenhain, so groß und weit, wie ihn Gott erschaffen hat. Wie schön lässt es sich hier leben für Menschen, die noch Herz und Sinn für Ruhe und Waldfrieden bewahrt haben und für das tiefe Versunkensein in das große Schweigen der großen Natur. Und die anderen mögen die Hände lassen von dem heiligen Götterhain des Salten!«

Bewahren, nicht zerstören

Als Tschurtschenthaler dies schrieb (1921), war der Erste Weltkrieg gerade drei Jahre vorbei, Südtirol als Alto Adige nach Abschluss des Vertrags von Saint-Germain Teil Italiens. Das Land erlebte eine Zeit der Ungewissheit. Das mag den pathetisch-rückwärtsgewandten Ton Tschurtschenthalers erklären. Umso erstaunlicher sein Appell an die Zukunft: Lasst Vernunft walten, bewahrt ein Erbe. Ein halbes Jahrhundert später warnt ein anderer Südtiroler, auch er Chronist seiner Heimat, vor den Folgen weiterer touristischer Erschließung am Salten. Er bedauert, dass man die Möglichkeit eines autofreien Naturparks vor den Toren Bozens ungenutzt lässt, leider. »Nachdem nun der andere Weg eingeschlagen wurde, wird es immer schwieriger, in die Stille der Saltenwälder auszuweichen.« Josef Rampold verweist auf den Ritten, der viel früher zur Sommerfrische entdeckt wurde und bereits 1907 Eisenbahnanschluss bekam. Der Bauboom setzte aber erst mit der Eröffnung der Rittner Straße in den 1960er-Jahren ein.

Der Salten, ein Erlebnis – immer noch

Und heute? Jenesien hat eine moderne Straße, dafür ist die Seilbahn stillgelegt (neue Anlage geplant) und rund um den alten Dorfkern wurde fleißig gebaut. Auch die Asphaltschlinge zieht sich enger und enger um das Naturparadies Salten. Wo einst drei mehr oder weniger klapperige Seilbahnen ein paar Dutzend, vielleicht hundert Naturfreunde an den Rand des Bergrückens hievten, herrscht heute PS-Vorfahrt. Und sogar die Radler, einst jeder Umweltsünde unverdächtig, sind motorisiert unterwegs.

Trotzdem. Der Zauber ist geblieben: Ein Herbsttag über dem nebelgrauen Alltag, wenn die Lärchen sich verfärben und irgendwann zu brennen scheinen, in fast unwirklichem Kontrast zum tiefblauen Himmel, beschert ein unvergessliches Erlebnis. Himmlisch ist dann auch das Finale, in mehrfachem Sinn: St. Jakob auf Langfenn (1527 m) am höchsten Punkt des Salten vor einem großen Panorama, das von den Dolomiten bis zur Brenta und zum Ötztaler Hauptkamm reicht. Das Gotteshaus ist im Kern romanisch (Turm), wurde in spätgotischer Zeit dann umgestaltet. Berühmt war früher der Langfenner Kirchtag, ein richtiges Volksfest mit Besuchern »aus allen Höhen und Tiefen zwischen Bozen und Meran mit ihren Knechten und Dirnen, denen sie Braten, Wein und Brot auftischten. Ochsen, Kälber und Schöpse wurden abgestochen und in die Bratpfannen gelegt, und man trank an die 40 Eimer Wein.« (Tschurtschenthaler)

Nachdem es 1840 – wohl wegen übermäßigen Alkoholgenusses – zu einer Prügelei mit tödlichem Ausgang gekommen war, wurde der Brauch verboten. Schade.

TOP ★ ERLEBNISSE

★ SALTEN-WANDERUNG

Vor allem im Herbst ein Traum: die Überschreitung des Salten von Jenesien via St. Jakob auf Lafenn (1527 m) nach Mölten. An- und Rückfahrt mit dem SAD-Bus ab Bozen (Jenesien-Seilbahn zurzeit außer Betrieb). Durchwegs komfortable Wege, nur mäßige Steigungen, markiert; Gehzeit gut drei Stunden. Mehrere Einkehrmöglichkeiten unterwegs.

★ MÖLTEN

Ein Besuch des Salten kann auch von Mölten aus gestartet werden. Das dichte Wegnetz lässt die Wahl zwischen kleineren oder auch längeren Wanderungen. Günstiger Ausgangspunkt ist der Parkplatz/Bushalt Schermoos (ca. 1450 m). Überaus beliebt ist der Rundweg Langfenn (1,5 Stunden) mit Einkehr im Gasthaus Langfenn.

★ HAFLINGERHEIMAT

Der Salten gilt (mit dem Tschögglberg) als Haflingerheimat; hier weiden mehr dieser stämmigen, blondmähnigen Pferde als anderswo im Land. Sie gehören – wie die Lärchenwälder – zu dieser einzigartigen Mittelgebirgslandschaft. In Jenesien gibt es sogar eine Pferdeklinik und ein kleines Haflingermuseum. Tierisch.

jenesien.net, moelten.net, tierklinik.it

Südtiroler Herbstfarben: goldene Lärchen und Schnee auf den Gipfeln des Rosengartens.

Der Durnholzer See ist ein beliebtes Ausflugsziel mit vielfältigen Wandermöglichkeiten (oben). Der Sarner Kirchtag ist eines der größten Volksfeste Südtirols (rechts unten). Heinrich Schneider kocht im »Auener Hof« auf höchstem Niveau, was ihm zwei Michelin-Sterne eingebracht hat (rechts oben).

23 SARNTAL – NAH BEI BOZEN, ABER GANZ ANDERS

Südtirols bäuerliches Herz

Es ist eine Welt für sich, das Sarntal mit seinen Almen und Bergen, der Landeshauptstadt zwar ganz nah, aber doch weit weg von der Hektik und dem Trubel Bozens. Hinter der engen Sarner Schlucht gehen die Uhren ein wenig anders, da gibt die Sonne den Takt vor, man lebt mit alten Bräuchen, und die Tracht ist nicht nur Schaustück am Kirchtag.

Das Sarntal, so heißt es oft, sei eine kleine Welt für sich. Das mag an der Sarner Schlucht liegen, durch die sich die Talfer erst zwängen muss, bevor sie sich im Talkessel von Bozen mit dem Eisack vereinigt. Die alte Straßenverbindung wurde immer wieder durch Muren verlegt oder vom Hochwasser beschädigt. Erst in den 1930er-Jahren, in der Zeit des Faschismus, bekam das Tal eine sichere, durch 24 Tunnels verlaufende Zufahrt, die dann auch gleich übers Penser Joch (2215 m) nach Sterzing weitergeführt wurde. Das Sarntal hatte nun Anschluss an die große Welt, und sogar Innsbruck war nicht mehr so ganz weit weg.

Der Sarntaler ist bekannt für seinen Witz und seine Schlagfertigkeit, dazu stark in der Tradition verwurzelt, auch heute noch. Zwischen der Sarner Schlucht und dem Penser Joch haben sich Mundart, Brauchtum und die traditionelle Tracht, die man in den Dörfern nicht nur an Feiertagen sieht, weitgehend erhalten. So ist der uralte, wohl im germanischen Mythos der Wintersonnenwende wurzelnde Brauch des »Klöckelns«, der in den drei ersten Donnerstagnächten im Advent mit einigem Lärm veranstaltet wird, noch sehr lebendig.

Ein weitum bekanntes Original war der Sarner Toni, Gastwirt an der Straße ins Tal. Er erhob den Wegzoll, der damals zwei Kreuzer pro Person betrug. Bei ihm soll allerlei Prominenz eingekehrt sein; es heißt, dass auch Sisi einmal zu Gast beim Sarner Toni war. Als sie ihm huldvoll fünf Gulden Trinkgeld zustecken wollte, lehnte er mit den Worten ab: »Kaaft's

enk gscheider a Tüechl, den Hals zuzuluckn!« Das Dekolleté der Dame war dem Toni wohl etwas zu offenherzig.

Sarnthein

Rund zehn Kilometer lang ist die Mündungsschlucht der Talfer. Von der wildromantischen Kulisse bekommt man im Auto heute nicht mehr allzu viel mit, denn die Straße verschwindet wiederholt im Berg. Auch auf den schroffen Porphyrzahn des Johanneskofels erhascht man nur noch einen kurzen Blick zwischen zwei Tunneln. Hinter der Klamm öffnet sich das Tal, es wird zunehmend alpiner, Berge zeigen sich, die bis weit in den Frühling Schneehauben tragen. Hauptort ist Sarnthein, ein hübscher Flecken von ganz eigenwilligem Charme. Vielleicht liegt das daran, dass er sich nicht so recht entscheiden kann, ob er noch Dorf oder schon ein Städtchen sein will. Immerhin ist die Gemeinde flächenmäßig die größte Südtirols. Einige Häuser im historischen Ortskern, den die Hauptstraße umgeht, haben durchaus städtischen Zuschnitt. Zu einem kleinen Museum umgestaltet wurde das restaurierte Rohrerhaus, das im Kern wohl bis ins 13. Jahrhundert zurückreichen dürfte.

Die wuchtige Pfarrkirche von 1850 erntet bei Kunstfreunden wenig Anerkennung – Sayn-Wittgenstein bezeichnete sie sogar als »einen leider ziemlich häßlichen modernen Bau«, ganz im Gegensatz zur Kirche St. Cyprian, die hervorragende Fresken der Bozner Schule (um 1400) bewahrt.

Durnholzer See

Ein paar Kilometer hinter Sarnthein, beim Weiler Astfeld, lohnt sich ein Abstecher zum Durnholzer See (1545 m). Das seichte Gewässer (maximale Tiefe 13 m), fast einen Kilometer lang, liegt in einer weiten, teilweise bewaldeten Talmulde. Entstanden ist es vermutlich durch einen prähistorischen Bergsturz.

Der See ist Ausgangspunkt schöner Alm- und Gipfelwanderungen. Wer hoch hinaus will, steuert mit Vorteil zunächst den Weiler Reinswald an (Zufahrt) und lässt sich mit der Gondelbahn bis zur Pichlberghütte (2130 m) hinauftragen. Dort sind die Gipfel rund um die Kassianspitze (2581 m) dann nur noch etwa zwei Gehstunden entfernt.

TOP ★ ERLEBNISSE

★ HAUTE CUISINE AUF DEM BERG

Wer auf hohem Niveau (topografisch: 1622 m) kocht, muss auch kulinarische Höhen erklimmen. Im Fall mancher Berghütte trifft eher das Gegenteil zu, doch was Heinrich Schneider im Auener Hof auf den Teller zaubert, ist absolute Spitze. Damit der Genuss garantiert nicht zu kurz kommt, mietet man gleich eines der acht Zimmer – und genießt dazu im Turm-Whirlpool ganz entspannt den sensationellen Dolomitenblick. Zum Verlieben!

★ DAS PENSER JOCH

Die kürzeste Verbindung zwischen Bozen und Sterzing führt über das Penser Joch. Erbaut wurde die Straße aus strategischen Gründen in den 1930er-Jahren. Heute dient sie vor allem dem Tourismus, auch jenem, der sich auf zwei Rädern bewegt: Drahtige RennradlerInnen kämpfen mit sich und der Steigung, während es die »PS-Sportler« krachen lassen.

★ FEDERKIELSTICKEREI THALER

In Sarnthein wird das jahrhundertealte, selten gewordene Handwerk noch gepflegt. Und die Produktepalette umfasst nicht nur Trachtenzubehör – eine Fundgrube!

www.sarntal.com,
www.terraplace/de,
www.federkielstickerei.com

Wenn der Tag vergeht: Abend über Bozen (oben). Die Häuser an der Bozener Sparkassenstraße entstanden an der Wende vom 19. zum 20. Jahrhundert, überwiegend in historischen Bauformen (rechts oben). Die Bozner Lauben laden Jung und Alt zu einem kleinen Bummel ein (rechts unten).

24 BOZEN – VIEL MEHR ALS NUR SÜDTIROLS HAUPTSTADT

Eine Stadt im Wandel

Bozen hat sich verändert, und zwar zu seinem Vorteil. Die Landeshauptstadt ist bunter, moderner geworden, ohne dabei ihr Erbe zu verleugnen. Neben Altem steht oft Neues, der Blick geht eher in die Zukunft als zurück in jene gute alte Zeit, die ja auch nicht immer so gut war, wie ein Blick in die Historie beweist. Bozen heute: eine Stadt voller Überraschungen.

Wie heißt es so schön? Das einzig Beständige ist der Wandel. Das passt ganz gut auf die jüngere Geschichte der Südtiroler Landeshauptstadt, auch auf ihre Zukunftsperspektiven. Vor gerade mal gut einem Jahrhundert – der Ausbruch des Ersten Weltkriegs stand bevor – war Bozen eine Kleinstadt, Handwerk und Gewerbe dominierten, ein paar Hotels versorgten die Touristen, und alles zusammen ernährte rund 13 000 Einwohner. Nach dem Krieg war die K.-u.-k-Monarchie dann Geschichte, aus Südtirolern wurden mit einem Mal Italiener. Im Gefolge des Faschismus kamen Zigtausend Einwanderer aus dem Süden, die Tiroler wurden zu einer Minderheit in ihrer Heimat. Westlich der Talfer, zur Etsch hin, entstand ein neues Wohnquartier, sogar mit Lauben wie drüben im historischen alten Bozen, allerdings im faschistischen Protzstil, und talabwärts, vor den Toren der Stadt, siedelten sich große Staatsbetriebe an.

Wohlstand und ein Eismann

Nach der zweiten Weltkatastrophe ging's bergauf, Südtirol erkämpfte sich seinen Autonomiestatus, wobei auch ein paar Bomben explodierten. Mit dem Tourismus (und großzügigen Zuwendungen u. a. aus Bayern und Rom) kam der Wohlstand, das »Land an der Etsch und im Gebirg'« entwickelte sich zu einem Wachstumsmotor

Merkantilmuseum Bozen
Museo Mercantile Bolzano
SPORTLER ALPIN
BEST IN THE ALPS
THALER vital

In der Bozner Altstadt, zwischen Obstmarkt und Waltherplatz, herrscht oft ein ziemliches Gewusel. Einkaufen, einkehren oder sich einfach treiben lassen, schauen?

für die italienische Wirtschaft, und die Südtiroler Volkspartei (SVP) sorgte für stabile politische Verhältnisse. Die rußgeschwärzten alten Fabrikareale aus Mussolinis Zeit wichen modernen Bürohäusern, Lagerhallen und Fertigungsstätten. Umfragen sahen Bozen in Sachen Lebensqualität bald an der Spitze aller italienischen Städte.

Schließlich erwies sich ein Toter aus längst vergangener Zeit als ein absoluter Glücksfall: Ötzi, die Gletschermumie vom Tisenjoch, 1991 entdeckt, bescherte Bozen einen echten Medien-Hype. Fast über Nacht wurde aus einem verschlafenen Kleinmuseum mitten in der Stadt eine erste Adresse in der Kulturlandschaft, die Besucher aus aller Welt an den Eisack lockte. Dabei ist noch nicht einmal geklärt, ob es sich bei dem Mann im Eis tatsächlich um einen Südtiroler (und nicht etwa einen Italiener) handelt.

Aufbruch in die Zukunft

Mittlerweile ist Bozen dabei, sich ein weiteres Mal zu erneuern. Hier wird – im Gegensatz zum übrigen Italien – gebaut und für die Zukunft geplant. Seit 2008 steht an der Nahtstelle zwischen Alt- und Neustadt, nur ein paar Schritte von der Talfer, das Museion. Mit seiner Glas-Aluminium-Haut ist das Museum für moderne und zeitgenössische Kunst ein echter Hingucker, nicht ohne Absicht zwischen der (deutschen) Altstadt und dem (italienischen) Bozen positioniert. Geplant wurde der Bau vom Berliner Architekturbüro KSV (Krüger, Schuberth, Vandreike). Wer das Museion betritt und hinaufsteigt ins oberste Geschoss, kann den konzeptionellen Grundgedanken leicht nachvollziehen. Die beiden Stirnseiten des 54 Meter langen und 25 Meter hohen, silbern glänzenden Kubus sind riesige Schaufenster – nach dem Motto: öffnen und verbinden statt zu trennen.

Ein mächtiger neuer Stadtturm steht direkt an der Autobahnausfahrt Bozen-Süd: der gläserne Salewa Cube. Dass in den Bau eine Kletterwand – halb in-, halb outdoor – integriert ist, passt natürlich bestens zum großen Bergsportausrüster, signalisiert aber auch: Mit Bozen geht's nach oben.

Ein ganz großes Bauprojekt, das die Stadt nachhaltig verändern wird, befindet sich erst im Planungsstadium: die Neugestaltung des Bahnhofareals. Rund 30 Hektar groß ist das Gelände, heute eine hässliche Brache, die urbanistisch aufgewertet werden soll. Einen Wettbewerb, an dem 138 Architekturbüros teilnahmen, gewann das Konzept des Wieners Boris Podrecca, der bereits das Bozener Hotel Greif umgestaltete – er plant ein neues Quartier zwischen dem flussnahen Boden (den die Einheimischen seiner Schattenlage wegen »Sibirien« nennen) und den gegen St. Magdalena ansteigenden Hängen.

Kirchen, Gassen und Wirtshäuser

Die meisten Besucher Bozens interessieren sich vor allem für Historisches, für alte Mauern, Traditionen. Die Altstadt ist und bleibt ihr erstes Ziel. Hier ist das gotische und barocke Erbe noch ganz lebendig, das Publikum sehr gemischt: italienisch, tirolerisch und – natürlich! – germanisch. Der »Kaffee nach deutscher Art« findet allerdings nur noch wenige Liebhaber, im Trend liegen Caffè und Latte macchiato. Und die Eindrücke, die ein Spaziergang durch das Geviert des historischen Bozen vermittelt, sind ganz klar vielfältiger, bunter als früher. Das liegt auch an der Trend-Mode, die in den Schaufenstern der Lauben ausliegt und die von jungen Italienerinnen mit angeborener Grazie getragen wird. Noch farbenfroher ist der Obstmarkt, und fast an jeder Ecke lockt ein Wirtshausschild zur Einkehr.

Der Weg zu den berühmten Bozner Lauben führt über den weiten Waltherplatz, vorbei am Denkmal für den möglicherweise aus Südtirol stammenden Minnesänger Walther von der Vogelweide (um 1170–1230). Es wurde während der Mussolini-Zeit auf den kleinen Roseggerplatz verbannt, steht jetzt aber wieder an seinem angestammten Platz: ein Held in Übergröße.

Er wird allerdings deutlich überragt vom 65 Meter hohen Turm des Bozner Doms. Die dreischiffige Hallenkirche mit ihrem reich gegliederten Umgangschor wurde um 1295 begonnen, aber erst Anfang des 16. Jahrhunderts vollendet – mit dem filigranen Turmabschluss im Stil der ausklingenden Gotik. Der durchbrochene Helm erinnert stark an süddeutsche Münster (z. B. Ulm); das ist kein Wunder, denn der letzte Baumeister, Hans Lutz von Schussenried, war Schwabe. Lombardische Steinmetze erneuerten 1499 das Hauptportal des Gotteshauses und versahen es mit einer Vorhalle, die auf zwei säulentragenden Löwen ruht. Der reiche plastische Schmuck des Leitacher Törls bezieht sich auf ein altes Privileg zum Weinausschank. Von Hans Lutz stammt auch die aus Sandstein

Originelles Detail an der Fassade der Bozner Domkirche: ein steinerner Wasserspeier (unten). Die Johanneskapelle der Dominikanerkirche ist zur Gänze ausgemalt; die Künstler pflegten einen stark von Giotto beeinflussten Stil (ganz unten).

Schloss Runkelstein ist eine der besterhaltenen Burgen der Bozner Gegend mit berühmten profanen Fresken aus gotischer Zeit (unten). Ob Walther von der Vogelweide tatsächlich ein Südtiroler war, ist bis heute nicht mit letzter Sicherheit geklärt. Sein Geburtsort wird bei Lajen vermutet (rechts oben). Ein neues Wahrzeichen der Stadt: der Salewa Cube (rechts unten).

gemeißelte Kanzel (1514), ein Prunkstück der Ausstattung. Im 18. Jahrhundert bekam das Gotteshaus dann die »zum Style des Ganzen gar nicht passende« (A. Simeoner) Gnadenkapelle in barocken Formen.
Vom Waltherplatz sind es nur ein paar Schritte zur Dominikanerkirche, einem gotischen Bauwerk mit reichem Sterngewölbe. Die kleine Johanneskapelle – seitlich an den Chor angebaut – ist vollständig ausgemalt; die hervorragenden Fresken (1330–1340) sind deutlich von der Kunst Giottos inspiriert. Ganz weltlich sind dann die Eindrücke am Obstmarkt, von dem schon Goethe fasziniert war. Den iPhone-Besitzern des 21. Jahrhunderts geht es nicht viel anders: Es herrscht ein lebhaftes Kommen und Gehen, ein echter Augen- und Gaumenschmaus, dazu schon fast italienisches Flair. In den Lauben schlägt das merkantile Herz des alten Bozen – allerdings in neuem Gewand. Denn längst hat sich die (junge) Mode dieser Einkaufsoase bemächtigt. Geblieben ist der historische Rahmen – unter den jahrhundertealten Lauben lässt es sich auch bei Regenwetter gut shoppen. Wer mehr über die Geschichte der Handelsstadt erfahren will, unterbricht den Laubenbummel für einen Abstecher ins Merkantilmuseum, das in dem gleichnamigen, stattlichen Barockbau untergebracht ist. Eine der ältesten Straßen Bozens ist die Bindergasse, die Anfang des 13. Jahrhunderts erstmals in einer Urkunde auftaucht und früher auch Vordere Gasse genannt wurde. An ihr stehen mehrere Wirtshäuser, darunter das »Weiße Rössl« als ältestes der Stadt. Gleich um die Ecke stößt man auf das »Batzenhäusl«, vor dem Ersten Weltkrieg ein beliebter Künstlertreff, mit eigener Brauerei, nostalgischem Interieur und dazu passender Speisekarte. Wie wär's nach der Einkehr mit einem Verdauungsspaziergang, vielleicht auf einer der Talferpromenaden oder – sozusagen im ersten Stock über den Dächern der Stadt – auf der Guntschna- oder der Oswald-Promenade, Blick auf die Dolomitenzinnen des Rosengartens inklusive?

Die alten Rittersleut

Und dann gibt es da noch den Bozner Burgenkranz. Allenthalben auf den Höhen rund um die Landeshauptstadt ragen alte Mauern in den Himmel, manche nur noch Ruinen, die Haselburg ein feines Restaurant, andere, wie etwa Karneid, in Privatbesitz. Ein Juwel unter den Südtiroler Schlössern ist Runkelstein, das einen schroffen Felsen direkt über der Talfer krönt. Fast scheint es, als wäre die Burg mit ihrem Untergrund verwachsen. Die simple Erklärung dafür: Sie wurde zur Gänze aus rötlichem Porphyr erbaut, dem in der Bozner

Gegend vorherrschenden Gestein. Porphyr besitzt die nicht zu verachtende Eigenschaft, sich bei Sonneneinstrahlung rasch aufzuheizen und die Wärme lange zu speichern – sehr praktisch in kalten Winternächten. Zu Zeiten der Rittersleut kannte man den Komfort zentral beheizter Räume ja noch nicht.
Runkelstein wurde um 1237 durch die Herren von Wangen erbaut und in den Kämpfen mit Meinhard II., Graf von Tirol, bereits 1274 schwer beschädigt. Im Jahr 1385 kauften die Brüder Franz und Niklaus Vintler, reiche Kaufleute mit besten Beziehungen zum Hochadel, das Schloss und erweiterten es. Dabei ließen sie mehrere Räumlichkeiten ausmalen. Der gut erhaltene profane Freskenzyklus ist von einzigartiger kulturhistorischer Bedeutung. Die um 1400 entstandenen Bilder zeigen Szenen aus dem höfischen Leben, aus Rittersagen (König Artus Tafelrunde) sowie die Geschichte der aus dem Pustertal stammenden Vintler.

Der Altar Michael Pachers

Das bedeutendste sakrale Kunstwerk Bozens steht im Bozner Stadtteil Gries, nur wenige Gehminuten vom Benediktinerkloster entfernt: der (leider nicht vollständig erhaltene) Altar des Bruneckers Michael Pacher (um 1435–1498) in der alten Pfarrkirche, entstanden 1471–1475 und ohne Gegenstück in ganz Tirol. Der Schrein zeigt die gekrönte Maria, flankiert von den Heiligen Erasmus und Michael, umgeben von musizierenden Engeln. Die 15 Gemälde auf der Rückseite des Schreins mit Darstellungen aus dem Leben Jesu (um 1480) werden einem süddeutschen Meister zugeschrieben.
Einen Besuch verdient auch das Kloster in Gries, das aus einer Burganlage hervorging und vier Jahrhunderte lang von Augustinern bewohnt wurde. 1845 bezogen die aus Muri in der Schweiz vertriebenen Benediktiner den verwaisten Komplex mit der wuchtigen Kirche in oberitalienischem Spätbarock (Deckengemälde von Martin Knoller, 1773). Sie führten sehr erfolgreich die Tradition des Weinbaus fort. Vor allem die Lagrein-Weine der Klosterkellerei erfreuen sich größter Beliebtheit. Angebaut wird der edle Tropfen gleich neben dem Kloster (Anger) und in Rebbergen der Umgebung (Gries, Moritzing).

TOP ★ ERLEBNISSE

★ BATZENHÄUSL

Im ältesten Gasthaus Bozens, einst Schankhaus des Deutschen Ordens und vor dem Ersten Weltkrieg beliebter Künstlertreff, setzt man ganz auf Tradition, beim Interieur wie bei der Speisekarte. Dazu gibt's das hauseigene Batzenbräu, drinnen oder im Biergarten.

★ SALEWA-KLETTERWAND

Sensationell ist nicht nur der Salewa-Cube im Industrieviertel nahe der Autobahnausfahrt Bozen-Süd, sondern auch die Kletterhalle. Zuschauen, wie sich die Mädels und Jungs nach oben arbeiten, kann man gleich vom »Biwak« aus (Café). Im Salewa-Cube dazu passend eine Luis-Trenker-Stube mit Erinnerungen an den Grödner.

★ KLOSTERKELLEREI MURI-GRIES

Mehr Tradition geht kaum. Gries wird urkundlich erstmals 1185 genannt, um 1200 bestand hier bereits eine Burg. Wein wird wohl seit Urzeiten gekeltert, davon verstehen die Benediktiner schließlich etwas. Heute verbinden sich alte Mauern und neue Produktionsmethoden auf ideale Weise. Berühmt ist die Klosterkellerei vor allem für ihren Lagrein.

www.bolzano-bozen.it, www.salewa-cube.com, www.muri-gries.com

MODERNES BAUEN IN SÜDTIROL

Neue Architektur in der Stadt und auf dem Berg

Länder, Landschaften leben mit und von ihren Klischees, vor allem, wenn sie beliebte Reiseziele sind. In Südtirol sind es vor allem die Berge, die das Bild prägen. Und die Kultur. Die manifestiert sich nicht nur im Brauchtum und in einer Liebe zum Traditionellen, sondern auch im architektonischen Erbe von der Romanik bis zum Barock: spitze Kirchtürme, gotische Gewölbe, Stuck und Fresken.

Und die moderne Architektur? Lange Zeit wurde sie, zumindest im Ausland, kaum wahrgenommen. Doch es gibt sie, und sie schafft sich immer mehr Raum, tritt sichtbarer neben das üppige Erbe der Altvorderen, auch abseits der Zentren. Ein Beispiel ist das Ahrntal, vor weniger als einem halben Jahrhundert noch ein »vergessener« Flecken Südtirols. Da lässt sich die Entwicklung fast wie unter einem Brennglas beobachten, an der Ahr und droben am Berg: Alpenbarock contra traditionelle Bauweise. Ein Versuch, Alt und Neu zu verbinden, Kontraste aufzulösen, bildet das rundum verglaste Wohnhaus Steger (Architekt Stefan Hitthaler, 2001). Von der Fachwelt gelobt, fand es bei den Einheimischen ein geteiltes Echo, wie auch der Ergänzungsbau des Bühelwirt in St. Jakob (Architekturbüro Pedevilla, 2017) mit seiner dunklen Fassade und dem tiefgezogenen, asymmetrischen Satteldach. Fast schon einen kleinen Glaubenskrieg (zumindest in sozialen Medien) entfachte das Projekt der neuen Schwarzensteinhütte (Stifter + Bachmann). Wer sich die Mühe macht und hinaufsteigt zu dem Haus, das 2018 eingeweiht wurde, dürfte möglicherweise überrascht sein, wie gut sich der holzverkleidete Baukörper in die steinige Hochgebirgswelt einfügt. Ein vergleichbar interessantes Projekt wurde jüngst am Eisjöchl (2895 m) mit der neuen Stettiner Hütte realisiert. Noch ein architektonischer Höhenflug, buchstäblich?

Werner Tscholl

Der aus Latsch im Vinschgau stammende Werner Tscholl prägte die neue Südtiroler Architektur ganz wesentlich

Das Messner-Museum Corones auf dem Kronplatz: entworfen von Zaha Hadid.

Ein echter Hingucker: die Kellerei Tramin von Werner Tscholl.

mit. So setzte er mit seinem Kubus aus roten Ziegeln – die Puni-Destillerie – dem mittelalterlichen Städtchen Glurns einen markanten baulichen Kontrast vor die Stadtmauer – in respektvollem Abstand. Tscholl versteht sich aber nicht nur als Schöpfer spektakulärer Bauten, er möchte auch erhalten, alte Gemäuer revitalisieren. Wie die Schlandersburg, Schloss Sigmundskron als Museum oder die Ruine Reichenberg ob Taufers, sein privates Castle. Alt und Neu stehen in Südtirol fast immer neben-, mitunter auch gegeneinander. Die Architekten des Museion in Bozen (2008) haben ihren gläsernen Kubus an der Talfer bewusst als Schaufenster zwischen Alt- und Neustadt konzipiert, offen nach beiden Seiten: verbinden statt trennen.

Bauen mit Fantasie

Weinliebhaber wundern sich möglicherweise, dass zwischen Rebbergen und alten Mauern im Unterland moderne Bauten stehen, manche richtige Hingucker wie die einer Weinrebe nachempfundene Kellerei Tramin (Werner Tscholl, 2012) oder die erst letztes Jahr eröffnete, futuristisch anmutende Kellerei Kurtatsch (Dell'Angnolo-Kelderer). Sie stehen für den (auch kommerziell erfolgreichen) Aufstieg der Südtiroler Weine.
Die Liste bemerkenswerter architektonischer Leistungen lässt sich fast beliebig verlängern. Unweit von Bozen, im Etschboden bei Fragant, stehen die zwei Mirror Houses von Peter Pichler, die auf einer Seite völlig verspiegelt sind. Der eigentliche Hingucker am Südrand der Landeshauptstadt ist allerdings der einem Bergkristall nachgebildete Salewa Cube, eine Kletterhalle. An der Fassade reflektieren sich die Berge rund um das Etschtal, symbolhaft für die Verbindung zwischen dem Bergsportausrüster und der Natur.

Gipfel der Architektur?

An diesem Spagat hat sich auch die berühmte britisch-irakische Architektin Zaha Hadid (1950–2016) versucht, mit dem Messner Mountain Museum Corones am Gipfelrücken des Kronplatzes. Ob es sich dabei um einen futuristischen Geniestreich handelt oder eher um ein »am Berg gestrandetes UFO«?

Futuristisch – der Aluminiumwürfel neben dem Eingang zur neuen Kellerei Bozen.

25 RITTEN – WO DIE SOMMERFRISCHE »ERFUNDEN« WURDE

Die Bozner Sommerfrische

Die Stadtnähe des Rittens war für die Bozner schon früh eine Einladung zur Sommerfrische, und die wurde tatsächlich hier »erfunden«, vom damaligen Bürgermeister der Stadt, der im Sommer einen Rittner Steinbruch besuchte. Dabei gefiel ihm die frische Luft so gut, dass er beschloss, sich hier ein Haus zu bauen. Seinem Beispiel folgten bald andere begüterte Bozner.

Hinterlassenschaft der Eiszeitgletscher: die Erdpyramiden im Finsterbachgraben (unten). Noch heute verkehrt zum Ritten die 1907 eröffnete Schmalspurbahn, lediglich die Zahnradstrecke hinauf nach Oberbozen wurde durch eine Seilschwebebahn ersetzt (rechts oben). Im Eisacktal gedeiht die Kastanie (rechts unten).

Wer schon einmal an einem heißen Sommertag in Bozen unterwegs war, kann leicht nachvollziehen, weshalb sich wohlhabende Städter bereits im 17./18. Jahrhundert gern eine Sommerfrische auf diesem Plateau leisteten. Auf dem Ritten, rund 1000 Meter über den aufgeheizten Mauern und der heiß-stickigen Luft, sind die Temperaturen erträglich, zudem weht meistens ein leichter Wind. Wie angenehm, im schattigen Garten zu sitzen und die Aussicht zu genießen.

Die Rittner Bahn

Die Geschichte des Rittens verliert sich im Dunkel prähistorischer Zeiten; immerhin sind über 50 Wallburgen nachgewiesen. Im Mittelalter führte der Brennerweg, einem uralten Pfad der Räter folgend, über den breiten, gegen das Rittner Horn ansteigenden Höhenrücken, der mit steilen Porphyrfelsen auf der einen Seite zum Eisack, auf der anderen zur Talfer abbricht. Mit den reichen Boznern kam im 19. Jahrhundert auch der Tourismus und schließlich sogar die Eisen-

bahn auf den Berg. Die 1907 eröffnete Bahnlinie war zwölf Kilometer lang und führte vom Bozner Waltherplatz bis nach Klobenstein. Die Steigung nach Mariä Himmelfahrt (1176 m) überwand die von Anfang an elektrifizierte Bahn an der Zahnstange; dafür war eine spezielle Lok notwendig.
Nach einem folgenschweren Unfall kam in den 1960er-Jahren das teilweise Aus für die Rittnerbahn, und die Zahnradstrecke wurde durch eine Seilschwebebahn ersetzt. Als gravierender für die Sommerfrischen-Idylle erwies sich dann der Bau einer modernen Straße auf den Ritten. In der Folge brach ein regelrechter Bauboom über die sonnige Mittelgebirgsterrasse herein. Was hätte der aus Oberbozen stammende Heimatautor Hans von Hoffensthal (1877–1914), seinerzeit ein vehementer Gegner der Bahn, wohl zu dieser Entwicklung gesagt?
Die Idylle hat gelitten, keine Frage, die Schmalspurbahn zwischen Mariä Himmelfahrt und Klobenstein verkehrt aber immer noch, ab und zu auch als Nostalgiezüglein. In Klobenstein ist es dann nicht mehr weit zur größten Sehenswürdigkeit am Ritten: den Erdpyramiden. Die bizarren Gebilde im Graben des Finsterbachs bestehen aus Moränenschutt; wo ein größerer Felsbrocken die Erosion verhinderte, wuchsen nach und nach beachtlich hohe, schlanke Türme: Skulpturen mit Verfallsdatum.

Das Rittner Horn

Höchster Punkt des Ritten ist sein Horn (2260 m), das eine altberühmte Aussicht bietet und deshalb gern aufgesucht wird. Das liegt auch daran, dass ein Sessellift den Anstieg auf einen besseren Alpinspaziergang verkürzt, zudem ist der Weg weder steil noch steinig. Dass der Gipfel mit allerlei modernem Zierrat (Antennen) geschmückt wurde, macht ihn nicht schöner, und auch das Rittner-Horn-Haus ist nicht unbedingt als Perle der Alpinarchitektur zu bezeichnen. Das Bier schmeckt trotzdem, und versüßt wird der Aufenthalt allemal durch die faszinierende Kulisse am östlichen Horizont: das Sägezahnprofil der Dolomiten mit dem Langkofelmassiv und dem Elefantenrücken des Schlern.
Den Blick dürfen auch jene genießen, die nicht so weit aufgestiegen sind und sich mit einer kleinen Wanderrunde auf Mittelgebirgsniveau begnügt haben, etwa in der Umgebung von Wolfsgruben oder drüben in Lengstein. Von Oberbozen aus kann man einen Abstecher zu den Erdpyramiden im Katzenbachgraben unternehmen, vielleicht mit einem Schlenker über Mariä Himmelfahrt mit seinen stattlichen Sommerhäusern und der schön gelegenen Barockkirche. Einkehrmöglichkeiten gibt es am Ritten natürlich viele, etwa »Bad Siess«, wo sogar Heubäder verabreicht werden.

TOP ★ ERLEBNISSE

★ KESCHTNWEG

Die Kastanie gehört fest zum Herbst, und beim Törggelen kommen die gebratenen Früchte natürlich auf jeden Tisch, wie der »Nuie«, der junge, noch trübe Wein. Die schönsten Kastanienhaine stehen im Eisacktal, und da gibt es sogar einen Keschtnweg. Er ist über 50 Kilometer lang und führt an der Westflanke des Tals mit einigem Auf und Ab von Brixen bis nach Bozen, zuletzt auch über den Ritten.

★ PARKHOTEL HOLZNER

Das Hotel in Oberbozen bietet nostalgisches Jugendstil-Flair und modernen Komfort. 1908 eröffnet, wird es seit vier Generationen als Familienbetrieb geführt – und das merkt man. Auf dem Ritten lässt es sich übrigens wunderbar wandern; dabei ist die nächste Einkehr nie weit.

★ GRAND CRU, ABER NICHT AUS TRAUEN

Die Apfelsäfte von Thomas Kehl sind eine reine Gaumenfreude, streng biologisch ohne irgendwelche Zusätze produziert. Die Äpfel werden von Hand gepflückt und anderntags verarbeitet. Einfach himmlisch die Grand-Cru-Linie aus zwei Apfelsorten und der sortenreine Gravensteiner.

www.ritten.com,
www.eisacktal.net,
www.holzerhof.com,
www.kohl.bz.it

Burg und Berg aus dem gleichen (Porphyr-)Stein: Sigmundskron am Mitterberg (oben). Der Bergschuh von Günther Messner, dem am Nanga Parbat verunglückten Bruder Reinholds (rechts unten). Ein Kletterer und Weltenbummler in seinem Museum: Reinhold Messner. Er bezeichnete das Projekt als seinen 15. Achttausender (rechts oben).

26 MESSNER MOUNTAIN MUSEUM FIRMIAN – BERGE UND BERGSTEIGER

Mensch und Berg

Reinhold Messners Mountain Museum (MMM) besteht aus sechs Teilen (fünf in Südtirol, eines im Bellunese), die thematisch alle im Spannungsfeld zwischen Mensch und Berg angesiedelt sind. Dies gilt auch für das MMM Firmian, das Herzstück des Museums, das auf Schloss Sigmundskron, nur ein paar Kilometer von der Landeshauptstadt Bozen entfernt, einen besonders attraktiven Platz hat.

Südtirol ist Burgenland, das sieht man besonders schön bei einer Fahrt durchs Überetsch oder in den Vinschgau. Auf so mancher Felskuppe thronen alte Mauern, manche noch bewohnt, andere längst verlassen, alle mit langer, oft wilder Geschichte, viele waren auch in blutige Händel verstrickt. In Schloss Englar kann man heute stilvoll übernachten, das gepflegte Renaissance-Ambiente inmitten von Weinbergen genießen, auch Schlösschen Warth und Schloss Korb bieten sich nostalgisch angehauchten Seelen als Quartiere an. Und dann ist da noch Sigmundskron, vor nicht allzu langer Zeit dem Verfall nahe, jetzt restauriert und als malerische Kulisse für den schönsten Stein in Reinhold Messners Museumskette MMM wiederbelebt.

Die Burgruine, eine beeindruckende Anlage, ist Blickfang bei jeder Reise durch die Bozner Landschaft. Sie thront auf einem markanten Porphyrfelsen über dem Zusammenfluss von Etsch und Eisack, und aus ebendiesem Eruptivgestein bestehen ihre Mauern. Das fügt sich gut, denn Steinen ist auch Messners Museum gewidmet, ganz großen allerdings: den Bergen der Welt und ihrem Verhältnis zum Menschen, zu Kultur und Gesellschaft. Sind sie Sitz der Götter oder nur ein geografischer (Hoch-)Punkt, den es zu erobern gilt? Furcht einflößend oder herausfordernd? Die bauliche Umsetzung von Messners Museumsidee übernahm Werner Tscholl, ein renommierter Südtiroler Architekt (»Wir haben ein Material vorgefunden – die alten Steinmauern –, und wir antworten mit einem Material: Stahl«).

Aus Formigar wurde Sigmundskron

Um die Mitte des 10. Jahrhunderts wird in den Urkunden erstmals ein befestigter Platz erwähnt, später diente die Burg unter dem Namen »Formigar« den Bischöfen von Trient als Stützpunkt. Von dieser alten Feste sind neben einigen Grundmauern die Kapellenruine (Freskenreste, 11. Jh.) und ein Viereckturm der unteren Vorburg erhalten. 1473 kaufte Erzherzog Sigmund »der Münzreiche« die Burg und ließ sie als Bollwerk gegen die im Etschtal vordringenden Venezianer großzügig ausbauen. Weil ihm das Geld ausging, musste er Sigmundskron allerdings bald verpfänden. In der Folgezeit verfiel die Anlage mehr und mehr. 1957 machte Sigmundskron noch einmal Schlagzeilen: Aus Protest gegen die Nichteinhaltung der Pariser Verträge (»Los von Trient!«) durch die italienische Regierung versammelten sich in der Burg 30 000 Südtiroler, angeführt vom Landeshauptmann Silvius Magnago. Eine Ausstellung im Weißen Turm zeichnet die Geschichte von Sigmundskron nach.

Das Museum

Der Rundgang durch Burg und Museum führt zuerst zum nordseitigen Rondell, wo man Religionsstiftern aus den Bergen und ihren Schülern begegnet, dann – vorbei an fernöstlichen Fabelwesen und einem mächtigen Bergkristall – zum Palas. Im Innern sind auf mehreren Etagen die Entstehung der Alpen und die Geschichte der Erstbesteigungen thematisiert, von der ersten Bezwingung des Montblanc im Jahr 1786 bis heute.
Im Rondell Ost kreisen Installationen und Exponate um legendäre »Schlüsselstellen« an Eiger, Matterhorn, in den Dolomiten, am Cerro Torre und El Capitan. Reinhold Messner: »Es geht mir um die Erfahrung nach innen, die Eroberung jener weißen Flecken in uns, die beim Blick in die Tiefe, in der Todeszone der Achttausender oder beim Sich-Verlieren in der Natur aufbrechen.« Diese Erfahrungen hat der Südtiroler ja mehrfach gemacht, vor allem im Himalaja. Die Achttausender und die Seven Summits (die höchsten Gipfel jedes Kontinents) werden im westseitigen Rondell vorgestellt. Den Abschluss der Runde macht der Torturm (Ein- und Ausgang): Mensch und Berg, Wüste, Mythen und Fragen.

TOP ★ ERLEBNISSE

★ KELLEREI SCHRECKBICHL

Die in den 1960er-Jahren gegründete Kellerei setzte von Anfang an kompromisslos auf Qualität. Highlights im Angebot sind die Weine der Lafóa-Linie und – Favorit der Kundschaft – der Pfefferer.

★ MONTIGGLER SEEN

Der Besuch von Messners Mountain Museum (MMM) Firmian lässt sich gut mit einer größeren Überetscher Wanderung verbinden. Sie führt zunächst zwischen Weinbergen nach Schreckbichl, dann im Wald südwärts zu den idyllischen Montiggler Seen (489 m), die den Wendepunkt der Runde markieren. Bade- und Einkehrmöglichkeit. Zurück geht's abseits der Straßen nach Girlan, auch ein Weindorf, und zum Museum auf Schloss Sigmundskron.

★ KRÄUTERSCHLÖSSL

Es ist ja längst Mode, dass Promis sich mit einer Duftlinie schmücken. So hat auch Reinhold Messner zusammen mit dem Vinschgauer Kräuterschlössl eine Parfum- und eine Körperpflege-Linie kreiert. Dass beim Parfüm »Manaslu« eine recht herbe Note dominiert, ist da nur folgerichtig, passend für echte Kerle. Bergsteiger halt.

www.messner-mountain-museum.it, www.colterenzio.it, www.kraeuterschloessl.it

27 HOCHEPPAN – DIE SCHÖNSTE BURG IM ÜBERETSCH

Trutzburg am Rand des Überetsch

Burgen gibt's viele in Südtirol, und einige davon thronen im Überetsch. Doch nur wenige entsprechen so sehr dem Klischee einer mittelalterlichen Feste wie Hocheppan. Dazu passt, dass die Eppaner beinahe Herren über ganz Tirol geworden wären. Besonders schön ist die Tatsache, dass das Highlight unter den Burgen des Landes nur zu Fuß zu erreichen ist.

Hocheppan, auf einem Felszacken über dem Etschtal thronend, spielte in der Geschichte Tirols eine wichtige Rolle (unten). Kunsthistorisch bedeutsam sind die romanischen Wandmalereien der Schlosskapelle (rechts oben) mit der ältesten Darstellung des Tiroler Nationalgerichts (rechts unten).

Das Profil ist unverkennbar und auf jeder Fahrt rund um Bozen ein Blickfang: hohe Mauern auf einem felsigen Porphyrsporn, darüber der Bergfried in den Himmel ragend, etwas tiefer am Hang der eckige Pulverturm. Das »Castro de Epan« taucht erstmals in einer Urkunde aus dem Jahr 1211 auf. Die Eppaner gehörten damals zu den einflussreichsten Familien Südtirols und machten aus ihren Ambitionen keinen Hehl. Nach jahrzehntelangen Auseinandersetzungen unterlagen sie aber den ebenso machthungrigen Grafen von Tirol; um 1300 soll das Geschlecht dann bereits ausgestorben gewesen sein.

Die mächtige, auch im Verfall noch eindrucksvolle Anlage geht im Kern auf das erste Drittel des 12. Jahrhunderts zurück. Sie umfasste ursprünglich nur den inneren Bering mit dem fünfeckigen, ungewöhnlich hohen Bergfried, dem Palas, einem turmartigen Wohntrakt an der Ostmauer und der Kapelle. Später – vor allem im 16. Jahrhundert – wurde sie erheblich erweitert, u. a. um die Vorburg an der Nordseite.

Kulturhistorisch bedeutsam ist die Kapelle, vor allem durch ihre gut erhaltenen Fresken: »Die Altarwand ist mit ihren drei Apsiden ganz von der monumentalen Strenge byzantinisch beeinflusster Hochromanik erfüllt«, heißt es in einem Kunstführer von 1965, der allerdings ein sehr reizvolles Detail unterschlägt: die sogenannte Knödelmuttergottes an der Südseite der Kapelle. Maria (liegend dargestellt) wendet sich einer kleinen Gestalt

zu, die einen Knödel isst – die älteste Darstellung des Tiroler Nationalgerichts!

Wanderschuhe schnüren!

Wer sich im Innenhof von Hocheppan (628 m) zu einer Marende niederlassen und dabei den Blick übers Etschtal genießen will, muss seine Wanderschuhe schnüren. Der Weg zurück ins mittelalterliche Ambiente ist zwar nicht sehr weit, aber immerhin geht's ein Stück weit bergan. Das ist gut so, denn nach der Bewegung schmecken Speck und Wein garantiert noch besser. Anschließend kann man die Tour durch den Graben des Wieserbachs fortsetzen. Da helfen solide Eisenstiegen über eine Steilstufe, bevor es hinübergeht nach Boymont. Am Schloss aus dem 13. Jahrhundert sind der regelmäßige Grundriss (45 mal 41 m) und das Fehlen eines Burggrabens ungewöhnlich. Ins Auge fallen die schönen romanischen Triforienfenster. Vom fünfgeschossigen Bergfried (Plattform) genießt man einen bezaubernden Rundblick – wer mag, kann sich ans Zählen der Burgen und Kirchtürme rundum machen (14 Schlösser sollen es sein).

Der Dom auf dem Lande

Der mächtigste Turm ist 86 Meter hoch und gehört zum »Dom auf dem Lande«. So wird die Pfarrkirche von St. Pauls gelegentlich genannt, was man angesichts der Dimensionen des Gotteshauses (und vor allem seines Glockenturms) durchaus verstehen kann. Erbaut wurde die Kirche in mehreren Etappen zwischen 1461 und 1552; jüngeren Datums ist der Turmabschluss mit der markanten Zwiebelhaube (vor 1650). Noch aus dem 15. Jahrhundert stammt der dreischiffige Umgangschor, und im ersten Viertel des 16. Jahrhunderts entstanden die Fassade und das dreischiffige Hallenlanghaus, dessen Kreuzrippengewölbe allerdings erst um 1550 durch Andrea Crivelli und Lorenz della Botta im Stil nachklingender Gotik ausgeführt wurde. Berühmt ist das Geläut der Kirche. Die größte Glocke wiegt 4,5 Tonnen! Sie wurde 1701 bei Georg Grasmair in Brixen gegossen. Beim Transport und der Installation des Schwergewichts dürfte viel Schweiß vergossen worden sein.

TOP ★ ERLEBNISSE

★ VON ANDRIAN NACH HOCHEPPAN

Wer es auf seinen Wanderungen lieber etwas ruhiger hat, startet für die Hocheppan-Tour besser in Andrian. Nach einem steilen Anstieg zur Ruine Festenstein und weiter nach Gaid (902 m) geht's zum Weiler Perdonig und dann hinab nach Hocheppan. Auf schattigem Weg gelangt man zurück nach Andrian (4 Std.).

★ ST. PAULS

Das Weindorf im Norden des Überetsch wird optisch von seiner Pfarrkirche dominiert, die nicht ganz zu Unrecht im Volksmund »Dom auf dem Land« heißt. Der wuchtige Turm zählt zu den höchstem im Land (85 m); seinen Zwiebelabschluss erhielt der gotische Bau erst 1647.

★ GANTKOFEL (1865 m)

Wer im Überetsch hoch hinaus will, wird ordentlich schwitzen, zumindest im Sommer. Denn die Wege zu den Gipfeln des Mendeklamms sind durchweg steil. Das gilt auch für den Gantkofel, mit seiner Ostkante ein Wahrzeichen der Gegend (großes Panorama). Vom Gasthof Buchwald (930 m; Straße von St. Michael) muss man mit einer Anstiegszeit von drei Stunden rechnen. Nur für erfahrene Berggänger!

www.hocheppan.it, www.eppan.com

28 VON BOZEN INS UNTERLAND

Äpfel, Reben und viel Sonne: der Süden Südtirols

Bozen ist nicht nur Südtirols Hauptstadt und Wirtschaftszentrum, es ist auch Tor zum Süden. Eine heitere, mitunter fast bukolische Atmosphäre prägt das Unterland, die Berge treten zurück, machen Platz für Apfelplantagen und Weinberge. Hingetupft in diese Idylle: schmucke Weindörfer und viele noble Ansitze.

Bozen ist zwar nicht die Heimat des Ötzi, wie man vielleicht annehmen könnte; hier hat er aber seine (letzte?) Ruhestätte gefunden. Ein Abstecher zum Archäologiemuseum ist Pflichttermin für Bozen-Besucher. Ich trödle allerdings lieber am Obstmarkt herum, von dem schon Goethe fasziniert war, schaue dem geschäftigen Treiben auf dem Waltherplatz zu oder verfüge mich ins »Batzenhäusl«. Ganz in der Nähe drängen sich Einheimi-

Inmitten von Weinbergen: die Kirche des Weilers Mazon oberhalb von Neumarkt

sche und Touristen durch die Lauben, Bozens berühmte (und auch bei Regen trockene) Einkaufsmeile. Sie ist Mittelpunkt der historischen Stadt; an ihrem Rand, direkt an der Talfer, steht ein Bauwerk der Moderne: der Kubus des Museions, symbolträchtig nach beiden Seiten hin offen, zur Altstadt und zum italienischen Stadtteil. Ein Stück weiter flussaufwärts thront Schloss Runkelstein, eine der zahlreichen Burgen rund um die Landeshauptstadt. Da ist es nicht mehr weit bis zur wilden Sarner Schlucht. Sie vermittelt den Zugang zu einem

Blick vom Castelfeder-Hügel auf Auer

Landstrich, der ganz den gängigen Südtirol-Klischees entspricht: das Sarntal. Doch was andernorts mehr Schein ist, wird hier wirklich gelebt: Traditionen, Mundart und Brauchtum sind lebendig wie eh und je. Das kann man vom Ritten nicht unbedingt behaupten. Er geriet schon früh in den Sog der Stadt, das weite Mittelgebirgsplateau wurde zur bevorzugten Sommerfrische der Bozner. Nach dem Bau einer Straßenverbindung mit Bozen setzte in den 1960er-Jahren ein veritabler Bauboom ein.

Auf ins Überetsch!

Südtirol ist nicht nur Wein-, sondern auch Burgenland. Das wird besonders augenfällig bei einer Fahrt von Bozen ins Überetsch. Alte Mauern reihen sich aneinander, manche lange schon Ruinen, andere noch heute bewohnt, sogar als Hotels. Den Auftakt macht Sigmundskron, das auf einem schroffen Porphyrfelsen über der Etsch thront. Die pittoreske Burgruine beherbergt ein Museum, und zwar ein ganz besonderes, das MMM Firmian (Messner Mountain Museum Firmian). Hausherr ist Reinhold Messner, und natürlich sind Berge und Bergsteiger sein Thema. Die berühmteste Burg im Überetsch ist Hocheppan auf einer felsigen Kuppe über St. Pauls, mit weitem Blick übers Land. Die Südtiroler Weinstraße führt von Eppan nach Kaltern, dem Zentrum des Weinanbaus. Es folgen noch mehr alte Mauern, Weinberge rundum und schließlich die größte (und wärmste) Badewanne des Landes: der Kalterer See, gerade einmal sechs Meter tief, überragt vom Turmstummel der Leuchtenburg hoch am bewaldeten Mitterberg.

Der Grand Canyon

Wendepunkt der Fahrt ins Unterland ist Salurn, die südlichste Gemeinde Südtirols, nur einen Steinwurf von der Provinzgrenze entfernt – und das sieht man auch. Neumarkt dagegen, nur wenige Kilometer weiter etschaufwärts gelegen, ist mit seinen erkergeschmückten Laubengängen ein typischer Tiroler Ort. Vorbei am Porphyrrücken von Castelfeder erreicht man Auer, wo die Straße zum Regglberg abzweigt. Der Abstecher lohnt sich, versteckt sich zwischen den bewaldeten Höhen doch eine Sensation: die Bletterbachschlucht, der Grand Canyon Südtirols.

TOP ★ TOUREN

★ SARNTALER HUFEISEN (7 Tage)

Gerne besucht, vom Overtourism aber bislang verschont: das Sarntal. Und das gilt verstärkt für die Sarntaler Alpen. Wer die Berge mag, den Trubel um Renommiergipfel aber weniger, ist hier genau richtig. Das Sarntaler »Hufeisen« verläuft – wie der Name sagt – in einem weiten Bogen über den Ost- und Westkamm des Gebirges, kreuzt am Penser Joch (2215 m) die Passstraße. Übernachtet wird in Berghütten. Trittsicherheit und eine ordentliche Kondition sind wichtig.

★ ROCCA PIANA (1873 m, 8 Std.)

Ein kleiner Abstecher in die Trentiner Nachbarschaft gefällig? Das geht von Fennberg aus ganz leicht, verläuft die Grenze Südtirols doch gleich hinter den wenigen Häusern des Weilers. Darüber erhebt sich das elegante Dreieck des »flachen Felsens« (Rocca Piana), rechts flankiert vom Monte Cuc (1803 m). Die Überschreitung der beiden Gipfel gehört zu den schönsten Touren weitum, verlangt allerdings neben einer Topkondition auch Bergerfahrung. Sie vermittelt eine Fülle faszinierender Bergbilder; für etwas Nervenkitzel sorgt eine steile Leiterserie hinab in die Portaza-Scharte.

www.sarntal.com,
www.suedtiroler-unterland.it

29 MENDELPASS UND PENEGAL

Fast das ganze Südtirol im Blick

Die Fahrt von Bozen ins Überetsch, hinauf zum Mendelpass und weiter auf den Penegal ist eine Zeitreise zurück zur Pionierzeit des (Süd-)Tirol-Tourismus. Auslöser war in der zweiten Hälfte des 19. Jahrhunderts der Bau der Brennerbahn. Bald folgten Nebenlinien, wie jene nach Kaltern, später dann die Standseilbahn zum Mendelpass und schließlich die Linie durchs Nonstal hinaus nach Trient.

Der Blick von unten wirkt ziemlich einschüchternd. Pfeilgerade zieht die Trasse der Mendelbahn an dem unglaublich steilen Hang hinauf zur schmalen Scharte des gleichnamigen Passes, eine Schneise im Wald, links und rechts Felsen. Die technischen Daten sind beeindruckend: Streckenlänge 2370 Meter, Höhenunterschied 854 Meter, maximale Steigung 64 Prozent, Fahrzeit zwölf Minuten. Bei ihrer Eröffnung im Jahr 1903 war die Mendelbahn die erste elektrisch betriebene Standseilbahn in ganz Österreich, europaweit die steilste und längste Anlage ihrer Art. Geplant hatte sie ein Schweizer, der Ingenieur Emil Strub. Der berühmteste Fahrgast war allerdings ein Österreicher und Kaiser dazu: Franz Joseph, der 1905 ein Militärmanöver der K.-u.-k.-Armee im Nonstal besuchte und per Bahn anreiste. Der Mendelpass galt seit dem späten 19. Jahrhundert als ein bei der Wiener Hautevolee sehr beliebter Luftkurort, wovon die (viel zu großen) Hotelbauten noch heute Zeugnis ablegen. Die österreichische Kaiserin Sisi hielt sich 1889 und 1894 jeweils für ein paar Tage hier auf. Sie musste allerdings noch mit der Kutsche anreisen, über die anfangs der 1880er-Jahre ausgebaute Straße. Ihr Besuch führte – ähnlich wie in Meran – zu einem regelrechten Boom und indirekt zum Bau der Mendelbahn.

Der Fortschritt kommt

Sie sollte bald schon Anschluss an das Schienennetz im benachbarten Nonstal bekom-

Weinland Südtirol: Tiefblick auf Kaltern, seinen See und das Etschtal (unten). Refugium am Monte Roèn: die Überetscher Hütte (rechts oben). Mit dem Nachwuchs am Klettersteig auf den Monte Roèn – natürlich bestens gesichert (rechts unten).

men. In Trient plante man eine Bahnlinie ins Val di Sole, samt einer Nebenstrecke zum Mendelpass. 1907 rückten die Arbeiter der Firma Stern & Hafferl an, zwei Jahre später fuhr der erste Zug von Trient nach Malè, fast gleichzeitig konnte auch die von Dermulo via Fondo zur Mendel führende Strecke in Betrieb genommen werden. Beide Linien wurden von Anfang an elektrisch betrieben – sehr fortschrittlich.

Die ganze Eisenbahnherrlichkeit hatte nicht lange Bestand. Das Elend des Ersten Weltkriegs und die schwere Wirtschaftskrise der 1920er-Jahre ließen viele Zukunftsträume platzen. Bereits 1934 war Schluss für die Nonstaler Mendelbahn, und 1963 wurde auch die Überetscher Linie stillgelegt. Bloß die »Nonstaler Kuh« (Trento–Malè) verkehrte weiter, in Südtirol auch die Mendel-Standseilbahn, trotz zwischenzeitlicher Schließung in den 1980er-Jahren wegen gravierender technischer Mängel.

Zum Penegal

Die Umgebung der Mendel lädt zu beschaulichen Waldspaziergängen ein – ohne allzu viel Aussicht. Die bietet dafür der Penegal (1737 m) ein uneingeschränktes Panorama, das im Westen und Süden weit über die Grenzen Südtirols reicht. Im Norden stehen die Dreitausender des Alpenhauptkamms Parade, vom Similaun bis zur Dreiherrnspitze, im Osten zeigt sich allerlei Dolomitenprominenz: Schlern, Langkofel, Rosengarten & Co. Sollten die großen Gipfel in Wolken stecken, bleibt immerhin noch der Tiefblick ins Etschtal, auf die Landeshauptstadt, das weinselige Überetsch und den Kalterer See. Zu dem 3-Sterne-Ausguck kommt man ganz bequem über die Gipfelstraße, alternativ auch über einen markierten Wanderweg.

Die Talfahrt mit der Standseilbahn bietet dann nochmals leicht schwindelerregende Tiefblicke. Schade, dass man in Kaltern nicht gleich in die Überetscher Bahn umsteigen kann, wie früher, vor ziemlich langer Zeit. Wer sein Radl am Parkplatz abgestellt hat, rollt auf der ehemaligen Bahntrasse nach Bozen zurück, ganz gemütlich. In der Landeshauptstadt mehren sich übrigens die Stimmen, die eine Reaktivierung der Überetscher Bahn fordern. Die Vergangenheit als Vorlage für eine bessere Verkehrszukunft? Wer einen Ausflug ins Weinparadies unternimmt, wäre auf jeden Fall froh, wenn er sich hinterher nicht mehr ans Steuer seines Autos setzen müsste. Drei Viertele sind dafür halt eindeutig zu viel. Prost!

TOP ★ ERLEBNISSE

★ MONTE ROÈN

Die höchste Erhebung des Mendelkamms ist natürlich ein beliebtes Tourenziel. Vom Mendelpass (1363 m) muss man für den Aufstieg mit einer Gehzeit von drei Stunden rechnen, zusammen mit dem Rückweg fünf Stunden. Die Nutzung des Sessellifts (bergwärts) spart etwa eine Stunde; Einkehr auf der Malga Romeno.

★ MENDELPASS UND GAMPENJOCH

Mendelpass und Gampenjoch lassen sich zu einer abwechslungsreichen Runde verbinden. Streckenlänge ab Bozen via Fondo und Lana etwa 90 Kilometer. Die Tour ist auch bei Radlern recht beliebt, man sollte allerdings ordentlich trainiert sein (rund 1700 Höhenmeter). Leichter geht's natürlich mit einem E-Bike.

★ PARCO FLUVIALE RIO NOVELLA

Der Rio Novella bildet oberhalb seiner Mündung in den großen Stausee von San Giustina eine mehrere Kilometer lange Schlucht – eine von gleich mehreren im Nonsberg. Früher bloß Insidern bekannt (Canyoning), ist die Klamm seit ein paar Jahren durch einen spektakulären Steg erschlossen – ein spannender Ausflug für die ganze Familie.

kaltern.com, parcofluvialerionovella.it

Ein gesegneter Landstrich: das Überetsch mit seinen Weinbergen. In der Bildmitte der mächtige Kirchturm von St. Pauls.

Bei einem Bummel durch die Überetscher Dörfer entdeckt man immer wieder hübsche architektonische Details (oben). Gehören untrennbar zusammen: Kalterer Wein und Kalterer See. Darüber am Mitterberg der Turmstummel der Leuchtenburg (rechts oben). Im Keller des Kalterer Weinmuseums (rechts unten).

30 SÜDTIROLER WEINSTRAẞE – ÜBERETSCH UND KALTERER SEE

Rebberge, Schlösser und Seen

Nirgends ist Südtirol dem Süden näher, scheint die Sonne schöner und schmeckt der Wein besser als im Überetsch und im Unterland. Hier sind die Berge nur noch Kulisse, jeder Hügel ein Weinberg, mindestens auf der Sonnenseite, und drunten an der Etsch stehen die Apfelbäume Spalier. Eine Landschaft, die zum Verweilen einlädt, zum Genießen, mit oder ohne Kalterer & Co.

Überetsch und Unterland sind gesegnete Landstriche, klimatisch begünstigt, dem Süden noch ein Stück näher als der Rest Südtirols. Auf fast jedem Hügel thront hier ein Schloss oder ein spitzer Kirchturm, dazwischen liegen die Weindörfer. Im Frühling verwandeln sich die Apfelplantagen an der Etsch in ein riesiges weißes Blütenmeer, im Herbst wird die Ernte eingefahren. Dass die Weinernte ordentlichen Gewinn bringt, lässt sich an den teilweise futuristischen Tempeln der Weinbaugenossenschaften ablesen. Längst mischen Südtiroler Weinbauern die Branche kräftig auf und holen bei den italienischen Weinmessen Preise ab. Vorbei sind die Zeiten, als der Genuss des Kalterers keiner war und mitunter unangenehme Nachwirkungen hatte.

Die Fahrt von Bozen nach Salurn ist eine Reise ins Adelsparadies des Überetsch, durch malerische Dörfer, vorbei an alten Burgen und vielen Weingütern, hinab zum Kalterer See, der möglicherweise noch berühmter ist als der gleichnamige Wein, und schließlich im Unterland hinaus zum südlichsten Flecken Tirols, über dem das bleiche Gemäuer der Haderburg auf einem schroffen Felsen thront. Besonders reizvoll ist die Fahrt mit dem Rad, an der frischen Luft. Bei gemütlichem Tempo benötigt man etwa drei Stunden für die Strecke. Da bleibt ausreichend Zeit für Pausen, in einem schattigen Gastgarten oder an einem

schönen Plätzchen im Grünen. Wer die eine oder andere Weinkellerei ansteuert, muss sich freilich bewusst sein, dass übermäßiger Alkoholgenuss auch unmotorisierte Zweiradler leicht aus der Spur bringt.
Die Fahrt ins Überetsch beginnt hinter Sigmundskron mit der Steigung nach St. Michael, die Radfahrer auf der Trasse der ehemaligen Überetscher Bahn bewältigen. Sie stellte 1963 ihren Betrieb ein – schade! Am Ortsrand kann man in zwei Richtungen abbiegen: rechts oder links, hinein in den Ort oder durch den Wald zu den Montiggler Seen.

Überetscher Seligkeit

Das Weindorf St. Michael ist Verwaltungszentrum der Großgemeinde Eppan, die den nördlichen Teil des Überetsch mit rund 10 000 Einwohnern umfasst. Rebstöcke gibt's garantiert noch viel mehr – Eppan ist immerhin Nummer eins unter den Südtiroler Weinanbaugebieten. Beachtlich ist die Dichte an Edelsitzen, Gutshöfen, Schlössern und Gasthäusern. So führt jeder Ausflug in das hügelige Umland fast zwangsläufig zu einem schattigen Gastgarten mit Blick auf Berge und alte Mauern. Auf kleinen Wanderungen lässt sich der »Überetscher Stil« – eine Verbindung gotisch-nordischer Bauelemente wie Erker und Zinnengiebel mit solchen der lombardischen Renaissance – gleich vor Ort studieren. Modelliert wurde das Überetsch in der Eiszeit durch den mächtigen Etschgletscher, das Eis war hier vor rund 20 000 Jahren etwa 1,5 Kilometer dick! Die Montiggler Seen – der größere hat eine Fläche von immerhin etwa 18 Hektar – liegen in flachen Toteismulden. Beide Seen bieten gute Bademöglichkeiten bei sehr angenehmen Wassertemperaturen, zusammen mit dem weitläufigen Montiggler Wald bilden sie ein beliebtes Ausflugsgebiet.

Eine Weinpresse im Kalterer Museum (unten). Die Kirche St. Vigilius in Altenburg (rechts oben). Im Weingut Manincor werden Weine nach streng ökologischen Grundsätzen angebaut (rechts unten). Die Besitzer, Michael Graf Goëss-Enzenberg und Sophie Gräfin Goëss-Enzenberg, gelten als Vorreiter einer umweltgerechten Produktionsweise.

Das Weinmuseum

Eppan mag größer sein, Kaltern ist trotzdem das Weindorf des Überetsch. Da ist es nur logisch, dass sich hier auch das Südtiroler Weinmuseum befindet. Es präsentiert eine Sammlung historischer Gerätschaften, dazu wird die Arbeit im Weinberg anschaulich dargestellt, auch im Wandel der Zeit. Ein Gemälde zeigt den kleinwüchsigen Perkeo aus Salurn, der um 1716 an den Hof des pfälzischen Kurfürsten Karl III. Philipp kam, wo er als Mundschenk diente. Er soll dabei dem Wein kräftig zugesprochen haben – kein Wunder, war er doch für den fürstlichen Weinkeller zuständig. Und das große Fass hatte ein Volumen von über 200 000 Liter...
In dem ans Museum angrenzenden Garten lernt man verschiedene Methoden der Rebpflege kennen, dazu auch einige Sorten, die heute kaum oder gar nicht mehr angebaut werden wie die Bozner Seidentraube, das Gschlafene oder die Weiße Erdbeertraube.

Der Kalterer See

Noch berühmter als das Dorf ist sein See, 1,5 Quadratkilometer groß und im Sommer bis zu 28 Grad warm – ein alpenweiter Rekord! Das macht den einzigen größeren Badesee Südtirols natürlich zu einem beliebten Ziel für alle Wasserratten und Sonnenanbeter. Andere, ebenfalls regelmäßige Besucher sind verschiedene Vogelarten (insgesamt an die 100!), die gern im zum Naturschutzgebiet erklärten dicken Schilfgürtel an der Südseite brüten. Auch viele

Zugvögel machen am Kalterer See Station, darunter Kraniche, Weißstörche und Kormorane.

Das seichte Gewässer (maximale Tiefe knapp sechs Meter), ein Relikt der Würmeiszeit, liegt ein paar Meter tiefer als der Etschlauf bei Auer. Das führte immer wieder zu Überschwemmungen, weshalb man sich bereits im 18. Jahrhundert zum Bau eines Abzuggrabens (Großer Graben) entschloss, der später verlängert wurde und heute bei San Michele all'Adige in die Etsch mündet.

Tramin und sein Wein

Die Botschaft ist unübersehbar. Riesengroß liegt die aus Stahl gefertigte Weintraube am Ortseingang von Tramin. Werner Tscholl hat den spektakulären Sitz der Kellereigenossenschaft Tramin entworfen. Hier gibt's den berühmten Gewürztraminer! Der hatte schon immer seine Freunde. »Dick nach Tramin steht mein Gedank«, dichtete einst der heimwehgeplagte Oswald von Wolkenstein und meinte damit den edlen Tropfen, den die Traminer aus ihren Reben keltern, einen strohgelben, aromatischen und körperreichen Wein.

Durch den Traminer Rathausplatz, den der spitze Turm der Pfarrkirche um sagenhafte 93 Meter überragt, weht dann das Flair eines typischen Südtiroler Weindorfs: Geschäftigkeit, aber keine Hektik, alte Mauern, Wirtshäuser mit ein paar Tischen und Stühlen draußen, schattenspendende Bäume. Kunstfreunde werfen einen Blick in das stattliche Gotteshaus, dessen Chor noch »aus der Zeit« stammt (um 1400), im Gegensatz zum Schiff, das anfangs des 20. Jahrhunderts neu errichtet wurde.

Über dem Ort erhebt sich das Kirchlein St. Jakob in Kastelaz. Es bewahrt in der Apsis romanische Fresken aus dem ersten Viertel des 13. Jahrhunderts. Interessanter als die sakralen Motive sind hier die Darstellungen in der Sockelzone: gar grausliche, kämpfende Fabelwesen!

Der Grenzort im Süden

Genau im Süden, gut 20 Kilometer näher am Äquator, schmiegt sich Salurn an den Steilhang des Geiersbergs. Zwischen dem Aussichtsgipfel und dem Südtiroler Grenzort liegen noch vier weitere Weindörfer: Tramin, die Heimat des Gewürztraminers, Kurtatsch mit dem höchstgelegenen Weinberg des Überetsch am Fennberg (ca. 1000 m), Margreid und Kurtinig, das im Gegensatz zu allen anderen Dörfern mitten in der Talebene liegt. Von Salurn steigt man in 20 Minuten hinauf zur Haderburg, die einen tollen Blick übers ganze Unterland bietet, dieses einzigartige Südtiroler Weinparadies. Prost!

TOP ★ ERLEBNISSE

★ WEINGUT MANINCOR

Für seine Spitzengewächse berühmt ist das Weingut in St. Josef am See, seit dem 17. Jahrhundert Besitz der Grafen Goëss-Enzenberg. Hier wird seit langem schon nach ökologischen Grundsätzen gearbeitet, mit der Natur, aber ganz ohne Chemie. Dass Manincor seinen neuen Keller mitsamt dem Degustationsraum gleich unterirdisch angelegt hat, ist ein weiteres Steinchen in einem Mosaik, das sich zu einem schönen Gesamtkunstwerk fügt. Es kommt halt auf die inneren Werte an, und beim Wein ganz besonders.

★ LEUCHTENBURG

Wer zwischen Kaltern, seinem See und Tramin unterwegs ist, kann die Leuchtenburg (576 m) nicht übersehen. Ihr Mauerstummel krönt den bewaldeten Rücken des Mitterbergs, ragt aus dem Grün heraus. Trotz der bescheidenen Höhe vermittelt er eine tolle Aussicht über das Südtiroler Unterland und seine Berge. Von Kreith am Ostufer des Kalterer See aus lässt sich der Burgenbesuch gut mit einer Wanderrunde über den Mitterberg verbinden (2,5 Std.).

www.suedtirols-sueden.info,
www.kaltern.com,
www.manincor.com,
www.tramin.com

Über dem mächtigen Graben der Bletterbachschlucht ragt das Weißhorn in den Himmel. Es lässt sich vom Joch Grimm aus leicht besteigen (oben). Rund um die Bletterbachschlucht informieren Tafeln über erdgeschichtliche Zusammenhänge (rechts unten). Sepp Perwanger mit einem Kochbuch seiner Großmutter (rechts oben).

31 BLETTERBACHSCHLUCHT – WAS FÜR EIN GEWALTIGER GRABEN!

Der Grand Canyon Südtirols

Das mag schon etwas erstaunen: Eine Schlucht, weitab von Langkofel, Marmolada und Drei Zinnen ist Teil des UNESCO-Welterbes Dolomiten. Das liegt daran, dass in dieser Klamm im Süden Südtirols der Aufbau der »Bleichen Berge« so lehrbuchartig aufgeschlossen ist wie kaum anderswo. Die Bletterbachschlucht ist, wie es ein Geologe einmal formulierte, ein »verirrtes Stück Dolomiten«.

Die größte Schlucht Südtirols war lange Zeit ein übersehenes Naturwunder, versteckt zwischen bewaldeten Höhen ganz im Süden des Landes. Man wollte nach oben, zu den Gipfeln, zur schönen Aussicht – oder ins nächste Wirtshaus. Erst spät geriet die Klamm in den Fokus, und dann wurden auch Wege angelegt und dazu ein Besucherzentrum samt Parkplatz. Mittlerweile werden Führungen unter sachkundiger Begleitung angeboten. Auf der Wanderung, die nicht hinauf-, sondern hinabführt, in den Berg sozusagen, erfährt man viel Wissenswertes. Der Berg präsentiert sich hier als ein aufgeschlagenes Geschichtsbuch, allerdings als eines, auf dessen Seiten von Jahrmillionen die Rede ist: Erdgeschichte. An den Steilflanken lässt sich das Werden der Dolomiten ablesen – ein geradezu exemplarischer »Aufschluss« (so heißt das bei den Geologen), aufschlussreich auch für den Laien, diese Wanderung durch Äonen auf einem Pfad, der, entstanden durch Erosionsarbeit, die Vergänglichkeit selbst der »ewigen« Berge deutlich macht. Unglaubliche zehn Milliarden Tonnen Gestein wurden dabei vom Wasser ins Etschtal transportiert, dann vom zweitlängsten Fluss Italiens zu Sand zerrieben und aus den Alpen hinausbefördert in die Adria.

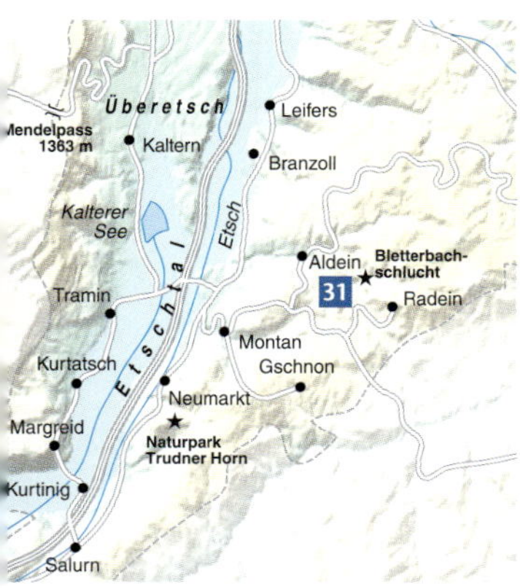

Jahrmillionen altes Gestein

Über 2000 Meter Höhenunterschied liegen zwischen dem Gipfel des Weißhorns und der Mündung des Bletterbachs in die 20 Kilometer entfernte Etsch – erdgeschichtlich mehr als 50 Millionen Jahre. Wie bei einer Torte sind die verschiedenen Gesteine aufgeschichtet. Das Fundament des gewaltigen »Bauwerks« besteht aus Bozner Porphyr, einem rötlichen Gestein vulkanischen Ursprungs (270–225 Millionen Jahre alt), das im Landschaftsbild rund um die Landeshauptstadt dominiert. Auf diesem Untergrund folgen übereinander Grödner Sandstein, Bellerophon- und Werfener Schichten; der »Zuckerguss« am Weißhorn (2317 m) besteht dann aus Sarldolomit. Handelt es sich beim Grödner Sandstein, der im Bereich der Bletterbachschlucht eine Mächtigkeit von 200 Metern erreicht, noch um ein festländisches Verwitterungsprodukt, so zeugen die Bellerophonschichten mit ihren Gipseinlagen bereits von – wenn auch nur seichter und sporadischer – Meeresbedeckung. Die Werfener Schichten leiten die alpine Triasfolge ein (vor rund 225 Millionen Jahren), mit ihnen beginnt die marine Sedimentation (Ablagerung).

Geoparc Bletterbach

Auf der Wanderung durch die Klamm zeigt sich die gesamte permo-triasische Schichtfolge, vom Porphyr bis zum Dolomit, in beispielhafter Weise, kaum von Geröllablagerungen beeinträchtigt. So wird der Ausflug zu einer (entspannten) Lernstunde unter freiem Himmel, und so mancher bunte, vom Wasser in Jahrtausenden rund geschliffene Stein wandert in die Hosentasche eines Junior-Erdkundlers.
Der Geo-Weg in die Klamm ist ausgeschildert; er startet beim Besucherzentrum und führt bis in den Talschluss unter dem Westabsturz des Weißhorns. Es sind zwei unterschiedlich lange Runden möglich: bis ins Butterloch (2,5 Std.) oder weiter bis in die Gorz (4 Std.). Als alternativer Ausgangspunkt kommt auch Radein (1556 m) infrage. Gutes Schuhwerk ist wichtig, denn streckenweise marschiert man im Geröll oder auf felsigem Untergrund. Schlicht grandios ist die Kulisse, mitunter fast schon beklemmend, vor allem, wenn man bis in den hintersten Winkel der Bletterbachschlucht wandert und da zwischen buchstäblich himmelhohen Mauern steht. Den Kulminationspunkt markiert das Weißhorn (2317 m) aus hellem Sarldolomit. Viel Interessantes zur Geschichte der Dolomiten präsentiert das moderne Besucherzentrum (Zufahrt von Aldein), u. a. Fossilienfunde aus der Bletterbachschlucht sowie über 200 Millionen Jahre alte Dinosaurierspuren.

TOP ★ ERLEBNISSE

★ ZIRMERHOF

Das Berghotel in Radein ist eine Institution, gar keine Frage. Seit jener Zeit, als Hanna Perwanger, eine geborene Nürnbergerin, hier den Kochlöffel schwang. Und die Südtiroler Küche vom Schnitzel-Einerlei befreite, alte Rezepte zurückbrachte in die Hotelküchen. Mittlerweile führt Sepp, ihr Enkel, das Haus, und auch er orientiert sich an der Küche seiner Großmutter. Übrigens: Wer gerade nicht vorbeischauen kann in Radein, dem sei ein Blick ins Kochbuch »Südtiroler Leibgerichte« von Frau Perwanger empfohlen, das 1967 erstmals erschienen ist.

★ WEISSHORN (2317 m)

Ganz hinten über der Bletterbachschlucht thront das Weißhorn, aufgebaut aus hellem Sarldolomit. Seine Besteigung garantiert in Verbindung mit einer Besichtigung der Bletterbachschlucht einen ausgefüllten Bergtag. Aufstieg durch die Schlucht zum Zirmersteig, Abstieg (Sicherungen) über den Nordgrat und via Lahneralm zurück. Trittsicherheit und Ausdauer unerlässlich, reine Gehzeit etwa sechs Stunden Anfahrt von Aldein zum Besucherzentrum (großer Parkplatz).

www.bletterbach.info,
www.zirmerhof.com

32 NEUMARKT UND CASTELFEDER – MITTELALTER UND NOCH ÄLTER

Flößerplatz und uralte Siedlung

Neumarkt mit seinen malerischen Lauben wirkt wie aus dem Mittelalter-Bilderbuch gefallen. Verglichen mit dem Urzeitplatz von Castelfeder ist es allerdings ein »neuer« Markt, im 12. Jahrhundert gegründet. Da waren die Siedlungen auf dem Porphyrrücken südlich von Auer bereits Geschichte. Nicht ganz ohne Grund wird Castelfeder gelegentlich als »Arkadien Südtirols« bezeichnet.

Flohmarkt in den Lauben von Neumarkt (unten). Castelfeder ist ein geheimnisumwitterter Platz mit langer Geschichte. Blick ins Unterland (rechts oben). Im Naturpark Trudner Horn blüht im Mai der Frauenschuh (rechts unten).

Zu Zeiten, als es weder Straße noch Eisenbahn im Etschtal gab, war der Alpenfluss hier der wichtigste Handelsweg. Die Güter wurden aufs Wasser verladen und traten dann ihre Reise nach Trento oder Verona an. Entsprechend wichtig waren befestigte Plätze am Fluss, wo die Waren gelagert werden konnten. Ein Dokument aus dem Jahr 1189 bestätigt die Gründung eines »neuen Markts« durch den Bischof von Trient. Von seiner einstigen Bedeutung künden der eng gebaute Ortskern mit den Lauben, den zum Teil erkergeschmückten Häusern und geräumigen Höfen. Neumarkt löste Vill als Flößerplatz ab, später war es Poststation, ehe es in einen Dornröschenschlaf fiel.

Heute ist der Weinbau der bedeutendste Wirtschaftszweig. Mazzon, auf einer Hangterrasse oberhalb von Neumarkt gelegen, gilt als Blauburgunder-Paradies. Wer sich davon überzeugen will, kehrt unter den Lauben bei Johnson & Dipoli zu einem Glas Roten ein. Und hinterher kann man ja im Museum für Alltagskultur noch einen Blick in die gute alte Zeit werfen: Hier sind Tand und Gebrauchsgegenstände aus dem 19. und 20. Jahrhundert ausgestellt.

Ein ambitioniertes Projekt sieht den Aufbau eines Kunstmuseums in einem der letzten

erhaltenen »Saalhäuser« des Orts vor. Der Großraum, der den gesamten Grundriss einnimmt, diente früher als Warenlager; er soll Objekte aus der umfangreichen Würth-Sammlung beherbergen.
Vill, heute nur noch Vorort, wartet dafür mit einem Baudenkmal von Rang auf: der Kirche Unsere Liebe Frau. Ältester Teil des Gotteshauses, das zu den Hauptwerken der Tiroler Gotik gehört, ist der von Meister Konrad aus Neumarkt gestaltete Chor (1412). Langhaus und Turm wurden 1461 begonnen, aber erst Anfang des 16. Jahrhunderts vollendet. Im Innern der dreischiffigen Halle tragen Rundpfeiler ein fein verzweigtes Netzgewölbe mit viereckigen und schildförmigen Schlusssteinen.

Siedlung aus Urzeiten

Von Vill ist es etschaufwärts nur ein Katzensprung zum felsigen Rücken von Castelfeder (408 m). Erdgeschichtlich betrachtet, handelt es sich um einen Ausläufer des (ebenfalls aus Porphyr bestehenden) Mitterbergs, von dem ihn heute der Etschlauf trennt. Botanisch-zoologisch ist Castelfeder durch das Nebeneinander extrem trockener und feucht-sumpfiger Standorte hochinteressant. Während man an den sonnendurchglühten Trockenhängen Berberitzen, Brombeeren, Heckenrosen, Weißdorn, Mannaesche und Perückenbaum sowie verschiedenen Hauswurzarten begegnet, gedeihen in den feuchten Senken, wo sich sogar zwei kleine Tümpel halten, Seggen, Fieberklee, Seerosen und Schwertlilien. Der Höhenrücken ist Lebensraum zahlloser Insekten, darunter mehrerer Schmetterlingsarten, in den Hecken fühlt sich die Smaragdeidechse heimisch, und mit etwas Glück kann man sogar eine Gottesanbeterin oder eine Äskulapnatter entdecken. Letztere gilt mit einer Länge von bis zu zwei Metern als größte Schlange im Alpenraum.
Richtig geheimnisumwittert ist die Siedlungsgeschichte von Castelfeder: Rund 160 prähistorische Wohngruben, Überreste einer römischen Straßenstation, langobardisches Mauerwerk sowie Fundamente einer frühmittelalterlichen Burg wurden hier ausgegraben – und damit viele Rätsel. Wen wundert's da, dass der Hügel bei den Einheimischen als »Rabenkofel« bekannt ist und – zumindest früher – mit allerlei Spuk und gespenstischen Ereignissen in Verbindung gebracht wurde. Den aufgeklärten modernen Menschen wird das kaum von einem Besuch abhalten. Doch ganz entziehen können wir uns der eigenartigen Atmosphäre dieses Platzes nicht – auch im Homo sapiens unserer Computerwelt steckt ein Rest Urmensch ...

TOP ★ ERLEBNISSE

★ MUSEUM FÜR ALLTAGSKULTUR

Allerhand aus der »guten alten Zeit« präsentiert das kleine Museum in den Neumarkter Lauben. Der Besucher staunt darüber, wie sehr sich unsere Welt und unser Alltag in den letzten 150 Jahren verändert hat. Ältere Semester werden möglicherweise das eine oder andere wiedererkennen, was in Omas Küche keinesfalls fehlen durfte.

★ WEINGUT FRANZ HAAS

Die Palette der Weine, mit denen Franz Haas Preise einheimst, ist beachtlich. Besonders begehrt sind seine Pino Nero. Das verwundert nicht, gilt die Gegend um Montan doch als Burgunderparadies. Herausragend: der Pino Nero Schweizer.

★ JOHNSON & DIEPOLI

Unter den Neumarkter Lauben sitzt es sich gut, vor allem bei Johnson & Dipoli. Hier gibt es kleine, aber feine Speisen und – wie es sich für eine Önothek gehört – vorzügliche Weine, vor allem natürlich aus Südtirol und dem Trentino, aber auch aus anderen Regionen Italiens. Enzo führt sein Haus seit mittlerweile 30 Jahren – complimento!

www.museum-alltagskultur.it,
www.franz-haas.it,
www.johnson-dipoli.it

WIPPTAL / PUSTERTAL

Die grünen Täler

Wie aus dem Bilderbuch: gotische Häuserzeile der Neustadt von Sterzing (links). Nur für Kletterer: der Normalweg auf die große Zinne (oben). Die stiebenden Wasser der Reinbachfälle an der Mündung des Reintals (unten).

Eisenbahn und Straßen am Brenner: links die alte Bahntrasse, rechts Staatstraße und Autobahn (oben). Ein riesiges Bauwerk, das die österreichische Staatskasse schwer belastete, aber nie genutzt wurde: die Franzensfeste (rechts unten). Romantik Hotel Stafler (rechts oben)

33 DAS TOR ZUM SÜDEN: DER BRENNER

2000 Jahre alpine Mobilitätsgeschichte

Wenn's einen Brennpunkt des alpenquerenden Verkehrs gibt, dann den Brenner. Nirgendwo sonst sind mehr Menschen und Güter unterwegs, gibt es mehr Bewegung. Manchmal auch Stillstand: Stau. Dann wird aus dem Tor zum Süden ein Nadelöhr, was bei jährlich etwa 20 Millionen Fahrzeugen allerdings nicht weiter verwundert. Für Abhilfe soll der Basistunnel sorgen – ab 2032.

Fortschritt, hat einmal ein kluger Mensch gesagt, erkenne man an der Abwesenheit von Bürokratie. All jene, die in der Nachkriegszeit zur Schule gingen und in den 1960er-Jahren im voll beladenen und schwer untermotorisierten Käfer über den Brenner in den Süden reisten, der Sonne und dem dolce far niente entgegen, werden es gerne bestätigen. Inzwischen heißt es durchfahren! Kein Uniformierter mehr, der neugierig (oder auch nur gelangweilt) die Ausweise der Einreisenden inspizierte (und natürlich den Verkehr aufhielt), kein Zwischenstopp beim ACI-Büro, das Benzingutscheine verkaufte, kein Gedanke mehr an die ständig schwankenden Wechselkurse.

Oben am Pass

Was für ein Fortschritt. Dass die so gewonnene Zeit auf der Weiterreise im einen oder anderen Stau wieder flöten geht, kann man den EU-Beamten in Brüssel nicht anlasten. Am Brenner (1370 m), der den Norden Europas vom Süden trennt (oder beide verbindet), ist man unterwegs, nicht zuhause. Touristen halten auf dem Heimweg kurz an einem der Marktstände, Innsbrucker stöbern gerne im riesigen Outlet. Noch größer ist das Bahnhofsareal der Ferrovia statale, ziemlich heruntergekommen auch, wie die Kasernen der Carabinieri am Ortsausgang. Hinter den Gleisen gibt man sich modern, der Glaspalast von 2013 suggeriert Aufbruch, eine neue Zeit.

Gut gemeint vielleicht, doch dieses »erste italienische Museum an einer Autobahn« (Werbung) wirkt irgendwie deplatziert. Da hilft auch die riesige Skulptur von Fabrizio Plessi nicht weiter. »Die Seele der Natur« – so heißt sie – sucht man hier wohl vergebens. Am Brenner wird auch mit zweierlei Luft gemessen. Das Projekt eines Windparks am Sattelberg (2115 m) in bester Föhnlage, vor gut einem Jahrzehnt lanciert, ist längst vom Tisch. Drunten am Pass blasen die Brummis aber noch heute Unmengen von CO_2 in die Luft. Kein Widerspruch?

Brenner-Historie

Der Brenner: tiefster Einschnitt im Alpenhauptkamm, Reiseroute seit Jahrtausenden, Handelsweg, Heerstraße. Alle waren sie irgendwann unterwegs auf diesem Weg, der zwei Kulturen und auch Länder miteinander verbindet. Bestimmt kannten bereits Ötzis Zeitgenossen diese Route; um 200 n. Chr. bauten die Römer unter Septimus Severus sie zu einer Militärstraße aus. Im Mittelalter ging mehr als die Hälfte aller Italienzüge deutscher Kaiser über den Pass, von Otto I. (962) bis Karl V. (1530). Auch der Geheimrat aus Weimar war am Brenner unterwegs, wohl mit einer Expresskutsche, schreibt er doch »Die Postillons fuhren, daß einem Sehen und Hören verging, und so leid es mir tat, diese herrlichen Gegenden mit der entsetzlichsten Schnelle und bei Nacht wie im Fluge zu durchreisen, so freuete es mich innerlich, daß ein günstiger Wind hinter mir herblies und mich meinen Wünschen zujagte.«
Andreas Hofer und seine Mannen überquerten den Brenner nach Innsbruck, zum Berg Isel (1809), wo sie die Franzosen dreimal das Fürchten lehrten. Nach dem Ersten Weltkrieg reisten sogar Tote – italienische Gefallene – bis hinauf nach Gossensaß, wo sie fern der Front von 1915 bis 1918 an der neuen Nordgrenze des Landes Präsenz zeigen sollten für die Faschisten in Rom. Was für ein makabrer Dienst am Vaterland!
Aus den Feinden von einst sind längst Partner in der EU geworden, man zahlt mit dem gleichen Geld und hat fast die gleichen Sorgen. Oben am Pass wird es in ein paar Jahren deutlich ruhiger werden. In knapp zehn Jahren dürfte der Brenner-Basistunnel in Betrieb gehen. Dann sollen Menschen und Ware durch den Berg reisen, landschaftsschonender und sogar schneller. Dass es funktioniert, haben die Schweizer am Gotthard ja schon mal vorgemacht. Was in dem kleinen Alpenland möglich war, sollte für die große EU doch eigentlich kein Problem sein …

TOP ★ ERLEBNISSE

★ PFLERSCHTAL

Sein Wahrzeichen, der Pflerscher Tribulaun (3097 m), zählt zu den schönsten Felsgipfeln Südtirols; das Tal ist ein ruhiges Wandergebiet. Ein absoluter Hit: der Pflerscher Höhenweg vom Portjoch zur Tribulaunhütte – aber nur für erfahrene Berggänger. Ab Ast mit Abstieg nach St. Anton zehn Stunden, Übernachtung auf der Hütte.

★ ROMANTIK HOTEL STAFLER

Der Stafler in Mauls ist eine Institution: gediegenes Ambiente, natürlich mit Wellnessbereich, dazu eine erstklassige Küche. In der Gourmetstube Einhorn beweist Peter Girtler, dass ihm zwei Michelin-Sterne zu Recht zustehen – ein himmlischer Genuss!

★ FRANZENSFESTE

Die gewaltige, aus drei Forts bestehende Talsperre an der Brennerroute wurde 1833 bis 1839 errichtet; sie gilt als größter historischer Bau Südtirols. In kriegerische Auseinandersetzungen wurde die 2,6 Millionen Gulden teure Franzensfeste allerdings nie verwickelt. Täglich auch Führungen durch den gesamten Komplex.

sterzing.com, gossensass.org, tribulaunhuette.com, stafler.com, franzensfeste.info

34 UNTER DEM HOCHFEILER: DAS PFITSCHER TAL

Bauernland unter dem höchsten Zillertaler Gipfel

Auf dem Weg in den Süden – zum Gardasee oder in die Dolomiten – guckt der zielorientierte Reisende vielleicht ein paar Mal zu wenig nach links oder rechts. Da kann man das eine oder andere stille Juwel leicht übersehen, das Pflerschtal etwa oder – gleich gegenüber – das Pfitscher Tal, Bauernwelt unter dem höchsten Zillertaler Gipfel.

Lang ist's her, da war ein junger Schlacks mit seinem Rennrad auf den Passstraßen der Alpen unterwegs, auch in Südtirol. Es muss ein Feiertag gewesen sein. Denn nach langer Talfahrt ging's hinein in die Sterzinger Neustadt, und da bog gleichzeitig die Blasmusik ein, alle in Tracht natürlich, und dann hallte es von den gotischen Hausmauern wider. Was für ein Empfang!

Eine Passfahrt anno dazumal

Drei Stunden zuvor ging's erst einmal in die andere Richtung: hinauf, zunächst noch moderat, vorbei an den Weilern und Dörfern. Kaum Verkehr, was sehr angenehm war, und ein leichter Wind von den Bergen herab, in den Vorgärten der Häuser da und dort ein kleines Schild: Zimmer frei! Bei St. Jakob kommen die Firngipfel um den Hochfeiler ins Blickfeld, weiter links zeigt sich die markante Senke des Pfitscher Jochs. Und eine feine dünne Linie, die in weiten Schleifen an dem grünen Bergrücken zur Wasserscheide ansteigt. Im Großen Alpenstraßenführer (Denzel, Innsbruck) liest sich das so: »Vorwiegend ist der Straßenzug nicht staubfrei, schmal und windungsreich. Es gibt Steigungs- bzw. Gefällstrecken bis 13 %. [...] Die 8 Kilometer lange Bergstrecke zwischen Stein (1555 m) und dem 2251 m hohen Joch ist stellenweise knapp 2 m breit und talseitig nur mangelhaft gesichert!« Für den ordentlich trainierten Rennradler ist das kein Problem, mehr zu schaffen macht ihm der recht holperige, da

Gipfelrast am Rotbachlspitz über dem Pfitscher Joch. Blick zum Hochferner mit seinen Hängegletschern und zum Hinteren Weißspitz (unten). Das Pfitscher-Joch-Haus am gleichnamigen Pass (rechts oben). Den Pretzhof kennen viele Südtirol-Besucher (rechts unten).

und dort mit Steinen garnierte Untergrund. Eine lange Hangquerung führt schließlich, zuletzt nur noch sanft steigend, in die Buckellandschaft am Pfitscher Joch – geschafft! Hier treffen Zillertaler und Tuxer Alpen, Italien und Österreich zusammen, eine doppelte Nahtstelle sozusagen. Das Pfitscher-Joch-Haus, 1888 als Touristenunterkunft errichtet, wird von den Italo-Zöllnern genutzt; Schmuggel und illegale Grenzübertritte sollen so unterbunden werden.

Ein Haus, zwei Länder

Tempi passati. Wir leben der EU, bezahlen mit dem Euro. Das Haus am Pass ist schon lange wieder aufgebaut, wurde erst jüngst modernisiert. Im Sommer ist bei Schönwetter hier recht viel los. Biker mit oder ohne E-Hilfe kommen an, von Nord und Süd, Wanderer machen sich auf zur Landshuter Europahütte: Drei Stunden auf gutem Weg am Tuxer Hauptkamm entlang mit herrlich freier Sicht übers Pfitscher Tal und seinen Gipfelkranz. Das 1899 von der Sektion Landshut des DAV errichtete Schutzhaus ist ein echtes Kuriosum, liegt es doch seit der Annexion Südtirols (1919) durch Italien exakt auf der Landesgrenze. Dieser Umstand bescherte der Hütte ein wechselhaftes Schicksal. Je nach politischer Lage war sie mal geschlossen, dann wieder bewirtschaftet, zeitweise auch bloß zur Hälfte. Mittlerweile ist die Bausubstanz marode, ein Neubau unumgänglich. Der soll erneut auf der Landesgrenze stehen, als Symbol für Europas Einheit. 2022 war der Hindernislauf durch die Bürokratie in Österreich und Italien erfolgreich geschafft, in zwei Jahren soll das neue Haus eröffnet werden. Ob die Landesgrenze dann – wie in der historischen Hütte – quer durch die Gaststube verläuft – steht noch nicht fest. Aber am besten schmecken die Schlutzer ohnehin draußen auf der Sonnenterrasse, mit Aussicht auf den höchsten Gipfel des Zillertaler Hauptkamms, den Hochfeiler (3509 m). Dem macht der Klimawandel ordentlich zu schaffen. Im »Hochtourist« von 1911 kann man nachlesen, dass der Normalweg final über eine »scharfe Firnschneide« verläuft, dazu wurde der Berg mit 3523 Metern kotiert. Mittlerweile ist der Normalweg im Spätsommer fast immer eisfrei und seine einst dicke Schneekappe abgeschmolzen. Erstbestiegen wurde der Hochfeiler im Sommer 1865 von den Wiener Paul Grohmann mit drei Tiroler Führern.

TOP ★ ERLEBNISSE

★ PRETZHOF

Beliebte Einkehr in schöner Lage über dem untersten Pfitscher Tal mit regionaler Küche. Im Hofladen kann man Hausgemachtes kaufen: Speck, Kaminwurzen, Gamsschinken, Bergkäse, Marmeladen, Pesto. Genussland Südtirol.

★ DER HOCHFEILER

Wer ganz hoch hinaus will, nimmt sich den Hochfeiler (3509 m) zum Ziel. Der markierte Aufstieg ist im Spätsommer meistens eisfrei, 2,5 Stunden von der Hochfeilerhütte (2710 m). Trittsicherheit und ordentliche Kondition unerlässlich, als Tagestour sehr anstrengend (5,5 Stunden von der Pfitscher-Joch-Straße).

★ STERZINGER HÜTTE

Es gibt zwei gute Gründe für eine Wanderung ins Burgumer Tal: die zwischen idyllisch und bizarr changierende Kulisse dieses Pfitscher Seitentals und den Mineralienreichtum. Davon wusste bereits Beda Weber, Tiroler Chronist, im 19. Jahrhundert zu berichten, und mit etwas Glück kann man heute noch fündig werden. Ein Tipp für Sammler: das Mineralienmuseum Kirchler im Ahrntal, mit über tausend Exponaten, auch aus dem Burgumer Tal. Die Sterzinger Hütte (drei Stunden ab Burgum) ist leider nicht bewirtschaftet (nur für Selbstversorger, im Sommer offen).

pretzhof.com, alpenverein.it, hochfeilerhuette.com, mineralienmuseum.com

Blick übers Pfitscher Tal. Links der Bildmitte die Torwand, rechts Weiß-, Roll- und Daxspitz

35 STERZING – GOTIK PUR HINTERM BRENNER

Das Fuggerstädtchen am Brenner

Für viele, die auf dem Weg zu ihrem Ferienziel in Südtirol sind, ist das Städtchen am Eingang ins Pfitscher Tal, gerade mal 15 Kilometer hinterm Brenner, die »erste Ausfahrt Süden«. In der malerischen Neustadt oder am Stadtplatz unter dem Zwölferturm genießt man dann den ersten Caffè oder einen Veneziano – zusammen mit dem schönen Gefühl, im Urlaub angekommen zu sein.

Das malerische Ambiente verführt unweigerlich zu einem kleinen Bummel durch die alten Gassen. Dass die Gotik dominiert, ist eine Folge des verheerenden Brands, dem um die Mitte des 15. Jahrhunderts Teile von Sterzing zum Opfer fielen. Die Neustadt wurde neu aufgebaut, ganz im Stil der Spätgotik mit schmalen, hohen Fassaden über den Lauben, hohen Erkern und spitzbogigen Portalen. Da und dort führt ein Durchgang in einen malerischen Innenhof, zur »Kleinen Flamme« beispielsweise (wo man vorzüglich isst) oder beim Rathaus, einem stattlichen Bau mit mehrstöckigem Erker – Gotik pur.
Im Hof sind ein 1589 bei Mauls gefundener Mithrasstein und ein römischer Meilenstein aufgestellt.
Eigentliches Wahrzeichen des Städtchens ist der Zwölferturm, unverkennbar mit seinem Treppengiebel, der den Stadtplatz gegen die Neustadt abgrenzt. Gegenüber, am Eingang in die Altstadt, steht die Spitalkirche zum Heiligen Geist (1380). Letzteren dürften wohl öfter Patienten angerufen haben, denen die ärztliche Kunst vergangener Zeiten nicht mehr weiterhelfen konnte. Nördlich an dem Stadtplatz schließt die kleine Altstadt an, eigentlich nur eine Gasse und architektonisch deutlich schlichter gestaltet. Hier wohnten früher vor allem

Frühmorgens in der Sterzinger Neustadt; unverkennbar der Zwölferturm (unten). Restaurants gibt es viele in Sterzings Neustadt, eines ist ganz klein, aber besonders fein (rechts oben). Die Burg Reifenstein bei Elzenbaum (rechts unten).

Handwerker, die für den Fuhrwerksverkehr am Brenner wichtig waren.

Nicht im, sondern vor dem Dorf: die Pfarrkirche

Die Lage am Brennerweg würde man heute als Standortvorteil bezeichnen, seinen Wohlstand verdankt Sterzing aber vor allem den ergiebigen Erzadern am Schneeberg. Und weil die Knappen den Bau einer neuen Pfarrkirche mitfinanzierten, wurde sie auf dem freien Feld vor dem Ort errichtet. Damit es die Bergleute nicht so weit zum Gottesdienst hatten.

Der mächtige spätgotische Hallenbau mit seinem seitlich angefügten, gedrungen wirkenden Turm stammt im Wesentlichen aus dem 15./16. Jahrhundert. Thomas Scheiter, ein bekannter Steinmetz seiner Zeit, schuf das reich verzierte Südportal nach Entwürfen von Matthias Stöberl. Es zeigt im Bogenfeld die thronende Madonna, darunter die Wappen des deutschen Königreichs, Österreichs und Tirols, auf dem Sturz eine Inschrift zur Grundsteinlegung durch Maximilian I. Um die Mitte des 18. Jahrhunderts wurde das Innere der Pfarrkirche barockisiert. Johann Adam Mölk, der viel in Südtirol arbeitete, schuf die farbenfrohen Deckengemälde.

Der Multscheraltar im Deutschhaus

Wenige Schritte neben der Pfarrkirche steht das Deutschhaus. Das ursprünglich als Hospiz errichtete Bauwerk kam 1254 an den Deutschen Ritterorden. Der Turm der dreiflügeligen Anlage stammt aus dem 14. Jahrhundert, ein Teil wurde 1752–1754 barock umgestaltet. Die Anlage beherbergt neben dem Stadtmuseum (u. a. interessante historische Wandgemälde) das Multschermuseum, das Fragmente des legendären Flügelaltars aus der Pfarrkirche zeigt. Das große Werk kostete damals stattliche 1331 Gulden und diente bis 1779 als Hochaltar. In der Folge ging einiges unwiederbringlich verloren, diverse Figuren wurden ins Ausland verkauft. Eine abenteuerliche Odyssee erlebten die Flügelgemälde, die 1940 als Geburtstagsgeschenk Mussolinis an Göring nach Deutschland kamen, durch eine glückliche Fügung die Kriegswirren aber überstanden. Obwohl nur noch in Fragmenten zu bewundern, ist die hohe Kunst Hans Multschers (1400–1467) augenfällig. Kein Wunder, dass der Altar des Schwaben die einheimischen Maler und Bildhauer nachhaltig beeinflusste. Die berühmten, sehr detailreichen Flügelgemälde zeigen innen das Marienleben, außen Passionsszenen. Sie stehen in der Tradition niederländischer Vorbilder.

TOP ★ ERLEBNISSE

★ BURG REIFENSTEIN

Auf einer felsigen Kuppe mitten im Sterzinger Moos thront Reifenstein, Blickfang von der Brenner-Autobahn aus – ein absoluter Hingucker! Ältester Teil der Anlage ist der 24 Meter hohe Bergfried (um 1140), dem später ein Wohnturm mit trapezförmigem Grundriss angefügt wurde (13. Jh.). 1470 kam Reifenstein an den Deutschen Ritterorden, der sie großzügig ausbaute. Sehenswerte, teilweise gotische Ausstattung (Führungen).

★ KLEINE FLAMME

Klein, aber fein. Das trifft auf das Lokal im Herzen der Sterzinger Altstadt (Neustadt 51) allemal zu. Burkhard Bachers Herd steht zwar in Südtirol, inspirieren lässt er sich aber gerne von Bella Italia – und der weiten Welt. Das Ergebnis: immer wieder überraschende Kreationen.

★ ROSSKOPF (2189 m)

Hausberg von Sterzing, mit Seilbahnunterstützung eine gut einstündige Gipfeltour auf markiertem Weg. Mehrere Einkehrmöglichkeiten in der Umgebung der Bergstation, überraschend weites Panorama vom Gipfel.

www.sterzing.com,
www.kleineflamme.com,
www.rosskopf.com

Am Schneeberg im innersten Passeier schufteten im 15. Jahrhundert bis zu tausend Knappen (oben); die Neuzeit baute eine Stollenbahn in den Berg (rechts unten). Früher kam vor allem Muskelkraft zum Einsatz (rechts oben).

36 SCHNEEBERG – VOM HARTEN LEBEN DER KNAPPEN

In den Berg hinein

Lust auf ein kleines Abenteuer? Wer keine klaustrophobischen Anwandlungen hat, nicht wirklich ängstlich und gut zu Fuß ist, sollte die Tour ins Innere des Schneebergs nicht versäumen. Sie vermittelt einen nachhaltigen Eindruck vom harten, gefährlichen Leben der Knappen unter Tage. Über Jahrhunderte wurde am Schneeberg nach Erz geschürft, bis weit ins 20. Jahrhundert hinein.

Es ist kalt und zugig. Das Licht der Akkulampe zittert über den Fels, unter den Gummistiefeln platscht das Wasser. Leicht geduckt geht man in dem Stollen, Schritt um Schritt, ab und zu knallt der Helm gegen die Tunneldecke. Fast 1,5 Kilometer lang ist der Karlstollen, dessen Eingang sich im innersten Passeiertal nahe der Waldgrenze befindet. Es handelt sich um einen sogenannten Erbstollen, über den das Wasser aus dem Bergwerk abgeleitet und Frischluft zugeführt wurde. Der Aufschlag erfolgte im Sommer 1660, und fast ein Jahrhundert (!) später wurde die Verbindung mit dem darüberliegenden, vielfach verästelten Stollensystem hergestellt. Beim Bau kam es einmal zu einem verheerenden Wassereinbruch, bei dem ein Dutzend Knappen ertranken.

Erzabbau im Hochgebirge

Der Bergbau am Schneeberg reicht bis ins Mittelalter zurück. Eine Urkunde aus dem Jahr 1237 berichtet bereits von »argentum bonum de sneberch«, vom guten Silber des Schneebergs. Bis 1979, dem Jahr der endgültigen Stilllegung, lieferte der Berg Silber, Blei- und Kupfererze, ab dem 19. Jahrhundert wurde auch nach Zinkblende gegraben. Die Erzadern ziehen sich durch den gesamten Bergkamm, der das Passeier- vom Ridnauntal trennt. Die Grubeneingänge liegen fast alle im Westen, der Abtransport erfolgte aber von Anfang an ins Ridnaun, zunächst mit Mulis. Später wurden immer aufwendigere Transportanlagen gebaut: Tunnels, Seilbahnen, Schrägaufzüge, zuletzt auch noch eine Erzstraße. Immerhin liegen fast zehn Kilo-

meter Distanz zwischen den Erzgruben am Schneeberg (2355 m) und Maiern (1426 m), dazu ein hoher Übergang, die Schneebergscharte (2700 m). Um einen bequemeren Abtransport des Erzes ins Ridnaun zu ermöglichen, wurde das Joch bereits 1727 untertunnelt; der Kaindlstollen ist 385 Klafter (680 m) lang. Das Bergwerk am Schneeberg war das ganze Jahr über in Betrieb, sommers wie winters. Die Bedingungen für die Knappen waren entsprechend hart, Unfälle an der Tagesordnung, auch Spannungen zwischen den (oft im Ausland angeheuerten) Bergleuten und den Einheimischen blieben natürlich nicht aus. In der Blütezeit des Bergbaus waren bis zu tausend Arbeiter beschäftigt. Am Schneeberg, der seinen Namen nicht zufällig trägt, entstand ein richtiges Dorf. Auch Sterzing profitierte vom Bergsegen. Da hatten die Fugger – immer zur Stelle, wenn es etwas zu verdienen gab – ihre Niederlassung.

Der Abbau von Zinkblende bescherte dem Schneeberg eine letzte Blütezeit. 1870 baute man in Maiern eine große Aufbereitungsanlage. Im ehemaligen Arbeiterwohnhaus ist heute ein interessantes Museum eingerichtet, das alle Aspekte des Bergbaus am Schneeberg beleuchtet. Zu sehen ist auch die »größte Frauensperson Tirols«, die aus Ridnaun stammende Maria Faßnauer (1879–1917). Sagenhafte 2,17 Meter groß soll sie gewesen sein – und eine Attraktion auf Jahrmärkten und Festen in halb Europa, auch auf dem Oktoberfest in München.

Die Stollenbahn

Der »Bahnhof« liegt tief im Berg, knapp 300 Meter unter dem ehemaligen Knappendorf am Schneeberg. Ein 3,5 Kilometer langer Stollen führt ostwärts zum Eingang (1986 m) unweit vom Poschhaus im Lazzacher Tal. Das Züglein, das durchs Dunkel rattert, transportiert längst kein Erz mehr, es befördert eine Gruppe abenteuerlustiger Besucher zurück ans Tageslicht. Und manche/r wird nach dem langen Marsch durch den Berg, über Stiegen und Treppen hinauf und hinab – alles nur im Schein der Stirnlampen – froh sein, endlich wieder den offenen Himmel über sich zu haben.

TOP ★ ERLEBNISSE

★ SCHNEEBERG-FÜHRUNGEN

Wer den Schneeberg und seine Untertagewelt kennenlernen will, muss eine der Führungen, die angeboten werden, mitmachen. Absolutes Highlight ist die große Tour (10 Std). Sie wird nur im Sommer/Herbst durchgeführt, wenn die Schneebergscharte (2700 m) weitgehend schneefrei ist. Voraussetzungen sind etwas Bergerfahrung und eine ordentliche Kondition; Start in Maiern, Mittagspause in der Schneeberghütte. Für Familien gibt es die Führungen »Schneeberg Kompakt« und »Schneeberg Junior«. Voranmeldung unerlässlich! Empfehlenswert ist auch ein Besuch des Bergbaumuseums in Maiern/Ridnaun mit interessanten Exponaten aus der langen Geschichte des Schneebergs.

★ BURGHARDKLAMM

Malerische Klamm unterhalb des Aglsbodens, von Maiern aus über einen schön angelegten Steig erreichbar (1 Std.). Vor allem im Frühsommer ein beeindruckendes Erlebnis.

★ SCHLOSS WOLFSTHURN

In dem stattlichen, doppeltürmigen Barockbau ist das Südtiroler Landesmuseum für Jagd- und Fischerei untergebracht. Sehenswerte Prunkräume hinter 365 (!) Fenstern.

www.sterzing.com, www.bergbaumuseum.it, www.wolfsthurn.it

Wo das Wort von der Bergesruh noch gilt – in den Pfunderer Bergen, fernab des Alltags (oben). Der Wilde See – so heißt es – soll brüllen, wenn ein schweres Unwetter droht. Heute gibt er sich ganz friedlich (rechts unten). Die Fanealm (rechts oben)

37 WANDERPARADIES UMS VALSER TAL

Stille Pfunderer Bergwelt

Die Pfunderer Berge sind weit mehr als nur ein Anhängsel der Zillertaler Alpen, immerhin rund 400 Quadratkilometer groß und über 3000 Meter hoch, dazu nur sehr dünn besiedelt. Viel Natur also, dadurch jede Menge schönster Wandermöglichkeiten. Auch rund um das Valser Tal, bis hinauf zum höchsten Punkt des Gebirges, der Wilden Kreuzspitze (3132 m). Auf geht's!

Topografische Karten sind Bücher, bunte Enzyklopädien einer Landschaft, oft urban, manchmal auch menschenleer. Man kann in ihnen lesen, dabei über die Fülle an Informationen staunen, die einem ein einziges Blatt bietet. Gesammeltes Wissen. Dass sich gelegentlich der eine oder andere Fehler einschleicht, erstaunt da nicht weiter. Man darf nicht vergessen, dass die Kartografen des 19. und frühen 20. Jahrhunderts meistens gebildete Herren aus der Stadt waren, ihre Informanten dagegen oft Bauern mit einem eigenen Dialekt. (Wer schon mal im Oberwallis war, weiß was ich meine.) Da kann es leicht zu Missverständnissen kommen. Heißt der Berg nun Moosstock oder Mostnock? Und das schöne Alpental wirklich Val? Der Wiener Beamte machte daraus ein Valser Tal. *Val* stammt aber aus dem Lateinischen und bedeutet Tal. Das Valser Tal ist demnach ein Taltal? Davon gibt es gleich mehrere, vor allem in Alpenregionen, die ursprünglich von Rätoromanen besiedelt waren, und später germanisiert wurden. So entstand aus dem *Val* im Graubündner Oberland das Valsertal. Ähnlich verhält es sich mit dem Valser Tal im Süden Tirols. Der berühmte Deutschhasser Ettore Tolomei, für die italienischen Flur- und Ortsnamen in Südtirol verantwortlich, machte daraus ein *Val di Valles*. Alles klar?

Ein See und ein Dreitausender

Das Valser Tal hat neben seinem Namen noch weitere Besonderheiten anzubieten, etwa den Wilden See hoch in den Pfunderer Bergen. Das Gewässer galt einst als verwunschen; unter seiner dicken Eisschicht, die sich bis in den Sommer hielt, sollten allerlei Bösewichte ihre »Kalte Pein« erleiden. Trotzdem trauten sich ein paar Mutige mitten im Winter aufs Eis, um die Tiefe des Sees auszuloten. Das Ergebnis: 46 Meter. Seinen Namen verdankt der »Wilde« übrigens dem Umstand, dass er ein Wettersee ist, der durch gut hörbare Geräusche (Knottern) Unwetter ankündigt.
Vom See aus besteigt man in gut zwei Stunden auf markierter Spur die Wilde Kreuzspitze (3132 m), den Hauptgipfel der Pfunderer Berge. Er bietet ein altberühmtes Panorama, das vom Adamello bis tief in die Dolomiten reicht. Interessant ist auch der Blick in die nähere Umgebung, auf Gipfel, Grate und Gräben der Pfunderer Berge, die auch heute noch – ja, ja, es ist wahr! – als echter Geheimtipp gelten. Anderswo, auch im Pustertal, mag ja Kolonnenwandern angesagt sein, auf dem durchgehend markierten Pfunderer Höhenweg erlebt man entspannende Ruhe und majestätische Bergnatur gleichermaßen intensiv. Und oft allein.

Gute alte Zeit?

Beliebtestes Ausflugsziel im inneren Valser Tal ist die Fanealm, die man wahlweise per pedes, mit dem Rad oder mit einem Sammeltaxi ansteuern kann. Wer zu Fuß unterwegs ist, kann sich beim Aufstieg am Milchweg über verschiedenste Belange der alpinen Milchwirtschaft informieren, bevor er sich auf der Alm zu wohlverdienter Marende und einem Bier – pardon – einem Glas Milch, niederlässt. Und staunt. Über eine Almsiedlung, die aus 35 Bauten besteht, eigentlich fast schon ein kleines Dorf ist. Drei Einkehren gibt es da, eine Käserei und sogar eine Kapelle. Ungewöhnlich. Die Gründung der abgelegenen Siedlung dürfte möglicherweise auf die Zeit des Dreißigjährigen Kriegs zurückgehen, als die Pest in Südtirol besonders heftig wütete. Bauern aus Vals versuchten damals fernab ihres Dorfs der Seuche zu entkommen. Hinter der weiten Almmulde verengt sich das Tal zu einer Klamm mit dem bezeichnenden Namen Schramme. Der rücksichtslos ins Gelände trassierte Fahrweg endet bei der Labesebenalm, mit uriger Einkehr. Hier kann man im Sommer Murmeltiere beobachten, die – an zweibeinige Besucher gewöhnt – auf den steinigen Wiesen herumtollen. Ideal für Familien.

TOP ★ ERLEBNISSE

★ BRIXNER HÜTTE

Die Hütte ist eine Etappe am Pfunderer Höhenweg und ein familienfreundliches Wanderziel, knapp zwei Stunden von der Fanealm auf gutem Weg. Wer noch ein Stück zur Pfannealm ansteigt, kann mit einiger Sicherheit Murmeltiere und Gämsen beobachten. Markantester Gipfel im Talschluss ist die schlanke Pyramide des Pfannespitz.

★ WILDE KREUZSPITZE

Große, recht anspruchsvolle Überschreitung; im Gipfelbereich nur Wegspur, dazu Geröll und Blockwerk. Gesamtgehzeit etwa sieben Stunden ab Fanealm. Man kann den Gipfel auch auslassen und vom Wilden See direkt zum Rauhtaljoch ansteigen. Einkehrmöglichkeiten in der Labesebenalm und auf der Brixner Hütte.

★ PFUNDERER HÖHENWEG

Durchquerung der Pfunderer Berge von West nach Ost, fünf oder sechs Tage (Gesamtgehzeit 35 Stunden), Übernachtung in Hütten und in einem Biwak. Kürzere Felspassage, einige Sicherungen. Wiesen – Simile Mahdalm (2011 m) – Brixner Hütte – Brenninger Biwak (2157 m) – Edelrauthütte – Tiefrastenhütte (2312 m) – St. Georgen. Teilbegehungen und Zwischenabstiege möglich.

alpenverein.it, gitschberg-jochtal.com

WANDERWUNDERLAND SÜDTIROL

Wege für ein ganzes Leben

Wandern liegt im Trend. Und gesund ist es auch. Da verwundert es nicht, dass Weg und Steg allenthalben gut frequentiert sind. Natürlich auch in Südtirol, wo die Sonne etwas öfter scheint und die Wandersaison von der Apfelblüte bis zum Wintereinbruch reicht. Also auf geht's!

Zu Fuß sind Landschaft und kulturelles Erbe am intensivsten erlebbar, in den Tälern, auf vielen Höhenwegen bis zu den Gipfeln, wo der Horizont weit und der Himmel nah ist. Eine besonders schöne, für Jung und Alt geeignete Variante des Wanderns kann man rund um Meran und im Vinschgau erleben, auf den vielen Waalwegen, von denen die meisten heute noch in Betrieb sind. Wasserknappheit zwang die Bauern einst zum Bau kilometerlanger Bewässerungskanäle; neben dem Wasser verlaufen Fußwege, die dem Waaler die Arbeit erleichtern. Unschätzbarer Vorteil der Waale: das sanfte Gefälle.

Schluchten, Höhenwege, von Hütte zu Hütte

Höchstens mäßig anstrengend sind auch viele Kultur- und Themenwege, die meistens in Talnähe verlaufen. Ein absoluter Klassiker ist etwa die Burgenrunde im Überetsch mit Hocheppan als Highlight. Beliebte Wanderziele, vor allem bei den Kids, sind Schluchten; geradezu sensationelle Eindrücke vermittelt ein Besuch des »Grand Canyon« Südtirols, der Bletterbachschlucht. Am Ritten und oberhalb von Percha zeigt die Natur, was sie aus dem Moränenschutt eiszeitlicher Gletscher zu zaubern vermochte.

Beliebte Wanderziele sind Almen und Berghütten, was natürlich auch an den Einkehrmöglichkeiten liegt. Viel Aussicht bieten naturgemäß Höhenwege, die meistens zwischen Tal und Gipfel, oft an Graten entlang verlaufen. Den Zustieg übernimmt in manchen Fällen freundlicherweise eine Bergbahn, so am Raschötzer Höhenweg oder am Hirzelweg im Rosengarten. Immer beliebter wird Weitwandern von Hütte zu Hütte, möglichst ohne Zwischenabstiege in Täler. Ein Klassiker ist der

Dolomitenzauber: Paternkofel und Drei Zinnen, ganz links der Zwölferkofel.

Da geht's lang!

Meraner Höhenweg in der Texelgruppe, fast noch ein Geheimtipp der Pfunderer Höhenweg über dem Pustertal. Recht stark frequentiert sind die Dolomitenhöhenwege, vor allem jener vom Pragser Wildsee durch die östlichen Dolomiten nach Belluno.

Zu den Gipfeln

Und dann sind da noch die Gipfel. Nicht die Drei Zinnen natürlich, sondern die wanderbaren Hochpunkte. Davon gibt es ein paar Hundert zwischen dem Mendelkamm, dem Vinschgau, dem Pustertal und den Dolomiten. Markierte Wege führen bergauf, bis es nicht mehr weitergeht, und ein Kreuz dir sagt: Du bist oben am Gipfel. Der kann bewaldet sein wie so mancher Berg im Unterland, eine grasige Kuppe, ein Felszahn oder sogar ein richtiger Dreitausender wie der Rauhkofel im Zillertaler Hauptkamm mit 3251 Metern. Da wird der Bergwanderer dann zum sportlichen Bergsteiger, auch bei so manchem Dolomitenzacken, die zwar einen markierten Normalweg haben, für »Schwarzwald-Wanderer« aber tabu sind. Die steigen auf den Schlern (2563 m), das Astjoch (2194 m) oder den Helm (2434 m) und freuen sich über das große Panorama mit all den »Unersteigbaren« im wunderbaren Wanderland Südtirol.

Hoch über Bozen: die Burgruine Hocheppan. Am Horizont Schlern und Rosengarten

TOP ★ ERLEBNISSE

★ MARLINGER WAAL

Der rund zwölf Kilometer lange Waalweg von der Töll bis Lana zählt zu den schönsten Promenaden im Meraner Talkessel. Viel Aussicht ganz ohne Steigungen – immer dem Wasser nach. Fürs leibliche Wohl sorgen unterwegs gleich mehrere Gaststätten. Gehzeit drei Stunden.

★ EPPANER BURGENRUNDE

Der Wanderklassiker im Überetsch: Weinberge und alte Mauern, viel Aussicht aufs Etschtal, dazu mehrere Einkehren am Weg. Gehzeit 2,5 Stunden.

★ BLETTERBACHSCHLUCHT

Erdgeschichte zum Anfassen und spektakuläre Szenerien bietet die Klammwanderung, Souvenirs für den Nachwuchs liegen überall herum: Steine. Anfahrt von Aldein zum Besucherzentrum, ideal für Familien. Gehzeit 2,5 bis 5 Stunden, je nach Variante.

★ SCHLERN

Zu den lohnendsten Wanderzielen in den westlichen Dolomiten gehört der Schlern (2563 m), dessen unverkennbares Profil von weither zu sehen ist. Den Aufstieg verkürzt die Seiser-Alm-Gondelbahn. Großes Panorama, knapp unter dem Gipfel das Schlernhaus.

★ RUND UM DIE DREI ZINNEN

Das weltberühmte Dreigestirn von allen Seiten. Die Wanderrunde ist der absolute Klassiker in den Sextener Dolomiten. Zum Ausgangspunkt gelangt man über die (mautpflichtige) Drei-Zinnen-Straße, Wendepunkt ist bei der Drei-Zinnen-Hütte (2405 m). Einmalig die Nordwände der Drei, Tummelplatz der Extremkletterer. Gehzeit 3,5 Stunden, auch für Familien.

meran.eu, eppan.com, bletterbach.info, seiseralm.it, dreizinnenhuette.com

Klein, aber fein. In der Brunecker Altstadt gibt es viel zu entdecken, wie architektonische Details in der Hintergasse (oben). Und natürlich lädt Bruneck nicht nur zu einem Spaziergang, sondern auch zum Shoppen ein (rechts).

38 BRUNECK – HAUPTORT DES PUSTERTALS MIT FLAIR

Im Zentrum des Pustertals

Die Stadt Bruneck, früher ein eher verschlafener Flecken, hat sich in den letzten Jahren ein neues Image zugelegt: innovativ, modern, aber trotzdem der Tradition verpflichtet. Der Kronplatz gilt als das größte Skigebiet Südtirols, Reinhold Messners Museum in der Burg und das Volkskundemuseum sind Anziehungspunkte für Jung und Alt, und die Stadtgasse ist eine der schönsten Einkaufsstraßen Südtirols.

Es ist noch gar nicht so lange her, da war Bruneck ein ruhiges (manche sagen: ein verschlafenes) Städtchen, in dem man höchstens einen ungewollten Zwischenstopp einlegte: Stau mitten im Ort. Der Bau einer Umfahrung kam nur schleppend voran, die Reischacher wollten den Anschluss an die Moderne gar nicht. Das Schloss, Wahrzeichen von Bruneck, döste vor sich hin, Gourmets machten eher einen Bogen um die Gegend. Und heute? Als Initialzündung zu einer erstaunlichen Entwicklung könnte man die Eröffnung des Volkskundemuseums im Jahr 1980 bezeichnen, das sich bald als beliebtes Ausflugsziel erwies. In den Folgejahren wurde ein neues Verkehrskonzept mit Umgehungsstraßen und einer Modernisierung der Pustertalbahn realisiert, und im Schloss Bruneck zog mit dem Messner Mountain Museum (MMM) wieder Leben ein. Bruneck bekam ein sehr repräsentatives Haus. Doch auch um Traditionen kümmert man sich in Bruneck. Jedes Jahr sorgt der Stegener Bauernmarkt, der größte Südtirols, Ende Oktober für drei Tage Trubel vor den Toren der Stadt.

Alte Mauern

Im Großen und Ganzen achtet man in Bruneck jedoch darauf, dass alles so bleibt, wie es ist, wenigstens in der Altstadt. Die besteht, etwas überspitzt ausgedrückt, gerade mal aus einer Gasse, stilgerecht mit einem Torturm auf jeder Seite – und vielen Läden dazwischen. Naschkatzen werden den süßen Versuchungen, mit denen der Acherer (Stadtgasse 8) lockt, nur schwer widerstehen

GATTERER
K. BERNARDI

können. Südtiroler Fleischspezialitäten vom Feinsten gibt es bei Karl Bernardi (Stadtgasse 36), darunter seinen legendären Speck, mit dem er schon einige Preise gewonnen hat, daneben führt er eine Riesenauswahl an feinen Südtiroler Weinen. Sein neuester Hit sind exzellente handgeschöpfte Schokoladen! Autos bleiben in der Stadtgasse ausgesperrt, das Gedränge ist zeitweise dennoch recht beachtlich. Über den alten Häusern, von denen viele noch in gotische Zeit zurückreichen, wacht das stattliche Schloss, und auf der Talseite, vor dem historischen Geviert, lädt eine breite, baumbestandene Promenade zum Flanieren oder zu einem Apéro ein.

Wahrzeichen des Fleckens ist die Rainkirche mit ihrem originellen Zwiebelturm. Sie geht im Kern auf die Zeit der Gotik zurück, erhielt ihr heutiges Aussehen allerdings erst im 16./17. Jahrhundert. Noch jünger ist die Pfarrkirche, ein zweitürmiger Bau in neoromanischen Formen mit einer üppigen, aber höchst durchschnittlichen Ausstattung. Einzige Ausnahme: ein lebensgroßes, ausdrucksstarkes Kruzifix, das Michael Pacher (um 1435–1498) zugeschrieben wird. Der Künstler – als Maler wie als Bildhauer gleichermaßen begabt – führte in Bruneck 30 Jahre lang eine hervorragende Altarwerkstatt. Von seinen Arbeiten sind in Südtirol der Marienaltar in Gries bei Bozen und Teile des Laurentiusaltars in St. Lorenzen erhalten. Ein Fresko am Venezianer Tor der Innicher Stiftskirche weist ihn auch als virtuosen Maler aus. Seine späteren Werke zeigen den Brunecker als einen Künstler an der Schwelle von der Spätgotik zur Renaissance.

Zwei Museen

Das Schloss, nach 1250 als bischöfliche Residenz errichtet und später mehrfach ausgebaut, ist seit 2011 Museum. Reinhold Messner stellt im MMM Ripa die Bergvölker Asiens, Südamerikas, Afrikas und Europas vor, ihre Geschichte und Kultur. Auch die Auswirkungen des modernen Tourismus auf das Leben der Bereisten werden dokumentiert. Den passenden Rahmen bilden die historischen Mauern, und wer den Bergfried besteigt, stellt fest, dass auch die Südtiroler – natürlich! – ein Bergvolk sind: Dreitausender am Horizont und viele Bauernhöfe rundum, mitten in ihren grünen Rodungsinseln. Bauernhöfe präsentiert auch das Südtiroler Landesmuseum für Volkskunde in Dietenheim bei Bruneck. Hier wird die Vergangenheit lebendig: Das Museum vermittelt ein umfassendes Bild vom bäuerlich geprägten Leben vergangener Tage bis zurück ins 17. Jahrhundert, mit Schwerpunkt auf der Zeit zwischen 1750 und 1850. Auf

Der Brunecker Graben (unten). Einmalig: der Stegener Markt im Herbst (ganz unten). Im Südtiroler Landesmuseum für Volkskunde wird die gute alte Zeit lebendig (rechts oben). Karl Bernardis Metzgerei in der Stadtgasse (rechts unten).

dem weitläufigen Gelände des Ansitzes Mair am Hof stehen alte Gebäude aus verschiedenen Südtiroler Regionen, original eingerichtet, und es wird traditionelles Handwerk vorgeführt. Da haben auch Kinder garantiert ihren Spaß! Das Museumsgasthaus lädt mit Südtiroler Spezialitäten zu einer gemütlichen Rast ein, natürlich in historischem Ambiente.

In die Nachbarschaft

Die Umgebung des Pustertaler Städtchens bietet viel Interessantes, sie lädt zu kleinen Ausflügen ein, zu Fuß oder mit dem Fahrrad. Der Sonnenburger Hügel in der Nachbargemeinde St. Lorenzen trägt nicht nur die Überreste eines Benediktinerinnenklosters (heute Schlosshotel), sondern auch neun Urzeitstationen, und an der Pustertaler Straße wurde 1938/39 die Römersiedlung Sebatum freigelegt. Das Museo Mansio Sebatum in St. Lorenzen informiert über das antike Erbe; ein archäologischer Lehrpfad führt zu weiteren Fundstellen von der Jungsteinzeit bis ins Mittelalter (Infotafeln; 2 Std.).

Und dann wird man natürlich auch noch der doppeltürmigen Pfarrkirche einen Besuch abstatten. Sie bewahrt mit der »Traubenmadonna« einen besonderen Schatz. Es handelt sich um ein Frühwerk (ca. 1460) von Michael Pacher und war ursprünglich Teil eines Flügelaltars.

Ganz besondere Pyramiden

Statt die oft überlastete Pustertaler Straße zu nehmen, kann man Bruneck alternativ auch über die Sonnenstraße anfahren. Hier gilt: Nomen est omen – viel Sonne und Aussicht auf dem Weg über die Mittelgebirgsterrasse von Terenten und Pfalzen. Etwas unterhalb der Route liegt der Issinger Weiher, im Sommer ein beliebter Badeplatz. Oberhalb von Terenten drehten sich früher die hölzernen Mühlräder, angetrieben von der Kraft des Wassers. Das Korn wurde von mächtigen Mahlsteinen zerrieben. Ein halbes Dutzend davon steht im Graben des Terner Bachs; in den Sommermonaten wird jeweils montags eine Mühle in Betrieb genommen. Ganz in der Nähe entdeckt man eine Gruppe von bizarren Geröllzacken: Erdpyramiden.

Bizarre Art-natur kann man auch hoch über Percha besichtigen. Im wilden Graben des Litschbachs, der in Wielenbach öfters für schwere Schäden sorgte, stehen ein paar Dutzend Erdpyramiden. Sie sind ein Erbe der Eiszeitgletscher, entstanden durch Erosion. Wo ein Stein oder Felsblock die Auswaschung des Moränenschutts behindert, wächst ein Turm, der nach und nach höher und schlanker wird – bis er schließlich seine »Mütze« verliert: Sehenswürdigkeiten mit Verfallsdatum. – Zufahrt von Percha über Oberwielenbach.

TOP ★ ERLEBNISSE

★ KARL BERNARDI

Bernardi ist in Bruneck eine Institution. Fleischspezialitäten vom Feinsten in seiner Stadtmetzgerei, in der Enothek an der Stuckstraße 6 genießt man nicht nur exzellente Weine, sondern auch Südtiroler Schmankerl. Ein echte Genussadresse.

★ ACHERER

Blumen oder Patisserie? Beides gibt's beim Acherer in der Stadtgasse. Seine süßen Versuchungen sind eine Wucht: die Schokoladenpralinen, die Makronen, Linzertorten und so manch anderes aus der Hand von Andreas Acherer.

★ GASTHOF OBERRAUT

Gehobene Südtiroler Küche bietet das Haus in Amaten, hoch über dem Brunecker Talkessel. Was auf den Tisch kommt, ist liebevoll und gekonnt zubereitet. Die Weinkarte ist gut bestückt, da findet sich zum Ahrntaler Berglamm ebenso das passende Gewächs wie zum Kalbskopf mit Kürbiskernpesto. Im Sommer wird auch auf der Terrasse serviert, Aussicht inklusive. Wer sich hinterher nicht mehr ans Steuer setzen mag, kann im Gasthof übernachten (fünf Doppelzimmer).

www.bruneck.com, www.bernardi-karl.it, www.oberraut.it, www.messner-mountain-museum.it, www.volkskunde-museum.it

39 DER HAUSBERG VON BRUNECK: KRONPLATZ

Kunst, Sport und Genuss an einem Gipfel

Beim Stichwort Kronplatz bekommen Skifahrer leicht glänzende Augen, Naturfreunde nicht unbedingt. Was den einen der schwunghafte Rausch bedeutet, weckt bei Wanderern eher zwiespältige Eindrücke. Einig sind sich aber alle – auch Museumsfreunde – darin, dass es kaum ein schöneres Südtiroler Bergpanorama gibt als das vom Kronplatz.

Gar keine Frage, der Kronplatz zählt zu den Top-Aussichtspunkten Südtirols, optimal zwischen dem vergletscherten Hauptkamm der Zillertaler Alpen und den Dolomiten gelegen. Da stellt sich bloß die Frage, was mehr beeindruckt: der weiße Firnkamm im Norden oder die graue, vielfach gebrochene Zackenlinie am südlichen Horizont. Reichlich Grün zeigt der breite Graben des Pustertals, das man fast vom Drausattel bis zur Mühlbacher Klause überschaut. Nicht zu übersehen ist allerdings auch, dass der Kronplatz vor allem ein Skiberg geworden ist, mit 32 Aufstiegshilfen (die stündlich 70 000 Personen befördern können) und 120 Kilometern Piste (alle künstlich zu beschneien). So etwas tut keiner Landschaft gut, hält aber den (Winter-)Tourismus in Schwung. Fast wünscht man sich da die »gute alte Zeit« zurück, als die Alpenvereinssektion Bruneck auf dem Gipfelplateau ihre Hütte erbaute (1895) und Paul Grohmann, der große Dolomitenpionier, schrieb: »Es besteht für mich kein Zweifel, dass die Rundschau vom Kronplatz eine der schönsten der Dolomiten ist, und kein Gipfel, den ich kenne, vereinigt wieder die beiden Gegensätze Marmolada und Zillertaler Ferner in solcher Weise mit der schönsten Talaussicht, die man sich denken kann.« Grohmann stieg zu Fuß auf den Kronplatz; heute dauert die »Bergfahrt« nur noch ein paar Minuten: per Seilbahn von Reischach aus. Sportlich Ambitionierte können es auch den Heroen des Giro d'Italia gleichtun und

Ein schon lange berühmter Aussichtsberg: der Kronplatz (unten). Im Museum Corones wird die Geschichte des Alpinismus lebendig (rechts oben). Ganz neu: der Klettersteig am Piz da Peres (rechts unten).

mit dem Rennrad von der Furkel über die alte Militärstraße den abgeflachten Gipfel ansteuern. Wie bei der legendären Route zur Alpe d'Huez sind die Serpentinen nach Radsportgrößen benannt: Fausto Coppi, Gino Bartali, Eddy Merxck usw. Die dürften allerdings schneller unterwegs gewesen sein als die meisten Hobbyradler von heute ...

Ein Gipfel, zwei Museen

Dem Berg mit dem schönen Namen hat der Tourismus eine (weit weniger schöne) Krone aus Beton, Metall und Glas aufgesetzt. Ob die schwergewichtige Friedensglocke etwas zur Versöhnung zwischen Mensch und Natur beitragen kann? Eine Frage, die sich Reinhold Messner auch schon gestellt haben dürfte. Sein Museum Corones versteckt sich am Rand des Plateaus im Berg, die drei großen Augen schauen auf Reinhold Messners steinige Heimat, der moderne Zierrat am Gipfel ist den Blicken der Besucher entzogen. Zufall oder Absicht?

Der eigentliche Zauber des Bauwerks erschließt sich erst im Innern. Fließende Linien, von der irakisch-britischen Architektin Zaha Hadid (1950–2016) wunderbar komponiert, ziehen einen buchstäblich hinein in den Berg. Die Exponate sind dem Thema klassischer Alpinismus gewidmet: Bilder, Skulpturen und Ausrüstungsgegenstände.

Vom Museum Corones sind es nur ein paar Schritte zur alten Seilbahnstation am Kronplatz. Hier bewegen sich längst keine Räder mehr, dafür bietet der sanierte Bau gleich doppelten Kulturgenuss. Das Museum Lumen (dt. Licht) widmet sich der Bergfotografie (auch in Wechselausstellungen), und daneben, im neuen verglasten Anbau, präsentiert Norbert Niederkofler seine Kochkunst, natürlich auf Gipfelniveau. Was würde man auch anderes erwarten, bei einem von Michelin geadelten *Cuisinier étoilé*?

Natürlich kann man auch wandern am Kronplatz. Den langen Anstieg von Reischach werden kaum viele unter die Füße nehmen, entschieden weniger anstrengend sind da die beiden markierten Rundwege im Gipfelbereich: Concordia und Corones. Viel Aussicht ist garantiert, dass immer mal wieder eine Liftstütze ins Blickfeld gerät, ist beim Skiberg Nummer eins in Südtirol unvermeidlich. Da schaut man halt lieber in die Ferne, etwa nach Süden, wo sich ein Dolomitenzahn neben den anderen reiht, von den Sextenern im Osten bis zum Peitlerkofel im Südwesten. Ziemlich genau im Süden glänzt der einzige Gletscherberg der Dolomiten: die Marmolada.

TOP ★ ERLEBNISSE

★ ASTJOCH (2194 m)

Was für ein Kontrast! Drüben am Kronplatz viel Stahl, Beton und Glas, reichlich Betrieb auch. Am Astjoch sitzen ein paar Wanderer und genießen ihr Wurstbrot und das herrliche Panorama – fast so schön wie das vom Corones. Von Ellen (Anfahrt von St. Lorenzen via Montal) kommt man in 2,5 Stunden zum Gipfel. Am Rückweg gibt es sogar zwei bewirtschaftete Häuser (Starkenfeldhütte, Rastnerhütte). Und weiter reichlich Aussicht und viel Ruhe.

★ VON DER FURKEL ZUM KRONPLATZ

Eher gemütliche Gipfelwanderung (1,5 Std.) oder streckenweise knackige MTB-Strecke, wahlweise via Geiselsberger Hütte oder links herum über den Col Cantovì.

★ PIZ DA PERES (2507 m)

Nachbar des Kronplatzes im Süden ist der Piz da Peres. Ein zeigt ein deutlich felsigeres Profil, ist ein echter Dolomitengipfel. Trittsichere und bergerfahrene Wanderer überschreiten den Berg von Ost nach West, vier Stunden von der Furkel. Für echte Cracks gibt es seit Kurzem auch einen ziemlich anspruchsvollen Klettersteig an dem Berg. Nur mit entsprechender Ausrüstung!

kronplatz.com,
messner-mountain-museum.it

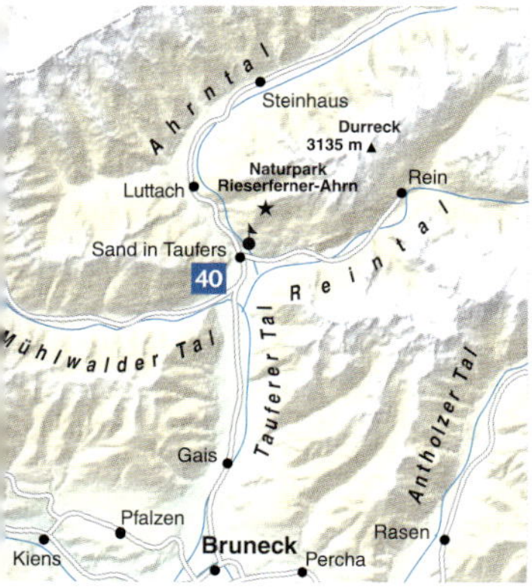

40 SAND IN TAUFERS – AM FUß MÄCHTIGER BERGE

Sandiger Boden und eine mächtige Burg

Die Berge rund um Sand mögen viel höher sein, der erste Blick gehört trotzdem der mächtigen Burg, die den Eingang zum Ahrntal bewacht. Ihr zu Füßen liegt der Ort, und das konnte man früher durchaus wörtlich verstehen: die Herren dort oben, die Knechte unten. Die Edlen von Taufers sind längst Geschichte, dafür findet im Burghof jeden Frühling ein Ritterfest statt.

In Taufers steht die Kirche nicht im, sondern vor dem Dorf: Mariä Himmelfahrt (unten). Über dem Dorf Sand erhebt sich beherrschend das Schloss Taufers. Früher konnte man das durchaus wörtlich nehmen (rechts oben). Ein feuchtes Schauspiel: die Reiner Wasserfälle oberhalb von Sand in Taufers (rechts unten).

Der Ort Sand in Taufers, ein stattlicher Flecken mit gut 5000 Einwohnern, breitet sich an der Mündung der Ahrklamm aus. Sein Name deutet darauf hin, dass es vor der Regulierung des Wildbachs immer wieder zu Überschwemmungen und Murenabgängen kam. Das erklärt wohl auch, weshalb die Pfarre Taufers außerhalb des Orts am Fuß der schroffen Pursteinwand steht. Der stattliche Bau aus massigen Granitquadern gilt manchen als »schönste gotische Kirche in den Südtiroler Tälern« (Oberhollenzer). Sie steht auf den Fundamenten eines im 13. Jahrhundert erwähnten Gotteshauses. 1503 begonnen, wurde das Gebäude 1527 von Valentin Winkler vollendet. Der Kirchenraum beeindruckt durch das reiche Netzgewölbe mit seinen runden und viereckigen Schlusssteinen.

Einen markanten Akzent ins Weichbild von Sand setzt auch der Ansitz Neumelans am südlichen Siedlungsrand. Der kompakte Baukörper mit seinem hohen Walmdach zeigt vier unten quadratische, oben runde Ecktürmchen und zwei polygonale, über drei Geschosse reichende Erker. Erstaunlich ist – bei Berücksichtigung der damaligen Technik – die kurze Bauzeit: zwölf Monate, und das in den 1580er-Jahren! Der Ansitz ist Privatbesitz, kann deshalb nicht besichtigt werden.

Schloss Taufers

Für jedermann zugänglich ist dagegen Schloss Taufers, zu dem man von Sand in

einer Viertelstunde hinaufsteigt. Sie sperrte früher den Zugang zum Ahrntal und damit zu dem wichtigen Handelsweg über den Krimmler Tauern ins Salzburgische. Die ältesten Teile der imposanten Anlage (Bergfried, Breiter Turm und Palas) gehen auf das 13. Jahrhundert zurück, um 1500 wurde die Burg umgebaut und stark vergrößert. Mittelpunkt ist der malerische Burghof. Im Rahmen von Führungen werden die verschiedenen Räumlichkeiten gezeigt. Dabei erfährt man Wissenswertes (und Gruseliges) über Schloss Taufers und seine Geschichte. Das Interieur stammt größtenteils noch aus dem 16./17. Jahrhundert; viele Räume sind mit Zirbenholz getäfelt, darunter der prächtige Gerichtssaal. Für kleine und große Buben ein Highlight ist die Rüstkammer mit ihren Waffen und Harnischen. Sehr unterschiedlich sind die Reaktionen auf die modernen Fresken (1967) von Lydia Roppolt – das Urteil reicht von »hilfloser Zustimmung bis zu scharfer Ablehnung« (so der Heimatkundler Josef Rampold). Über die hohe Qualität der erst 1956 freigelegten Apsisfresken in der Burgkapelle, die dem Brunecker Michael Pacher zugeschrieben werden, sind sich Fachleute und Laien dagegen einig.

Reiner Wasserfälle

Unterhalb der alten Burg rauscht das Wasser durch die Ahrklamm – eine beliebte Raftingstrecke übrigens. Stiebende Wasser gibt's auch am Eingang ins Reintal zu besichtigen, wo der gleichnamige Bach gleich mehrere Kaskaden herabstürzt. In 1,5 Stunden steigt man vom Ortsteil Winkel über den Franziskusweg im Wald zur obersten Wasserkaskade auf. In mehreren, schön gestalteten Stationen wird der Sonnengesang des Franz von Assisi thematisiert. Auf einem Felsrücken über dem Reinbach thronen die Überreste der Toblburg, um die sich allerlei Sagen ranken. So musste der Teufel – sagt zumindest der Volksmund – wegen einer verlorenen Wette einst den alten Weg ins Reintal pflastern. Die Energiebarone der ENEL hatten weniger die Schönheit der Schöpfung als vielmehr ihre Nutzung für den Energiehunger der Moderne im Auge, als sie vor ein paar Jahrzehnten von einem riesigen Stausee im Reintal träumten, in dessen Fluten auch das gleichnamige Dörfchen versunken wäre. Glücklicherweise ist nichts daraus geworden, das Tal ist heute Naturschutzgebiet, und die Wasserfälle rauschen wie eh und je – am eindrucksvollsten natürlich im späten Frühling, wenn droben in der Rieserfernergruppe der Schnee schmilzt.

TOP ★ ERLEBNISSE

★ SPEIKBODEN (2517 m)

Hausberg von Sand ist der Speikboden. Ausflügler lassen sich per Lift bis in Gipfelnähe tragen, bei Wanderern ist der Speikboden-Rundweg sehr beliebt. Wer's etwas sportlicher mag, versucht sich an einem der drei Klettersteige. Die Ausrüstung (Helm, Set) kann gemietet werden. Im Winter ist die Nordflanke des Bergstocks ein beliebtes, familienfreundliches Skigebiet. Das Gipfelpanorama verdient locker drei Sterne, mit dem Zillertaler Hauptkamm auf der einen, dem Zackengewirr der Dolomiten auf der anderen Seite.

★ NATURHOTEL MOOSMAIR

Hier wird einer besonderen Philosophie nachgelebt, die auf der Verbundenheit von Mensch und Natur basiert. Sie war auch Leitgedanke beim Umbau des alten Gasthauses. Einmalig ist die Terrassenlage in Ahornach mit Fernblick bis zu den Dolomiten. Einmalig auch: die fantasievolle Kräuterküche des Restaurants Arcana.

★ NATURBADETEICH SAND IN TAUFERS

Neben dem Wasser- und Wellnesskomplex Cascade in der Sportzone von Sand gibt es einen Naturbadeteich für jene, die mit all den modernen Wohlfühlangeboten wenig anfangen können: zurück zu den Wurzeln!

www.sand-in-taufers.org, www.skiworldahrntal.it, www.moosmair.it

Sonnenaufgang am Speikboden (2517 m). Blick zum Zillertaler Hauptkamm. Hinter dem Gipfelkreuz der Große Möseler, dann nach rechts Turnerkamp, Hornspitzen und Schwarzenstein

Ein beliebter Tourenstützpunkt im Naturpark Rieserferner-Ahrn ist die Kasseler Hütte über dem Bachertal (oben). Im innersten Ahrntal wurde früher nach Kupfererz geschürft (rechts oben). Fels und Eis: der Hochgall (3436 m) und der immer noch stark vergletscherte Schneebige Nock (rechts unten).

41 DER NATURPARK RIESERFERNER-AHRN

Gletscher, wilde Wasser und hohe Gipfel

Südtirol ist (auch) eine Parklandschaft; insgesamt sieben große regionale Schutzgebiete zählt man zwischen dem Alpenhauptkamm und dem Unterland. Eines der größten umfasst beinahe die gesamte Rieserfernergruppe im Nordosten des Landes, im innersten Ahrntal greift es sogar bis zum Hauptkamm der Zillertaler Alpen aus. Was für eine Fülle an Landschaftseindrücken!

Die nordöstliche Ecke Südtirols gehört vor allem der Natur: 313 Quadratkilometer groß ist der 1988 gegründete (und sechs Jahre später erweiterte) Rieserferner-Ahrn-Park und an der Dreiherrnspitze so hoch, dass ein Gipfelstürmer mit dem Scheitel die 3500-Meter-Marke berührt. Gut 2,5 Kilometer tiefer kommen Ahr und Reinbach, die beiden größten Bergbäche des Schutzgebiets zusammen, und dazwischen liegt eine Berg- und-Tal-Landschaft, die weit mehr als nur faszinierende Hochgebirgsbilder liefert.

Kasseler Hütte und Hartdegen-Weg

Mittelpunkt des Parks ist das Reintal, das am Ursprung (ein passender Name) wurzelt, unweit der Grenze zu Osttirol. Ältester Tourenstützpunkt für Wanderungen und Hochtouren ist die bereits 1895 eröffnete Kasseler Hütte. Ihr Bau war ein echter Kraftakt für eine vergleichsweise kleine AV-Sektion. Bei ihrer Gründung am 1. April 1887 waren gerade 18 Männer anwesend: »7 Schauspieler bzw. Opernsänger, 4 Apotheker, 3 Kaufleute, 2 Ärzte, 1 Bankier und 1 Oberlehrer«. Eine illustre und offensichtlich kunstsinnige Gesellschaft.

Vorsitzender war bei der Hütteneinweihung Dr. Arthur Hartdegen, der sich sehr für den Ausbau des Wegnetzes in der Rieserfernergruppe einsetzte. Nach ihm wurde später die schönste Wanderroute benannt, ursprünglich als Verbindung mit der Osttiroler Barmerhütte angelegt. Heute versteht man darunter die große Runde um das Bachertal. Der südseitige Wegabschnitt quert das Vorgelände des Rieserferners mit seinen Gletscherschliffen, den Geröllflächen, Moränen und grünen Inseln. Der Rückweg über die Kofleralm ist dann ein einziges Schaulaufen vor der Rieserfernergruppe, die man vom Lenkstein bis zum Schneebigen Nock überblickt. Nicht zu übersehen ist allerdings, dass der weiße Firnteppich schon einige Löcher aufweist. Vor 100 Jahren reichte die Gletscherzunge noch bis zum Tristennöckl (2465 m) herunter. Heute stehen ein paar Zirben an dem felsigen Zahn oberhalb der Kasseler Hütte. Holz statt Eis?

Höchster Gipfel des Massivs ist der Tonalitklotz des Hochgalls (3436 m), die Hoache Galle, wie die Einheimischen sagen. Erstmals bestiegen wurde er 1868 von einer Viererseilschaft. Nur drei Jahre später stand auch der Prager Kaufmann Johann Stüdl, Mitbegründer des Deutschen Alpenvereins, mit fünf Begleitern auf dem Gipfel. Ihre Route führte über das Graue Nöckl und den markanten Nordwestgrat – der heute übliche Anstieg (Schwierigkeitsgrad II+, einige Sicherungen).

Klöppeln und Graben

Vergletschert ist neben der Rieserfernergruppe auch das innerste Ahrntal, das sich – parallel zum Zillertaler Hauptkamm – bis hinauf zur Birnlücke erstreckt. In der Geschichte des Tals spielte neben dem Handel mit Nordtirol der Bergbau eine wichtige Rolle. Als er nicht mehr konkurrenzfähig war und eingestellt werden musste, führte man (als Konjunkturprogramm) das Spitzenklöppeln ein. Es hat sich bis heute gehalten, als Nebenverdienst, und an den Fenstern so mancher Stube hängen die kleinen weißen Vorhänge.

Im hinteren Ahrntal wurde ein halbes Jahrtausend lang nach Kupfer geschürft. Im Schaubergwerk bei Prettau können Besucher mit der reaktivierten Stollenbahn einfahren in den Berg – für Ängstliche eher ein etwas beklemmendes Erlebnis ... So richtig durchatmen kann man hier übrigens auch, im Klimastollen nämlich. Hohe Luftfeuchtigkeit und eine gleichbleibende Temperatur sorgen für gute Luft, frei von Allergenen und Schwebstoffen. Anschließend empfiehlt sich eine kleine Wanderung im weitläufigen Bergwerksgelände (Lehrpfad) oder ein Besuch im Kornkasten Steinhaus, der ebenfalls zum Südtiroler Bergbaumuseum gehört und eine Fülle interessanter Exponate zum Kupferbergbau präsentiert.

TOP ★ ERLEBNISSE

★ NATURPARKHAUS

Viel Wissenswertes über den Rieserferner-Ahrn-Naturpark vermittelt das Haus in Sand in Taufers, wobei erdgeschichtliche Abläufe, Lebensräume und Gletscherschwund ebenso thematisiert werden wie das Verhältnis von Mensch und Natur im Wandel der Zeit und das Leben im Gebirge.

★ MINERALIENMUSEUM KIRCHLER

In drei Schauräumen werden an die tausend Mineralien aus den Zillertaler Alpen und den Hohen Tauern präsentiert. Eine besondere Attraktion: das »Bergkristallgwindl« aus dem Prettauer Bergwerk. Im Museumsladen können die Preziosen auch gekauft werden.

★ HEILIGGEIST-KIRCHLEIN

Zierlicher Bau, der um 1550 in seine heutige Form gebracht wurde, mit sehenswertem Freskenschmuck. Von Kasern (Parkplatz) spaziert man in etwa 20 Minuten zu dem hübsch gelegenen Gotteshaus, das von einem mächtigen Felsklotz »beschützt« wird. Dem durchschossenen Kruzifix im Innern half er allerdings nicht. Der Legende nach soll es früher beim Prastmannhof gestanden haben und von einem jungen Burschen als Zielscheibe missbraucht worden sein ...

ahrntal.com,
sand-in-taufers.org,
mineralienmuseum.com

Schönster Schmuck des Antholzer Tals ist sein See, über dessen Nordwestufer die mächtigen Gipfel der Rieserfernergruppe aufragen. (oben). Der Staller Sattel verbindet das Antholzer Tal mit dem Osttiroler Defereggental. In der Tiefe der Antholzer See, darüber Wildgall und Hochgall (rechts unten). Ein gastliches Haus: das Autentis (rechts oben)

42 IDYLLE UNTER DREITAUSENDERN: ANTHOLZ

Am Fuß des Hochgalls

Antholz, das kennt man hierzulande vor allem wegen seiner Biathlon-Wettbewerbe. Eigentlich schade, ist das Tal unter dem Hochgall doch im Sommer, wenn's auf den Almen blüht und die Kuhglocken bimmeln, ein richtiges Dorado für Wanderer. Biker mit strammen Waden strampeln hinauf zum Staller Sattel, der Antholz mit dem Osttiroler Defereggental verbindet.

Highlight des Antholzer Tals ist ganz klar sein See, 1642 Meter hoch gelegen und vollständig von hochstämmigem Wald umrahmt. Mit einer Fläche von 44 Hektar ist er das drittgrößte natürliche Gewässer Südtirols (nach dem Kalterer und dem Haider See) und im Sommer ein überaus beliebtes Ausflugsziel mit schön angelegtem Uferweg (Lehrpfad mit Infotafeln). Unmittelbar am Abfluss des Sees liegt das moderne Biathlon-Zentrum. Hier wurden bereits sechsmal Weltmeisterschaften in dieser nordischen Disziplin ausgetragen, zuletzt 2020, dazu jedes Jahr Weltcuprennen.

Relikte aus ferner Vergangenheit

Die gewaltigen Südabstürze des Hochgalls (3436 m) bilden die beeindruckende Kulisse des Antholzer Sees. Im Gemsbichljoch (2791 m), einer markanten Scharte am Hauptkamm des Gebirges, steht die im Sommer stets bewirtschaftete Rieserfernerhütte des Südtiroler Alpenvereins. Ganz in der Nähe entdeckte der Hüttenwirt 1992 verrottete Kleiderreste. Eine wissenschaftliche Untersuchung ergab, dass die Fundstücke rund 2700 Jahre alt waren (heute im Südtiroler Archäologiemuseum)! Als noch viel älter erwiesen sich jene Artefakte, die ein steinzeitlicher Rastplatz oben am Staller Sattel (2052 m) preisgab. Hier waren Jäger und Sammler bereits vor rund 8500 Jahren, also lange vor Ötzi, unterwegs. Als nicht neu erwies sich auch jener Einbaum, den Forscher im Obersee, gleich jenseits der Staatsgrenze, entdeckten. Das Boot dürfte einem Fischer des Erzbischofs von Brixen gehört haben, vor einem Jahrtausend

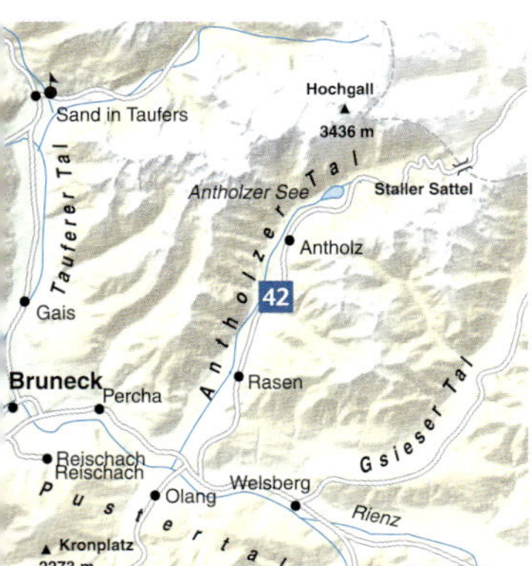

Grundbesitzer am Staller Sattel. Im Defereggental hat man sich durch diesen Fund zu einer lustigen sportlichen Veranstaltung animieren lassen. Alljährlich im Juli gehen auf dem Obersee Boote zum »höchsten Drachenbootrennen der Welt« (Eigenwerbung) an den Start. Erstaunlich, was China so alles in die westliche Welt exportiert …

Ganz oben und ganz unten

Beliebtestes Wanderziel im Bereich des Staller Sattels ist die Rote Wand (2818 m) mit markiertem Anstieg. Vom Gipfel (2,5 Stunden) genießt man eine kontrastreiche Aussicht. Blickfang ist natürlich der Hochgall, in der Tiefe glitzert die Wasserfläche des Antholzer Sees und am südlichen Horizont grüßen die Dolomiten.

Spuren prähistorischer Siedler kamen auch ganz unten im Antholzer Tal zutage: Bei Niederrasen, auf dem sogenannten Kirchacker wurde ein eisenzeitliches Gräberfeld freigelegt (800–500 v. Chr.), am nahen Galgenbühel die Reste eines Dorfs aus der gleichen Epoche.

Wie das Wegnetz im mittleren Pustertal damals ausgesehen hat, weiß natürlich niemand mehr; ein interessantes Straßenbauwerk aus dem 19. Jahrhundert wurde erst jüngst saniert: die alte Rasner Brücke über den Antholzer Bach von 1847. Bauleiter war der aus Fiera di Primiero stammende Alois Negrelli, einer der großen Straßen- und Eisenbahnpioniere der K.-u.-k.-Monarchie – und Ingenieur des Suezkanals!

Rasner Möser

Von der großen weiten Welt zurück ins kleine Antholzer Tal. Gleich hinter Oberrasen liegt rechts des Antholzer Bachs ein interessantes Biotop: die Rasner Möser. Es handelt sich um den Rest eines ausgedehnten Moorgebiets, das seinen Ursprung in einem nacheiszeitlichen, durch Murabgänge entstandenen See hatte. Das 23 Hektar große Revier steht seit 1975 unter Schutz; es beherbergt eine interessante Fauna und Flora. Auf einem Spaziergang durch das Biotop (Lehrpfade, Infotafeln) kann man den seltenen, insektenfressenden Sonnentau entdecken, am Wasser stehen Rohrkolben und am Uferstreifen der Teiche blüht im Sommer der Fieberklee. Da und dort bilden Birken kleine Baumgruppen, talеinwärts schließt ein dichter Schilfgürtel das Moor ab. Es ist Lebensraum der Kreuzotter, die recht häufig anzutreffen ist, selten auch in einer rötlich-braunen Färbung. Deshalb wird sie auch Kupferotter genannt.

TOP ★ ERLEBNISSE

★ ROTE WAND

Der schönste Wandergipfel über dem Staller Sattel ist die Rote Wand (2818 m) mit markiertem Anstieg und Prachtblick auf die Südflanke der Rieserferner-Gipfel mit dem Hochgall. In der Tiefe der von Wald umgebene Antholzer See und am südlichen Horizont die Dolomiten, von den Sextenern über die Ampezzaner bis zu den Geislerspitzen.

★ HOTEL AUTENTIS

Natürlich ist es kein Nachteil, wenn zu einem Hotel gleich noch eine Metzgerei gehört und beides in einer (Familien-) Hand ist. Beim Autentis ist genau das der Fall. 1954 kaufte Anton Steiner den Hanserhof in Niederrasen und baute ihn zu einem Gasthaus mit zwölf Zimmern und einer Metzgerei um. Heute führt sein Enkel Toni zusammen mit seiner Frau Cornelia das Hotel, jetzt mit 70 Betten und einem Wellnessbereich. Und mit echter Gastfreundschaft, die von Herzen kommt. Da fühlt man sich gleich zuhause.

★ ANTOLZER SEE IM WINTER

Im Winter, wenn der See ordentlich zugefroren ist, kann man über's Wasser – pardon – Eis wandern, mit und ohne Schneeauflage. Ein ganz besonderes Erlebnis!

antholz.bz, autentis.it

43 WIPPTAL UND PUSTERTAL

Vom Brenner in die Sextener Dolomiten

Wer über den Brenner fährt, will meistens in den Süden, vielleicht sogar zum Gardasee. Es lohnt sich aber, in Franzensfeste den Weg ins Pustertal zu nehmen. Manche biegen in Bruneck dann nach Norden ab, um das Tauferer Ahrntal zu besuchen. Geradeaus geht's weiter ins Hochpustertal. Die Drei Zinnen locken!

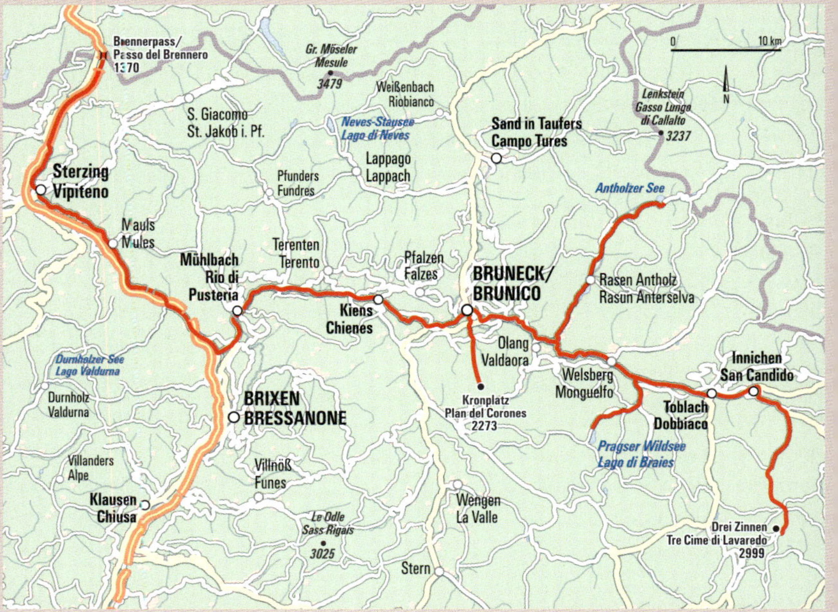

Die Fahrt in den Süden startet an der Shoppingmeile am Brenner recht unspektakulär. Gossensaß, der erste Südtiroler Ort, wird von der Autobahnbrücke regelrecht überfahren. Doch dann, was für ein Kontrast: Sterzing. Das alte Fuggerstädtchen wirkt mit seinen gotischen Hausfassaden, den Erkern und dem Zwölferturm wie aus einem Südtirol-Prospekt entsprungen. Für viele ein Grund, hier eine erste Pause auf der Reise in den Süden Tirols einzulegen. Und wetten: Der Caffè schmeckt köstlich. Wer länger verweilt, sollte einen Abstecher ins Ridnauntal unternehmen. Ganz hinten wird einem dann klar, wo der Reichtum Sterzings herkam: aus dem Berg, genauer, dem Bergwerk am Schneeberg. Das Museum bei Maiern informiert umfassend über Geschichte und Bedeutung des Bergbaus. Unerschrockene nehmen an einer Führung in den Berg teil – sehr beeindruckend.

Ins Pustertal

Die riesige Anlage der Franzensfeste, wenige Kilometer vor Brixen, signalisiert dann: links abbiegen ins Pustertal, nach Bruneck. Hausberg des schmucken Städtchens an der Rienz ist der Kronplatz – Ski-, Aussichts- und Museumsberg in einem. Spektakulär, aber auch umstritten: das futuristische Messner Mountain Museum Corones der irakisch-britischen Stararchitektin Zaha Hadid (1950–2016).

Der Kronplatz gilt als einer der besten Aussichtspunkte Südtirols. Am südlichen Horizont stehen hundert Dolomitenzacken, nach Norden schaut man durchs grüne Tauferer Tal bis nach Sand in Taufers, das von seiner mächtigen Burg überragt wird. Noch höher in den Himmel ragen die Gipfel des Zillertaler Hauptkamms und der Rieserfernergruppe, viele von ihnen innerhalb des Naturparks Rieserferner-Ahrn. Mitten in dem 315 Quadratkilometer großen Schutzgebiet liegt das Dörfchen Rein, Ausgangspunkt zahlreicher Wanderungen und toller Gipfeltouren. Auf der Weiterfahrt ins Hochpustertal laden die beiden schönsten Südtiroler Bergseen zu Abstechern ein: ganz

Thront über dem gleichnamigen Städtchen: Schloss Bruneck

Im Herbst meistens gut gefüllt: der Neveser Stausee

hinten im Antholzer Tal der gleichnamige See und der Pragser Wildsee, ein absoluter Hotspot des Südtiroler Tourismus. In Toblach ist dann die Wasserscheide zwischen Rienz und Drau gewonnen. Der Ort gilt als Tor zu den Dolomiten; am Eingang ins Höhlensteintal liegt der idyllische Toblacher See. Abgeschlossen wird das Tal von dem mächtigen Cristallo-Massiv.

Die Sextener Dolomiten

Drauabwärts kommt man rasch nach Innichen, dessen Stiftskirche als bedeutendstes romanisches Bauwerk in ganz Tirol gilt. Wer sich für Geologie und Geschichte interessiert, wird dem Museum DoloMythos einen Besuch abstatten. Das führt viele Millionen Jahre zurück, als Dinosaurier die Welt bevölkerten und die Dolomiten noch Ablagerungen am Grund des Tethysmeers waren. Bei Innichen biegt man ab zu den Sextener Dolomiten. Noch vor Sexten kommen die fantastischen Felszinnen ins Blickfeld, und in dem Dorf der Bergsteigerdynastie Innerkofler kann man dann seine Uhr nach ihnen stellen: Neuner, Zehner, Elfer, Zwölfer und Einser. Was für eine Kulisse!

Der berühmteste Bergstock hier ziert sich allerdings: die Drei Zinnen. Wer ihre Nordwände zu Gesicht bekommen will, muss die Wanderschuhe schnüren und aus dem Fischleintal hinaufsteigen zur Drei-Zinnen-Hütte. Das dauert. Drei bis vier Stunden Gehzeit sind einzuplanen für die Anstiege durch das Altensteiner Tal bzw. über die Zsigmondyhütte und das Büllelejoch. Aber es lohnt sich.

Flüchtiges Farbenwunder: Regenbogen im Pustertal

TOP ★ TOUREN

★ NEVESER HÖHENWEG (8 Std.)

Die Höhenroute zählt zu den schönsten Wanderwegen auf der Südseite des Zillertaler Hauptkamms. Sie zeigt aber auch unmissverständlich, wie sehr der Klimawandel den Alpengletschern zu schaffen macht. Sie haben sich mittlerweile weit zurückgezogen, eine Geröllwüste zurücklassend. Die Runde mit Startpunkt am Neveser Stausee (1856 m) vermittelt trotzdem starke Eindrücke, mit zwei Stützpunkten unterwegs (Edelrauthütte, Chemnitzer Hütte).

★ HARTDEGENWEG (7 Std.)

Große Runde um das Bacherntal mit fantastischer Aussicht auf die Rieserfernergruppe. Am Rückweg quert man das Vorfeld der Gletscher mit ihren Eisschliffen und Moränen hinüber zur Kasseler Hütte. Ausgangs- und Endpunkt bei Rein, 10 Kilometer von Sand in Taufers.

★ DREI-ZINNEN-HÜTTE (6 Std.)

Eine perfekt orchestrierte Annäherung an die Drei hat ihren Ausgangspunkt im Sextener Innerfeldtal und führt über das Große Wildgrabenjoch zur Schwabenalm, wo das Schaulaufen beginnt. Über dem innersten Rienztal baut sich die Riesenskulptur der Zinnen auf, freistehend, einmalig. Weniger schön sind die vielen Relikte aus dem Dolomitenkrieg 1915–1917, denen man unterwegs begegnet.

www.edelrauthuette.it,
www.kasselerhuette.com,
www.dreizinnenhuette.com

44 DAS TAL DER ALMEN: GSIES

Bauernwelt im Schatten der Pustertaler Hotspots

Wer Spektakuläres sucht, braucht nicht ins Gsies abzubiegen, das gibt's weiter südlich en masse, in den Dolomiten. Wem eher nach Ruhe ist, Erholung in der Natur, findet in dem freundlichen, grünen Tal seine Heimat auf Zeit. Hier sind die Berge etwas weniger schroff als anderswo in Südtirol, und die Uhren gehen einen Tick langsamer. Wellness gibt's hier reichlich, weniger im Haus als draußen auf vielen Wegen zwischen Tal und Almen.

Was Gsies mit Grindelwald verbindet? Der Anfangsbuchstabe im Ortsnamen, eine deutschsprachige Bevölkerung? Ja, ja. Doch was die Ortschaften wirklich verbindet – einmalig in den Alpen – sind zwei verwandte Erfindungen: der Böckl im Gsies und der Velogemel in Grindelwald. Bei beiden handelt es sich um ein Fortbewegungsmittel für die kalte Jahreszeit. Den »einspurigen Lenksportschlitten« (so die Patentschrift von 1911) erfand Christian Bühlmann aus Schwendi bei Grindelwald. Das originelle Gerät, halb Fahrrad, halb Schlitten, ist so etwas wie ein Vorläufer des Skibobs. Man begegnet ihm auch heute noch ab und zu im Gletscherdorf; bis vor einigen Jahren waren die Briefträger im Winter damit unterwegs. Hergestellt wird das Gefährt ausschließlich von der Grindelwaldner Firma Rubi Holzbau, die auch schon bis nach Japan geliefert hat. Auf dem Velogemel unterwegs am Fujiyama – sensationell!

Almwandern im Gsieser Tal

Und der Böckl? Auch er ist so etwas wie ein Monoski mit Sitzgelegenheit. Seine Erfinder dachten aber weniger an den Alltagsgebrauch, er wurde vielmehr für die im Tal sehr populären Rennen auf der Gsieser Rodelbahn genutzt. Im Sommer bleibt der Böckl im Keller; für Mensch und Vieh geht's hinauf zu den weiten Almen, für mindestens drei Monate.

Das Gsies gilt als Tal der Almen – zu Recht. Einige von ihnen sind im Sommer bewirtschaftet (unten). Zackige Nachbarschaft des Gsieser Tals: die Dolomiten. In der Bildmitte die Drei Zinnen (rechts oben). Wegweiser am Almweg 2000 (rechts unten).

Mehr als zwanzig Almreviere zählt man rund ums Tal, alle bestoßen, manche bewirtschaftet, und auf einigen wird auch noch gekäst. Ein ideales Revier für Wanderer und Biker: Bauernwelt, unverfälscht. Und damit die Feriengäste nicht fehlgehen, hat man im Tal gleich drei Runden als »Almweg 2000« gekennzeichnet. Sie verlaufen, wie die Zahl 2000 suggerieren soll, fast durchwegs oberhalb der Waldgrenze, was bedeutet: neben der Marende, der Brotzeit, auch viel Aussicht. Für ambitioniertere Berggänger sind im inneren Talbereich lohnende Überschreitungen möglich, auf der Ostseite etwa vom Gsieser Törl über das Hochkreuz (2739 m) bis zum Pfoisattel mit Abstieg zur Uwaldalm.
Seit dem Friedensvertrag von Saint-Germain (1919) ist das Gsies Grenzgebiet, die benachbarten Täler von Villgraten und Defereggen gehören zu Österreich. Das blieb natürlich nicht ohne Folgen: Der Schmuggel kam bald in Gang, vor allem am Kalksteinjöchl und am Gsieser Törl (2205 m). Für die Bauern hüben und drüben war's ein höchst willkommenes Zubrot, für den einen oder anderen italienischen Grenzer wohl auch. Also eine Win-win-Situation?

Gsieser Geschichte

Westlich über dem Gsieser Törl erhebt sich des Deferegger Pfannhorn (2820 m), auf markiertem Weg leicht zu besteigen. Vom Gipfel überblickt man fast das ganze grüne Tal. Da verläuft links und rechts des Gsieser Bachs der Talblickweg – eine Einladung zum ausgedehnten Spaziergang. Die 35 Kilometer wird kaum jemand abspulen, doch bereits zwischen St. Martin und St. Magdalena gibt es – neben Blicken übers Tal – einiges zu entdecken. Auffallend sind die zahlreichen, in ihrer Bausubstanz gut erhaltenen Paarhöfe, da und dort stehen im Grünen die sogenannten »Heuharfen« (Kozolci), Holzgerüste, die dem Trocknen von Heu dienen. Sie weisen zurück auf die einst slawische Bevölkerung des Pustertals.

Pater mit Kreuz und Schwert

In St. Martin begegnet man dann dem berühmtesten Gsieser, dem streitbaren Kapuzinermönch Joachim Haspinger. Er war einer der Anführer des Aufstands der Tiroler gegen die französisch-bayerischen Besatzungstruppen. Dreimal besiegten sie am Berg Isel bei Innsbruck eine überlegene Streitmacht. Der fanatische Ideologe Haspinger war der Kopf hinter Andreas Hofer, den er nach dem Frieden von Schönbrunn überredete, trotz aussichtsloser Lage weiterzukämpfen. Das kostete den Sandwirt Andreas Hofer das Leben. Haslinger, der »Rotbart«, wie er genannt wurde, kam ungeschoren davon, er floh auf Umwegen nach Wien.

TOP ★ ERLEBNISSE

★ ALMWEG 2000

Der Wanderklassiker auf der Ostseite des Gsieser Tals berührt gleich mehrere im Sommer bewirtschaftete Almen. Mit viel Aussicht wandert man, nach 1,5 Stunden auf der Tscharnietalm angekommen, knapp oberhalb der Waldgrenze von einer Alm zur nächsten, mit viel Aussicht auf die Gsieser Berge. Im Südwesten zeigen sich sogar ein paar Dolomitengipfel um den Langkofel. Auf der Uwaldalm beginnt dann der Abstieg. Gesamtgehzeit etwa fünf Stunden, überwiegend Wirtschaftswege.

★ WELSBERG

Unmittelbar am Eingang ins Gsieser Tal liegt das Dorf Welsperg, Heimat des berühmten Barockmalers Paul Troger. Er schuf monumentale Freskenzyklen, etwa in Melk, Göttweig, Altenburg und Brixen. Drei Altarbilder in der Welsberger Pfarrkirche stammen aus seiner Hand und sind auch signiert. Auf einer Anhöhe über dem Gsieser Bach erhebt sich das nicht mehr bewohnte Schloss Welsperg, unverkennbar mit seinem hohen Turm (im Sommer Besichtigung möglich).

gsieser-tal.com,
welsberg-taisten.net

Bergidylle im Gsieser Tal:
die Kaseralm.

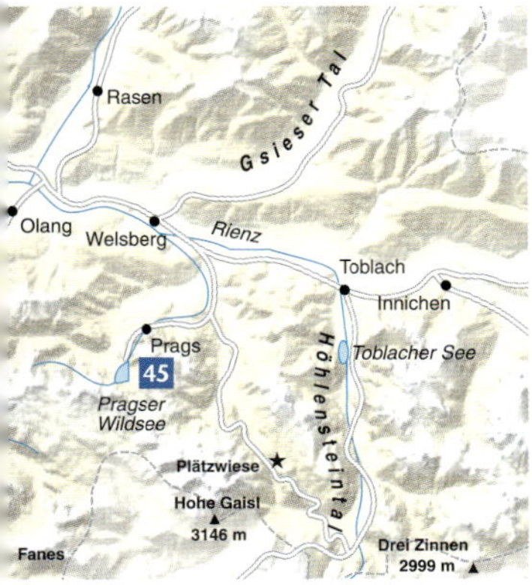

45 PRAGSER WILDSEE – EIN ECHTES DOLOMITEN-JUWEL

Der schönste Bergsee Südtirols

Die Dolomiten sind rar an größeren stehenden Gewässern, was bei dem vielfach löchrigen Untergrund nicht weiter verwundert. Eine schöne Ausnahme macht der Pragser Wildsee etwas abseits des Pustertals, mit dem mächtigen Seekofel als Kulissenberg. Der Wildsee ist heute eines der beliebtesten Ausflugsziele der Region – ein echtes Highlight.

Das Landschaftsjuwel der Pragser Dolomiten schlechthin ist ihr Wildsee (1489 m), rund 30 Hektar groß und damit das größte natürliche Gewässer der Dolomiten. Umrahmt von licht bewaldeten Steilufern liegt der bis zu 36 Meter tiefe See am Nordfuß des Seekofel (2810 m), dessen Nordabstürze sich im Wasser spiegeln. Aufgestaut wurde er in prähistorischer Zeit durch einen Bergsturz, der vom Herrstein abging – heute stauen sich an Schönwettertagen die Autos auf der Anfahrt, selbst die großen Parkplätze sind dem Ansturm kaum gewachsen. Wer die Poesie dieses Bergwinkels spüren will, tut gut daran, zumindest den Wochenenden auszuweichen. Oder er macht eine große Wanderung hinauf in die Pragser Dolomiten und kommt erst wieder herunter ins Tal, wenn die Ausflügler längst ihr Eis und ihren Kaiserschmarrn verzehrt haben und nur noch ein paar wenige Besucher auf den Uferwegen unterwegs sind. Dann liegt der See, an dessen (unterirdischem) Abfluss das große Hotel steht, schon im Schatten.

Frau Emma

Das Hotel Pragser Wildsee wurde Ende des 19. Jahrhunderts errichtet, zu einer Zeit, als der Tourismus im Pustertal seine erste Blütezeit erlebte. Bauherrin war eine Frau, über die

Bauernherrlichkeit im Pragser Tal (unten). Über dem Pragser Tal (St. Veit) ragt der Seekofel in den Himmel (rechts oben). Wanderrevier und Sommerfrische für das liebe Vieh: die Plätzwiese (rechts unten).

man im Österreichischen Biographischen Lexikon nachlesen kann: »Hellenstainer Emma (Emerenzia), geb. Hausbacher, Gastwirtin. * St. Johann i. Tirol, 13.4.1818, † Meran (Südtirol), 9.3.1904. Wirtstochter, Nichte Johann Panzls, des Osttiroler Landesverteidigers von 1809; zeigte schon früh ungewöhnliche Tatkraft, als sie als Zwanzigjährige das Brauhaus an der Rienz bei Toblach übernehmen musste.« Die junge Frau wusste sich durchzusetzen. Nach der Heirat mit dem Postmeistersohn Josef Hellenstainer (1843) machte sie den Gasthof Schwarzer Adler (heute Hotel Emma) in Niederdorf zu einem der bekanntesten Gasthäuser des Landes. Die Eröffnung der Bahnlinie durch das Pustertal im Jahr 1871 bildete die eigentliche Initialzündung für den örtlichen Tourismus. Wien war nun nur noch eine kurze Tagesreise entfernt, die Sommerfrische im »österreichischen Engadin« wurde bald sehr beliebt. Dazu trugen auch die gepflegten Thermalbäder in Innichen, Prags und Niederdorf bei – und die aufkommende Begeisterung für Natur und Berge. Emma Hellenstainer hatte ein feines Gespür für aktuelle Entwicklungen: Sie trat kurzerhand – als erste Frau überhaupt – dem Alpenverein bei, förderte auch das Führerwesen. Längst war sie über die Grenzen Tirols hinaus bekannt – zu ihren Gästen zählte viel Prominenz, Kaiserin Sisi war da, Kaiser Franz Joseph I., Thronfolger Franz Ferdinand und Graf Esterhazy von Ungarn. Verbürgt ist auch, dass einmal ein Brief aus Übersee, lediglich mit der Anschrift »Frau Emma in Europa« versehen, die prominente Gastgeberin im Pustertal erreichte.

Geschichtliches

Ende des Zweiten Weltkriegs hatte das Hotel für ein paar Tage prominente Besucher, unfreiwillige allerdings. Sie waren von der SS aus dem Konzentrationslager Dachau nach Niederdorf im Pustertal verschleppt worden und sollten bei Verhandlungen mit den Alliierten als Geiseln benutzt werden. Die Wehrmacht befreite die 139 Personen, unter denen sich der österreichische Altbundeskanzler Kurt von Schuschnigg, der ehemalige französische Ministerpräsident Léon Blum, der Oberbefehlshaber des griechischen Heeres General Alexandros Papagos mit seinem gesamten Stab und Angehörige des Hitler-Attentäters Claus Schenk Graf von Stauffenberg befanden, und brachte sie im Hotel Pragser Wildsee unter. Nach dem Kriegsende kamen die Gefangenen vorübergehend nach Capri, wo sie verhört und dann in die Freiheit entlassen wurden.

TOP ★ ERLEBNISSE

★ PLÄTZWIESE (1991 m)

Ein beliebtes Ausflugsziel ist neben dem Wildsee auch die Plätzwiese, eine ausgedehnte Hochalm zwischen dem Dürrenstein und der Hohen Gaisl, dem höchsten Gipfel der Pragser Dolomiten, mit guten Wandermöglichkeiten. Ein gemütlicher Spaziergang führt zur Dürrensteinhütte, eine hübsche Rundsicht bietet der Strudelkopf (2307 m; 1,5 Std. Aufstieg). Wer höher hinaus will, nimmt sich den Dürrenstein (2839 m) zum Ziel (2 ¾ Std.), der ein tolles Panorama der östlichen Dolomiten vermittelt, das man an Schönwettertagen allerdings mit vielen Gleichgesinnten teilen muss.

★ HOTEL EMMA

Mehr als nur ein Hauch Nostalgie liegt über dem Haus, dessen Name natürlich an die legendäre Emma Hellenstainer erinnert. Günstige Lage im Ortszentrum von Niederdorf, gute, regional ausgerichtete Küche, Wellnessbereich.

★ FREMDENVERKEHRS-MUSEUM

Das Museum im historischen Haus Wassermann dokumentiert die Entwicklung des Tourismus im Pustertal von den Anfängen bis ins 20. Jahrhundert, mit Blick auf die Bedeutung der Pustertalbahn, das Bäderwesen und die Anfänge des Alpinismus.

www.niederdorf.eu, www.hotel-emma.it, www.prags.bz

In den Wassern des Pragser Wildsees spiegelt sich der Seekofel.

Alljährlich im Januar findet in Toblach das Ballonfestival statt (oben). Die dem heiligen Jakob geweihte Rundkapelle an der Straße nach Innichen, darüber der mehrgipflige Haunold (rechts unten). Alles handgemacht: das Brot vom Feichterhof (rechts oben).

46 TOBLACH – AM SCHEITEL DES PUSTERTALS

Am höchsten Punkt des Pustertals

Das Dorf an der weiten, oft zugigen Wasserscheide zwischen Drau und Rienz hat schon sehr gute und weniger schöne Zeiten erlebt. Vor der Wende zum 20. Jahrhundert reiste die Prominenz aus halb Europa an, die Rothschilds sogar im eigenen Salonwagen. Heute gibt man sich volkstümlicher, und der Palast aus K.-u.-k-Zeiten beherbergt – sehr zeitgemäß – ein Naturparkzentrum.

Mit dem Ausbruch des Ersten Weltkriegs endete die Belle Époque auch für Toblach, der Ort wurde Truppenumschlagplatz, das große Hotel mit seinen 350 Zimmern zum Lazarett. Die Zeit zwischen den Kriegen brachte kaum Besserung, der Faschismus wucherte, erst ab den 1950er-Jahren sorgte das Wirtschaftswunder in Deutschland für einen Aufschwung. Man reiste wieder, vor allem in den Süden. Neu-Toblach wurde zum touristischen Zentrum, man baute viel, aber nicht unbedingt schön, das alte Dorf an der Mündung des Silvestertals hielt Abstand, als würde es dem Fortschritt nicht recht trauen.

Der Toblacher See

Unverändert blieb die schöne Kulisse: Bauernland rundum, darüber im Süden schroffe Felsen mit dem Drachenrücken des Haunold als Blickfang. Und dann ist da noch der Toblacher See (1251 m), schön gelegen am Eingang ins Höhlensteintal. Das rund 15 Hektar große, gerade mal vier Meter tiefe Gewässer wird schon im Fischereibuch Maximilians I. (1459–1519) erwähnt: »ain See auf Toblacher hayd der hat in ime die allerpesten vöhrn (Felchen) das sy gleich swarz seyn.« Gefischt wird hier also seit Jahrhunderten, vergleichsweise neu ist ein Naturlehrpfad, der in elf Stationen über naturkundliche Belange informiert. Da erfährt man u. a., dass der See Vögeln im Frühjahr und im Herbst als Nist- und Rastplatz dient. Sie finden vor allem im Schilfgürtel am Südufer ideale Lebensbedingungen. Bis in die 1960er-Jahre bekamen auch Bahnreisende den See

zu Gesicht. Die Schmalspurbahn, die von Toblach nach Cortina d'Ampezzo und weiter ins Cadore führte, verlief unmittelbar am Ostufer des Sees. Geblieben ist nur die Trasse, die heute eine beliebte Bikerstrecke ist.
Mit dem Fahrrad sind es nur zehn Minuten bis nach Neu-Toblach, wo man im ehemaligen Grand Hotel viel Wissenswertes über die beiden Naturparks Fanes-Sennes-Prags und Drei Zinnen erfährt, über den Dolomitenkrieg und die Anfänge des Alpinismus. Gleich hinter dem Riesenbau wird Holz lebendig, und Bäume werden begehbar: in der WaldWunderWelt – garantiert ein Spaß für die Kids!

Kunst und Käse

Gefühlte tausendmal kleiner als der Hotelpalast ist jenes Gebäude in Altschluderbach, beim kleinen Tierpark, das vor allem Musikfreunde gern aufsuchen: Gustav Mahlers Komponierhäuschen. Mahler weilte als Kurgast in den Sommern 1908 bis 1910 in Toblach; hier schrieb er das »Lied von der Erde«, die IX. Symphonie, hier begann er mit den Arbeiten an seiner X. Symphonie. Seit mehr als 30 Jahren finden in Toblach die Gustav-Mahler-Festwochen statt, eine Kulturveranstaltung von überregionaler Bedeutung – natürlich nicht im Komponierhäuschen, sondern im ehemaligen Grand Hotel.
Eine andere schöne Tradition setzt seit ein paar Jahren auch optisch einen markanten Akzent in das weite Toblacher Feld: die Schaukäserei Drei Zinnen. Hier erfährt man bei Führungen, wie die Löcher in den Käse kommen, wie lange die Käselaibe bis zur Reifung gelagert werden müssen und vieles mehr. Natürlich kann man Spezialitäten wie Innicher Weinkäse, Toblacher Stangenkäse, Kräuterkäse oder Pustertaler Räucherkäse auch kaufen. Guten Appetit!
Wer den schönsten Blick auf die nahen Dolomiten genießen will, muss hinauf. Bequeme nehmen die Straße nach Ratsberg (1580 m); wer gut zu Fuß ist, steuert die wieder aufgebaute Bonner Hütte (2340 m) am Südhang des Pfannhorns an, zwei Gehstunden vom Parkplatz über dem unteren Silvestertal. Radfahrer mit großer Lunge und kräftigen Wadeln strampeln auf der alten Militärstraße über das Bodeneck hinauf zum Markinkele – 2545 Meter über dem Spiegel des Mittelmeers und 20 Kilometer von Toblach entfernt. Eine echte Herausforderung!

TOP ★ ERLEBNISSE

★ MARKINKELE (2545 m)

Vor ein paar Jahrzehnten noch ein völlig vergessener Mugel hoch über Toblach mit einer Straße aus der Mussolinizeit (Vallo Alpino), ist der kreuzgeschmückte Hügel heute ein beliebtes Tourenziel, vor allem für MTB-Cracks. 20 Kilometer mit 20 Serpentinen und 1300 Höhenmeter sind ein ordentliches Pensum; da verlässt sich so mancher gerne auf einen Beifahrer (E wie Elektrizität). Hinreißend der Blick auf die Sextener und Ampezzaner Dolomiten. In der Marchhütte, einer ehemaligen Unterkunft fürs Militär, kann man die Beine ausstrecken, den Durst löschen und verbrauchte Energie tanken – mit einer Südtiroler Marende.

★ TILIA

Klein, aber fein. Chris Oberhammer zelebriert im gläsernen Zubau des ehemaligen Grandhotels in Neutoblach seine Kochkunst. Was er auf den Tisch zaubert, ist außergewöhnlich, fantasievoll und trotzdem regional verwurzelt. Kein Wunder, dass Oberhammers Kreationen von Michelin mit einem Stern geadelt wurden.

★ BROT VOM FEICHTERHOF

Brot vom Feinsten, das gibt's bei Bernhard Feichter – fast schon mehr Kunst als Handwerk.

www.toblach.bz, www.marchhuette.it, www.tilia.bz, www.brotklee.it

Innichen liegt im weiten Talboden des Drautals; am Fuß des Haunold (rechts im Bild) entspringt die Drau (oben). Fast schon städtisch: das Zentrum von Innichen, bewacht vom Haunold (rechts oben). Der schönste romanische Kirchenraum Tirols ist jener der Stiftskirche Innichen (rechts unten).

47 INNICHEN – TOR ZU DEN SEXTENER DOLOMITEN

Alte Mauern, uralte Steine

Das Städtchen Innichen am Eingang zu den Sextener Dolomiten bietet Kultur- und Erdgeschichte. Da ist einmal die Stiftskirche, von den Einheimischen nur der »Dom« genannt, mehr als 1200 Jahre alt und das bedeutendste Baudenkmal der Romanik in ganz Tirol. In noch viel fernere Zeiten, als Dinosaurier die Erde bevölkerten, führt das DoloMythos, ein Museum der ganz besonderen Art.

Einer Gesellschaft, die sich einerseits der digitalen Seelenlosigkeit ausliefert, gleichzeitig aber überall kraft- und sinnstiftende Plätze sucht, möchte man gern den richtigen Weg weisen. Der Weg führte früher öfter in ein Gotteshaus, hier schöpfte man Mut, ließ sich inspirieren. Auch der Gebildete unserer Zeit kann sich der Mystik solcher Orte nicht immer entziehen. »Langsam zum Chor schreitend, spürt man die Strenge und Schwere romanischer Architektur und, könnte man sagen, ihre männliche Kraft«, schrieb vor etwas mehr als einem halben Jahrhundert Franz zu Sayn-Wittgenstein (1910–2001) und meinte damit die Stiftskirche von Innichen. Er hatte offenbar ein gutes Gespür, denn bei seinem Besuch war der Innenraum durch die Umbauten völlig entstellt. Wittgenstein schrieb damals, man bräuchte nur »die Zutaten des 19. Jahrhunderts zu entfernen, um die romanische Klarheit und Geschlossenheit wiederherzustellen«. Wie recht er hatte! Ein paar Jahre später war es dann so weit: 1969, exakt 1200 Jahre nach der Klostergründung, präsentierte sich das Gotteshaus, akribisch restauriert, wieder als romanisches Gesamtkunstwerk, von den Bausünden und allem fatalen Beiwerk befreit.

Zwölf Jahrhunderte

Ein erstes Gotteshaus an gleicher Stelle geht auf die Zeit der Slawen-Christianisierung unter dem bayerischen Herzog Tassilo III. zurück: »Propter incredulam generationem Sclavanorum«, wie es in der Schenkungsurkunde von 769 ausdrücklich hieß: Landnahme,

JUWELIER

Auch als Ruine noch ein eindrucksvoller Baukomplex: Wildbad Innichen. Rechts die Kapelle St. Salvator (unten). Romanische Kunst in der Stiftskirche: Detail der Kreuzigungsgruppe (ganz unten). Schmeckt's, Lina? (rechts oben).

Missionierung als Ziel. Es war von Benediktinern bewohnt und entwickelte sich bald zu einem kulturellen Zentrum. 1143 wurde es in ein Kollegiatsstift umgewandelt, wenig später begann man mit dem Bau einer neuen Kirche. Die fiel um 1200 einem Brand zum Opfer; in den folgenden Jahrzehnten entstand das heutige Gotteshaus in romanischen Formen. Später wurde der Frontturm aufgestockt (1326) und die Vorhalle mit den beiden säulentragenden Löwen (1415) angebaut. In spätgotischen Formen gehalten ist die 1524 gestiftete Nothelferkapelle.

Im 18. und 19. Jahrhundert erlebte die Kirche brutale Eingriffe; die ursprüngliche Ausstattung wurde größtenteils entsorgt, Fresken wurden übermalt, die romanischen Fensterformen durch barocke ersetzt und die Krypta zugeschüttet. Sogar ein Abriss der Kirche war damals im Gespräch.

Einzigartig in Tirol ist der Reichtum an Bauplastiken mit ihren archaisch anmutenden Ornamenten und Tiergestalten in der Krypta, im Kirchenraum und an den drei Portalen. Das Venezianer Tor an der Südseite der Kirche, laut Inschrift von einem Meister Friedrich (um 1250), zeigt im Bogenfeld Christus als Weltenrichter zwischen den Evangelistensymbolen. Das hervorragende gotische Fresko darüber – Kaiser Otto I. zwischen den Kirchenheiligen Candidus und Korbinian – stammt von Michael Pacher (um 1480).

Im dreischiffigen Innenraum zieht zunächst die monumentale Kreuzigungsgruppe alle Aufmerksamkeit auf sich. Die drei schlichten, aber ausdrucksstarken Figuren – Christus mit Maria und Johannes zu beiden Seiten – gelten als Hauptwerk der romanischen Plastik in Tirol (Mitte des 13. Jh.) und stammen vermutlich vom Hochaltar des zweiten Kirchenbaus. Interessantes Detail: Christus steht auf dem Kopf Adams, und der zeigt deutliche slawische Gesichtszüge. Ein Hinweis auf den Gründungszweck des Klosters?

Kulturhistorisch noch bedeutender – und einzigartig in der romanischen Malerei – ist das Kuppelfresko, das wenig später entstanden sein dürfte (um 1280). Es thematisiert die Schöpfungsgeschichte, beginnend mit der Erschaffung der Gestirne und endet mit der Vertreibung aus dem Paradies. Aus gotischer Zeit stammen die übrigen Fresken, ebenso die im südlichen Querschiff aufgestellte Madonna und drei Reliefs aus einem Marienaltar. Die Barockorgel mit ihren bemalten Flügeln datiert aus dem 17. Jahrhundert.

Ungleich älter dürfte jenes geheimnisumwitterte Exponat sein, das in der Vorhalle des Gotteshauses hängt. Der Sage nach handelt es sich um eine Rippe des sagenhaften Riesen

Haunold, der in den Bergen hauste. In Wirklichkeit dürfte es allerdings der Knochen eines Urtiers sein, den der Jerusalempilger Georg Paprion von seiner Reise im 17. Jahrhundert mitbrachte. Die Wallfahrt ins Abendland muss ihn sehr beeindruckt haben, stiftete er doch nach seiner Rückkehr eine Nachbildung der Grabeskirche in Jerusalem. Sie steht am Ortseingang von Innichen und bildet zusammen mit der Altöttinger Kapelle (auch eine Stiftung von Paprion) ein malerisches Ensemble.

Dinosaurier und die Dolomiten

Eine Reise der besonderen Art kann man im DoloMythos unternehmen: zurück in die Vergangenheit, in unvorstellbar weit zurückliegende Epochen, als die Drei Zinnen nichts als Schlick und Schlamm waren, abgelagert auf dem Grund des Tethysmeeres. Auf dieser Reise begegnen dem Besucher Dinosaurier, versteinerte Muscheln, Ammoniten, Granate, Edelsteine und Bergkristalle, der sagenhafte Riese Haunold und Samblana, die Winterkönigin. Michael Wachtler hat sich mit seinem Museum einen Traum erfüllt. Ihm, der unermüdlich in seinen Bergen unterwegs war, um Geheimnisse zu entschlüsseln, um verstehen zu lernen, ist es gelungen, all die Zeugnisse aus vergangenen Zeiten zum Sprechen zu bringen. Fasziniert wandert man durch die Zeiträume, folgt den Spuren der Dinosaurier, sieht Berge entstehen, und ganz zuletzt taucht der Mensch auf, »erobert« die Dolomiten, führt sogar Krieg um diese fantastischen Gipfel. Die Dolomiten, laut dem Architekten Le Corbusier »das schönste Bauwerk der Welt«, ist ein Wunder, aber auch ein Mythos.

Gesunde Wässer

Selbst Berge sind nur scheinbar für die Ewigkeit geschaffen. Sie bröckeln, Wasser nagt am Dolomit, gefroren schafft es Klüfte und Spalten für den steten Tropfen, der Mineralien und Kalkmoleküle aus dem Gestein löst. Was dann am Fuß des Gebirges abgefüllt und verkauft wird, heißt im Fall der Sextener Dolomiten »Kaiserwasser«. Die Mineralquellen von Innichen waren schon zur Römerzeit bekannt. Auch im Mittelalter wurden die Wässer genutzt. Bis Ende des 16. Jahrhunderts verwalteten die Benediktiner des Stifts das beliebte Wildbad. 1854 erwarb Johann Graf Schreiber, ein ungarischer Arzt, das Bad und errichtete ein luxuriöses Thermalhotel, das bald zu einem Treffpunkt der Hautevolee wurde. Kaiser Friedrich III. von Preußen, Kaiser Franz Joseph I. und der österreichische Thronfolger Franz Ferdinand waren hier zu Gast. Daraufhin wurde die Quelle, die bis dahin Kupferbrunnen hieß, in Kaiserwasser umgetauft. Mit Ausbruch des Ersten Weltkriegs war es mit der Herrlichkeit vorbei. Heute ist der stattliche Gebäudekomplex nur noch eine Ruine mitten im Wald.

TOP ★ ERLEBNISSE

★ STIFTSMUSEUM INNICHEN

Die Besichtigung des Innicher Doms lässt sich gut mit einem Besuch des Stiftsmuseums verbinden. Es ist im ehemaligen Kornkasten des Stifts untergebracht, einem stattlichen Bau mit Walmdach und bemalten Fensterrahmen (16. Jh.).

★ HAUNOLD-SESSELBAHN

Per Lift gelangt man schnell und mühelos ins Reich des sagenumwobenen Riesen Haunold. Und das ist vor allem für Kids ein Riesenspaß: das Zwergendorf bei der Liftstation, ein Riesen-Rundweg, für Mutige ein Hochseilgarten. Und nicht zu vergessen, die Brotzeit in der Riese-Haunold-Hütte. Temporeiches Finale: die Talfahrt mit der Sommerrodelbahn.

★ PARKOHOTEL SOLE PARADISO

Nostalgie und Moderne treffen hier, vor den Toren Innichens, zusammen. Das Haus wird seit 140 Jahren von der Familie Ortner geführt, kompetent und sehr gastfreundlich. Entspannung am Tor zu den Dolomiten, Herausforderungen ein paar Etagen höher in den Sextener Dolomiten. Wellness also drinnen wie draußen.

www.pustertal.org,
www.innichen.net,
www.soleparadiso.com,
www.dolomythos.com

48 SEXTEN – WAS FÜR EINE GEWALTIGE KULISSE!

Die steinerne Sonnenuhr

Sonnenuhren gibt es in Südtirol viele – wen wundert's bei dem sonnig-südlichen Klima –, doch keine von ihnen ist so groß, so beeindruckend, wie die von Sexten. Eine monumentale, natürliche Uhr aus Stein, deren Stundenzeiger hoch in den blauen Himmel ragen und uns von neun Uhr vormittags bis um ein Uhr mittags die Zeit verraten – ungefähr wenigstens. Nur nicht bei Regenwetter.

Sextens Sonnenuhr bilden seine Gipfel, und weil die so schön im Südosten und Süden stehen, hat man sie gleich nach dem Sonnenstand benannt: Neuner, Zehner (Sextener Rotwand), Elfer, Zwölfer und Einser. Unikate sind sie alle, Bergsteiger wissen viel über die berühmten Dolomitenzacken zu erzählen. Die Geschichten handeln gelegentlich auch von einer schlimmen Zeit, dem Ersten Weltkrieg, als Zehner und Elfer unmittelbares Frontgebiet waren und hier heftig gekämpft wurde. Neben vielen Relikten wie Stellungsresten und Stollen erinnert ein spektakulärer Höhenweg an den Kampf im Hochgebirge: die »Strada degli Alpini«. Wer diese Straße, die keine ist und abschnittsweise über schmale, extrem luftige Felsbänder verläuft, begehen will, muss allerdings schwindelfrei sein und über solides alpinistisches Rüstzeug verfügen. Das gilt erst recht für den Zwölfer (3094 m), den höchsten und schönsten Uhrzeiger. Erstmals bestiegen wurde er im Sommer 1874 von den Sextener Bergführern Michael und Johann Innerkofler, und der Aufstieg ist seither nicht leichter geworden: Schwierigkeitsgrad III der Alpenskala.

Auch der Einser ist ein reiner Kletterzacken. Er geriet im Jahr 2007 in die Schlagzeilen, als nicht weniger als 60 000 Kubikmeter Gestein an seiner Gipfelwand abbrachen und hinab ins Altensteiner Tal donnerten. Zu Schaden kam glücklicherweise niemand, das Gestein riss aber eine gewaltige Schneise in Latschen und Wald. Und über dem Fischleintal hing für

Das Innerfeldtal im Winter (unten). Die »Heuharfen« gehen auf die einst hier ansässigen Slawen zurück; am Horizont die Sextener »Sonnenuhr« (rechts oben). Die Büllelejochhütte im Naturpark Drei Zinnen (rechts unten).

ein paar Tage eine graue Staubwolke.

Einen umfassenden Blick auf die Sextener Sonnenuhr bietet der Mitterberg, dessen Festungsruine ebenfalls an die Kriegszeit 1915–1917 erinnert. Noch viel weiter in die Vergangenheit führen die seltsamen Holzgestelle, die man am Sextener Sonnenhang allenthalben sieht und an denen das gemähte Gras zum Trocknen aufgehängt wird. Es handelt sich um »Heuharfen«, eine Hinterlassenschaft der einst hier ansässigen Slawen.

Val Fiscalina – das Fischleintal

Näher heran an das steinerne Wunder der Sextener Sonnenuhr führt ein Ausflug ins Fischleintal, das sich bei Bad Moos zum Sextener Haupttal hin öffnet. Männer mit Angelruten wird man da allerdings kaum zu Gesicht bekommen, trotz des verheißungsvollen Namens. Der hat rein gar nichts mit den Kiemenatmern zu tun. Wer genau hinhört, merkt auch, dass die Einheimischen das »ei« betonen. Bei der irreführenden Bezeichnung »Fischlein« handelt es sich um die Verballhornung einer lateinischen Bezeichnung. In einer Schenkungsurkunde von Otto I. aus dem Jahr 965 findet sich nämlich die Örtlichkeit *viscalina,* was »zum Fiskus gehörend, tributpflichtig« bedeutet. In diesem Fall kommt – was für eine Ironie! – die italienische Übersetzung des Deutschenhassers Ettore Tolomei aus dem frühen 20. Jahrhundert dem ursprünglichen Sinn näher: Val Fiscalina. Kein Fisch weit und breit.

Der Helm

Den schönsten Blick über die fantastische Szenerie der Sextener Dolomiten bietet der Helm (2434 m) direkt über Sexten. Das wussten schon die Altvorderen, und so ist es kein Zufall, dass es bereits 1891 zum Bau einer Alpenvereinshütte auf dem westlichen Eckpfeiler des Karnischen Hauptkamms kam. Das Haus ist längst eine Ruine; ein Wiederaufbau wird erwogen, ist aber noch ungewiss. Heute schwebt man ganz bequem hinauf bis an die Waldgrenze; von der Bergstation der Helm-Gondelbahn (2041 m) wandert man in einer guten Stunde zum großen Panorama.

TOP ★ ERLEBNISSE

★ NATURPARK DREI ZINNEN

Das Kerngebiet der Sextener Dolomiten – soweit es zu Südtirol gehört – ist heute Naturpark (rund 116 km^2). Er erstreckt sich vom Höhlensteintal im Westen bis zum Kreuzbergpass an der Grenze zum Comélico, von den bewaldeten Talflanken über die Almböden bis zu den felsigen Gipfeln.

★ RUDOLF-STOLZ-MUSEUM

Über 160 Arbeiten des bekannten Südtiroler Malers Rudolf Stolz (1874–1960) zeigt das jüngst erweitere Museum. Von ihm stammt auch der »Totentanz« im Eingang zum Sextener Friedhof.

★ MESSNER MOUNTAIN MUSEUM ROCA

Sexten wartet mit einer neuen Sehenswürdigkeit auf, die bestens zur felsigen Kulisse des Ferienortes passt. In der Bergstation der alten Helm-Seilbahn wird 2024 das siebte und neueste MMM (Messners Mountain Museum) eröffnet. Es ist dem jenem Thema gewidmet, das Reinhold Messner sein ganzes Bergsteigerleben begleitet hat: Fels, Roca. Noch viel mehr Fels bietet dann die Aussicht des Helm-Gipfels (2433 m), nur eine gute Wanderstunde von Messner Felsen-Fest.

www.sexten.it, www.drei-zinnen.info, www.naturparks.bz.it, www.museumrudolfstolz.eu, www.dolomitenhof.com

FRONT IN FELS UND EIS

Der Gebirgskrieg in den Dolomiten

Kaum vorstellbar: Krieg im Hochgebirge, auch im tiefsten Winter, bei Eis und Schnee. Tod, tausendfach, an dieser »unmöglichen« Front. Wer heute an der ehemaligen Südgrenze der K.-u.-k.-Monarchie unterwegs ist, kann sie nicht übersehen, die Relikte jenes Kriegs, den die Italiener *Grande Guerra* nennen.

Eingeläutet wurde die europäische Katastrophe mit den Schüssen, die am 28. Juni 1914 in Sarajevo fielen. Zehn Tage nach dem Mord an Erzherzog Ferdinand und seiner Gattin erklärte Wien Serbien den Krieg. Der sollte bald zu einem Flächenbrand werden. Europa zerfiel in zwei Blöcke, auf der einen Seite die Allianz aus Frankreich, Großbritannien und dem Zarenreich, auf der anderen der Dreibund, angeführt von der Donaumonarchie und dem aufstrebenden Deutschland, dessen Kaiser Wilhelm II. eine aggressive Außenpolitik betrieb. Italien war zunächst neutral, trat dann aber – nachdem ihm in London die Brennergrenze garantiert worden war – auf Seiten der Alliierten in den Krieg ein. Damit war die Alpenfront Realität, jene »unmögliche« Kampflinie quer durchs Hochgebirge, die sich über Täler spannte, von Gipfel zu Gipfel bis hinauf in die Regionen des ewigen Schnees. Da wurde am Elferkofel ebenso verbissen gekämpft wie in den Tofane, am Padònkamm, am Col di Lana und am Eisschild der Marmolada. Es war ein Krieg fast ohne Bewegung, ohne Durchbruch auf der einen oder anderen Seite, der in den Wintermonaten buchstäblich einfror. Die Verluste waren trotzdem hoch, und das nicht nur als Folge der Kampfhandlungen. Der »Weiße Tod« half fleißig mit, Kälte und Hunger nagten an der Moral der Truppe. All die Schützengräben, Drahtverhaue, Kavernenlöcher und verfallenen Baracken entlang der ehemaligen Front – stumme Zeugen des Elends. Drunten im Tal stehen landauf, landab Kriegerdenkmale mit den Namen der gefallenen Männer. Doch wer ehrt eigentlich die Kinder, die Frauen und die Alten, die keine Waffe in der Hand hielten, sich nur Frieden wünschten?

Sieg und Niederlage

Die Frontlinie verlief im Hochgebirge, vom Ortler nahe der Schweizer Grenze bis zum Isonzo, quer durch das Adamello-Massiv. Rund um den Gardasee wurde gekämpft, am Pasubio lieferten sich Alpini und Kaiserjäger im Mai 1916 einen brutalen Minenkrieg, der Tausende Opfer forderte, wie auch

Die Drei Zinnen waren im Ersten Weltkrieg Frontgebiet.

Nachgestellt. Geschützstand an den Cinque Torri

am Lagazuoi. Zu einer militärischen Entscheidung kam es weder an der Dolomitenfront noch in den Bergen westlich des Etschtals oder am Karnischen Kamm. Die fiel am Isonzo, wo nach einem beispiellosen Gemetzel von insgesamt zwölf Schlachten schließlich Deutsche und Österreicher die Truppen Cadornas vernichtend schlugen. In der Folge zogen sich die Italiener aus den Dolomiten zurück; es gelang ihnen aber mithilfe der Alliierten, die Front am Piave und am Monte Grappe zu halten. Franz Conrad von Hötzendorf scheiterte mit einem letzten Vorstoß Richtung Poebene, nicht zuletzt aufgrund heftiger Unwetter, die das Mündungsgebiet des Piave weitgehend unter Wasser setzten. Am 4. November 1918 unterzeichnet die Donaumonarchie in Padua einen Waffenstillstand, der einer Kapitulation gleichkommt. Endlich Frieden.

Rekonstruierter, überdachter Schützengraben

TOP ★ ERLEBNISSE

★ SEXTENER ROTWAND (2965 m)

In den Sextener Dolomiten verlief die Front teilweise direkt über die Gipfel, vom Arzalpenkopf über den Elfer, den Zwölfer und den Einser. Besonders heftig umkämpft war die Sextener Rotwand, der »Zehner« der berühmten Sextener Sonnenuhr.

★ PATERNKOFEL (2744 M)

Der markante Felszacken südlich der Drei-Zinnen-Hütte wurde bei Kriegsbeginn von den Alpini besetzt. Sepp Innerkofler fand beim Versuch, den strategisch wichtigen Gipfel zurückzuerobern, den Tod – möglicherweise durch *Friendly Fire*, also irrtümlichen Beschuss.

★ MONTE PIANA (2324 M)

Auf dem Plateauberg über dem Höhlensteintal lieferten sich Kaiserjäger und Alpini heftige Kämpfe. Heute ist der Monte Piana ein (makaberes) Freilichtmuseum, der Tod auch nach mehr als 100 Jahren noch immer überall sichtbar. Im Sommer fahren Jeeptaxis bis zum Rifugio Bosi.

★ KLEINER LAGAZUOI (2778 M)

Ein Eckpfeiler der Dolomitenfront. Sowohl Alpini als auch Kaiserjäger versuchten erfolglos, mittels Minensprengungen die gegnerischen Stellungen zu zerstören. Die Italiener zündeten dabei 24 000 Kilogramm Sprengstoff.

★ COL DI LANA (2452 M)

Um den »Blutberg« wurde 1915/16 erbittert gekämpft. Nach einer Minensprengung, bei der 170 Mann der österreichischen Besatzung umkamen, fiel der Gipfel schließlich an die Alpini.

★ MARMOLADA (3343 M)

Auch am höchsten Gipfel der Dolomiten wurde erbittert gekämpft. Die Österreicher bauten ins Gletschereis Unterkünfte und Stellungen, alles sicher vor feindlichem Beschuss.

Eugen E. Hüsler: »Auf alten Kriegspfaden durch die Dolomiten«, Bruckmann Verlag, München

Sextener Paradeberge: Paternkofel und die Drei Zinnen (oben). Klassische Nordwandansicht der Drei Zinnen (rechts oben). Der Normalweg auf die Große Zinne wird mit Schwierigkeitsgrad III bewertet (rechts unten).

49 DREI ZINNEN – DER BERÜHMTESTE DREIZACK DER ALPEN

Wunder aus Stein

Im Hochpustertal wird fleißig geworben mit dem steinernen Dreizack, diesem einzigartigen Symbolberg der Dolomiten. Alle wollen den berühmten Nordwänden der Drei Zinnen nahekommen, und weil das nur zu Fuß geht, machen sich an sommerlichen Schönwettertagen ganze Heerscharen auf zum Paternsattel, zur Drei-Zinnen-Hütte, die einst der legendäre Bergführer Sepp Innerkofler bewirtschaftete.

Wenn es in den Dolomiten ein Pendant zum Matterhorn, dem Top-Gipfel der Alpen gibt, dann können es nur jene drei sein, die – exakt abgezählt – eigentlich fünf sind und nicht einmal einen richtigen Namen haben, genau wie jener Sehnsuchtsberg über Zermatt, den die Einheimischen auch nur Horu (Horn) nennen: die Drei Zinnen. Was ist nicht alles geschrieben worden über dieses grandiose Felsgebilde! Vor allem über die Nordwände natürlich, über gescheiterte und gelungene Durchsteigungsversuche, über Dramen im Fels. »Der Tod klettert mit!«, war in den Gazetten zu lesen, und als in den 1960er-Jahren die Zeit der »Direttissime« anbrach, schickten sogar seriöse Zeitungen Korrespondenten. Die Routen des »fallenden Tropfens« sollten es sein, eine neue Dimension des Extremkletterns – die durch den riesigen Materialaufwand auch gleich ad absurdum geführt wurde. Mit der »Superdirettissima« an der Großen Zinne (2999 m), von Peter Siegert, Gert Uhner und Rainer Kauschke im Winter 1963 eröffnet, war der Höhepunkt dieser unguten Entwicklung erreicht. Die drei Sachsen benötigten nicht weniger als 17 Tage für die 600 Klettermeter, und das bei minus 20 Grad!

Die Erstbesteigung

Knapp ein Jahrhundert zuvor waren die Zinnen überhaupt erst bestiegen worden, alle drei von den Innerkoflern aus Sexten. 1869 stand Franz

Am schönsten sind die Drei Zinnen von Norden, etwa aus dem Höhlensteintal, an dessen Eingang ein Modell über die Kletterrouten in den Nordwänden informiert (unten). Die Bödenseen im Morgenlicht, darüber der Paternkofel (rechts oben). Kleiner Mensch – großer Berg (rechts unten).

Innerkofler zusammen mit Paul Grohmann und Peter Salcher auf der Großen Zinne, zehn Jahre später bestiegen Michael Innerkofler und Georg Ploner die Westliche Zinne – am hartnäckigsten widerstand die Kleine Zinne. Auch der Innerkofler hatte da seine Zweifel (»Ja, wann'st Flügel hätt'st!«), doch er räumte sie auch gleich aus: 1881 fand er, begleitet von seinem Bruder Johann, den Weg zum Gipfel. Und der wird noch heute mit dem Schwierigkeitsgrad IV bewertet, immerhin.

Da verzichten die meisten doch lieber auf den Gipfelsturm und begnügen sich damit, das felsige Dreigestirn aus sicherem Abstand zu bestaunen. Dazu muss man allerdings erst einmal hinauf, und dafür gibt's die Drei-Zinnen-Straße. Das kostet neben der happigen Mautgebühr bei schönem Wetter auch Nerven und mündet oben am Riesenparkplatz in einen Wander-Tatzelwurm, der sich ostwärts bis zum Paternsattel hinzieht, mindestens. Unterwegs hat man neben der Aussicht auf steinerne Schönheiten wie die Cadini meistens auch interessante Einblicke in die Entwicklung der Freizeitbekleidung, vom festen Loden bis zum knallbunt-engen Einteiler.

Die Wanderung ist Touristenpflicht, denn erst drüben an dem Geröllsattel gibt's den echten Drei-Zinnen-Blick, erst dort gewinnen die Felsen ihre fantastische Form. An der haben sich, zumindest verbal, schon ungezählte Postkartenschreiber, Gelegenheitslyriker, Bergpoeten aus Berufung die Zähne ausgebissen. Der achtjährige Korbinian, ein echter Bayer, findet angesichts des »unvergleichlichen Felstriumvirats« problemlos das passende Wort: »Geil!«

Ein Ausruf leicht fassungslosen Staunens entfährt wohl auch manchem Wanderer auf dem Weg über die Lange Alm beim Anblick des großen Dachs an der Westlichen Zinne, das Alex Huber überkletterte *(Pan Aroma, XI)* – unfassbar!

Innerkofler, eine Bergführer-Dynastie

Sie haben über viele Jahre hinweg das Bergsteigen in den Sextener Dolomiten maßgeblich geprägt, dabei zahllose Erstbesteigungen und Neurouten geschafft, hinter sich am Seil meistens die zahlende Kundschaft: die Innerkofler aus Sexten. Begründet wurde die Dynastie von Josef Innerkofler (1802–1887), dem »alten Steinmetz«. Er begleitete Paul Grohmann bei einem ersten erfolglosen Versuch an der Dreischusterspitze. Sein Sohn Josef war dann einer der Führer bei der Erstbesteigung im Sommer 1869. Die Innerkofler standen als Erste auf der Großen, der Westlichen und der Kleinen Zinne. Michael Innerkofler (1844–1888), der bei einem Spaltensturz am Cristallo ums Leben kam, war wohl der bedeutendste

Bergführer der Sippe. Sein Führerbuch umfasst eine schier unglaubliche Anzahl von Neutouren, er war als Erster auf dem Elfer, Zwölfer und Einser in den Sextenern, auf der Croda da Lago und der Grohmannspitze (solo!). Als Seilzweiten hatte er oft seinen Bruder Johann dabei, der ebenfalls gut zu Fuß war, allerdings auch gern und reichlich dem Wein zusprach. Deshalb – behauptet zumindest eine Anekdote – sperrte ihn Michael vor einer Tour häufig in den Stall, damit sie beide anderntags nüchtern aufbrechen konnten.

Der Sepp

Berühmtester Innerkofler ist der Sepp, was sicher auch mit seinem tragischen Kriegstod am Paternkofel zusammenhängt, um den sich einige Legenden ranken. Zum Heldenepos verklärt wurde sein tragischer Tod im Lebensroman »Der Sepp« (1931) des bekennenden Nationalsozialisten Hans Springenschmid (der für die Salzburger Bücherverbrennung 1938 verantwortlich war). Innerkofler hatte nach der Kriegserklärung Italiens darauf gedrängt, den Paternkofel – Nachbargipfel der Drei Zinnen – seiner strategisch wichtigen Lage wegen zu besetzen. Weil die österreichische Führung zögerte, nisteten sich die Alpini auf dem Gipfel ein und befestigten ihn umgehend. Ein Versuch im Sommer 1915, den Paternkofel im Sturmangriff zurückzuerobern, scheiterte, musste wohl scheitern. Sepp Innerkofler, noch nicht ganz 50-jährig, fand dabei den Tod – ob durch italienische Verteidiger oder möglicherweise sogar (unabsichtlich) durch eigenes Sperrfeuer, ist bis heute ungeklärt. Innerkofler wurde auf dem Friedhof von Sexten bestattet, nachdem er zunächst auf dem Gipfel des Paternkofels begraben worden war.

Das Führerbuch von Sepp Innerkofler, der vor dem Krieg Wirt auf der Drei-Zinnen-Hütte war, verzeichnet 60 Neurouten, die meisten natürlich in den Dolomiten, aber auch einige im Dachsteinmassiv. Als ein Meilenstein in der Entwicklung des Felskletterns gilt seine Erstbegehung der Kleine-Zinne-Nordwand, 1890 zusammen mit Bruder Veit und H. Helversen (Schwierigkeitsgrad IV+).

Die Nordwände der Drei Zinnen, dieses unvergleichliche alpine Schaustück, liegen auf Südtiroler Boden, der kürzeste Weg zur fantastischen Schau hat seinen Ausgangspunkt aber im Bellunese, beim Rifugio Auronzo (2320 m) bzw. den Riesenparkplätzen am Ende der Drei-Zinnen-Straße. Sie wird von der Gemeinde Auronzo betrieben, die sich mit der happigen Maut buchstäblich eine goldene Nase verdient. Der Ausgangspunkt für den Abstecher hinauf zu den »Drei« befindet sich knapp nördlich des Misurinasees, auf dem 1956 während der Olympischen Spiele von Cortina d'Ampezzo die Eisschnelllauf-Wettbewerbe ausgetragen wurden.

TOP ★ ERLEBNISSE

★ RUND UM DIE DREI ZINNEN

Die vielleicht populärste Wanderung in den Dolomiten verläuft rund um die Drei Zinnen (3,5 Std.). Wer allerdings Bergeinsamkeit sucht, ist hier nicht unbedingt richtig, es sei denn, er bricht ganz früh auf. Eine weitere attraktive Möglichkeit: Erst spät am Tag losgehen und (bei Schönwetter) beim Rückweg das Alpenglühen an den Nordwänden der Drei Zinnen samt Sonnenuntergang erleben. Romantischer geht's kaum.

Die Runde in Gegenuhrzeigerrichtung führt auf einer alten Militärstraße zum Paternsattel, dann mehr oder weniger flach weiter zur Drei-Zinnen-Hütte (2405 m). Nach dem Abstieg in den Rienzboden folgt der einzige nennenswerte Anstieg; wenig oberhalb vom Rienz-Ursprung ist dann der schönste Platz vor den berühmten Nordwänden: rasten, schauen, genießen.

★ DREI-ZINNEN-HÜTTE

Wer gut zu Fuß ist, sollte sich den Anstieg vom Höhlensteintal zur Drei-Zinnen-Hütte nicht entgehen lassen: eine allmähliche Annäherung an das steinerne Wunder, Erleben statt Kolonnengehen, drei Stunden bis zum Gewusel rund um das einst von Sepp Innerkofler bewirtschaftete Haus.

www.drei-zinnen-info,
www.dreizinnenhuette.com

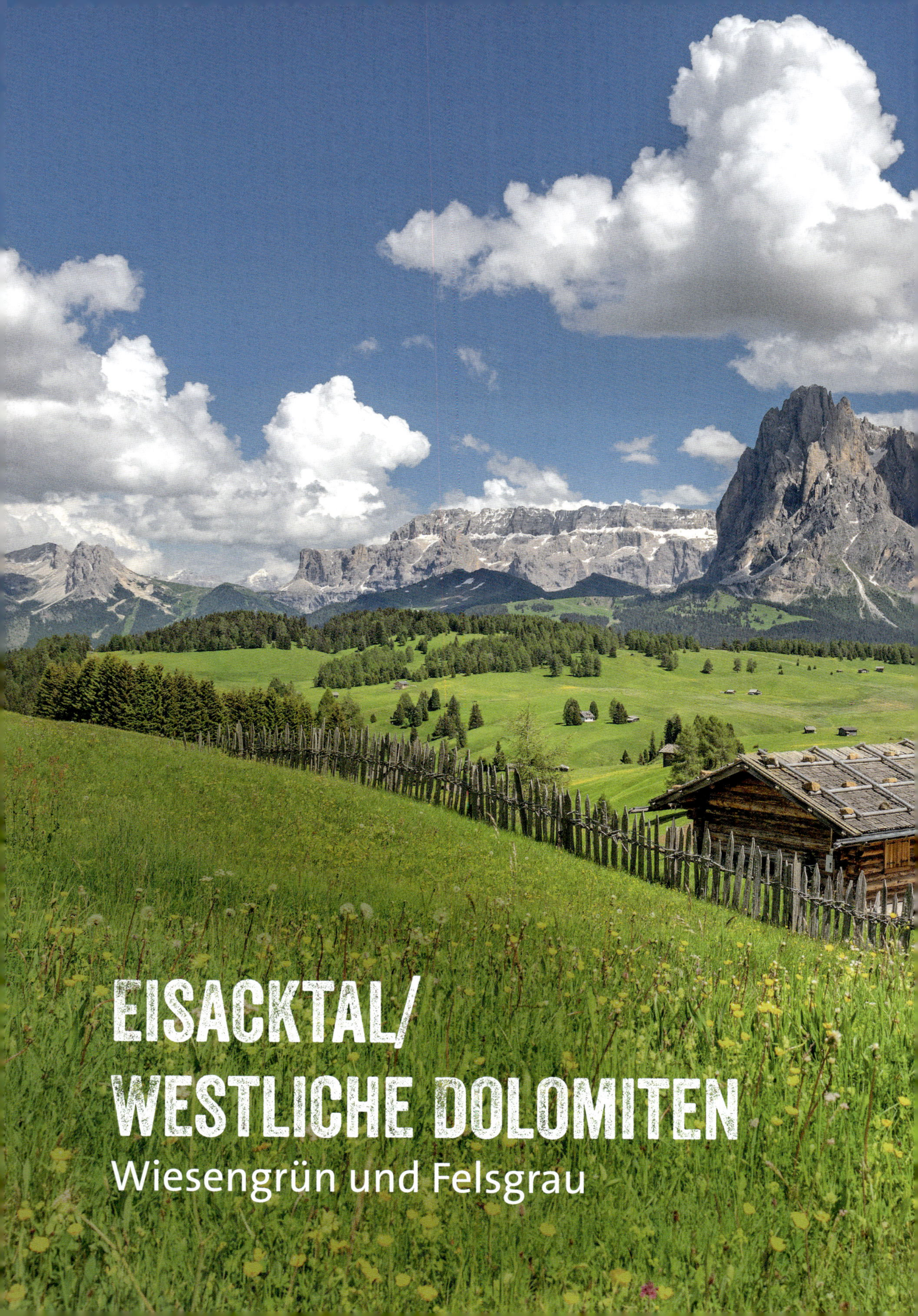

EISACKTAL/ WESTLICHE DOLOMITEN

Wiesengrün und Felsgrau

Die Seiser Alm mit dem Sellamassiv und der Langkofelgruppe (links). Die Brixner Lauben laden ein zu einem Bummel (oben). Da war die Welt schon rund: ein prächtiger Globus der Stiftsbibliothek Neustift (unten).

50 VOM EISACKTAL IN DIE DOLOMITEN

Kastanien, Almen und berühmte Kletterzacken

Der kürzeste Weg vom Brenner in die Dolomiten führt über Brixen und das Grödnertal. Es gibt aber noch andere Möglichkeiten, sich dem »schönsten Bauwerk der Welt« (anzunähern, wie der berühmte Architekt Le Corbusier die Dolomiten nannte.) Besonders lohnend zum Fahren und Entdecken sind die Routen ins Villnöß und durchs Tierser Tal zum Karerpass.

Die Tour startet in Brixen. Die kleine Altstadt wird dominiert von dem Bauensemble aus Dom, Kreuzgang und Pfarrkirche; etwas abseits steht der Bischöfliche Palast. Noch mehr alte Mauern entdeckt man nördlich außerhalb Brixens: jene des Klosters Neustift. Hier haben fromme Männer nicht nur viel gebetet, sondern auch gelesen, in Büchern und ihren Wein. Die Bibliothek ist ein herrlicher Rokokoraum, der Rebensaft verwöhnt den Gaumen.

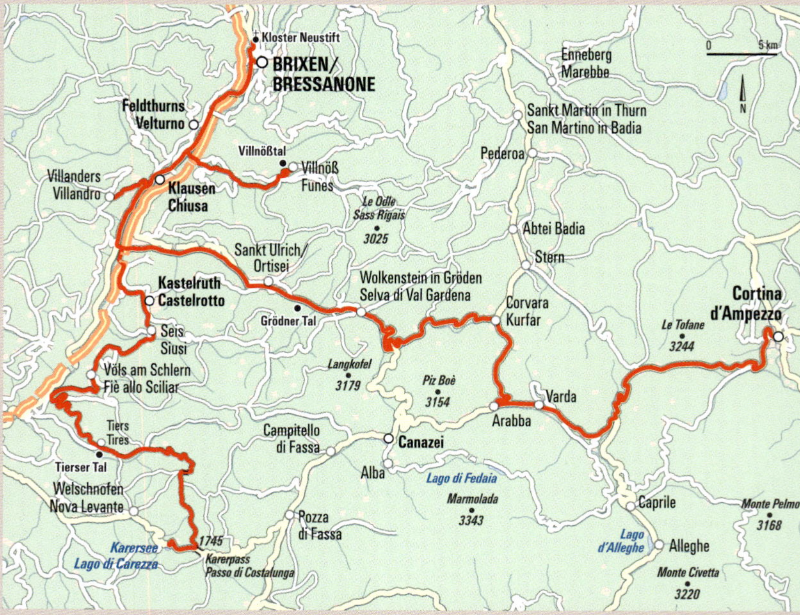

Villnöß, Gröden und die Seiser Alm

In der weiteren Umgebung der ehemaligen Bischofsstadt gibt es allerhand zu erkunden. Nicht versäumen sollte man einen Abstecher ins Villnößtal, wo man prima wandern oder auch nur die Felsarchitektur der Geislerspitzen bewundern kann. Davon gibt's im Grödner Tal noch viel mehr, nebst Hotelpalästen und Aufstiegshilfen. Über allem thront der Langkofel, den Paul Grohmann 1869 als Erster bestieg. Man kann den mächtigen Felsturm (und all seine Trabanten) auch aus der Ferne betrachten. Das geht besonders gut von Villanders und seinen Almen aus – noch so ein schönes Wanderrevier. Wer dem Riesen unter den Grödner Gipfeln näher treten möchte, nimmt am besten den Poststeig von Lajen nach St. Ulrich – auch wenn der keine »Grüße aus den Dolomiten« dabeihat ...

Auf der Mittelgebirgsterrasse zwischen Eisackgraben und Schlern ist man den Dolomiten auch schon recht nahe, in Völs, Seis und Kastelruth. Von Seis befördert einen die Gondel-

Herbstfarben in den Dolomiten. Blick über die Seiser Alm zum Sellastock und zum Langkofel

Fantastische Felsskulpturen: die Vajolettürme. Rechts die mächtige König-Laurin-Wand

bahn hinauf zur Seiser Alm, die als eines der großen Landschaftswunder der Dolomiten gilt, mit den Kulissenbergen Langkofel auf der einen und Schlern auf der anderen Seite. Mit einer Fläche von fast 60 Quadratkilometern ist der Mont Sëuc – ladinisch für Seiser Alm – die größte Hochalm der Alpen.

Tierser Tal und Karersee

Eine weitere Möglichkeit, sich dem steinernen Phänomen Dolomiten zu nähern, bietet das Tierser Tal. Höhepunkt der Fahrt ist der Blick auf die Vajolettürme, die auf dem Hauptkamm des Rosengartens aufragen und fraglos die elegantesten Felsbauten weitum sind. Knapp unterhalb des Karerpasses stößt man auf die Große Dolomitenstraße. Oberhalb von Welschnofen wartet ein echtes Highlight, der Karersee, von dem schon Sisi schwärmte. Der berühmte Karerwald, dessen Fichten als Resonanzholz für den Geigenbau begehrt sind, hat unter den Herbststürmen 2018 allerdings schwer gelitten.

Die Große Dolomitenstraße

Am Karerpass überquert die 1909 eröffnete Große Dolomitenstraße die erste von insgesamt drei Wasserscheiden auf dem Weg nach Cortina d'Ampezzo. Bei ihrem Bau verlief sie zur Gänze auf österreichischem Boden, auch der berühmte Belluneser Ferienort gehörte damals noch zu Tirol (wohin es übrigens gerne zurück möchte, wie eine Volksabstimmung ergab). Auf der zwischen Bozen und Cortina d'Ampezzo rund 100 Kilometer langen Strecke mit ihren genau hundert Serpentinen kommen fast alle großen Gipfel des Gebirges ins Blickfeld. Eine Ausnahme machen die Drei Zinnen. Umso beeindruckender präsentieren sich Langkofel, Sella, Marmolada und Civetta auf der Passfahrt über den Karer (1745 m), den Pordoi (2239 m) und den Falzárego (2105 m). Bei der finalen Talfahrt nach Cortina ist dann die Südwand der Tofana di Rozes absoluter Blickfang. Jenseits des Flusses Boite ragen Cristallo, Sorapiš und Antelao in den Himmel. Was für eine Schau!

TOP ★ TOUREN

★ GÜNTHER-MESSNER-STEIG (8 Std.)

Aussichtswandern vor der großen Dolomitenkulisse der Geislerspitzen – ein Genuss. Den muss man sich allerdings erst einmal verdienen, mit dem anhänglichen Aufstieg von der Zanser Alm zu den Kofelwiesen. Mit viel Auf und Ab (und einigen gesicherten Passagen) geht's dann am Kamm der Aferer Geisler entlang. Vor dem Abstieg wartet die Schlüterhütte, wo man seine Batterien aufladen kann. Lasst es euch schmecken!

★ RUND UM DAS LANGKOFELMASSIV (6 Std.)

Klassische Aussichtswanderung mit fantastischen Dolomitenbildern und gleich mehreren Hütten am Weg. Dank des hochgelegenen Ausgangspunkts am Sellajoch (2180 m) kaum längere Steigungen. Alternative: Fahrt mit dem Uralt-Korblift in die Langkofelscharte (2681 m), dann Abstieg westwärts zur Langkofelhütte und zum Rundweg.

★ SELLA-DURCHQUERUNG (6 Std.)

Die kürzeste Reise zum Mond: eine Durchquerung des Sellamassivs. Auf dem Sellaplateau, nahe der Dreitausender-Grenze, fühlt man sich dem Erdtrabanten recht nahe: eine steinerne, vegetationslose Ödnis. Insgesamt großes Dolomitenkino, das sich mit einer Besteigung des Piz Boè (3152 m) noch steigern lässt.

www.villnoess.com,
www.valgardena.it,
www.rifugiopisciadu.it

Schweben über der Brixner Altstadt: die Zwillingstürme des Doms (oben). Was für ein Kulturschatz! Der Brixner Kreuzgang mit seinem gotischen Freskenschmuck (rechts oben). Den Innenhof der Hofburg schmücken 24 Terrakottafiguren von Hans Reichle (rechts unten).

51 BRIXEN – AM ZUSAMMENFLUSS VON RIENZ UND EISACK

Am Weg in den Süden

Klein, aber fein. So ließe sich die ehemalige Bischofsstadt am Eisack recht zutreffend charakterisieren. Ein Altstadtgeviert mit dem Dombezirk, Kunst fast auf Schritt und Tritt, schmucke Lauben, dazu ein Hauch von Süden und Weinberge rundum. Auf dem Domplatz lässt es sich gut draußen sitzen, man genießt ein Glas Weißwein und schaut dem Treiben vor dem Brixner Dom zu.

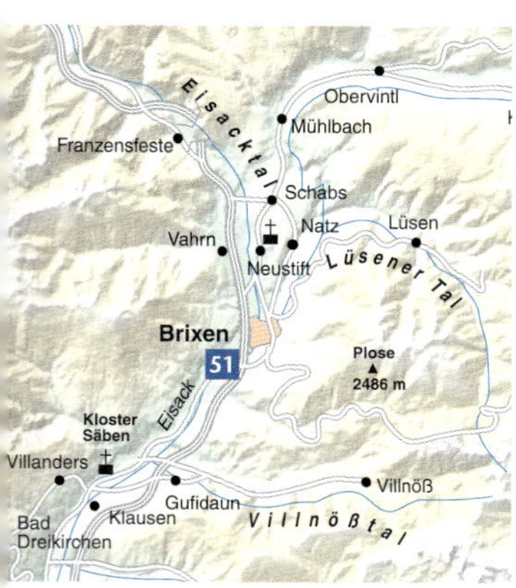

Südtirol, hat ein Kenner des Landes einmal gesagt, beginnt am Brenner, der Süden aber erst in Brixen. Oben an der großen europäischen Wasserscheide regnet's vielleicht, es bläst ein kühler Wind, und die Berge stecken in den Wolken. Eine halbe Stunde später, drunten im Talbecken am Zusammenfluss von Eisack und Rienz, ist es schon trocken, wärmer auch und die Sonne scheint. Hier beginnt er wirklich, der Süden Tirols, man merkt es an den Rebbergen rund um die Stadt, und nach einem Regenguss kann man es sogar riechen.

Zwischen alten Mauern

Deshalb verführt Brixen leicht zu einem Zwischenstopp, zu jeder Jahreszeit und wenigstens für einen kleinen Bummel durch das Geviert der Altstadt. Hier blüht der Winterjasmin manchmal schon im Januar, in den Gärten stehen Zypressen und Zedern, sitzt man an Ostern längst draußen auf dem Domplatz bei einem Glas Weißen.

Auch der Stadtbummel startet am Domplatz, an dem sich Bürgerhäuser und der Klosterkomplex gegenüberstehen. Blickfang ist die Domkirche mit ihren beiden mächtigen Tür-

men, ein starkes Symbol für die Herrschaftsverhältnisse vergangener Zeiten. Früher übten die geistlichen Herren auch die weltliche Gerichtsbarkeit aus, mit harter Hand und oft zum eigenen Vorteil. Da verwundert es nicht, dass die Bauernkriege im 16. Jahrhundert auf Südtirol übergriffen. Michael Gaismair, ein Mann mit revolutionären Ideen, führte den Kampf an, eroberte mit seinen Mannen im Handstreich die Stadt. Doch nach diesen Anfangserfolgen brach der Aufstand bald zusammen, Gaismair musste fliehen, seine Vision einer Bauernrepublik blieb ein Traum. Beim Dom handelt es sich um den dritten Kirchenbau an gleicher Stelle. Auf das ottonische Gotteshaus, das 1174 abbrannte, folgte ein romanisch-gotischer Bau, der schließlich der heute bestehenden barocken Kirche weichen musste. Baumeister war Josef Delai aus Bozen, der auch Neustift neu erschuf. Doch was für ein Unterschied zwischen den beiden Kirchenräumen! Während Neustift mit heiterem Barock prunkt, wie man ihn von süddeutschen Gotteshäusern kennt, wirkt der Brixner Dom mit seinem dunklen Marmor und dem vergoldeten Stuck eher düster. Beeindruckend sind vor allem die Deckengemälde Paul Trogers; das Riesenfresko im Langhaus, die Anbetung des Lamms darstellend, ist 250 Quadratmeter groß! Gut ein Jahrhundert nachdem der Pustertaler sein Meisterwerk vollendet hatte, wurde die gemalte Scheinkuppel in der Vierung durch ein neubarockes Gemälde minderer Qualität ersetzt – schade!

Der Brixner Kreuzgang ist in Tirol einmalig, auch in der Fülle und Vielfalt der Motive. Besonders einprägsam ist die Darstellung des »Pferds mit Elefantenrüssel« (unten). Das Plosemassiv ist ein beliebtes Tourenziel, das ganze Jahr über (rechts oben). Beim Törggelen wird oft Deftiges aufgetischt (rechts unten).

Der Brixner Kreuzgang

Neben der Domkirche liegt der Kreuzgang, das erste Ziel für alle Kunstfreunde und in Südtirol ohne Gegenstück. Er wurde nach 1200 erbaut, in der zweiten Hälfte des 14. Jahrhunderts dann eingewölbt. Dabei gingen die romanischen und frühgotischen Fresken zum großen Teil verloren. Dafür zeigt der Brixner Kreuzgang geradezu lehrbuchmäßig die Entwicklung der gotischen Wandmalerei vom späten 14. bis zum Anfang des 16. Jahrhunderts. Verschiedene Künstler waren hier am Werk, auch Italiener und Deutsche. Besonders fleißig war Leonhard von Brixen. Erstaunlich, mit wie viel Fantasie mancher Maler zu Werk ging; von Leonhard stammt das berühmte Motiv »Pferd mit Elefantenrüssel«. Die Darstellung vom Heldentod Eleasars unter einem Elefanten geriet ihm ziemlich schräg, denn leider wusste der Künstler nur, dass sein Objekt einen riesigen Rüssel hatte. Erst acht Jahrzehnte später sollten die Brixner einen dieser Riesensäuger zu Gesicht bekommen. Erzherzog Maximilian logierte auf der Durchreise in Brixen, und neben seiner Entourage hatte er auch einen Elefanten dabei, ein Geschenk des Königs von Portugal. Die Außenwand des Hotels Elephant, in dem der Herzog damals abstieg, schmückt ein großes Fresko des Rüsseltiers.

Pfarrkirche und Bischöflicher Palast

Zwischen dem Dom und der Pfarrkirche St. Michael, einem spätgotischen Bau (innen im 18. Jahrhundert barockisiert), lag der alte Friedhof, heute eine Grünfläche mit bildstockartiger Totenleuchte von 1483 und einem Gedenkstein, den Oswald von Wolkenstein noch zu Lebzeiten anfertigen ließ und der ihn in voller Rüstung zeigt.
Vom Domplatz sind es nur ein paar Schritte zur Millenniumsäule, die zur Jahrtausendfeier der Stadt (1901) errichtet wurde. Dahinter

steht der Bischöfliche Palast, ein prächtiger Renaissancebau, dessen Flügel sich zum quadratischen Hof hin öffnen. Bis 1972 Bischofsresidenz, beherbergt er heute das besuchenswerte Diözesanmuseum mit seinen sakralen Sammlungen, darunter der Domschatz und rund 200 Krippen.

Viereckig, mit Lauben: die Brixner Altstadt

Der seit dem 11. Jahrhundert ummauerte und weitgehend autofreie Stadtkern ist klein, aber fein. Wer einen kleinen Einkaufsbummel unternehmen mag, kann das – den Lauben sei Dank! – auch bei Regen weitgehend trockenen Fußes tun. Und dabei vielleicht verwundert feststellen, dass (vor allem bei jungen Leuten) offenbar nichts wichtiger ist als fesche Klamotten ... Ältere Semester interessieren sich eher für die schönen Hausfassaden aus dem 16. und 17. Jahrhundert, vielfach mit polygonalen Erkern, mitunter mit Zinnengiebeln. Ein besonders schönes Beispiel ist das spätgotische Pfaundlerhaus von 1581 im Renaissancestil. Auch hübsche architektonische Details gibt es zu entdecken, etwa den dreiköpfigen »Wilden Mann«, eine Holzplastik aus dem 16. Jahrhundert (außen am Gasthaus Schwarzer Adler).

Für all jene, die nach all dem Schauen hungrig geworden sind, hat der heilige Kassian, die Mittelfigur der Domvorhalle, einen guten Rat. Er weist nämlich – so sagt der Volksmund – direkt zum Finsterwirt in der Domgasse, einem weitum bekannten Lokal mit historischem Ambiente.

Die Plose

Hausberg von Brixen ist die Plose, ein breiter Bergrücken, aus Quarzphyllit aufgebaut und somit viel älter als die Zacken, die in seinem Panorama stehen. Die Aussicht verführt im Sommer zu einem Abstecher in alpine Höhen xund im Winter kommen die Skifahrer der weißen Pracht wegen. Von St. Andrä oberhalb Brixens führt eine Seilbahn nach Kreuztal (2023 m), am Sonnenhang des Bergs gibt es mehrere Lifte. Am Plosegipfel waren vor den Wintergästen bereits die Bautrupps der NATO, die hier einen (längst aufgegebenen) militärischen Horchposten anlegten. Um Platz zu schaffen für den Bau, ließ man die Gipfelkuppe kurzerhand abtragen – in alten Karten ist die Plose noch 2504 Meter hoch (statt 2486 m)!

Bekannt ist die Plose nicht nur für ihr phänomenales Panorama, an ihrer Südflanke entspringt in 1870 Metern Höhe ein mineralarmes Wasser mit idealem pH-Wert. Das gesunde Plose-Wasser wird seit 1957 in Flaschen abgefüllt und verkauft. Ein guter Durstlöscher nach dem Brixner Altstadtparcours – garantiert ohne Nebenwirkungen.

TOP ★ ERLEBNISSE

★ FINSTERWIRT

Das Gasthaus an der Domgasse ist eine Institution; hier wird traditionell, aber auf hohem Niveau gekocht. Und im Künstlerstübele hat man gleich noch ein Rendezvous mit der Südtiroler Geschichte.

★ FELDTHURNS

Das auf einer Hangterrasse südwestlich von Brixen gelegene Dorf ist bekannt für seine ausgedehnten Kastanienhaine. Im späten 16. Jahrhundert bauten die Brixner Bischöfe hier ihre Sommerresidenz, einen Viereckbau mit hohem Walmdach. Prunkstück ist das Fürstenzimmer mit Wandgemälden der sieben Weltwunder und prächtiger Kassettendecke (Museum).

★ PLOSE-ÜBERSCHREITUNG

Der Hausberg von Brixen gilt als einer der schönsten Aussichtsgipfel der westlichen Dolomiten. Sehr beliebt ist die Überschreitung, von Kreuztal (Seilbahn ab St. Andrä) ausgehend, mit Rückweg über den Brixner Höhenweg (4 Std.). Einkehr in der Plosehütte und auf der Ochsenalm. Gut trainierte Biker gehen den Berg von Brixen aus an: 1900 Höhenmeter auf rund 30 Kilometer bis zur Plosehütte – eine echte Herausforderung!

www.brixen.org, www.finsterwirt.com, www.plose.org

52 KLOSTER NEUSTIFT – ALTE MAUERN, JUNGER WEIN

Kunst, Geschichte und Wein

In Neustift kommen sich geistliche und weltliche Belange sehr nahe, mit der grandiosen Klosteranlage als Kulisse. Kunstliebhaber und Weinbeißer treffen sich nach Einkauf und/oder Besichtigung im Klosterkeller zu einer Marende. Angesichts des Angebots an feinen Weinen empfiehlt sich eine Anreise per pedes oder mit öffentlichen Verkehrsmitteln.

Wer das Kloster Neustift besucht, 2,5 Kilometer nördlich von Brixen am Eisack gelegen, wird recht »kriegerisch« empfangen: von der Engelsburg (eigentlich Michaelskapelle), so genannt, weil der Rundbau mit dem doppelten Zinnenkranz dem Vorbild in Rom nachempfunden ist. Den wehrhaften Eindruck verstärken die teilweise noch erhaltenen Mauern, die einst das ganze Kloster umgaben. Sie sollten in der zweiten Hälfte des 15. Jahrhunderts vor einem allfälligen Türkenangriff schützen – damals herrschte in Europa große Angst vor dem mächtigen Osmanischen Reich und seinen Expansionsplänen. Die Augustiner kannten sich jedoch in der Liturgie bestimmt besser aus als in der Befestigungstechnik, und einer ernsthaften Attacke hätte ihr Kloster nie standgehalten. Das sollte sich dann 1525 zeigen, als die Zinsbücher, in denen der Wucher des Klerus festgehalten war, im Feuer landeten.

Das Kloster hatte auch später wiederholt unter kriegerischen Ereignissen zu leiden; nach der Säkularisation wurden kostbare Kunstwerke versteigert und teilweise ins Ausland verbracht, darunter der wunderbare Kirchenväteraltar von Michael Pacher (um 1480, heute in der Münchner Alten Pinakothek). »Kanonen statt Glocken«, hieß es im Ersten Weltkrieg, als Rohstoffe wie Gusseisen in der K.-u.-k-Monarchie zunehmend knapp wurden. 1945 warfen alliierte Flugzeuge dann Bomben auf das Kloster ab, das von der deutschen Wehrmacht genutzt wurde.

Kloster Neustift liegt mitten in ausgedehnten Rebbergen, aus denen feinste Weine gekeltert werden (unten). Die Bibliothek des Klosters (rechts oben). Schmecken hervorragend: die Neustifter Praepositus-Weine (rechts unten).

Die Klosteranlage

Das von Augustinern bewohnte Stift, 1142 durch den Brixner Bischof Hartmann und Burggraf Reginbert von Säben gegründet, war über Jahrhunderte hinweg ein Brennpunkt des geistlichen und kulturellen Lebens in Tirol. Mittelpunkt der Klosteranlage ist die Stiftskirche. Sie geht in ihren Grundmauern auf romanische Zeit zurück und wurde in der ersten Hälfte des 18. Jahrhunderts von Josef Delai umgestaltet. Neustift gilt mithin als schönster barocker Kirchenraum Südtirols mit prächtigem Stuck (putzige Balustradenengel) und farbenfrohen Deckengemälden von Matthäus Günther (1705–1788). Obwohl erst 30 Jahre alt, ließ er hier bereits sein großes Talent anklingen. Der Übergang von Malerei zu Stuck ist teilweise fließend, auch Scheinarchitektur wurde dabei an die Decke gepinselt. In einer Seitenkapelle reckt sich der Fuß einer gemalten Figur plastisch aus dem Bild – da haben die Künstler echten Humor bewiesen.
Südlich an das Gotteshaus schließt der etwa zeitgleich mit Brixen erbaute bzw. eingewölbte Kreuzgang an, auch er mit Freskenschmuck (14./15. Jh.), der allerdings in der Qualität hinter jenem der alten Bischofsstadt zurückbleibt. An Selbstbewusstsein scheint es den Augustinern nicht gefehlt zu haben: Der 1508 angelegte Ziehbrunnen mit seinem Pagodendach zeigt im Fries Darstellungen der sieben Weltwunder (1670) – und als achtes gleich Neustift. Im Volksmund heißt er deshalb Wunderbrunnen.

Führungen im Kloster

Nur im Rahmen von Führungen werden montags bis samstags die Gemäldesammlung und der Bibliotheksaal gezeigt, ein herrlicher Rokokoraum mit feinen Stuckaturen. Den prunkvollen Saal mit umlaufender Galerie schuf Giuseppe Sartori 1778; neben fast 80000 Büchern sind hier alte Handschriften und frühe Drucke versammelt.
Nicht versäumen sollte man eine Führung (im Sommer Montag, Mittwoch und Freitag 10.30 Uhr) durch den Klostergarten mit seiner Kräutervielfalt, alten Apfelbäumen und einem originellen Brunnen in Turmform. Mächtig ist der 1908 gepflanzte Mammutbaum, originell das Vogelhaus aus dem 17. Jahrhundert.

TOP ★ ERLEBNISSE

★ FEINE TROPFEN AUS DEM STIFTSKELLER

Bei Weinbeißern genießt die Stiftskellerei Neustift einen guten Ruf und das absolut zur Recht. Hier setzt man vor allem auf handwerkliche Sorgfalt, vermeidet gewagte Experimente. So kann sich der Kunde auf eine gleichbleibend hohe Qualität verlassen, auch darauf, dass immer wieder absolute Spitzenjahrgänge im Sortiment sind. Vor allem die Eisacktaler Weißweine (Müller Thurgau, Sylvaner, Kerner, Pinot Grigio und Veltliner) haben viele Liebhaber; die Rotweine stammen aus weiter südlich gelegenen klostereigenen Anbaugebieten (vor allem im Überetsch). Zwei Tipps für Freunde kräftiger Rotweine aus dem Barrique: Praepositus Blauburgunder Riserva und Praepositus Lagrein Riserva.

★ FRANZENSFESTE

Die gewaltige, aus drei Forts bestehende Talsperre an der Brennerstraße wurde 1833 bis 1838 von den Österreichern erbaut; sie gilt als größter historischer Bau Südtirols. Eine Dauerausstellung informiert über die Anlage (die nie in Kriegshandlungen verwickelt war) und ihre Geschichte.

www.kloster-neustift.it,
www.franzensfeste.info

Verschwenderische Barockpracht: die Klosterkirche von Neustift

fructus honoris

Bilderbuchidylle im Villnößtal: die Kaserillalm vor den Nordabstürzen der Geislerspitzen: Wasserkofel, Furcheta und Sas Rigais (oben). Die Geislerspitzen über dem Villnößtal (rechts unten). Auf der Kaserillalm wird im Sommer gekäst (rechts oben).

53 VILLNÖẞTAL – IDYLLE UNTER DEN GEISLERSPITZEN

Reinhold Messners Heimat

Manche Bilder sind einem schon oft begegnet, auf Kalendern und im Internet, trotzdem schafft es die Wirklichkeit immer wieder, sie noch zu toppen. Wie etwa jenes Motiv aus dem Villnöß mit dem Kirchlein St. Magdalena im Vordergrund und den Geislerspitzen als Blickfang. Wenn auf der Fahrt ins Talinnere die schroffen Zacken über den Baumwipfeln auftauchen, ist man sicher: Das Original ist am schönsten!

Das Villnößtal hat einen Paten, den nicht nur in Südtirol fast jeder kennt: Reinhold Messner. Er wurde hier, am Fuß der Geislerspitzen, geboren, wo er auch seine frühen alpinistischen Versuche unternahm. Der Sas Rigais war sein erster richtiger Gipfel, ein Dreitausender immerhin. In den Nordabstürzen der Geisler gelangen ihm später einige spektakuläre Touren, so die erste Winterbegehung der Solleder-Wießner-Route an der Furcheta.

Naturpark Puez-Geisler

Für die meisten Besucher des Tals sind die schroffen Zacken nur zum Anschauen, und das geht am besten vom Adolf-Munkel-Weg aus, der als Promenade auf der Höhe der Baumgrenze verläuft. Er bildet hier die Grenze des Naturparks Puez-Geisler, der die Berggruppen zwischen Villnöß-, Grödner- und Abteital umfasst. Das Schutzgebiet ist rund 100 Quadratkilometer groß, höchster Punkt ist der Sas Rigais (3025 m) in den Geislerspitzen. Viel Interessantes über das Schutzgebiet vermittelt das 2009 eröffnete Naturpark-Haus in St. Magdalena, ein zweistöckiger Betonkubus, den man über eine begehbare Luftaufnahme des Parks betritt. Im Erdgeschoss vermitteln »Berge zum Anfassen« für jedermann einen leicht verständlichen Zugang zur Geologie, im Obergeschoss wird die »Wunderkammer der Natur« vorgestellt. Im Bereich »Berge erobern« geht es um die Rolle des Menschen bei der Besiedlung und Nutzung der alpinen Natur und um den Alpinismus. Erklärtes Ziel des Hauses ist es, auch bei den

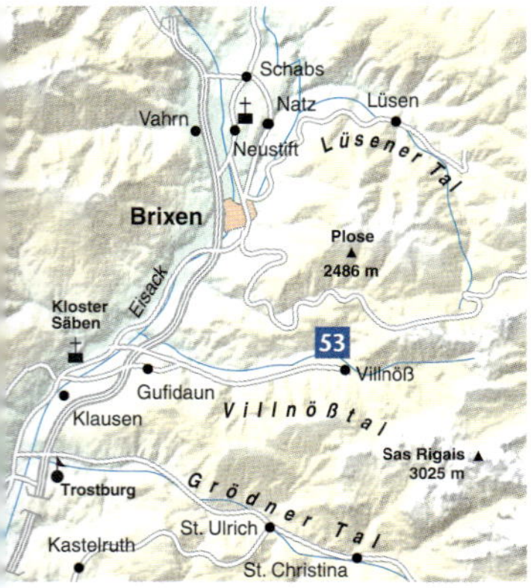

Einheimischen das Verständnis für die Anliegen des Naturschutzes (die oft mit jenen der Bauern, Jägern und der Tourismusindustrie kollidieren) zu verbessern.

Kleine Sehenswürdigkeiten

Das Villnößtal ist ein beliebtes Wanderrevier, was bei der attraktiven Kulisse wenig verwundert. Die bizarren Zacken sind absoluter Blickfang, doch bunte Sehenswürdigkeiten gibt's auch links und rechts des Wegs zu entdecken: Blumen. Während des kurzen Bergsommers entfaltet sich auf den Almböden und auf Waldlichtungen eine unglaubliche Vielfalt, von den weißen und lilafarbenen Krokussen, die den Anfang machen, bis zu den Silberdisteln und zuletzt den Herbstzeitlosen, die das Ende des Farbenspektakels ankündigen. Es ist eine große Welt im Kleinen, bewohnt von Faltern, Insekten, tagsüber herrscht ein ständiges Zirpen und Summen. Schmetterlinge gaukeln über die Wiesen, Bienen und dicke Hummeln sind unterwegs zur nächsten Blüte.
Zu den artenreichsten Wiesen gehört der Blaugras-Horstseggenrasen. Er hat seine Standorte überwiegend an südseitigen Hängen und steigt bis in Höhen um 2500 Meter an. Zu den typischen Pflanzen dieser Rasenformation gehört neben den Alpenastern, Alpen-Wundklee und Brillenschötchen die berühmteste Alpenblume, das Edelweiß.
Es blüht – entgegen einer weitverbreiteten, durch allerlei Alpenkitsch beförderter Volksmeinung – nicht im Steilfels, sondern auf alpinen Wiesen. Mit entschieden ungemütlicheren Standorten haben andere Alpenblumen zu kämpfen, beispielsweise der gelb blühende Rhätische Alpenmohn, ein Pfahlwurzler, der auf Geröllhängen siedelt und mit seinem schotterigen Untergrund talwärts wandert.

Bauernhof mit Geschichte

An der Straße von St. Peter zur Zanser Alm liegt der Ansitz Ranui, ursprünglich ein Bauernhof und bereits 1370 als »hof ze rumenuye« erwähnt. Im 16. Jahrhundert ließ ihn der Kaufmann Michael Jenner zu einem Jagdschlösschen umbauen. Damals entstanden auch die Jagdszenen im Flur des Hauses, an denen sich nicht nur Hubertusjünger erfreuen dürften. Die 14 Szenen wurden erst vor ein paar Jahren fachgerecht restauriert. Neben dem Ansitz Ranui steht das Kirchlein St. Johann.

TOP ★ ERLEBNISSE

★ ADOLF-MUNKEL-WEG

Wanderklassiker im Villnößtal, recht lang, aber nur mäßig anstrengend. Der Munkelweg verläuft an der Waldgrenze, bietet packende Aussicht in die wilden Nordabstürze der Geislerspitzen. Startpunkt am Parkplatz Ranui (Anfahrt mit dem Bus ratsam), Gehzeit etwa fünf Stunden, mehrere bewirtschaftete Almen am Weg.

★ KASERILLALM

Keine Gehstunde vom Parkplatz auf der Zanser Alm liegt die Kaserillalm (1920 m). Der Abstecher lohnt sich nicht nur der prächtigen Ausblicke auf die Geislerspitzen wegen; auf dieser Alm wird noch gekäst – und wie! Thomas Mantinger verarbeitet jeden Sommer etwa 15 000 Liter Milch mit Nüssen und Kräutern zu Berg-, Weich- und Frischkäse. Auch Joghurt gibt's aus eigener Produktion, und der Speck stammt vom Hof drunten im Villnößtal. Auf der Speisekarte stehen hausgemachte Kuchen und Apfelstrudel. Dazu ein Glas Rotwein – und das Südtiroler Dolomitenglück ist perfekt.

★ SPECKFEST

Jeweils Ende September findet in Villnöß das Speckfest statt. Da kann man dann leicht herausfinden, dass (Fabrik-)Speck nicht gleich Speck ist. Großes Fest- und Rahmenprogramm.

www.villnoess.com,
www.unterkantiolerhof.com

GENIESSEN. SÜDTIROLER KÖSTLICHKEITEN

Traditionell, alpin und modern

Manchmal kann der Weg zurück der richtige sein. Auch in der Küche: regional statt international, Spinatknödel statt Jägerschnitzel. Die Südtiroler Gastroszene hat's vorgemacht und sich seit den 1960er-Jahren neu erfunden: Fantasie und handwerkliches Geschick statt übervoller Teller, Vielfalt statt Einerlei.

Die Rückbesinnung auf kulinarische Traditionen, auch jene der Nachbarn im Süden und Osten, prägt heute die Südtiroler Küche. Sie zeigt mitunter – vor allem bei den Nachspeisen – deutliche Einflüsse der K.-u.-k-Monarchie, lässt sich aber auch gerne von der *cucina italiana* inspirieren. Oben am Berg mag man's eher deftig, im Tal drunten vielfach ausgesprochen ambitioniert. Die besten Vorspeisen kommen aus der südlichen Nachbarschaft, für Knödel und Nocken ist dann die einheimische Küche zuständig, beim Nachtisch hält man's mal so, mal so: Marillenknödel oder Tiramisu.

Nicht wegzudenken: Knödel

»Knödeln, Nudeln, Nocken, Plenten sein die vier Tiroler Elementen!«, sagt man an Etsch und Eisack. Tatsächlich bilden diese vier in vielen Varianten so etwas wie die Grundlage der Südtiroler Küche. Und darauf kann man aufbauen, was viele Köche im Land mittlerweile hervorragend beherrschen (und was sich auch in Sternen und Hauben der Gourmetbibeln widerspiegelt). Knödel, mit oder ohne Fleisch, werden in der Suppe oder mit Salat serviert, aber auch als Beilage zu Braten und Gulasch. Zu den beliebtesten Nudelgerichten gehören Pustertaler Schlutzer und Tirtlen – Teigtaschen mit Topfen-, Spinat- oder Krautfüllung. Beliebt sind die Spinatnocken, die mit brauner Butter übergossen und mit Käse bestreut werden. Die Plenten (Maisbrei) passt bestens als Beilage zu Wild; in den ladinischen Tälern ist Polenta mit Pilzen beliebt. Im Unterland dagegen isst man die Plenten mit Hauswürsten und Sauerkraut.

Der Südtiroler Strudel kann – je nach Füllung – sowohl Vor- als auch Nachspeise sein, bei den süßen Varianten ist der Apfelstrudel absoluter Favorit. Der besteht übrigens – im Gegen-

Schmecken prima: die Apfelsäfte vom Kandlwaalhof Luggin.

Für den großen Hunger: die Käseplatte auf der Kaserillalm.

satz zum Wiener Apfelstrudel – aus Mürbteig.

Und dann ist da noch der Speck, die liebste Brotzeit der Südtirolfans, am Stück vom Brettl gegessen. Er wird allerdings längst nicht mehr nur am Hof gepökelt und geräuchert – die Nachfrage ist schlicht zu groß.

Rot oder weiß?

Und was passt zum Speck? Natürlich ein »Roter«, womit wir beim Wein wären. Der ist im Süden Tirols mindestens seit der Römerzeit ein Thema. Möglicherweise waren bereits die Kelten von dem berauschenden Getränk angetan, wie beispielsweise der Fund eines Trinkgefäßes bei Stufels (einem Stadtteil von Brixen) aus der Zeit um 500 v. Chr. vermuten lässt. Im Mittelalter besaßen die Klöster das Privileg zum Weinanbau. In Urkunden des 13. Jahrhunderts werden der Bozenaere – der Bozner Wein – und der Traminer genannt, um 1550 Eppaner, Girlaner, Missianer. Nach der Säkularisation kamen die Rebberge größtenteils in bäuerlichen Besitz. Um auf dem Markt besser bestehen zu können, gründeten die Weinbauern Genossenschaften, eine erste 1893 in Andrian. Nur wenig später öffnete bereits die Bozner Weinkost ihre Pforten. Sie gilt noch heute als wichtiger Trendsetter.

Qualität und Bio

Die Zeit, als der Kalterer ein Synonym für billigen Massenwein war, ist längst vorbei. Qualität ist gefragt, auch mehr und mehr Bio. Es zahlt sich aus, dass eine neue Generation von Winzern auf Topniveau arbeitet, immer den Geheimnissen der Önologie auf der Spur, mit sparsamem Einsatz von Herbiziden. Obwohl überwiegend Rotwein produziert wird (neben dem Grauvernatsch vor allem Blauburgunder, Lagrein dunkel und Merlot), ist auch das Angebot an Weißweinen erstklassig: Chardonnay, Gewürztraminer, Sylvaner. Jeweils im Herbst wird beim Törggelen der junge Wein, der »Nuien«, verkostet – ein schöner alter Brauch. Dazu isst man gebratene, heiße »Keschtn« (Kastanien), Nüsse, Hauswürste und Schweinsrippen im Kraut.

Ein Klassiker der Südtiroler Küche: Gulasch mit Knödeln.

Ein Wanderberg und ein Klettergipfel: der grüne Pic und der mächtige Langkofel (oben). Was für ein gewaltiger Berg! Der Langkofel über der »Steinernen Stadt« (rechts).

54 GRÖDNER TAL – DIE HEIMAT VON LUIS TRENKER

Holzschnitzer und Bergfexe

Seit den alpinen Skiweltmeisterschaften 1971 ist Gröden auch im Winter eine absolute Top-Destination. Schon viel länger weiß das Publikum um die Schönheiten der Grödner Sommerlandschaft, um die vielfältigen Wander- und Tourenmöglichkeiten. Nur per Bahn kommt man nicht mehr nach St. Ulrich oder Wolkenstein, denn schon 1960 wurde die Linie stillgelegt.

Wenn es eine Urzelle des Südtiroler Dolomitentourismus gibt, dann liegt sie ganz bestimmt im Grödner Tal, und als Geburtsstunde könnte man – vielleicht etwas willkürlich, zugegeben – den 13. August 1869 festlegen. An diesem Tag feierten drei Männer im Gasthaus Adler in St. Ulrich eine durchaus bemerkenswerte Tat: die Erstbesteigung des Langkofels (3181 m). Der ist ganz und gar ein Grödner, der Ur-Grödner schlechthin. Und der höchste dazu. Egal, von welcher Seite man ihn anschaut, er ist auf jeden Fall ein faszinierendes Stück (Schlern-)Dolomit. Von St. Ulrich aus gesehen erinnert er mit seinen markanten Pfeilern an einen gotischen Dom, von der Seiser Alm aus ist er Teil eines fantastischen Ensembles aus Stein, vom Grödner Joch aus beeindruckt seine schiere Masse.

Pionierzeit

Als Paul Grohmann – 31 Jahre alt und finanziell unabhängig – 1869 in Gröden eintraf, war der Wiener längst kein Unbekannter mehr; sein Palmarès verzeichnete bereits die Erstbesteigungen der drei Tofane, der Marmolada und des Antelao. Am Nachmittag des 12. August stieg er mit seinen Führern Franz Innerkofler und Peter Salcher auf zu den Almen von St. Christina, wo die drei übernachteten, anderntags wurde um 11:15 Uhr am Gipfel eine Fahne aufgepflanzt.
Das Tal hatte damals gerade mal seit etwas mehr als einem Jahrzehnt eine Zufahrtsstraße, und mit der Postkutsche kamen auch die ersten Touristen. Vor 1856 hatten alle zu Fuß gehen müssen, die nach Gröden wollten, auch der Postler hatte den langen Weg

Hauptort Grödens ist St. Ulrich (unten). Eine Grödner Spezialität: die Holzschnitzerei (ganz unten). Sonnenaufgang am Grödner Joch (rechts oben). Blick auf die Haifischzähne der Geislerspitzen (rechts unten).

zweimal die Woche unter die genagelten Schuhe genommen. Heute ist der Poststeig ein markierter Wanderpfad – und ein besonders schöner dazu: das richtige Entree in die Dolomiten. Denn nur der langsam-stetige Rhythmus des Wanderers erlaubt es, die sich allmählich und immer eindrucksvoller entfaltende Szenerie richtig aufzunehmen, zu erleben. Während auf der neuen Zufahrtsstraße (die in ihrem Verlauf weitgehend der alten Bahntrasse entspricht) jeder noch ein bisschen geschwinder sein will, machen wir das Gegenteil – Annäherung mit Muße. Wie schön, wenn hinter Tschöfas der Langkofel ins Bild tritt, wie gemalt: grauer, schroffer Fels

über dem waldgrünen Mittelgrund, rechts flankiert von der Fünffingerspitze, der Grohmannspitze, dem Zahn- und dem Plattkofel.

Die Bahn kommt!

Im Ersten Weltkrieg bekam das Grödner Tal Bahnanschluss, allerdings nur militärischen zunächst. Innerhalb von knapp fünf Monaten wurde die 31 Kilometer lange Strecke von Klausen nach Wolkenstein realisiert, dabei schufteten auch 6000 russische Kriegsgefangene. Die Schmalspurbahn diente der Versorgung von K.-u.-k-Truppen an der Dolomitenfront. Seilbahnen führten weiter über das Sellajoch bis zur Marmolada, wo sich Kaiserjäger und Alpini in ihren Gletscher- und Felsstellungen gegenüberstanden. Nach Kriegsende diente die Schmalspurbahn dem zivilen Verkehr. Ihre Transportleistung blieb allerdings bescheiden, sie wurde auch nie elektrifiziert. Im Jahr 1960 dampfte das letzte Züglein von Klausen ins Grödner Tal, im autoverrückten Italien läutete zu jener Zeit für viele Bahnstrecken die Totenglocke. Ein halbes Jahrhundert später wünscht sich vielleicht der eine oder die andere die gute alte Zeit zurück, in der vielleicht nicht wirklich alles gut war, aber anders und garantiert weniger hektisch.

St. Ulrich und seine Schnitzer

St. Ulrich, rechts des Grödner Bachs an den Sonnenhängen, ist der Hauptort des Tals. Der erste Eindruck: zwiespältig. Da steht Altes neben Neuem, und nicht alles ist gelungen, auch bei jenen Häusern nicht, die aus der Jugendstilepoche stammen, einiges ist sogar schlimmer Kitsch, etwa das »Cavallino Bianco«. Gesichtslose Bauten aus der Zeit des ersten Booms, als die Westdeutschen kamen, moderne Architektur und überall: »wood carving«. St. Ulrich ist ein Schnitzerdorf, nicht nur ein Touristenort und Wintersportplatz, das kann man nicht übersehen. Seit dem 17. Jahrhundert, vielleicht auch schon länger, hat dieses Kunsthandwerk hier eine gute, auf

Geschicklichkeit und einem feinen Gespür für das Material beruhende Tradition. Grödner Schnitzereien hatten schon früh einen hervorragenden Ruf, sie wurden sogar exportiert, und das brachte besseren Verdienst als das wenige, das auf den Äckern und Almen zu erwirtschaften war. Erfolg weckt den Wunsch nach (noch) mehr, heißt es, und im Fall der Grödner traf das durchaus zu. Findige Geschäftemacher kamen auf die Idee, durch maschinelle Vorfertigung ihre Gewinnspanne zu erhöhen: Kitsch statt Kunsthandwerk, Massenware statt Qualität. Der Erfolg war ein vorübergehender, und heute versprechen die Geschäfte ihren potenziellen Kunden: »Entirely hand carved« – handgeschnitzt. Und in Gröden gibt's eine Schule, in der junge Leute das Kunsthandwerk lernen können. Trotzdem fragt man sich angesichts des riesigen Angebots, wie viele Hände Tag für Tag arbeiten müssten, um all die Engel, Heiligen und bäuerlich-traditionellen Figuren zu schaffen.
Wer sich fürs Holzschnitzen interessiert, kommt nicht um einen Besuch im Heimatmuseum in St. Ulrich herum. Es zeigt naturkundliche und archäologische Sammlungen sowie einen Streifzug durch vier Jahrhunderte Grödner Holzschnitzkunst. Und auch der berühmteste Sohn des Orts hat im Museum Gherdëina seinen Platz gefunden: Luis Trenker (1892–1990).

Wandern in Gröden

Wenn der Schnee auf den Gipfeln schmilzt, die Sonne immer höher steigt, ist es Zeit die Bergschuhe zu schnüren. Hinauf geht's, und dafür, dass das nicht zu anstrengend wird, sorgen zahlreiche mechanische Aufstiegshilfen, eine mit maximalem Nostalgiewert: der 1959 eröffnete Stehlift in die Langkofelscharte. Beliebte Wanderreviere sind die Seiser Alm (siehe Kapitel 57) und die Raschötz. Beide bieten herrliche Aussicht auf den Paradegipfel des Tals. Der 1952 eröffnete Raschötz-Sessellift (an dessen Bau Luis Trenker als Architekt beteiligt war) wurde erst vor ein paar Jahren durch eine moderne Standseilbahn ersetzt.
Frequentierte Ausgangspunkte für herrliche Höhenwanderungen sind die beiden Straßenübergänge in die Nachbartäler: das Grödner Joch und das Sellajoch. Ein absoluter Hit ist die Runde ums Langkofelmassiv, die allerdings ein Mindestmaß an Ausdauer und Trittsicherheit voraussetzt. Wer's weniger steinig mag, unternimmt einen Spaziergang von St. Christina nach Wolkenstein – teilweise auf der ehemaligen Bahntrasse. Sie führt an der Fischburg vorbei, einem Sommer- und Jagdschloss aus dem 17. Jahrhundert, das sich als wehrhafte Burg gibt.

TOP ★ ERLEBNISSE

★ MUSEUM GHERDËINA

Gröden erleben kann man draußen, viel Wissenswertes über das Tal, seine Geschichte und Kultur vermittelt das Grödner Heimatmuseum in St. Ulrich. Die Reise führt zurück in ferne Vergangenheit, bis zur Entstehung der Dolomiten, zu den frühesten Siedlern im Tal. Breiter Raum ist der traditionellen Grödner Holzschnitzkunst gewidmet; auch der berühmteste Grödner, die Bergsteiger- und Kinolegende Luis Trenker hat hier seinen Platz.

★ SECEDA (2518 m)

Der Seilbahngipfel von St. Ulrich bietet ein tolles Panorama. Blickfang sind die Haifischzähne der Geislerspitzen, nach Westen reicht die Sicht bis zu den Adamello-Gletschern. Nach der Bergfahrt kann man auf guten Wegen ins Tal zurückwandern, dabei auch noch den Pic (2363 m) überschreiten.

★ RIFUGIO COMICI

Wenn man überlegt, dass es sich beim Langkofel um ein maritimes Urzeitriff handelt, passt die Speisekarte der Comici-Hütte eigentlich ganz gut: Hummer, Nudeln mit Fisch findet man neben feinen Kräutergerichten. Die fantastische Aussicht dazu gibt's umsonst.

www.valgardena.it, www.chalet-gerard.com, www.rifugiocomici.com, www.seceda.it

Ein uralter Siedlungsplatz, später Klosterburg: Säben (oben). Einzigartig: der Friedhof von Villanders mit seinen schmiedeeisernen Grabkreuzen (rechts unten). Mitten im alten Ortskern steht der Ansitz zum Steinbock, heute Hotel (rechts oben).

55 SÄBEN UND VILLANDERS – HOCH ÜBER DEM EISACKTAL

Ein Kloster, ein Bergdorf und Almen

Villanders ist ein hübsches Bergdorf, Säben der älteste Bischofssitz Tirols, und die Villanderer Almen sind ein prächtiges Wanderrevier. All das liegt nahe beieinander, aber nicht neben-, sondern übereinander. Der Weg auf den Berg führt durch mehrere Klimazonen, von den Weinpergeln am Eisack bis in jene Regionen, wo Enzian und Edelweiß blühen.

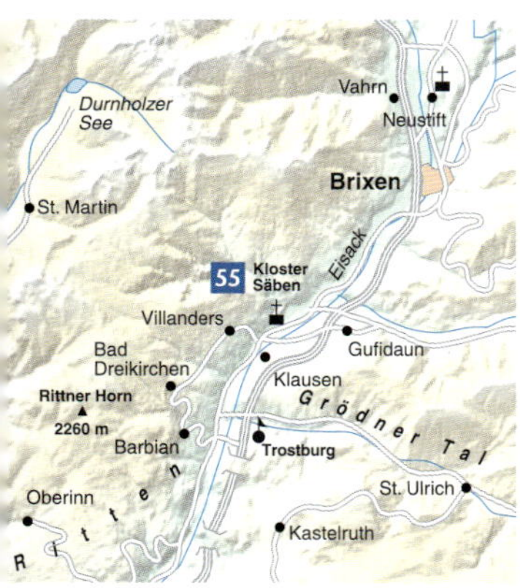

Säben, Villanders und seine Hochalmen – ein schöner Dreiklang. Wer Kloster, Dorf und die alpinen Regionen unter dem Villanderer Berg besucht, reist dabei durch Zeit und Raum. Der Weg führt fast zwei Kilometer hoch hinauf, ein paar Tausend Jahre zurück in die Vergangenheit und schließlich mitten hinein in die nordische Tundra, und das alles an einem Tag – kaum zu glauben!

Die Klosterburg Säben

Diese besondere Reise beginnt drunten am Eisack, zwischen den gotischen Häusern von Klausen, und da umweht einen bereits ein Hauch von Geschichte. Hoch über dem Flecken, den Albrecht Dürer auf seiner Italienreise 1494 zeichnete, thront auf einem schroffen Felsen das Kloster Säben, ältester Bischofssitz Tirols (bis gegen 990) und später dann zur Bergfestung ausgebaut. Besiedelt war der Platz schon viel früher, an gleicher Stelle befand sich möglicherweise eine steinzeitliche Kultstätte. Etwas von der Magie dieses Orts, den 335 Jahre lang (bis 2021) Benediktinerinnen bewohnten, ist heute noch spürbar. Das mag auch daran liegen, dass der rauschende Verkehr Abstand hält zu der Klosterburg. So wird die kleine Wanderung zu einer Zeitreise in vergangene Jahrhunderte.

Die ältesten Säbener Mauern stammen aus dem 4. Jahrhundert; sie wurden unterhalb der bestehenden Mauern in einem Acker entdeckt, später aber wieder zugeschüttet. Nach Josef Weingartner (1885–1957), dem bedeutenden Kulturchronisten des Landes, ist die Heiligkreuzkirche in ihren Grundmauern nicht viel jünger, sie dürfte wohl zur Zeit des Bischofs Ingenium (um 600) entstanden sein. Ihre heutige Gestalt erhielt die Kirche durch die Umbauten im 16. und 17. Jahrhundert. Eine Besonderheit bilden auf Rupfen (Sackleinen) gemalte Bilder, mit denen Wände und Decke des Innenraums teilweise bespannt sind. Es handelt sich um vorzügliche Arbeiten (1679) eines italienischen Theatermalers. Das große Kruzifix am Hochaltar ist ein Werk des Meisters Leonhard von Brixen (15. Jh.).

Villanders und seine Hochalmen

Ganz so wie damals, als Franz von Defregger (1835–1921) ihn malte, sieht der Dorfkern von Villanders nicht mehr aus. Allerdings wäre es auch übertrieben, zu behaupten, es wäre gleich so »viel-anders«. Das soll ein Bauer gerufen haben, als er nach einem Unwetter des Dorfs ansichtig wurde – sagt zumindest eine beliebte Sage. Nüchterne Wahrheit ist, dass (auch) hier, an dem sonnigen Hang über dem Eisackgraben, sehr viel gebaut worden ist in den letzten Jahrzehnten. Weitgehend verschont blieb der winzige Dorfkern mit dem Ansitz Zum Steinbock, den beiden gotischen Gotteshäusern und dem einzigartigen Friedhof: lauter schmiedeeiserne Kreuze, viele Reihen tief. Vor bald einem halben Jahrhundert gab der Boden von Villanders ganz Erstaunliches preis: Siedlungsreste, die vom Frühmittelalter über die Römer- und die Bronzezeit bis ins Neolithikum zurückreichen (Archeoparc, Besichtigung möglich).

Die steinzeitlichen Jäger hinterließen ihre Spuren auch auf den Villanderer Hochalmen, etwa in der Umgebung des Schwarzen Sees. Um die Gegend ranken sich allerlei Sagen: Einst soll hier Gold gefunden worden sein, doch der Reichtum verführte die Knappen zu einem gottlosen Leben. Nicht zufällig heißt ein Platz nun »am Toten« ...

An so etwas braucht nicht zu denken, wer zu Fuß (oder im Winter mit den Langlaufskiern) auf der weitläufigen Villanderer Alm zwischen Latschen und Moorböden, lichten Waldpartien und offenen Weideflächen unterwegs ist. Jenseits des Eisackgrabens stehen die Dolomiten Parade, und wenn die Beine allmählich müde werden und der Hunger dafür größer wird, taucht bestimmt ein gastliches Haus am Weg auf. Da lässt man sich dann gern zur Marende nieder, sei's im Mair in Plun, am Rinderplatz oder auf der Pfroderalm. Die Frage ist dann nur noch: Kaiserschmarrn oder Knödel?

TOP ★ ERLEBNISSE

★ ANSITZ ZUM STEINBOCK

Hier passt wirklich alles: ein historisches Ambiente, die gepflegte Gastlichkeit und eine berauschende Aussicht übers Eisacktal auf die Dolomiten. Die Küche schafft den Spagat zwischen Tradition und Moderne problemlos und ist dabei durchaus kreativ. Der Ansitz aus dem 15./16. Jahrhundert liegt mitten im historischen Ortskern von Villanders. Im Sommer sitzt man gerne draußen im hübschen Garten, in der kalten Jahreszeit sind die mit Lärchenholz vertäfelten Stuben echte Refugien der Behaglichkeit.

★ PFUNDERER BERGWERK

Um 1130 wurde der *Mons argenti* (Silberberg) erstmals erwähnt, im 16. Jahrhundert erlebte der Bergbau im Tal des Thinnebachs seine Blüte. Insgesamt wurden am Pfunderer Berg (Rotlahn) 25 Kilometer Stollen angeschlagen. Der rekonstruierte Elisabethstollen kann im Rahmen von Führungen besichtigt werden.

★ EISACKTALER KELLEREI

Vor allem die Weißweine der Genossenschaft, die rund 130 Hektar Rebberge bearbeitet, gehören Jahr für Jahr zu den besten Südtirols.

www.klausen.it.,
www.ansitzsteinbock.com,
www.bergwerk.it,
www.kellerei-eisacktal.it

Auf der Mittelgebirgsterrasse unterm Schlern liebt man das Traditionelle, wird an Festtagen gern die Tracht getragen, natürlich auch zur berühmten Fronleichnamsprozession in Kastelruth (oben). Beim Oswald-von-Wolkenstein-Ritt wird die Welt des Mittelalters wieder lebendig, für drei Tage wenigstens (rechts).

56 VÖLS, SEIS UND KASTELRUTH – EISACKTALER MITTELGEBIRGE

Mittelgebirgsterrasse unterm Schlern

In den Dörfern und um sie herum am Fuß des Schlerns gibt es viel zu entdecken, auch zu Fuß oder mit dem Fahrrad: alte Burgen, hübsche Dörfer und so manches Gotteshaus, auch draußen auf dem freien Feld. Hier werden Traditionen gepflegt und Mega-Events gefeiert: Konzerte der Kastelruther Spatzen und der Oswald-von-Wolkenstein-Ritt, ein Ausflug ins Mittelalter für Groß und Klein.

Der Schlern wird gern als Kulissenberg der Seiser Alm gesehen – und die Seiser Alm als Teil Grödens. Beides stimmt nur teilweise. Die große Alm gehört zur Gemeinde Kastelruth, und der Schlern ist auch der dominierende Bergstock der drei Dörfer Völs, Seis und Kastelruth. Sie liegen auf der ausgedehnten Mittelgebirgsterrasse zwischen dem Eisacktal und dem Schlernmassiv, auf halber Höhe gewissermaßen, was ein angenehmes Klima und freie Sicht nach Westen, zu den Sarntaler Alpen und Richtung Bozen garantiert. Ein weitläufiges Revier, das zum Wandern einlädt.

Völs, Seis und Kastelruth sind Bauerndörfer, das merkt man heute noch, auch wenn in den und um die Siedlungen viel gebaut worden ist, was nichts mehr mit Landwirtschaft, stattdessen mit Tourismus zu tun hat. So hat etwa der Ausbau der Straße in die Grödner Nachbarschaft Kastelruth einen echten Bauboom verschafft.

Berühmt ist das in eine sanftwellige Hügellandschaft gebettete Dorf vor allem durch die »Spatzen«, die wohl fast jeder zwischen Hamburg und Bozen kennt. Ihre Musik muss man nicht unbedingt mögen, doch mittlerweile singen sie seit einer halben Ewigkeit von Liebe und Lebensschmerz. Kastelruth hält's aus, eine schöne Gratiswerbung ist es allemal. Echte Tradition begegnet dem Besucher in Kastelruth jeweils an Fronleichnam (bzw.

am Sonntag darauf), denn dann findet die weit über die Landesgrenzen hinaus bekannte Prozession statt. Hier ist es noch zu spüren: das bäuerliche Herz Südtirols, das echte Selbstbewusstsein der »Leute vom Land«. Die farbenprächtigen Trachten, die wehenden Fahnen inmitten blühender Blumenwiesen, alles überragt von der mächtigen Trutzburg des Schlern – ein Bild von starker Symbolkraft. Ob das den Zuschauern, die mit gezückter Kamera diesen Ausdruck ungespielter Volksfrömmigkeit auf ihren Chip bannen wollen, auch immer bewusst ist, darf allerdings bezweifelt werden.

Natürlich spielt auch die Musik zu Fronleichnam auf, hier in Kastelruth (unten). Typisch für Südtirol: schöne Wirtshausschilder (ganz unten). Der Völser Weiher wurde von den Burgherren auf Prösels angelegt, als Fischteich (rechts oben). Entspannen im dampfenden Heu (rechts unten)

Der Ritt ins Mittelalter

Mittlerweile auch schon Tradition hat der 1983 erstmals ausgetragene Oswald-von-Wolkenstein-Ritt, der jeden Juni stattfindet und bei Einheimischen und Urlaubern gleichermaßen beliebt ist. Die Veranstaltung, ausgetragen vor historischer Kulisse in Kastelruth, Seis, Völs und Prösels, entführt Akteure und Besucher in die Welt des Mittelalters, in die Zeit der Ritter und Minnesänger. Insgesamt vier Turnierspiele werden in drei Tagen ausgetragen: das Ringstechen auf dem Kastelruther Kalvarienberg, der Ritt durchs Labyrinth am Fuß von Oswalds Burg Hauenstein (Seis), der Galopp am Völser Weiher und der Torritt bei Schloss Prösels. Daneben unterhält ein umfangreiches Rahmenprogramm mit Musik, Gaudi und Gauklern sowie einem mittelalterlichen Markt.
Schloss Prösels, der Schauplatz, gehört zu den sehenswertesten Burgen Südtirols. Der stattliche Bau mit seinen Eck- und Tortürmen – eine für die Zeit Maximilians I. typische Wehranlage – entstand im Wesentlichen zwischen 1490 und 1520, wurde später nur mehr unwesentlich verändert. In dem malerischen Burghof finden im Sommerhalbjahr regelmäßig Musik- und Theateraufführungen statt; täglich außer samstags kann die Anlage besichtigt werden.

Oswald von Wolkenstein

Die Herren von Prösels waren es auch, die die beiden hübschen (Fisch-)Teiche am Fuß des Schlern anlegen ließen: den Völser- und den Huberweiher. Heute sind sie Ausflugsziel und Badeplatz. Im alten Weihergasthaus, das sich seinen urtümlichen Charme bewahrt hat, war der berühmte Wiener Dramatiker Arthur Schnitzler (1862–1931) öfter zu Gast.
Ein beliebter Wanderweg führt immer am Schlernfuß entlang nordwärts nach Seis. Etwa auf halbem Weg steht auf freiem Feld die Kirche St. Konstantin, ein spätgotischer Bau mit hohem, zwiebelgekröntem Turm. Im Weiler St. Konstantin lebte der Südtiroler Dichter

und Maler Hubert Mumelter (1896–1981), dem mit dem historischen Roman »Zwei ohne Gnade«, der das Leben des Oswald von Wolkenstein (um 1375–1445) thematisiert, der Durchbruch gelang.

Wolkenstein selbst verbrachte die letzten Jahre seines abenteuerlichen Lebens ganz in der Nähe, auf seiner Burg Hauenstein. Sie ist längst Ruine, nur noch ein Mauerstumpf lugt am Schlernhang zwischen den Baumwipfeln hervor. Hier, »auf einem Felsklotz rund und steil«, hockte der weitgereiste Renaissancemensch, der Tiroler Rittersmann und Dichter. »Nordafrika, Arabien und Persien, die Krim und dann nach Syrien, Byzanz, ins Türkenreich, Georgien – die Sprünge sind vorbei!«, schrieb er verbittert. »Was mir an Ehrung ward zuteil durch Fürsten, manche Königin und was ich so an Schönem sah, das büß' ich ab in diesem Bau. Mein Unheil hier – es zieht sich lange hin.«

Völs und ein besonderes Bad

Auf alte Mauern stößt man auch in Völs, das bereits 888 erstmals urkundlich erwähnt wird, aber noch viel älter sein dürfte. Der malerische Dorfkern mit seinen eng zusammenstehenden Häusern liegt auf einer Hügelkuppe; den höchsten Punkt markiert die Pfarrkirche, ein spätgotischer, 1550 eingewölbter Bau von beachtlichen Dimensionen. Der Hochaltar, der 1902 neu gefasst wurde, stammt in Teilen (Flügel, Figuren) aus dem späten 15. Jahrhundert. Wesentlich älter ist das Kirchlein St. Peter am Bühel, das den Hügel westlich vor dem Ort krönt (daher sein Name). Der schlichte Bau datiert im Kern aus romanischer Zeit und steht möglicherweise über einer vorchristlichen Kultstätte. Im Bereich des Bühels (schöne Kastanienbäume) wurden prähistorische Siedlungsspuren entdeckt.

Berühmt ist Völs für seine Heubäder. »Erfunden« haben diese ganz besondere Kur möglicherweise Völser Heuer, die nach der anstrengenden Mahd oben am Schlern im Heu schliefen und anderntags prima erholt aufwachten. Erstmals dokumentiert wurde das Heubad 1871, und noch vor Ende des 19. Jahrhunderts kam es in Mode. Der Kurgast wurde »ins dampfende Heu gesteckt«, bis nur noch der Kopf herausguckte. Hinterher hüllten ihn dienstbare Geister in Decken »zum Nachschwitzen«, und zu guter Letzt gab's eine ordentliche Südtiroler Marende aus Speck, Schüttelbrot und Wein. Viel exklusiver könnte man heute als Gast in der Felsengrotte des Hotels Turm baden, mitten im historischen Ortskern von Völs.

TOP ★ ERLEBNISSE

★ HOTEL HEUBAD

Was andernorts in Südtirol gerade allmählich wieder entdeckt wird – die Heilkraft des Almheus – praktiziert man in Völs schon seit über 100 Jahren. Und mit Erfolg. Das mag wohl auch daran liegen, dass die Hektik im Alltag nach einer Form der Regeneration verlangt, bei der sich Tempo und Unruhe ganz von selbst verbieten.

Das Hotel verfügt über einen Wellnessbereich mit Hallen- und Freibad, Sauna und einem hübschen Garten. Angeboten werden verschiedene Massagen, auch in Kombination mit dem Heubad.

★ TUFFALM

Vom Völser Weiher spaziert man in weniger als einer halben Stunde zur Tuffalm in prächtiger Lage unter der imposanten Westwand des Jungschlerns. Gute Tiroler Küche, Streichelzoo für die Kinder.

★ SCHLOSS PRÖSELS

Auf einem Geländesporn über dem tiefen Graben des Schlernbachs thront das Schloss. Die stattliche Wehranlage mit Tortürmen, Zwingern und Rondellen entstand Anfang des 16. Jahrhunderts auf den Fundamenten einer älteren Burg (Führungen). In Prösels findet jeweils das Finale des Oswald-von-Wolkenstein-Ritts statt.

www.voels-am-schlern.com, www.kastelruth.org, www.hotelheubad.com, www.tuffalm.it, www.ovwritt.com

Der Torritt, eine Disziplin bei den Ritterspielen Oswald von Wolkenstein.

LUIS TRENKER

Ein Grödner und ein Mann der Berge

Keine Frage, er war eine schillernde Persönlichkeit, er wusste mit Menschen umzugehen, sie auch für seine Zwecke einzuspannen; er war Bergführer, Schauspieler und Filmregisseur, Geschichtenerzähler und Schriftsteller. Berühmt machten ihn vor allem seine Filme aus den 1930er-Jahren wie »Berge in Flammen« über den Dolomitenkrieg.

Auf den Berg!

Nach dem Krieg produzierte und publizierte der aus St. Ulrich stammende Südtiroler viel Durchschnittliches, Heimatromane, die das einfache Leben in den Bergen jenem der naturfernen Städter gegenüberstellten, und Dokumentationsfilme über Südtirol. Ein breites Publikum fand er im deutschsprachigen Raum durch seine Fernsehsendung im Bayerischen Rundfunk »Luis Trenker erzählt«. Denn das konnte der stets braungebrannte Bergler, gestenreich machte er auch den Norddeutschen (die ihn wohl nur teilweise verstanden) klar, dass man einfach »auffi muass auf den Berg«. Da war seine Vergangenheit zwischen St. Ulrich, Berlin (wo er zwischen 1927 und 1940 lebte) und Rom natürlich nie ein Thema. In Italien drehte er 1937 den faschistischen Propagandafilm »Condottieri«. Auf die politische Ausrichtung des »Feldherrn« angesprochen, meinte Trenker später: »Ich erhielt doch den Auftrag, diesen Film zu machen, und die italienische Regierung finanzierte auch zum großen Teil die Arbeiten dazu. Wie soll denn da ein Film anders werden?«

Schatten der Vergangenheit

Ganz konfliktfrei war die Beziehung Trenkers zu den Nazi-Größen allerdings nicht. Goebbels hielt zwar 1933 – wenige Wochen nach der Machtübernahme der Nationalsozialisten – in seinem Tagebuch fest: »Abends Film. Luis Trenker »Der Rebell«. Die Spitzenleistung. Ein nationalistischer Aufbruch. Ganz große Massenszenen ... Hitler ist Feuer und Fett.« Doch schon bald erwies sich der Südtiroler als recht eigensinnig (»Ich bin Tiroler hier in Tirol und das »Deutsche Kapital« ist mir wurscht!«),

Willkommen im Grödner Tal! Mit im Bild: der Langkofel

Trenker Hausberg: der Langkofel

auch sein Lavieren bei der Option in Südtirol (auswandern oder italienisch werden) machte ihn in Berlin nicht beliebter, führte schließlich dazu, dass er in Nazi-Deutschland keine weiteren Filme mehr produzieren konnte. Nach dem Krieg versuchte er sich als Widerständler zu stilisieren – ohne Erfolg. Trenker war wohl »weder ein Freiheitsheld noch ein kriecherisch-unterwürfiger Handlanger oder Kollaborateur«, sondern »ein normaler Durchschnittsmensch, der auch in schwierigsten Situationen in erster Linie darauf bedacht ist, sich und seine Schäfchen ins Trockene zu bringen« (Trenker-Biograf Florian Leimgruber). Luis Trenker – ein Pragmatiker? Ja, aber auch ein Idealist, der die Berge, die Natur liebte. In »Meine Berge«, 1931 im Verlag Neufeld & Henius in Berlin erschienen, kann man es lesen, in der Sprache jener Zeit: »Der Wert des Alpinismus liegt im Erleben der Natur dort, wo sie sich aus Fels und Eis ihr großes Symbol schuf: die Berge.«

Für sie hat sich Luis Trenker noch im hohen Alter eingesetzt, beim Protest gegen den Bau der »Alemagna«, die als weitere Tiroler Alpenautobahn geplant war. Er starb 1990 in Bozen, fast 98-jährig. Luis Trenker – ein Mann der Berge.

Das Grab von Luis Trenker in St. Ulrich

TOP ★ ERLEBNISSE

★ »MEINE BERGE« (1931)

Der Italiener hat ein Sprichwort, dessen Weisheit ausgezeichnet auf das Gehen im alpinen Gelände passt: *Chi va piano, va sano, chi va sano, va lontano.* Übersetzt: »Wer langsam geht, geht gut, wer gut geht, kommt weit.«

★ »BERGE UND HEIMAT« (1933)

Die große Aufgabe des Bergmenschen ist es, den »bösen« Berg zu zähmen, ihn zum »guten« Berg zu wandeln. Es ist der Kampf des winzigen Erdenkinds gegen die Summe der Naturelemente. Und dass das kleine Menschlein den Gigantenkampf besteht, ist eines der großen Wunder der Welt.

★ »KAMERADEN DER BERGE« (1936)

Kameraden sind alle Bergarbeiter untereinander, alle Matrosen auf hoher See, alle Chauffeure, alle Fußballer und alle Flieger. Kameraden sind alle Skiläufer, alle Schuljungen, alle Bergsteiger und Soldaten – alle Kämpfer für eine gleiche Idee. Es ist etwas Großes und Herrliches um die Kameradschaft. Sie gibt uns Halt, sie gibt uns Vertrauen zu uns selbst.

★ »MEINE BERGE« (1931)

Die Berge sind weder Klettergerüst noch Sportplatz, sie sind das große göttliche Schaustück unserer Erde, sie sind die Stätte, die herrlichstes Erleben dem vermittelt, der es auf dem rechten Weg sucht, einerlei, ob er es sich erschaut, erwandert oder erkämpft, nicht in rasch entflammter Leidenschaft, sondern in großer beständiger Liebe.

★ »DIE ZEHN BERGSTEIGER-GEBOTE« (1931)

Du sollst die Berge nicht durch Rekordsucht entweihen, du sollst ihre Seele suchen!

Geschafft! Kletterer auf der Santnerspitze (unten). Die beiden Kulissenberge der Seiser Alm: der Schlern (gespiegelt) und das Langkofelmassiv (rechts oben). Sonnenaufgang über den Geislerspitzen, von der Seiser Alm aus gesehen (rechts unten)

57 SEISER ALM UND SCHLERN – BUNTE WIESEN UND GRAUER FELS

Südtiroler Wahrzeichen

Die Seiser Alm, der Schlern und das Langkofelmassiv bilden ein Landschaftsensemble, das sogar in den Dolomiten seinesgleichen sucht. Die sanftwellige Hochalm gibt den idyllischen Kontrast zu den beiden schroffen Felsprofilen, die es umrahmen. Der Schlern, sagenumwoben und bereits in vorgeschichtlicher Zeit von Menschen besucht, gilt als Südtiroler Wahrzeichen.

Berühmt sein hat seinen Preis, alle Welt will dich sehen. Da ist es dann rasch vorbei mit der Ruhe, schnell wird ein Leben fremdbestimmt. Das gilt auch für die Seiser Alm, diese Südtiroler Bilderbuchlandschaft, die ihren Namen vom Dorf Seis hat, aber irgendwie auch zum Grödner Tal gehört. Ihr sanftwelliges Profil macht sie zum idealen Wanderrevier: viel Aussicht bei nur wenig Anstrengung. Im Blick hat der Wanderer dabei stets den Langkofel oder (wenn er sich umdreht) den Schlern, beides unverwechselbare Felsprofile. Wettergebräunte Holzstadel stehen in der Wiese, Kuhglocken bimmeln, und an Einkehrmöglichkeiten fehlt es natürlich auch nicht.

»Des Gletschers Silberspitze, des Waldes feuchtes Grün/Der Seen blaue Spiegel, der Alpenrosen Blühen/Des Wasserfalles Brausen hat manches Bergland wohl/Doch eine Seiseralpe – hat nur das Land Tirol«, so lautet eine etwas holprig geratene Hymne auf das weitläufige Almrevier südlich des Grödner Tals. Raul Heinrich Francé zitiert das Gedicht in seinem monumentalen, 1912 erschienenen Buch »Die Alpen« und bezeichnet die Seiser Alm – ganz zu Recht – als die »größte Alpe in den Gesamtalpen und zugleich ein Paradies der Alpenpflanzen, das zu Anfang des XIX. Jahrhunderts ein wahres Wettrennen der Pflanzenkenner nach dem Schlern und der Seiseralpe veranlasste«. Francé erwähnt ein

Gewitterwolken über dem Langkofelmassiv (unten). Zwei »Schlerndamen« und ein Bergsteiger-Refugium mit Tradition: die Schlernhäuser (rechts oben). Gipfelkreuz am Schlern (rechts unten).

paar Endemiten: das Zwerg-Kugelschötchen, die Dolomiten-Hauswurz, die Südtiroler Primel, Facchinis Steinbrech, den Ostalpen-Baldrian und Morettis Glockenblume.

Bedrohte Vielfalt

Vielfalt ist ein Merkmal der Seiser-Alm-Landschaft, auch in der Pflanzenwelt. Dafür, dass hier eine berühmt artenreiche Flora entstehen konnte, war neben den sehr unterschiedlichen Gesteinen, aus denen die Alm und ihre Randberge aufgebaut sind, auch eine extensiv betriebene Landwirtschaft verantwortlich. Kein Düngeeintrag, keine Übernutzung der Böden. Das hat sich in der zweiten Hälfte des letzten Jahrhunderts erst einmal geändert, dazu kamen immer gravierendere Eingriffe des Tourismus. Aus den Magerwiesen wurden ertragreiche Wiesen, dank reichlicher Düngung. Dass die Biodiversität entsprechend zurückging, teilweise bis um drei Viertel, wurde in Kauf genommen. Besonders empfindliche Pflanzenarten wie die Brunelle, der Stengellose Enzian, Küchenschelle und Schwefelanemone verschwanden nach und nach, und aus den bunten Wiesen, von denen Francé und seine Zeitgenossen schwärmten, entwickelte sich zunehmend eine Monokultur: Löwenzahn und Hahnenfuß.

Die Seiser Alm – ein bedrohtes Paradies? Ja, sagte die Landesregierung und handelte. 1974 wurde der erste regionale Naturpark Südtirols eingeweiht, damals gegen den heftigen Widerstand von Bauern, Jägern und Hoteliers. So sind Teile der Hochebene der touristischen Erschließung und der Intensiv-Landwirtschaft entzogen, und die berühmte Flora bleibt erhalten. Seit einigen Jahren wird auch der Autoverkehr innerhalb der Alm streng reglementiert; dafür verbindet eine Gondelbahn Seis mit der Hotelsiedlung Compatsch im nördlichen Teil der etwa 60 Quadratkilometer großen Alm. Der Erschließungsdruck wird dadurch gemildert, immerhin, aber die Besucher kommen trotzdem, sommers wie winters.

Der Schlern – mehr als nur ein Berg

Der Schlern ist Blumenwunder und Naturdenkmal, Namensgeber für das hauptsächlich gebirgsbildende Gestein der westlichen Dolomiten und eine Südtiroler Kulturzeitschift *(»Der Schlern«)*, eine Aussichtswarte von Rang und vermutlich einer der ersten von Menschen aufgesuchten hohen Berge in den Alpen überhaupt. Als die Römer sich anschickten, das Land an Etsch und Eisack ihrem Reich einzuverleiben, war die »Eroberung« des Schlern längst Geschichte.

Die Funde vom Schlernplateau werden in die jüngste Eisenzeit (La Tène, 450–50 v. Chr.) datiert. Ungeklärt ist allerdings, ob sie mit einer Almsiedlung oder einer Kultstätte in Zusammenhang stehen. Keinesfalls handelt es sich um Spuren einer prähistorischen Gipfelexpedition – so etwas gab es damals noch nicht. Erst im 19. Jahrhundert, mit der Romantisierung des Hochgebirges, folgten die Städter den Spuren der Jäger und Hirten, man stieg der schönen Aussicht wegen oder des Gefühls, »oben zu sein«, auf die Gipfel.

Die Schlernhäuser

Die Schlerntour gehört längst zum richtigen Bergurlaub in den westlichen Dolomiten, und so verwundert es nicht, dass man bereits in den 1880er-Jahren den Bau eines Schutzhauses plante. 1884 erwarb die Sektion Bozen des Deutschen und Österreichischen Alpenvereins von der Gemeinde Völs ein Grundstück, wobei im Kaufvertrag festgeschrieben wurde, dass »bei der Vergebung der Wirtschaft die Eingeborenen von Völs zu berücksichtigen und Unfug und Unsittlichkeit in der Hütte möglichst hintanzuhalten« seien. Zwei Jahre später konnte das Schlernhaus eröffnet werden, und bald schon erfreute sich das hoch gelegene Refugium großer Beliebtheit. Im Jahr 1903 wurde deshalb auch das danebenstehende kleine Gasthaus von Christian Marsoner erworben und später immer mal wieder modernisiert. Trotzdem verströmt der stattliche Bau mit seiner gediegenen Innenausstattung noch etwas vom unverwechselbaren Flair der guten alten Zeit.

Heute kommen die meisten Gipfelstürmer von der Seiser Alm herauf, weil Straße bzw. Gondelbahn den Anstieg angenehm verkürzen. Die alten Wege aus dem Tierser Tal durch die Bärenfalle, von Völs oder vom ehemaligen Bad Ratzes herauf sind länger, anstrengender, weisen auch Respekt einflößende Höhenunterschiede auf und eignen sich also nur bedingt für einen Tagesausflug. Doch wozu die Eile? Da sind doch die Schlernhäuser, die haben ein Dach, darunter ist's gemütlich, und was beim Wirt Harald Gasser auf den Tisch kommt, stillt auch einen ausgewachsenen Bergsteigerhunger. Hinterher kann man ja den kleinen Abstecher hinauf zum Petz (2563 m) unternehmen und vom höchsten Punkt des Schlernmassivs das traumhafte Panorama im Abendlicht genießen, bis die letzten Sonnenstrahlen an den Wänden des Rosengartens rot aufleuchten und dann verglimmen. Bevor's dann wirklich Nacht wird, ist man längst wieder unten bei den Schlernhäusern.

Hier steigt die Stimmung, der Rote wärmt von innen, und als Gutenachtlektüre nimmt sich der wissbegierige Gast die Broschüre »*Naturpark Schlern-Rosengarten*« vor. Ein paar Hundert Meter dick – kann er da nachlesen – soll das Paket aus solidem Schlerndolomit sein, auf dem er bald sein Haupt zur verdienten Ruhe betten wird, dem (Bergsteiger-) Himmel näher als dem Alltag, rechtschaffen müde, glücklich.

TOP ★ ERLEBNISSE

★ EINE SCHLERNTOUR

Für viele ein Höhepunkt ihres Urlaubs in der Region: die Besteigung des Südtiroler Wahrzeichens. Am leichtesten geht das von der Bergstation der Seiser-Alm-Bahn (Compatsch, 1844 m) aus. Nach gemütlichem Auftakt sind ab der Saltner Hütte auf dem Touristensteig rund 600 Höhenmeter am Stück zu bewältigen – da braucht's schon etwas Durchhaltevermögen. Vom Schlernhaus ist es dann nur noch ein Katzensprung bis zum höchsten Punkt des Schlerns, dem Petz (2563 m; 3,5 Std.). Besonders schön mit einer Nacht im Schlernhaus.

★ GOSTNER SCHWAIGE

Größe ist nicht alles, das wissen wir, doch was Franz Mulser aus seiner winzigen Küche auf den Tisch zaubert, ist mehr als ungewöhnlich. Der aus Seis stammende Koch, meistens in Lederhose, blauem Schurz und Tirolerhut zugange, hat sein Handwerk von Grund auf gelernt, bis hin zur Haute Cuisine im legendären Münchner Tantris. Wie wär's mit einer Heublütensuppe im Brottopf aus 15 Blüten, als Wintergericht?

www.seiseralm.it, www.schlernhaus.it, www.aussergost.com

Das Kirchlein St. Zyprian vor dem Hauptkamm des Rosengartens. In der Bildmitte die Vajolettürme (oben). Der steile Zickzackweg durch die Bärenfalle führt in felsiges Gelände (rechts unten). Auch auf dem Berg, nicht nur im Tal drunten, kann man in Südtirol gut essen (rechte Seite oben).

58 TIERSER TAL – EINE IDYLLE FERNAB VOM RUMMEL

Zwischen Schlern und Rosengarten

Im Tierser Tal ist alles etwas kleiner als drüben auf der Seiser Alm – bis auf die Berge. Und die können sich wirklich sehen lassen, vor allem natürlich die Vajolettürme im Rosengarten: steinerne Flammen, die in den blauen Himmel ragen. Und dann ist da noch das Tschamintal, eine Oase der Ruhe im Naturpark Schlern-Rosengarten, umrahmt von schroffen Felsen – ein Wander-Wunderland.

Die steinernen Wunder von Tiers stehen ganz hinten im Tal: die Vajolettürme (2821 m). Sechs sind es insgesamt, als alpinistisch interessant gelten allerdings in erster Linie die drei südlichen Zacken, alle nach ihren Erstbesteigern (zwischen 1887 und 1892) benannt: Georg Winkler, Hans Stabeler und Hermann Delago. Tita Piaz, der aus dem Fassatal stammende »Löwe der Dolomiten« und Wirt auf der Vajolethütte, eröffnete später eine Vielzahl von Routen an seinen »Hausbergen«, wo er praktisch jeden Felsen kannte. Überhaupt entwickelte sich der Rosengarten schon bald zu einem der beliebtesten Kletterreviere der Dolomiten. Paul Preuß, der legendäre Alleingänger, und Hans Dülfer realisierten mehrere schwierige Neurouten, auch das fulminante Duo Paula Wiesinger und Hans Steger hinterließ hier seine Spuren. Als »letztes ungelöstes Problem« galt schließlich die Rotwand: ein überhängender 400-Meter-Absturz. Die Sachsen Lothar Brandler und Dietrich Hasse rückten ihm 1958 mit viel Materialeinsatz zu Leibe – von »free climbing« oder »Rotpunkt« sprach damals noch niemand. Noch übertroffen wurden sie zwei Jahre später von Cesare Maestri, dem legendär-umstrittenen Erstbesteiger des Cerro Torre im fernen Patagonien, und Carlo Claus, die über 400 Haken setzten und nach sieben Biwaks der Wand entstiegen.

Das Tschamintal

Die meisten Besucher halten sich von den schroffen Felsmauern fern. Erleben kann man die grandiose Kulisse auch – weitgehend

risikolos – auf den markierten Wegen. Eine stille Oase zwischen berühmten Kletterwänden und touristischen Trampelpfaden ist das Tschamintal, das Schlern und Rosengarten trennt. Der Münchner Reisejournalist Heinrich Noë schrieb, dass »nicht ein einziges Tal sämtlicher Kalkalpen gleich schön und wild« sei. Wer es bis hinauf zum Tierser Alpl durchwandert, erlebt nicht nur Natur pur, er darf sich auch auf die (wohlverdiente) Marende in der gastlichen Hütte (2440 m) oben am Joch freuen. Die steht an einer geologischen Nahtstelle: Während der Molignonkamm aus hellem, ungeschichtetem Schlerndolomit besteht, durchdringen sich an den Rosszähnen weiche vulkanische Gesteine und härterer Riffkalk, was zu einem richtigen Sägezahnprofil führte.

Ein Naturparadies

Die schattenseitige linke Flanke des Tschamintals ist großflächig bewaldet. Es dominiert die Fichte, in tieferen Lagen stehen auch Tannen. In höheren Regionen werden sie durch Zirbelkiefern abgelöst. Dieser nur sehr langsam wachsende Baum ist äußerst widerstandsfähig, er trotzt sogar Lawinen und Muren. Für seine Verbreitung sorgt in erster Linie der Tannenhäher, der sich durch sein langgezogenes, hartes »Krrähh!« zu erkennen gibt. Seine ungewöhnliche Verpflegungsstrategie ist ein schönes Sinnbild für das Zusammenleben in der Natur. Tannenhäher ernähren sich von den Samen der Zirbelkiefer, die sie aus den Zapfen picken.

Im Herbst legen die Vögel einige Tausend Verstecke als Wintervorrat an, und erstaunlicherweise finden sie die meisten später wieder unter dem Schnee (wie sie das schaffen, ist bis heute ungeklärt); aus manch anderen sprießt dagegen ein junger Baum.

Das Tschamintal liegt zur Gänze innerhalb des Naturparks Schlern-Rosengarten. Das Park-Haus am Taleingang, bei Weißlahnbad, informiert über das 73 Quadratkilometer große Schutzgebiet, seine Geologie, Flora und Fauna sowie Aspekte des bäuerlichen Lebens anno dazumal. Es ist in der alten Steger Säge untergebracht, einer wieder funktionsfähig gemachten Venezianersäge.

TOP ERLEBNISSE

★ SCHLEMMEN AUF DEM BERG

Ein beliebtes Wanderziel im Tierser Tal ist die Tschafonhütte (1733 m) nördlich über dem Dorf Tiers. Gut zwei Stunden sind für den Aufstieg zu veranschlagen, dann gibt's die verdiente Rast, mit Aussicht auf die Paradeberge des Rosengartens notabene. Fast so interessant wie das Bergpanorama ist ein Blick in die Speisekarte des Hauses: Goggelen mit Eartepfl (Eier mit Kartoffeln), Schmorrn mit Grantn (Kaiserschmarrn mit Preiselbeeren) oder Knedl mit Kress und Rucola (Knödel mit Kresse und Rauke) finden sich da, und auch frische Salate aus dem hauseigenen Gemüsegarten. Guten Appetit!

★ HANIGER SCHWAIGE

Die Vajolettürme gehören mit den Drei Zinnen zu den schönsten Felsgestalten der Dolomiten; den besten Blick auf den Delagoturm genießt man von der Haniger Schwaige (1904 m). Die ihrerseits gilt als heißer Tipp unter den Freunden des Genusswanderns. Vom Nigerpass 1 ¾ Std., Wer den SAD-Bus benützt, kann alternativ über die bewirtschaftete Plafötschalm nach Tiers absteigen (1,5 Std.).

www.tiersertal.com, www.hanigerschwaige.com, www.plafoetsch.com

Was für ein Landschafts-
wunder! Das Tschamintal
im Rosengarten.

Viel bestaunt: der Karersee vor der imposanten Felskulisse des Latemar (oben). Nicht herunterfallen (rechts unten)! Im Latemar, Blick über den Valsorda-Kessel auf die Nordkette (rechts oben).

59 KARERSEE – NATURWUNDER AM LATEMAR

Sisis geopferte Idylle

Er ist nicht der größte, aber doch der berühmteste unter den (wenigen) Bergseen der Dolomiten, und kaum jemand, der über die Große Dolomitenstraße hinauf zum Karerpass unterwegs ist, wird oberhalb von Welschnofen auf einen Zwischenstopp verzichten. Ein Foto von dem legendären Naturwunder muss doch einfach sein, mit dem faszinierenden Zackenprofil des Latemar als Kulisse.

Ganze Generationen von Reiseliteraten haben das Bild beschrieben, die unvergleichliche Schönheit des Sees gepriesen, der am Fuß des Latemar liegt – bis fast nichts mehr davon übrig blieb. Zu nahe kommt die Große Dolomitenstraße dem Gewässer, die Menschenmassen vertreiben jede Idylle. Das tägliche Gewusel führte schließlich dazu, dass ein Betreten des Seeufers untersagt ist, der Rundweg abgezäunt wurde und die Motorfahrzeuge auf einem großen Parkplatz abseits abgestellt werden müssen.

Ja, das Bild ist ein Klassiker, ein »Big Point« des Südtiroler Tourismus, wie man heute sagt, man muss es gesehen haben – um dann vielleicht doch leicht enttäuscht zu sein. Das hat aber nichts mit den vielen Besuchern zu tun, sondern mit der speziellen hydrologischen Situation des Karersees (1519 m). Er besitzt keinen oberirdischen Zufluss, sondern wird unterirdisch von Quellen gespeist, deren Schüttung sehr stark schwankt, abhängig von Niederschlägen und Jahreszeit. Die maximale gemessene Tiefe beträgt 17 Meter, das Minimum gerade noch etwa fünf Meter. Ganz austrocknen kann der See allerdings nicht, weil die tiefste Mulde durch toniges (und deshalb wasserundurchlässiges) Gestein abgedichtet wird.

Sisis Sommer

Rund um den Karersee erstreckt sich der Latemarforst: Hier wachsen fast nur hohe, gerade gewachsene Fichten. Die schönsten Bäume landen allerdings nicht im Welschnofner Sägewerk, sondern sind als Resonanzholz für den Geigenbau begehrt. Irgendwo in einem europäischen Konzertsaal schwingt möglicherweise die Melodie vom Karersee mit, der so berühmt wurde, dass er seine Seele verlor...

Diese Geschichte hätte bestimmt der Kaiserin Sisi gefallen. Sie verbrachte im Jahr 1897 ihre Sommerfrische im damals neuen Grand Hotel Karersee, das zwei Kilometer weiter talaufwärts auf einem Wiesenplan steht. Begleitet wurde die österreichische Kaiserin auf ihren Spaziergängen meistens von dem Bergführer Jörg Huck, der ihr – ganz Untertan – treu ergeben war, obwohl er sonst vom »Weibervolk« nicht allzu viel hielt. Die Elisabeth-Promenade gehört heute zu den beliebtesten Spazierwegen im Umkreis von Welschnofen; noch mehr als ein Jahrhundert nach ihrem tragischen Tod (1898) begegnen sich da recht viele lustwandelnde NostalgikerInnen aus nah und fern.

Ein Tourismuspionier

Zu den Nostalgikern zählte Theodor Christomannos ganz bestimmt nicht. Er war ein Mann mit Visionen und großem Organisationstalent. Seine Vorfahren stammten aus dem Südosten Europas, geboren wurde er 1854 in Wien, er lebte aber in Meran und liebte Berge und Frauen. Auf Erstere kletterte er gekonnt, einmal soll er aufgrund einer Wette in Frack und Lackschuhen den Ortler bestiegen haben, und im Latemar ist sogar ein Zacken nach ihm benannt. Christomannos gehörte zu den Initianten, die sich für den Bau der Großen Dolomitenstraße einsetzten. Er ließ das Grand Hotel Karersee (1896) errichten, das sich bald zum beliebten Treff einer internationalen, solventen Klientel entwickelte. Neben Sisi waren u.a. Arthur Schnitzler, Agatha Christie und Winston Churchill hier zu Gast. Der britische Premier, ein begeisterter Hobbymaler, vertrieb sich die Zeit vor allem mit Pinsel und Farbe. Christomannos starb vor Ausbruch des Ersten Weltkriegs (1911). Bereits ein Jahr nach seinem Tod errichteten die Südtiroler ihm hoch über dem Karerpass ein Denkmal. Das kam in den unruhigen Zeiten nach dem Zweiten Weltkrieg abhanden, doch seit 1959 steht an gleicher Stelle wieder ein kolossaler Bronzeadler, geschaffen von Maria Delago. Von der Höhe am Weg zur Rotwandhütte genießt man Aussicht über die Dolomiten, vom Latemar über die Palazacken bis zur Marmolada.

TOP ★ ERLEBNISSE

★ LABYRINTHSTEIG

Hübscher Rundweg durch das Bergsturzgelände am Fuß des Latemars. Gut markierter Pfad, ab Karerpass (1745 m) etwa drei Stunden. Bestens für Familien geeignet (dann aber mehr Zeit einplanen, Verpflegung mitnehmen). Die Wanderung lässt sich leicht um einen Abstecher zum Karersee erweitern.

★ STERNWARTE MAX VALIER

Wer für einmal noch viel weiter als bis zu den fernsten Alpengipfeln schauen will, kann das jeweils Donnerstagabend in der Sternwarte auf dem Gummerberg tun – sofern das Wetter auch mitspielt (Voranmeldung!). Das Sonnenteleskop neben der Warte ermöglicht die Beobachtung diverser Sonnenaktivitäten; an der Sonnenuhr – zwischen den beiden Kuppeln platziert – lässt sich die Uhrzeit weltweit ablesen. Das geht ganz schnell; wer sich mehr Zeit lässt, kann in drei Stunden das gesamte Sonnensystem erwandern – um den Maßstab eins zu einer Milliarde verkleinert. Und falls es mal regnet: Einen wetterunabhängigen Blick tief ins Universum ermöglicht das neue Planetarium im Dorf Gummer. Mister Spock vom Raumschiff Enterprise lässt grüßen!

www.eggental.com, www.sternwarte.it

60 GROẞE DOLOMITENSTRAẞE – EIN KURVENKARUSSELL

Die berühmteste Asphaltschlange der Dolomiten

Manche halten sie für die schönste Alpenstraße überhaupt, und da mag man nicht widersprechen. Denn welche andere Gebirgsstrecke kann schon mit so vielen grandiosen Ausblicken aufwarten, auf all die Dolomitenriesen, vom Langkofel über die Marmolada bis zur Civetta und zum Antelao? Einziger Wermutstropfen, zumindest im Hochsommer: zu viel Verkehr. Also früh aufstehen!

Wenn ein Straßenzug hundert Serpentinen hat, ist er entweder ein Verkehrshindernis oder eine Sensation. Die Große Dolomitenstraße ist beides, seit über einem Jahrhundert. Eigentlich hätte sie bereits 1898 – zum 50. Regierungsjubiläum von Kaiser Franz Joseph – eingeweiht werden sollen, als »Kaiserstraße«, doch erst 1909 war es dann so weit. Die Idee zu einer Straße quer durch die Dolomiten geht auf den Deutschen und Österreichischen Alpenverein zurück, zu den Initiatoren gehörte auch Theodor Christomannos. Er regte auch den Bau des Hotels Karersee an.

Reisen anno dazumal

Die Große Dolomitenstraße verbindet Bozen und Cortina d'Ampezzo, führt dabei über drei Passhöhen: Karer (1745 m), Pordoi (2239 m) und Falzárego (2105 m). Einer früheren Reiseschilderung zufolge (»Hochalpen«, Meyers Reisebücher, 1927) bildet sie »den bequemsten Zugang in die Hochgebirgswelt der Dolomiten. Die außerordentlich empfehlenswerte Wagenfahrt führt an den hervorragendsten Sehenswürdigkeiten zahlreicher Gebirgsstöcke vorbei und ist an abwechslungsreicher Schönheit in dieser Ausdehnung in den Alpen fast ohnegleichen.«

Die letzten Serpentinen vor dem Pordoijoch. Blick zum Langkofelmassiv (unten). Ein großes Schaustück an der Großen Dolomitenstraße: die Südwand der Tofana di Rozes (rechts oben). Motorradfahrer in den Serpentinen der Pordoijochstraße (rechts unten).

Quer durch die Dolomiten

Die Hundert-Kehren-Reise startet im Eisacktal mit einer längeren Schluchtstrecke, der zwei neue Tunnel etwas von dem romantischen Flair genommen haben. Immerhin gibt's noch einen kurzen Rückblick auf Schloss Karneid, das hoch über der Klammmündung auf einem schroffen Porphyrfelsen hockt. Hellgraues, nicht rotes Gestein kommt später ins Blickfeld: der Latemar. Oberhalb von Welschnofen folgt das obligate Fotoshooting am Karersee. Beim ehemaligen Grand Hotel Karersee, das in Würde gealtert ist, wird der Blick auf die lang gestreckte Mauer des Rosengarten-Hauptkamms frei. Am Karerpass (1745 m) überquert man die Grenze zum Fassatal, und am südöstlichen Horizont zeigt sich kurz ein elegantes Felshorn: der Cimòn della Pala, das »Matterhorn der Dolomiten«. Auch auf der Weiterfahrt durchs Fassatal kommen berühmte Bergstöcke ins Blickfeld: der Rosengarten, dann das Langkofel- und das Sellamassiv, zuletzt die vergletscherte Marmolada (3343 m), das »Dach« der Dolomiten.
In Canazei beginnt das Kurvenkarussell hinauf zum Pordoijoch: Fast 800 Höhenmeter und 28 Serpentinen sind es bis zur Scheitelhöhe. Dabei rückt die gewaltige Felsmauer des Sellamassivs immer näher; direkt vom Pass schwingt sich die Funivia del Pordoi hinauf zur Drei-Sterne-Aussichtskanzel des Sass de Pordoi (2950 m).

Im Links-rechts-Takt geht es hinunter nach Arabba. Hinter dem Weiler Andraz beginnt der Anstieg zum Passo di Falzárego. Links im Wald zeigt sich kurz die Burgruine Buchenstein, einst Besitz der Brixner Bischöfe, dann steuert die Straße direkt auf das markante Felsdreieck des Hexensteins zu. Vom Falzáregopass (2105 m) kann man sich hinauf zum Kleinen Lagazuoi (2752 m) tragen lassen: noch ein tolles Panorama, fast die gesamten Dolomiten umfassend!
Bei der Fahrt hinunter nach Cortina d'Ampezzo ist die gewaltige Südwand der Tofana di Rozes ein absoluter Hingucker. In Pocol lohnt sich dann eine kurze Pause, nicht des bombastischen Kriegerdenkmals aus faschistischer Zeit wegen, sondern um vom Belvedere einen Blick auf Cortina und seine Felskulisse zu werfen. Besonders eindrucksvoll wirkt aus dieser Perspektive die vielgipfelige Mauer des Pomagagnon, hinter dem sich mächtig das Cristallomassiv aufbaut.
Die letzten Kilometer der Großen Dolomitenstraße führen über ein paar Schleifen hinunter zum Boite und hinein nach Cortina d'Ampezzo. Stilvoll ausklingen lassen kann man die schöne Reise quer durch die Dolomiten dann am Corso Italia mit einem Apéro, einem Veneziano vielleicht, mit Blick hinauf in die Felswände des Tofanamassivs.

TOP ★ ERLEBNISSE

★ SPRETZ TZAROÌ

Im Val di Fiemme und im Fassatal wird der würzige Puzzone – bei den Einheimischen Spretz tzaroì genannt – aus Kuhmilch produziert, ein Käse von unverkennbarem, sehr kräftigem Geschmack. Dem verdankt er wohl auch seinen Namen (puzzone = Stinker), doch nur kulinarische Banausen rümpfen da die Nase. Vielmehr gilt der Spretz tzaroì unter Kennern als Delikatesse.

★ RIFUGIO VIÈL DAL PAN

Das Haus am Bindelweg hat einen echten Logenplatz, direkt vor der eisgepanzerten Marmolada in garantiert unverbaubarer Lage. Verständlich, dass da viele vom Pordoijoch zum Rifugio Vièl dal Pan pilgern. Manche tun das weniger der Aussicht wegen. Denn hier gibt's nicht nur Brot (pan), sondern die weitherum berühmte und heiß geliebt Omelette della nonna. Buon appetito!

★ SCHLOSS BUCHENSTEIN

Bei der Fahrt von Cernadoi hinauf zum Falzáregopass wird links abseits der Straße der Turm von Castel Andraz sichtbar. Der Platz soll bereits in prähistorischer Zeit befestigt gewesen sein; eine erste Burganlage geht möglicherweise auf die Ostgoten zurück (im Sommer zugänglich).

www.fassa.com,
www.formaggideltrentino.it,
www.rifugiovieldalpan.com

Auf der Kleinen Cierspitze steht man dem Sellamassiv unmittelbar gegenüber. Nicht zu übersehen: der zweistöckige Bau des Gebirgsmassivs (oben). Mystische Dolomiten: Sellamassiv mit Piz Boè im Winterkleid (rechts unten). Das Chalet Gérard (rechts oben)

61 GRALSBURG DER LADINER: DIE SELLA

Pässe-Quartett im Herzen der Dolomiten

Bei den Brettlfans ist die Sella-Runde so etwas wie das absolute Skivergnügen: tolle Abfahrten vor einer großen Kulisse, blauer Himmel und weißer, stiebender Schnee. Im Sommer üben die vier Passstraßen rund ums Sella-Massiv eine unwiderstehliche Anziehungskraft aus: 50 Kilometer und rund hundert Serpentinen inmitten einer großen Dolomitenkulisse – einmalig!

Die Sella. Wer kennt sie nicht, Skifahrer träumen von der »Sella Ronda«, die Radler schwärmen von den Serpentinen am Pordoi-, Sella-, Grödner Joch und am Passo di Campolongo, im Sommer wird an der Südwand des Piz Ciavazes und an den Sellatürmen geklettert, Ferrata-Freaks stehen Schlange am Einstieg zum Pisciadù-Klettersteig, gelegentlich auch am altehrwürdigen Pößnecker. Und das Gros der Dolomitenwanderer durchstreift dieses Massiv in allen Richtungen, besonders gerne entlang der Nord-Süd-Achse, zwischen dem Grödner Joch (2121 m) und dem Pordoijoch (2239 m). Die Tour gehört zu den großen Klassikern für alle »Rotsockler«.

Das steinerne Herz der Dolomiten?

Die Sella: Gralsburg der Ladiner, Felsenfestung, steinerne Bastion im Herzen der »Bleichen Berge«. Umschreibungen, wie man sie immer wieder hört und zu lesen bekommt, wenn von diesem ungewöhnlichen Massiv im Schnittpunkt der vier ladinischen Täler Gherdëina (Gröden), Fasa (Fassa), Badia (Hochabtei) und Fodóm (Buchenstein) die Rede ist. Und tatsächlich wirkt der Riesenklotz mit seinen tief eingerissenen Talschluchten wie eine Urzeitbastion. »Erobert« wurde er vor langer Zeit, und am höchsten Punkt haben die Barbaren der Moderne sogar ihre Flagge gehisst: einen so großen wie hässlichen

Reflektor, weit hinaus im Land sichtbar – Symbol für den (Pyrrhus-)Sieg der Technik über die Natur?
Die Wissenschaft hat das Massiv auch schon früh entdeckt, kein Zufall, zeigt sich der geologische Aufbau an seinen Flanken doch geradezu beispielhaft. Wer zu Fuß vom Grödner Joch durch das Val Setùs zur Pisciadù-Hütte aufsteigt, wandert buchstäblich durch Jahrmillionen: Schritt für Schritt erlebte Erdgeschichte. Wengener und Cassianer Schichten bilden die Passsenke, darüber folgt der Schlerndolomit, rund 500 Meter dick, auf der Pisciadù-Terrasse dann wasserundurchlässige Raibler Schichten. Sie behindern die Erosion im Bereich des Schlerndolomits, sorgen dadurch für den eigenwilligen Bau der Sella. Die Gipfel bestehen aus Hauptdolomit, das vor allem für die östlichen Dolomiten überwiegend gebirgsbildend ist (Drei Zinnen, Tofane u. a.).

Straßen und Wege

Zu jener Zeit, als die ersten Alpinisten und Geologen in den Dolomiten unterwegs waren, gab es hier kaum Straßen, Kutschen brachten Mensch und Waren in die Täler. Erst 1909 konnte die Große Dolomitenstraße mit ein paar Jahren Verspätung als Verbindung zwischen Bozen und Cortina d'Ampezzo eröffnet werden: ein Jahrhundertwerk. Dann kam der Krieg, die Südgrenze Tirols wurde zur Hochgebirgsfront – und bald schon setzte eine hektische Bautätigkeit ein. Die Stellungen mussten ausgebaut, der Nachschub gesichert werden. Damals entstanden die Passstraßen über das Grödner Joch, das Sellajoch und den Passo Campolongo, heute komfortabel ausgebaut und Teilstrecken der sommerlichen »Sella Ronda«. Skipisten werden seit Neuestem während der warmen Jahreszeit zu Downhill-Trails für Mountainbiker präpariert; den Aufstieg übernehmen Seilbahnen und Lifte. Auch dem Wanderer versucht man die Sella-Runde schmackhaft zu machen, natürlich ebenfalls mit Bahnunterstützung. Zu anstrengend soll's ja nicht sein. So kreisen sie im Sommer alle um den »Nabel der Dolomiten«, auf schmalen oder dicken Reifen, manche mit E-Motor-Unterstützung, auf oder neben der Asphaltstraße. Von den Felswänden hallt das Dröhnen der hochgetunten Kurvenflitzer wider. Viel Verkehr. Zu viel, meinen die Einheimischen, und so überlegt man sich die Einführung einer Maut oder die zeitweise Sperrung einzelner Strecken. Dass aber drei Provinzen (Bozen, Trento und Belluno) Anteil an der Sommer-Ronda haben, macht eine Realisierung dieser an sich vernünftigen Pläne ziemlich schwierig. Warten wir's ab.

TOP ★ ERLEBNISSE

★ CHALET GERARD

Mit seinem elegant geschwungenen Dach ist das neue Chalet Gérard ein echter Hingucker an der Grödner-Joch-Straße – moderne Architektur, sehr gelungen, auch innen. Da kehrt man gerne ein, bietet die Terrasse doch den schönsten Langkofel- und Sellablick weit und breit. Und wer gleich in dem gastlichen Haus übernachtet, steigt mit den ersten Sonnenstrahlen am hohen Gipfelgrat des Saslonch, so heißt der Langkofel auf Ladinisch, aus den Federn ... Abends lässt man sich von Mama Mussners Kochkünsten verwöhnen: ladinische Gerichte, Polenta in verschiedenen Variationen, Risotto, Wild und feine Schwammerl, passend dazu ein guter Tropfen. Und ganz wichtig: Das Haus ist zwar neu, geblieben ist aber die herzliche Gastfreundschaft der Gastgeberfamilie.

★ SASS-PORDOI-SEILBAHN

Ganz ohne Rucksack und Bergschuhe lässt sich der südwestliche Eckpfeiler der Sella »besteigen«, in vier Minuten mit der modernen Großkabinen-Seilbahn. Ein luftiges Vergnügen, und am Gipfel des Sass Pordoi (2950 m) gibt's dann ein großes Dolomitenpanorama mit der vergletscherten Marmolada (3343 m) als Blickfang.

valgardena.it, altabadia.org, fassa.com

Ein markanter Gipfel auf der Nordseite des Sellastocks: die Cima Pisciadù (2985 m). Links daneben der Dent de Mesdì, ein bekannter Kletterzacken.

GADERTAL UND HOCHABTEI

Ins Herz der Dolomiten

Herbst in den Bergen: Blick von den Armentara-Wiesen auf das Karstplateau der Gherdenacia (links). Tief verschneite Alm im Campilltal (oben). Symbolblume der Alpen: das Edelweiß (unten).

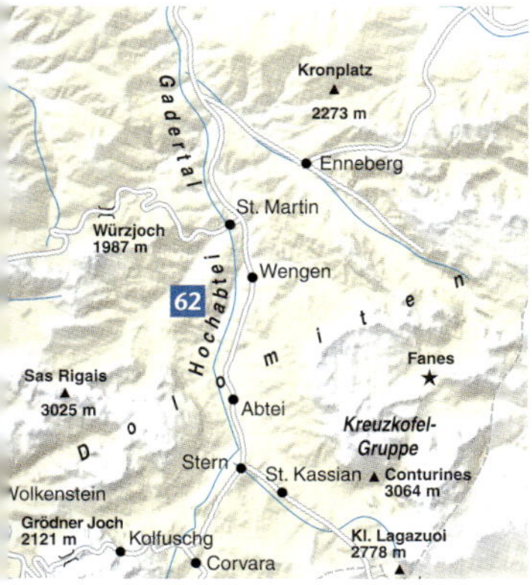

62 VILES, MÜHLEN UND ALMEN: CAMPILL

Bauernwelt unterm Peitlerkofel

Das Campill (ladinisch: Lungiarü) gehört nicht zu jenen Dolomitentälern, die mit den höchsten Gipfeln, den berühmten Kletterzacken auftrumpfen. Wellnesspaläste sucht man hier ebenso vergebens wie Seilbahnen und Skipisten. Es ist ein eher stiller Winkel, den man am besten per pedes erkundet. Vorab aber empfiehlt sich ein Besuch im Schloss von St. Martin.

Den Eingang ins Campilltal bewacht der malerische Baukomplex von St. Martin in Thurn. Hinter seinen Mauern verbirgt sich das Museum Ladin, das anschaulich über Geschichte und Kultur des kleinen Dolomitenvolks, über ihre Herkunft und Sprache informiert. Wer auf seinem Ausflug ins Campilltal (Val Lungiarü) neugierig geworden ist und mehr wissen möchte, sollte sich erst einmal Zeit nehmen für einen Museumsbesuch. Der klärt uns auch über eine für die ladinischen Täler typische Siedlungsform auf: die sogenannten *Viles*. Es handelt sich um kleine, eng gebaute Weiler, meist in sonniger Hanglage. Dabei gruppieren sich die wenigen Wohnhäuser – teils aus Stein, teils aus Holz – um den Dorfplatz. In Seres beispielsweise gibt es einen (noch heute genutzten) steinernen Backofen, eine Viehtränke aus Holz und eine *Favà*, ein Gestell, an dem im Herbst die Bohnen zum Trocknen aufgehängt werden. Erkunden lassen sich die Bergweiler von Campill am besten auf der Roda dles Viles, einer Wanderrunde an der Sonnenseite des Tals. Sie berührt auch Seres und Miscì, zwei gut erhaltene Viles auf Anhöhen links und rechts über dem Rü de Seres. Drunten am Bach drehten sich früher die Wasserräder. Acht Mühlen standen am Wasser, und dieses einzigartige Ensemble – lange Zeit dem Verfall preisgegeben – ist mittlerweile sorgsam restauriert worden. Wie in der guten alten Zeit fließt das Wasser in den Holzkanälen, treibt (manchmal) die

Nordwestlicher Eckpfeiler der Dolomiten ist der Peitlerkofel. Blick auf seine Nordwand und den vielschichtigen Untergrund: ein klassischer geologischer Aufschluss (unten). Almhütte im Campilltal (rechts oben). Historische Mühle am Seres-Bach (rechts unten).

großen Holzräder an, Umlenkmechanismen regulieren den Zufluss. Sogar eine primitive Seilbahn hinauf zum Weiler Miscì wurde früher mit Wasserkraft betrieben.

Gipfel, Almen und eine botanische Rarität

Campill gehört seit 2018 zum Kreis der Bergsteigerdörfer. Die vom Österreichischen Alpenverein lancierte Initiative versteht sich als Gegenbewegung zum Konsumtourismus. Insgesamt 37 Orte in den Alpen gehören ihr aktuell an, davon zwei in Südtirol. Maßhalten und bewahren ist die Devise, und das passt bestens zu dem Ladinerdorf. Man lebt hier mit der Natur, wie immer schon, und fühlt sich im Schatten der großen Ferienorte am Oberlauf der Gader durchaus wohl. Die Berge rundum haben Format, sind aber bloß Insidern bekannt. Eine Ausnahme macht der Peitlerkofel, ladinisch Sas de Pütia (2875 m). Dank seiner Lage am Rand der Dolomiten gilt er als exzellenter Aussichtsgipfel. Und weil die Südflanke einen leichten Zugang ermöglicht, kann es an schönen Sommertagen rund um das Gipfelkreuz recht eng werden. Die meisten Gipfelstürmer kommen vom Würzjoch herauf oder von der Schlüterhütte herüber. Wir verziehen uns bald – zu laut, keine Spur von der berühmten Bergesruh' – und suchen eine Etage tiefer auf dem Nebengipfel einen stillen Platz.

Heile Bergwelt?

Wer lieber zu zweit allein mit der Natur ist, sucht sich ein anderes Tourenziel. Den Zwölferkofel (Crep dales Dodes) vielleicht, von dem sich ein schwindelerregender Tiefblick auf das Campilltal bietet, oder die Medalges-Alm nahe dem Kreuzjoch. Da wuseln die Hühner herum, die Hauskatze schielt nach einem Wurstzipfel, und das Vieh käut auf der Wiese wieder, schaut zufrieden auf seine Sommerfrische. So muss es sein, denkt der Mensch. Dass es aber nicht überall so ist, weiß er auch. Und dann hat die Alm auch noch eine botanische Sensation parat, von der die Touristen, die sich drüben im Villnöß in die Wanderkolonne einreihen, nicht einmal ahnen, dass es sie überhaupt gibt. Auf den Wiesen oberhalb der Hütte blüht nämlich der Weiße Türkenbund, eine extrem seltene Varietät der prächtigen Pflanze – so etwas wie ein botanischer Albino.
Eine halbe Stunde später ist es dann vorbei mit der Ruhe. Rund um die Schlüterhütte herrscht Hochbetrieb, in der Küche dürfte es ordentlich dampfen. Da hält man gerne Distanz, nimmt den Weg übers Kreuzkofeljoch und steigt ab zum Seresbach und nach Campill.

TOP ★ ERLEBNISSE

★ RODA DLES VILES
Knapp dreistündige Wanderrunde an der Sonnenseite des Campilltals, ausgehend vom Dorf. Sie verbindet die sehenswerten Viles von Lagoscel bis Seres, tangiert dann das Mühlenensemble am Seresbach. Durchgehend markierter Weg mit einigem Auf und Ab, auch für Familien.

★ PEITLERKOFEL (2875 m)
Wer sich den berühmten Aussichtsberg vornimmt, muss gut zu Fuß sein (Kondition) und sich auch in felsigem Gelände wohlfühlen. Die letzten Höhenmeter zum Gipfel sind zwar gesichert, verlangen aber trotzdem etwas Bergerfahrung. Früh aufbrechen (Gipfelweg sehr sonnig) und ausreichend Getränke mitnehmen (keine Einkehr am Weg); Anstiegszeit etwa 4,5 Stunden. Abstieg alternativ ab Peitlerscharte via Schlüterhütte (plus 1 Stunde).

★ MUNT DA MEDALGES
Abwechslungsreiche Wanderrunde im innersten Campilltal auf überwiegend guten, durchwegs markierten Wegen. Abstieg vom Kreuzkofeljoch teilweise recht steil, Einkehrmöglichkeiten auf der Medalges-Alm und am Kreuzkofeljoch (Schlüterhütte).

comun.sanmartindetor.bz.it,
sanvigilio.com,
schlueterhuette.com

63 FANES – EINE SAGENUMWOBENE BERGWELT

Seen, Felsen und Murmeltiere

Wenn's ein Paradies gibt mitten in den Dolomiten, dann das Fanes. Hier ist das Reich der Murmeltiere, der Adler zieht seine Kreise, Wanderer und Biker begegnen sich auf ihren Touren. Ein himmlischer Flecken Erde mit hohen Gipfeln rundum und zwei gemütlichen Hütten mittendrin. Das Gebiet steht seit 1980 als Teil des 255 Quadratkilometer großen Naturpark Fanes-Sennes-Prags unter Schutz.

Das Fanes ist eine Berglandschaft für Träumer und für Romantiker, mal wüst, dann wunderschön, immer wieder mit zauberhaften Winkeln überraschend. Weder Pistenschneisen noch klotzige Hotelbauten stören das schöne Bild, im Winter ziehen Skitourengeher ihre Spur, und im Sommer sind Wanderer und Biker hier unterwegs. Letztere nutzen die alten Militärstraßen, Relikte des Ersten Weltkriegs, als hier im Rücken der Dolomitenfront Nachschubwege angelegt wurden. Damals hatte verständlicherweise kaum jemand ein Auge für die Schönheit dieser Dolomitenregion.

Fleißige Langschläfer

Die Almen und Hochkare zwischen dem Heiligkreuzkofel und dem Ju dal'Ega waren bereits in grauer Vorzeit besiedelt, zumindest zeitweise. Die Wissenschaft entdeckte am Zehner eine prähistorische Wallburg (Ciastel de Fanes, 2657 m), und noch heute kursieren unter den Einheimischen alte Sagen um das verschwundene Volk der Fanes.

Sehr präsent sind dagegen andere Einheimische, denen man auf Streifzügen allenthalben begegnet: Murmeltiere. Die geselligen, nicht sehr scheuen Nager, die gern in größeren Kolonien leben, kennt jeder Alpenwanderer, ihren Warnpfiff (der eigentlich ein Schrei ist) auch. Murmeltiere bevorzugen als Lebensraum sonnige, offene Hänge in Höhen zwischen 1500 und 2700 Metern, an denen sie ihre oft weitverzweigten Bauten anlegen. Sie halten mindestens sieben Monate Winter-

Fast wie auf Messers Schneide: der Ostgrat des Zehners mit den berühmten Plattenschüssen zur Kleinen Fanesalm hin (unten). Nicht nur für Wanderer und Biker ein Paradies, auch fürs liebe Vieh: die Kleine Fanesalm (rechts oben). Die Faneshütte ist sommers wie winters ein beliebter Stützpunkt in der Fanesregion (rechts unten).

schlaf in den tiefer gelegenen Bauten, nur unterbrochen von ganz kurzen Wachphasen. Im Winterschlaf sinkt ihre Körpertemperatur ab, das Herz schlägt nur noch 20-mal (statt 200-mal) pro Minute. Schneereiche Winter sind für sie ideal, schützt die dicke weiße Decke den Bau doch vor einem starken Auskühlen. Der Winterschlaf endet in der Regel Mitte/Ende April. Dann paaren sich die erwachsenen Tiere, anschließend heißt es: fressen, fressen. Denn die Tiere haben über den Winter gut die Hälfte ihres Körpergewichts verloren. Ihre Nahrung besteht aus Wurzeln, Blättern und Blüten von Kräutern und Gräsern; die an Roheiweiß und Fetten reiche Alpen-Mutterwurz beispielsweise ist eine bevorzugte Nahrungspflanze. Im Herbst beginnt der Heueintrag fürs winterliche Schlaflager. Mit dem ersten Schneefall ziehen sich die Tiere wieder zum Schlafen unter die Erde zurück.

Zauberwelt Fanes

Wer das Fanes kennenlernen will, tut das am besten auf Schusters Rappen. Denn als Fußgänger hat man ausreichend Zeit für die großen und kleinen Sehenswürdigkeiten links und rechts des Wegs: die rauschende Karstquelle gleich oberhalb von Pederü, Blumen in allen Farben, knorrige Zirben, vom harten Leben im Gebirge gezeichnet. Sogar ein paar kleine Seeaugen gibt's hier, wo man doch vermuten würde, dass der löcherige Kalk das Wasser umgehend versickern lässt. Der Lé Piciodel, nur wenige Meter tief, hat auch keinen oberirdischen Abfluss, er entwässert durch ein sogenanntes Schluckloch am Seeboden. Nördlich des Ju dal'Ega liegen mächtige Bergsturztrümmer, am Limojoch (Ju de Limo, 2172 m) glitzert der gleichnamige kleine See im Sonnenlicht, und durch das Fanestal geht der Blick hinaus ins Ampezzano, bis zu dem mächtigen, mehrgipfligen Bergmassiv des Cristallo.
Die Alpe Kleinfanes ist ein riesiger, grüngrauer Fleckerlteppich und ein Murmeltierparadies, am Grünsee kann man dann die Zeit wunderbar verträumen, den weißen Wolken zuschauen, wie sie über den Himmel ziehen. Wer vorher in einer der beiden gut geführten Hütten eingekehrt ist und dann in dem seichten Gewässer eine »Unterwassermaus« entdeckt, muss das nicht auf den Enzian schieben, den der Wirt spendiert hat: Das Tierchen hört auf den Namen Wasserspitzmaus, lateinisch *Neomys fodiens,* und existiert wirklich.

TOP ★ ERLEBNISSE

★ FANESHÜTTE (2060 m)

Bei Übernachtungen in Berghütten hilft häufig die schönste Lage nichts, denn was nützt mir der phänomenale Blick auf bizarre Felszähne, wenn das Essen miserabel, die Luft im Nachtlager zum Schneiden dick und der Hüttenwirt ein Tyrann ist?
Es geht auch anders: Zweier- und Viererzimmer mit kuscheligen Betten, eine Küche, die köstliche Pasta-Variationen nebst einheimischen Spezialitäten hervorzaubert, und Gastgeber, die ihre Aufgabe ernst nehmen. All das bietet die Faneshütte der Familie Mutschlechner. Die Gäste danken es ihr.

★ SKITOUREN IM FANES

Skitourengehern ist das Fanesgebiet natürlich ein Begriff. Hier bietet der Winter eine Fülle von Zielen, vor allem im Kleinfanes, und Schnee hat's in aller Regel genug. Dazu bieten die beiden Berghütten (Fanes und Lavarella) alles, was man sich nach einer zünftigen Tour wünscht: eine warme Dusche, feines Essen und eine saubere Unterkunft.

www.sankt-vigil.com,
www.rifugiofanes.com,
www.lavarella.it,
www.pederue.it

Eine Welt der Kontraste: grün das Abteital, felsgrau die Dolomitberge. Knapp unter dem Gipfel des Piz dles Conturines (oben). Wahrzeichen von Corvara ist der Sassongher, der den frequentierten Ferienort um mehr als einen Kilometer überragt (rechts).

64 HOCHABTEI – WO EINST DIE BÄREN HAUSTEN

Die ladinische Urheimat

Der Kontrast könnte kaum größer sein: am Unterlauf der Gader eine Schlucht mit weit hinauf bewaldeten Flanken, die sich hinter der Enge von Puntac zu einer grünen, sonnigen Talmulde öffnet. Die mächtigen Felsmassive halten Abstand, im Süden, an der Pralongià, fehlen sie sogar ganz. Das verleiht der Landschaft eine angenehme Weite, sie wirkt einladend, nicht einengend.

Hochabtei ist Ladinerheimat und war vor gut 100 Jahren noch reines Bauernland. Die Leute waren arm, lebten bescheiden, hatten ständig mit der Natur und mit allerlei Unbill zu kämpfen: harten Wintern, Lawinen, Missernten. Gegen Ende des 19. Jahrhunderts kamen die ersten Touristen und Gelehrte wie die Geologen Manfred von Richthofen und Julius von Payer ins Tal. Den aus Böhmen stammenden Offizier, Alpen- und Polarforscher von Payer führte Franz Kostner 1897 auf den Piz Boè. Kostner (1877–1968) war ein Pionier des Tourismus im Hochabtei und ein echter Selfmademan. Er erwarb 1908 das Hotel Posta Zirm in Corvara, heute erstes Haus am Ort, leitete ein Fuhrunternehmen und hatte lange Jahre das Amt des Bürgermeisters von Corvara inne. Als Obmann des Tourismusvereins förderte er den Bau einer Hütte auf der Ostseite des Sellastocks, die heute nach ihm benannt ist, er installierte den ersten Schlittenlift im Tal. Heute gehört das Hochabtei zu den »Big Points« des Südtiroler Tourismus. Um die Wende vom 19. zum 20. Jahrhundert standen in Corvara gerade mal 38 Häuser. Und heute? Zwei Dutzend Hotels, dazu Pensionen, Ferienwohnungen, Restaurants, Boutiquen, Sportgeschäfte usw. Im August platzt der Ort aus allen Nähten, der Autoverkehr quält sich durch die Hauptstraße, dazu Biker und ganze Horden von Motorradfahrern. Auf den Gehsteigen flanieren italienische Familien, Busse spucken Ladungen von chinesische Touristen aus. Kein Wunder, dass man über die zeitweise Sperrung der Passstraßen an der Sella nachdenkt?

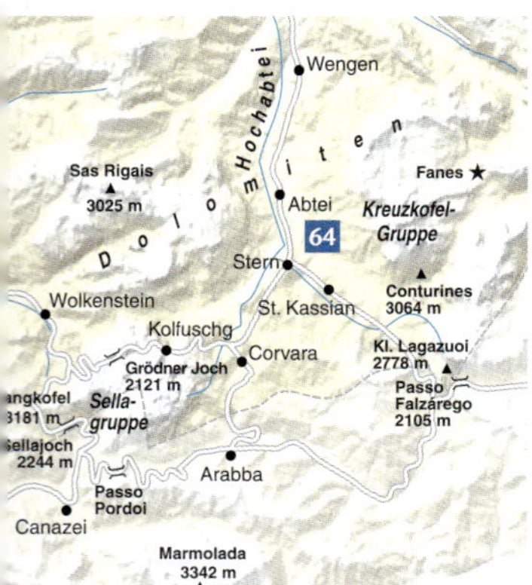

Ladinerheimat

Die Sprache der einheimischen Ladiner ist ein Neulatein, das Elemente aus der rätischen Vergangenheit, aber auch aus den Nachbaridiomen übernommen hat. Die Herkunft der Ladiner verliert sich im Dunkel der Vorgeschichte. Seit dem 6. Jahrhundert, als die Bajuwaren von Norden in ihr ursprüngliches Siedlungsgebiet vordrangen, ist sie die Geschichte des permanenten Rückzugs, der ständigen Bedrohung durch Assimilation. Und die Zukunft? Die Dolomiten-Ladiner sind – ähnlich wie die Rätoromanen Graubündens und des Friauls – eine verschwindend kleine Minderheit in ihrem Heimatland.

Bauernhöfe im Gadertal (unten). Steiniger Lebensraum: Primeln in einem Felsspalt (rechts oben). Einst in den Dolomiten heimisch: der Höhlenbär (rechts unten).

Zwischen dem Eisack- und dem Piavetal leben heute noch etwa 30 000 Ladiner, zwei Drittel davon in den Südtiroler Tälern Hochabtei und Gröden, der Rest im Fassatal (Fasca), in Buchenstein (Fodom) und in Cortina d'Ampezzo (Anpezo). »Bëgnodüs« – »Willkommen«, wird man im Hochabtei begrüßt, und Ortstafeln erscheinen zwei-, manchmal sogar dreisprachig: »La Ila – Stern – La Villa«. Es gibt eine ladinische Wochenzeitung, *La Usc di Ladins,* auch ladinische Seiten in den deutschen und italienischen Regionalzeitungen; drei Privatradios – Radio Gherdëina (Gröden), Radio Studio Record (Fassa) und Radio Cortina (Ampezzano) – senden in ladinischer Sprache, Schulanfänger werden in ihrer Muttersprache unterrichtet. All das macht Hoffnung: Die Kultur der Dolomiten-Ladiner lebt! Seit 1989 ist das Ladinische in Südtirol Amtssprache, seit 1993 auch im Fassatal. So etwas fördert das Selbstbewusstsein einer Minorität, hilft gegen den Anpassungsdruck von außen. Und der nimmt zu, vor allem durch den Tourismus.

Kultur bewahren

Corvara, Wolkenstein, Canazei und Arabba waren noch vor drei Generationen kleine, arme Bauerndörfer; heute sind die Ladiner im Winter die echten Exoten ihrer polyglotten Welt. Corvara verzeichnet pro Einwohner fast 500 Gästenächtigungen pro Jahr – ein Spitzenwert, der nicht nur viel Geld in die Kassen der Hoteliers und Liftbetreiber spült, sondern auch seine weniger schönen Nebenwirkungen hat: Die Einwohner sind so etwas wie Fremde in der Heimat, zumindest für ein paar Monate im Jahr.

Erschwert wird die Situation der Ladiner zusätzlich dadurch, dass sie seit dem Ende des Ersten Weltkriegs in drei verschiedenen italienischen Provinzen leben. 1946 protestierten Tausende am Sellajoch gegen diese Situation, vergeblich, Italien hatte andere Sorgen. Ähnlich wie im benachbarten Graubünden spricht man in jedem der

ladinischen Täler einen eigenen Dialekt. Mit der Absicht, die kulturelle Identität zu stärken, wurde Ende des 20. Jahrhunderts das »Ladin Dolomitan« aus der Taufe gehoben, eine Art ladinische Schriftsprache. Es dürfte allerdings noch einige Zeit dauern, bis es sich (wenn überhaupt) in den Tälern rund um das Sellamassiv etabliert haben wird. Der erste Versuch, ein gemeinsames Ladin zu verwirklichen, geht übrigens auf die erste Hälfte des 19. Jahrhunderts zurück; Initiant war der Geistliche Nikolaus Bacher, vulgo Micurà de Rü. Nach ihm ist heute das ladinische Kulturinstitut in St. Martin in Thurn benannt.
1987 war es eine Sensation, als der Hotelier und passionierte Fossiliensammler Willy Costamoling aus Corvara auf seinen Streifzügen an der Südflanke des Conturines-Massivs in einer mächtigen Höhle auf Tierknochen stieß. Es handelte sich um Schädel und Skelette von prähistorischen Höhlenbären, sogar – wie die DNA-Analyse ergab – um eine eigene Art, die den Namen *Ursus ladinicus* erhielt. Die zwischen 30 000 und 60 000 Jahre alten Knochen belegen, dass es in den Zwischeneiszeiten wärmer gewesen sein muss als heute. Wie sonst hätte der reine Pflanzenfresser überleben können? Immerhin liegt der Höhleneingang auf einer Höhe von fast 2800 Metern – heute eine absolut vegetationslose Steinwüste, ganz im Gegensatz zur Mittelwürm-Warmzeit.
Neben den Knochen des *Ursus ladinicus* wurden auch zwei Unterkiefer eines Höhlenlöwen ausgegraben. Die Raubkatze lebte zeitgleich mit den Höhlenbären, wie auch der Neandertaler. Allerdings hat man in der Dolomitenhöhle keine Spuren unseres Vorfahren entdeckt.

Ladinische Küche: Spitze!

Ob der Höhlenbär ein ausgesprochener Feinschmecker war, sei dahingestellt. Unbestritten ist allerdings, dass im Hochabtei auf höchstem Niveau gekocht wird. Wie nirgendwo sonst zwischen Eisack und Piave erklimmen die Spitzenköche des Tals Jahr für Jahr neue kulinarische Gipfel, angeführt von Norbert Niederkofler, den Gault&Millau mit 19 Punkten adelt. Er schwingt in St. Kassian den Kochlöffel mit unerreichter Meisterschaft. Da reisen Gourmets schon einmal ein paar Hundert Kilometer weit an, um sich an seiner Kalbszunge mit roten Rüben und Saibling oder an der Schweineschulter mit Ofenauberginen und Erdäpfel-Yuzu-Püree zu delektieren. Im Winter kreieren Köche aus der Region sogenanntes Slope Food, kleine feine Häppchen für zwischendurch, dargeboten auf insgesamt 14 Skihütten.

TOP ★ ERLEBNISSE

★ MUSEUM LADIN URSUS LADINICUS

Abtauchen in die Vergangenheit, das geht in St. Kassian ganz leicht. Zurück in jene Zeit, als der *Ursus ladinicus* in den Dolomiten hauste, vor rund 40 000 Jahren. Das Museum Ladin präsentiert Fundstücke aus der Conturines-Höhle, dazu ein komplettes Bärenskelett. Im Untergeschoss des Museums ist die Fundhöhle nachgebildet, mit einem Bären im friedlichen Wintrschlaf.

★ PRALONGIÀ (2121 m)

Die weitläufige Hochalm im Winkel zwischen dem Gader- und dem St.-Kassian-Tal ist ein beliebtes Wanderrevier. Lifte erleichtern den Aufstieg, markierte Wege ermöglichen familienfreundliche Unternehmungen mit viel Aussicht (mehrere bewirtschaftete Hütten). Das perfekte Panorama des Hochabtei bietet dann die Pralongià.

★ HEILIGKREUZ (2045 m)

Beliebtes Ausflugsziel unter der Westwand des Heiligkreuzkofels, bequem erreichbar mit dem von Pedraces ausgehenden Sessellift. Die Wallfahrt von San Crusc ist uralt, sie soll auf eine Einsiedelei zurückgehen.

www.altabadia.org,
www.altabadia.org,
www.museumladin.it,
www.santa-croce.it

65 VOM PUSTERTAL INS HOCHABTEI

Ladinerheimat, Faneszauber und Sellamauern

Hinein ins Herz der »Bleichen Berge« führt uns diese Route, vom waldreichen Pustertal bis hinauf zum Fuß des Sellamassivs. Das Hochabtei mit der ausgedehnten Pralongià-Alm und den Dreitausendern rundum ist die Region mit der wohl größten Dichte an Spitzenköchen in den Dolomiten. Noch mehr – kulinarische – Gipfel.

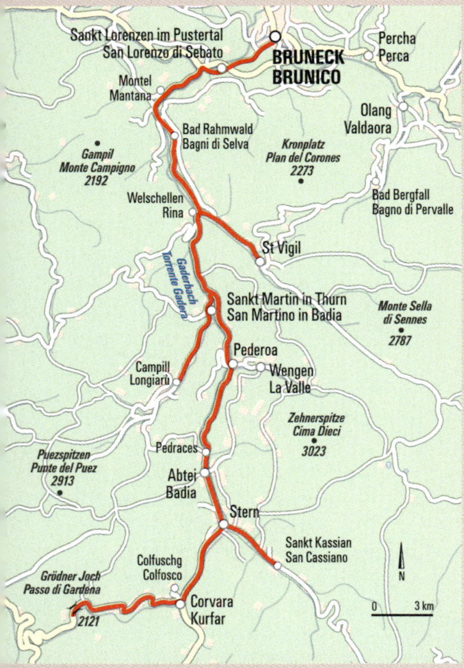

Die Fahrt ins Hochabtei startet in Bruneck und führt hinter St. Lorenzen ins waldreiche Gadertal: ein tiefer Graben, viele Tunnel, kaum Aussicht. Bei den Häusern von Zwischenwasser zweigt links die Straße nach St. Vigil ab. Sie setzt sich fort durchs Rautal, das mit den gewaltigen, von den umliegenden Bergen herabstreichenden Geröllreißen seinem Namen durchaus gerecht wird. Noch mehr loses Gestein gibt's hinter Pederü, am Weg ins Fanes. Er führt vorbei am idyllischen Lé Pisciodel und steigt über ein paar Kehren hinauf zu dem weitläufigen Almgelände. Das liegt, umgeben von hohen Bergen, weitab der großen Touristenzentren. Hier gibt es möglichweise mehr Murmeltiere (marmottas) als Menschen. Die putzigen Nager verziehen sich allerdings im Herbst, bevor die ersten Skitourengeher anrücken, in ihre Schlafhöhlen. Im Sommer zeigen die Murmeltiere wenig Scheu; Gefahr droht ihnen ja nur aus der Luft. Wenn ein Steinadler über ihrem Revier kreist und nach einer Mahlzeit Ausschau hält, dauert es nicht lange, bis ein greller Pfiff die anderen Tiere warnt: Ab in den Bau!

Auf der Weiterfahrt ins Hochabtei tritt hinter Zwischenwasser die felsige Bullenstirn des Peiterkofels ins Bild. Bei St. Martin in Thurn, dessen Schloss das Museum Ladin beherbergt, zweigt eine Straße nach Campill ab, einem Bauerndorf ohne Trubel, mit einem sehenswerten Mühlenensemble und viel Natur drumherum. Ähnliches lässt sich von Wengen sagen, dessen Höfe weit übers Tal verstreut sind – ein Wanderparadies, überragt vom mächtigen Neuner (2968 m).

Hochabtei – ladinische Heimat

Ein paar Kilometer weiter südlich, bei Pedraces, ist man im Hochabtei angekommen, und der Graben öffnet sich zu einer weiten Talmulde mit einem Kranz felsiger Gipfel rundum. Blickfang ist die Westkante des Heiligkreuzkofels; im Talinneren zeigt sich der riesige Felsklotz des Sellamassivs, oft als »Gralsburg Ladiniens« bezeichnet. Bei

Satte Wiesen und schroffer Fels: das Wengental. Am Horizont Neuner und Zehner (3026 m)

Einkehr am Weg ins Kleinfanes: die Ücia Pices Fanes.

Stern, ladinisch La Ila, gabelt sich das Tal. Rechts geht's nach Corvara und in vielen Serpentinen hinauf zum Grödner Joch (2121 m), dem Übergang ins gleichnamige Tal. Dabei kommt man dem Sellastock mit seinen tiefen Randschluchten ganz nah. Kaum zu glauben, dass sich die Felswüste auf markierten Wegen vergleichsweise problemlos durchqueren lässt. Und dem höchsten Gipfel, dem Piz Boè (3152 m), kann man dabei sogar aufs Haupt steigen.

Wer in Stern links abbiegt, erreicht bald St. Kassian, dessen Museum jener fernen Zeit gewidmet ist, als das Hochabtei Lebensraum der Höhlenbären war. Entdeckt wurden ihre Überreste hoch an der wild zerklüfteten Südflanke der Conturines. Wer lieber im Tal bleibt, aber gerne kulinarische Höhenflüge unternimmt, ist bei Norbert Niederkofler, Küchenchef des Restaurants im Hotel Rosa Alpina, genau richtig: auch ein Highlight!

Krieg und Frieden

Als Berg mit zwei ganz unterschiedlichen Gesichtern präsentiert sich der Lagazuoi. Da ist einmal die großartige Aussicht vom Gipfel, den man bei Bedarf völlig anstrengungslos vom Falzáregopass aus per Seilbahn erklimmt. Dass hier vor gut einem Jahrhundert die Dolomitenfront verlief, drei Sommer und zwei Winter lang erbittert gekämpft und sinnlos gestorben wurde, wird einem rasch klar, denn überall finden sich Relikte aus dem Ersten Weltkrieg: Stollen und Unterstände, Wege und Schützengräben. Heute ist das alles als Freiluftmuseum zu besichtigen.

TOP ★ TOUREN

★ MUNTEJELA DE SENES (2787 m, 8 Std.)

Der höchste Gipfel über der Senesalm ist ein beliebtes Tourenziel. In der Regel wird er von Osten bestiegen, fast noch abwechslungsreicher ist der Zugang aus dem unteren Rautal. Der markierte Weg verläuft durch das Val de Ciastlins, steigt dann zum Ju de Senes an und zuletzt, nach einem kurzen Zwischenabstieg, zum Gipfel mit großer Rundschau. Am Weg zum Senesjoch sind pelzig-putzige Nager häufiger anzutreffen als Wanderer.

★ HEILIGKREUZKOFEL (2907 m, 5 Std.)

Heiligkreuz, mit dem Lift von Pedraces erreichbar, ist ein moderner Touristen-Wallfahrtsort am Fuß des Heiligkreuzkofels. Der Gipfel wird ebenfalls gerne besucht, doch die fast 1000 Höhenmeter mit einigen Felspassagen sind nichts für Schwarzwaldwanderer. Großartige Kulisse, tolles Panorama.

★ PIZ DE LAVARELA (3055 m, 7,5 Std.)

Zusammen mit dem Piz dles Conturines dominiert der Piz de Lavarela die Bergkulisse von Stern und St. Kassian. Beide Dreitausender lassen sich auf markierten Wegen besteigen, die aber ein gewisses Maß an Bergerfahrung und eine Top-Kondition voraussetzen.

www.altabadia.org,
www.sankt-vigil.com,
www.naturparks.provinz.bz.it

Blick vom Heiligkreuzkofel übers Hochabtei. Links das Sellamassiv, dann nach rechts Sassonger, Langkofel, Geislerspitzen und Peitlerkofel

Beim Kaiserjägersteig am Lagazuoi handelt es sich um einen ehemaligen Kriegsweg (oben). Das Kriegsmuseum am Valparolajoch präsentiert Relikte des Gebirgskriegs (rechts oben). Der Kleine Lagazuoi bietet ein großes Dolomitenpanorama (rechts unten).

66 LAGAZUOI – ERINNERN, NICHT VERGESSEN

Ein Berg als Freilichtmuseum

Vor gut einem Jahrhundert war Krieg in den Dolomiten, auf ihren Gipfeln und Graten wurde gekämpft und gestorben. Noch heute stoßen Ausflügler und Wanderer auf Relikte des blutigen Ringens, das schon bald zu einem verlustreichen Stellungskrieg erstarrte. Ein Brennpunkt der Dolomitenfront war der Kleine Lagazuoi an der Grenze zwischen Tirol und Italien, heute ein großes Freilichtmuseum.

Bereits vom Falzáregopass aus sind die Spuren des Kriegs deutlich zu erkennen: Geröllkegel am Fuß der Lagazuoi-Südwand, die von den beiden mächtigen Sprengungen herrühren; da und dort Löcher im Fels, Fenster der kilometerlangen Stollen im Bergesinnern. Die österreichische Frontlinie verlief vom Hexenstein (2477 m) über das Bergsturzgelände Ntra i Sas zum lang gestreckten Gipfelrücken, auf dem mehrere Feldwachen postiert waren, und weiter in die Forcella Lagazuoi. Die Alpini hielten das Martini-Band am Südabsturz des Bergstocks besetzt und bauten es zu einer Festung aus. Alle Versuche der Österreicher, sie da zu vertreiben, blieben erfolglos, auch die Sprengung der Lagazuoi-Wand über dem Band brachte trotz einer ungeheuer starken Ladung nicht den gewünschten Erfolg. Rund 24 Tonnen Sprengstoff explodierten und rissen 100 000 Kubikmeter Fels in die Tiefe! Noch stärker war die Mine, die von den Italienern unter der südöstlichen Vorkuppe (Anticima, 2668 m) des Lagazuoi gezündet wurde – über 32 Tonnen Sprengstoff. Die Alpini besetzten zwar anschließend den Gratrücken, ein weiteres Vorrücken blieb ihnen aber verwehrt.

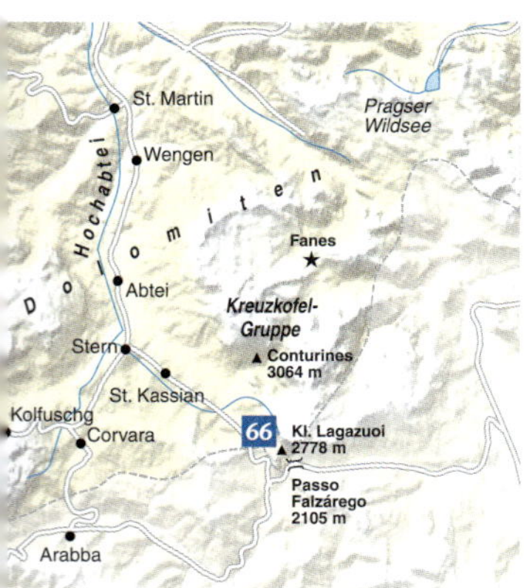

Kampf um den Berg – im Berg

Italienische Genietruppen bohrten in sechs Monaten die gut einen Kilometer lange Galleria Lagazuoi mit immerhin einem Querschnitt von fast zwei mal zwei Metern vom Felsfuß der Lagazuoi-Südwand bis knapp 40 Meter unter die österreichische Stellung

an der Vorkuppe, wo sie am 20. Juni 1917 ihre Sprengladung zur Explosion brachten. Der Tunnel verzweigt sich in halber Wandhöhe: Sein linker Ast steigt spiralförmig an, der rechte nähert sich dem Grat. Felslöcher ermöglichen packende Aus- und Tiefblicke, spenden spärliches Licht. Die gesamte Stollenanlage wurde vor Jahren im Rahmen eines EU-Projekts wieder begehbar gemacht, die ursprüngliche Infrastruktur – Unterkünfte, Beobachtungsposten usw. – wurde teilweise wiederhergestellt und Informationstafeln angebracht.
Vom unteren Ausgang der Galleria Lagazuoi geht das markante Martini-Band ab, das – allmählich ansteigend – die Südwand des Bergstocks quert. Ihr beschusssicherer Zugangsstollen ist allerdings längst nicht mehr begehbar, da eingestürzt; man geht sozusagen »außen herum« auf dem mit Drahtseilen gesicherten Band. Es führt unter gewaltigen Überhängen in eine wilde Schlucht. An der gegenüberliegenden Flanke setzt sich der Weg über das Cengia Martini fort, hier begleitet von teilweise rekonstruierten Baracken und Stellungsresten. Wenig später erreicht man den Eingang zu einem weiteren Stollen, der im Berg steil ansteigt, aber blind endet.

Historie, die nachdenklich macht

Die gesamten Stollenanlagen am Kleinen Lagazuoi können besichtigt werden. Wichtig: Im Berg ist es teilweise stockfinster, also unbedingt eine Lampe mitnehmen! Auch warme Kleidung und solides Schuhwerk sind unerlässlich. Ein durchgehender Handlauf und hölzerne Stiegen erleichtern den Abstieg durch die Galleria Lagazuoi, auch am Cengia Martini sind einzelne Passagen gesichert.
Statt mit der großen Seilbahn auf den Lagazuoi zu schweben, kann man auch den rekonstruierten Kaiserjägersteig nehmen, den die Österreicher anlegten und der von der alten Sperrfestung am Valparolajoch zum Gipfelgrat führt. Er ist allerdings nur trittfesten Bergwanderern zu empfehlen, denn einige Passagen sind leicht felsig (Klammern, Drahtseile), und über eine tiefe Rinne leitet spektakulär eine Hängebrücke. Für die Besichtigung der Stollen samt Aufstieg über den Kaiserjägersteig ist ein ganzer Tag einzuplanen.

TOP ★ ERLEBNISSE

★ MUSEUM TRE SASSI

Im ehemaligen Sperrfort Tra i Sassi, das 1897 erbaut und gleich zu Kriegsbeginn von der italienischen Artillerie zusammengeschossen wurde, ist heute das Festungsmuseum Tre Sassi mit vielen Exponaten des Gebirgskriegs untergebracht.

★ HEXENSTEIN (2477 m)

Der Museumsbesuch lässt sich leicht mit einer Besteigung des Hexensteins verbinden. Der markierte Weg verläuft über den breiten, felsigen Nordwestrücken, vorbei an alten, zum Teil rekonstruierten Stellungen. Trittsicherheit notwendig, eine Stunde von der Festung. Wer's etwas sportlicher mag, versucht sich an dem neuen Klettersteig (mäßig schwierig, nur mit entsprechender Ausrüstung).

★ RIFUGIO LAGAZUOI (2772 m)

Warum nicht einmal ganz oben übernachten, dabei die unvergleichlichen Dämmerstunden mitten in den Dolomiten erleben? Mit der Seilbahn ist man in wenigen Minuten am felsigen Gipfelgrat des Kleinen Lagazuoi, erlebnisreicher ist der Aufstieg über den Kaiserjägersteig (nur für Geübte, 2,5 Std.).

www.cortinamuseoguerra.it, www.lagazuoi.it

SÜDÖSTLICHE DOLOMITEN

Wilde Bergwelt am Alpenrand

Die Drei Zinnen im Abendlicht. In der Bildmitte das Rifugio Auronzo (links). Sonnenaufgang am aufgestauten Lago di Centro Cadore (ganz oben). Die Kirche San Martino in Valle di Cadore; Blick zum Monte Duranno in den Karnischen Alpen (oben)

67 DER SÜDOSTEN DER DOLOMITEN

Steinerne Wunderwelt zwischen Marmolada und Civetta

Hinter den Sieben Bergen. Das trifft's ziemlich genau, wenn aus nordischer Perspektive von jenem großen Teil der Dolomiten die Rede ist, der jenseits des Sprachlimes liegt, wo die »Bleichen Berge« Monti Pallidi heißen und die Gipfel Civetta, Pelmo, Schiara. Eine Welt, eigentlich ganz nah und doch für viele Terra incognita.

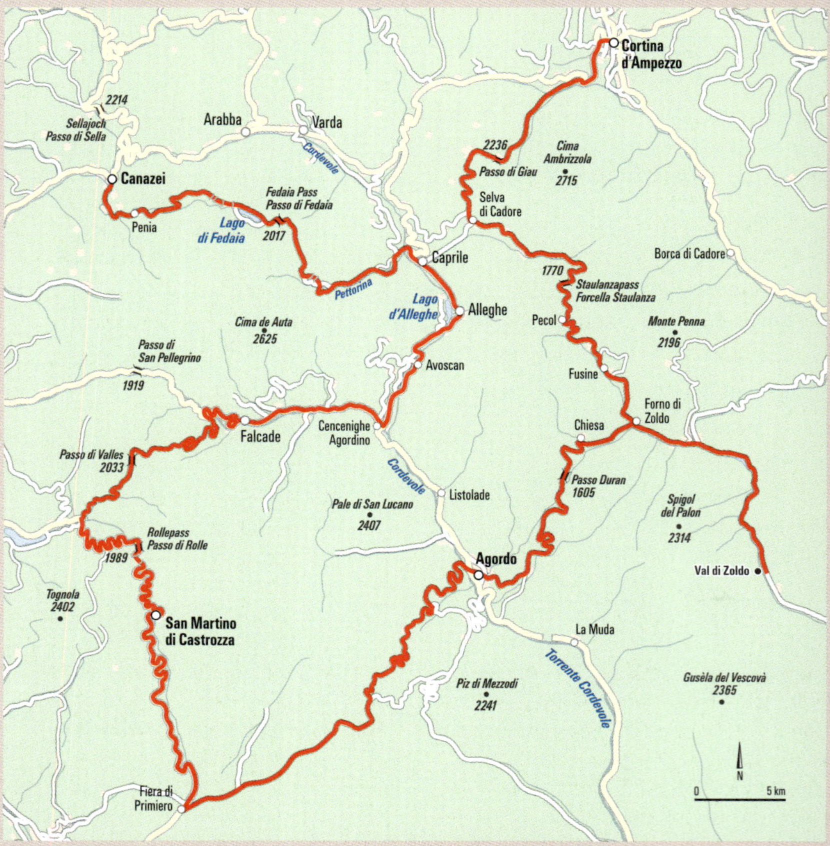

Dass ausgerechnet Gelati aus einem Belluneser Dolomitental für hochwillkommene Sommergenüsse in Deutschlands Eisdielen sorgen – denn die Bewohner des Val di Zoldo erfanden das gute italienische Speiseeis –, hat nichts mit dem einzigen großen Gletscher zwischen Bozen und Cortina d'Ampezzo zu tun. Wer sich im Tal umsieht, würde ohnehin annehmen, dass hier vor allem mit Steinen gehandelt wird. Denn mehr Fels, bizarr, urgewaltig und manchmal von erlesener Schönheit, als im Südosten der Monti Pallidi findet sich weder im Grödner Tal noch in den Sextener Dolomiten. Cortina d'Ampezzo, das bis 1919 zu Südtirol gehörte, ist hier der touristische Hotspot, mancher Bergwinkel aber noch weitgehend unentdeckt, zumindest von den Besuchern aus deutschen Landen. Wer weiß schon, dass die höchsten und wildesten Gipfel auf Belluneser Boden stehen? Und manche schon fast in Sichtweite der Adria – (klima-)gefühlt zumindest.

In den Süden

Der kürzeste Weg von Canazei nach Cortina d'Ampezzo führt über die Große Dolomitenstraße. Wer sich zu einer Reise in den Süden entschließt, ist entschieden länger unterwegs, bekommt dafür aber auch mehr zu sehen. Gleich die ersten Straßenserpentinen führen aus dem innersten Fassatal hinauf zum Fedaia-Stausee. Da ist man der Marmolada, dem Dach der Dolomiten und ihrem großen Gletscher, schon ganz nah. Jenseits des Fedaiapasses geht's hinab ins Tal des Cordévole. Bei Álleghe genießt man einen Prachtblick auf die berühmte Nordwestwand der Civetta. Während der Fahrt nach Falcade kommen die grauen Felszacken der Pala ins Bild, am Rollepass zeigt sich der Cimòn della Pala, das »Matterhorn der Dolomiten«, von seiner schönsten Seite. Die Tal-

»Steinernes Würstchen« (Salsiccia) unweit der Carducci-Hütte in den Sextener Dolomiten

Steile Passage am Sentiero Bonacossa, mit Leitern gangbar gemacht

fahrt nach Fiera di Primiero wird dann von weiterer Pala-Gipfelprominenz begleitet: Pala di San Martino, Sass Maor, Cima della Madonna. Die Dolomitzähne stehen alle unter Naturschutz, die Belluneser Dolomiten sogar als Nationalpark. Er erstreckt sich von der Schiara im Osten bis zu den Vette Feltrine im Westen über 315 Quadratkilometer.

Über die Berge nach Cortina

Von Ágordo, einem schmucken Kleinstädtchen am Cordévole, einst für seine ergiebigen Erzgruben berühmt, geht's weiter über den Passo Duràn ins Val di Zoldo, das »Tal der Eisverkäufer«. Kein (Gletscher-)Eis rundum, dafür viele Berge senza nome. Zwei von ihnen haben es immerhin auf die Bestenliste der Dolomitengipfel geschafft: die Civetta und der Pelmo. Letzterer, ein gewaltiger Klotz, isoliert über grünen Matten aufragend, ist absoluter Blickfang auf der Kurvenfahrt über den Passo Staulanza. Im Südwesten zeigt sich der gezackte Gipfelgrat der Civetta, noch einen Tick höher als der Pelmo und mit mehr Eleganz als Wucht. Letzter Hochpunkt auf der Reise durch die Belluneser Bergwelt ist der Passo Giau, mit einer Scheitelhöhe von 2233 Metern gleichzeitig Kulminationspunkt. Auf der anschließenden Talfahrt kommt dann die berühmte Conca d'Ampezzo ins Blickfeld: die Tofana di Rozes mit ihrer gewaltigen Südwand, der markant gebänderte Cristallo und der Sorapiš, ganz zum Schluss dann auch noch der zweithöchste Gipfel der Dolomiten, der Antelao (3264 m). In Cortina d'Ampezzo endet die Fahrt, stilvoll mit einem Apéro auf dem Corso Italia, die Berge rundum fest im Blick. Salute!

Zackenwald: die Cadini di Misurina. In der Bildmitte ihr höchster Gipfel, die Cima Cadin di San Lucano (2839 m)

TOP ★ TOUREN

★ SENTIERO BONACOSSA (6 Std.)

Schon ein wenig in die Jahre gekommen, aber trotzdem noch jugendfrisch präsentiert sich der Weg quer durch die Cadini di Misurina. Das liegt an der fantastischen Kulisse, die zwar noch tausendmal älter ist als der Sentiero des Signore Bonacossa, aber nichts von ihrem Zauber verloren hat. Knapp sechs Stunden geht man vom Col de Varda (2115 m; Lift) bis zum Endpunkt der Drei-Zinnen-Straße. Nur für erfahrene Bergwanderer, mehrere gesicherte, auch exponierte Passagen. Auf halber Strecke kommt man am Rifugio Fonda Savio vorbei (Zwischenabstieg möglich).

★ RUND UM DEN PELMO (6 Std.)

Ganz im Bann des Kolosses von Zoldo steht diese Tour. Der Pelmo und sein Bruder im Stein, der Pelmetto (2999 m), beherrschen die Szenerie, präsentieren sich dabei von allen Seiten. An der Forcella di Val d'Arcia (2476 m) erklimmt der Weg hochalpine Regionen, an der Westflanke des Pelmetto führt er 200 Millionen Jahre weit in die Vergangenheit: Dinosaurierspuren. Nach dem ersten Wegdrittel lädt das Rifugio Venezia zu einer Rast. Wer ganz Großes plant – eine Besteigung des Pelmo (3168 m) – wird hier vor dem Gipfelsturm übernachten.

www.auronzomisurina.it,
www.fonda-savio.it,
www.rifugio-venezia.it

Die Marmolada mit ihrem Gletscher und der großen Seilbahn (oben). Am Marmolada-Klettersteig (rechts unten). Das Rifugio Falier vor der Marmolada-Südwand (rechts oben)

68 DIE MARMOLADA

Das »Dach« der Dolomiten

Sie ist ein Unikat in den Dolomiten und eine Rekordhalterin dazu. Mit 3343 Metern ist die Marmolada (ladinisch: Marmoleda) höher als jeder andere Gipfel der »Bleichen Berge«. Und das einzige Gletschermassiv. Noch. Denn das Eis schmilzt, zieht sich immer mehr zurück, wie der tragische Gletschersturz im Sommer 2022 drastisch vor Augen führte.

Der Berg hat schon viel erlebt seit jenem 28. September 1864, als Paul Grohmann und die Brüder Dimai, beides ausgewiesene Führer, als Erste auf seinem Gipfel standen. Sie kamen von Norden und nahmen ihren Weg über den Gletscher. »Um 10:37 Uhr betraten wir die höchste Spitze der Marmolada, auf der so lange vor mir meine Wünsche angelangt waren!«, schrieb der Wiener Alpinist Grohmann später. Die Südwand, fast fünf Kilometer breit und bis zu 800 Meter hoch, war da natürlich noch tabu. Erst ein halbes Jahrhundert später wagte sich eine Dreierseilschaft in das fast senkrechte Gemäuer. Miss Beatrice Tomasson aus England, dolomitenerprobt, felsgewandt und sehr ehrgeizig, und die beiden Führer Bortolo Zagonel und Michele Bettega, »ein wilder Kerl mit langem Haar, struppigem Bart und lodernden Augen«, versuchten sich im Sommer 1901 an dem »Unmöglichen« – und hatten Erfolg. Nach zwölfstündiger Kletterei stand das Trio auf dem höchsten Gipfel der Dolomiten. Die Route wird heute noch mit dem Schwierigkeitsgrad IV der Alpenskala bewertet. Chapeau!

Die Front im Hochgebirge

Nach den Pionieren erschienen Soldaten, bauten Unterstände, gruben sich tief in Fels und Eis. Die Österreicher legten ein acht Kilometer langes Netz von Gletscherstollen an und bauten südlich des Sas da les Doudesh eine Stadt ins Eis, die Unterkunft für etwa 300 Mann bot, sicher vor feindlichem Beschuss. Vergleichsweise sicher fühlte sich auch jene

Kompanie, die im Barackenlager Gran Poz am Fuß des Col di Bousc untergebracht war. Bis zum 13. Dezember 1916. Da ging eine gewaltige Lawine am Gletscher ab und fegte in Sekunden das gesamte Lager weg. Einige der Hütten wurden einen halben Kilometer weit durch die Luft geschleudert; über 250 Soldaten fanden den Tod.

Noch vor dem Ersten Weltkrieg wurde die Marmolada erstmals mit Skiern bestiegen (1914), später fanden dann auf dem Gletscher sogar Skirennen statt. Die drei Kilometer lange Abfahrt von der Punta Rocca nach Fedaia galt als besonders schnell. Für Peter Schöpf, Sieger im Jahr 1948, wurde eine Zeit von 2,01 Minuten gestoppt, was einem Tempo von fast 100 Stundenkilometern entsprach – Weltrekord!

In den 1960er-Jahren wurde der einzige Gletscherberg der Dolomiten auch für den Massentourismus erschlossen, mit der großen Seilbahn, die sich in drei Sektionen von Malga Ciapela bis zum Gipfelgrat der Punta Rocca hinaufschwingt (Bergstation 3265 m). Der Berg hält's aus. Was sind ein paar Eisen- und Betonkonstruktionen, mögen sie noch so hässlich sein, gegen 50 Millionen Kubikmeter Fels und Eis? Mehr Probleme bereitet der Marmolada der Klimawandel. Jener Gletscher, der während der Würmeiszeit seine Zunge bis in die Poebene hinausstreckte und im 19. Jahrhundert immerhin noch bis zum Fedaiapass herabhing, er schrumpft bedrohlich. Im Sommer 2022 löste sich ein riesiger Eisblock vom Gletscher, stürzte talwärts und fegte über die Normalroute zur Punta Penia (3343 m) hinweg. Elf Menschen wurden getötet, acht weitere verletzt. Auslöser des Unglücks waren vermutlich die extrem hohen Temperaturen an diesem Tag: plus zehn Grad Celsius in 3000 Metern Höhe.

Der Bindelweg

Das glänzende Marmolada-Eis fest im Blick haben jene Wanderer, die, am Pordoijoch startend, dem Bindelweg zustreben. Der verläuft ohne nennenswerte Steigung an der Südflanke des Padònkamms. Unterwegs gibt es gleich mehrere bewirtschaftete Hütten, was angesichts der Popularität dieser familientauglichen Tour nicht weiter verwundert. Konkurrenzlos die Nummer eins ist das Rifugio Vièl dal Pan (2452 m) in grandioser Terrassenlage. Und mit einer berühmten Spezialität, die alle Schleckmäuler in Verzückung versetzt: dem Omelette della nonna. Lasst es euch schmecken!

TOP ★ ERLEBNISSE

★ BINDELWEG

Der nach einem ehemaligen Vorsitzenden der DAV-Sektion Bamberg, Dr. Karl Bindel, benannte Höhenweg gehört zu den absoluten Wanderklassikern der Dolomiten.
Er verbindet das Pordoijoch mit dem Fedaia-Stausee und verläuft an der Südflanke des Padonkamms. Einmalig die Aussicht auf das Marmolada-Massiv. Über dem Fedaiapass zeigt sich die Nordwestwand der Civetta – noch ein Dolomitenwunder.

★ MARMOLADA GRANDE GUERRA

Das 1990 eröffnete und vor ein paar Jahren neu konzipierte Museum am Fedaia-Stausee ist dem Gedenken an den Gebirgskrieg rund um die Marmolada in den Jahren 1915 bis 1917 gewidmet. Bei einem multimedialen Rundgang kann sich der Besucher in die Situation der Soldaten im Hochgebirge versetzen, im Kampf mit dem Feind und gegen die Naturgewalten.

★ FUNIVIA DELLA MARMOLADA

Ganz ohne Anstrengung gelangt man mit der großen Seilbahn (drei Teilstrecken) in die Region des ewigen Schnees (Panoramaterrasse Punta Rocca, 3265 m). An der Zwischenstation Serauta können die ehemaligen Kriegsstellungen auf einem Rundweg erkundet werden (kleines Museum).

fassa.com, museomarmoladagrandeguerra.com, funiviemarmolada.com

DOLOMITEN-HÖHENWEGE

Oben sein, oben bleiben

Quer durch die Dolomiten wandern, von Nord nach Süd, zwei Wochen das felsige Wunderland erleben, Schritt um Schritt: ein Traum für jeden Bergfreund. Und eine Auszeit vom Alltag, wie man sie sich nicht schöner vorstellen kann. Wenn das Wetter mitspielt. Aber wir sind ja in Italien, wo die Sonne *Sole* heißt und immer scheint. Oder?

Höhenwege sind keine neue Erfindung. Schon an der Wende vom 19. zum 20. Jahrhundert wurden von den Alpenvereinen – oft im Zusammenhang mit Hüttenbauten – erste Höhenwege angelegt. Die Absicht dahinter: ein zusammenhängendes Wegenetz zwischen den einzelnen Stützpunkten zu schaffen. Sehr viel später tauchte die Idee großer, sogar grenzüberschreitender Höhenwege auf: Weitwandern. In den 1960er-Jahren war es dann der Italienische Alpenverein (CAI), der sich für Dolomitenhöhenwege stark machte. Die Routen, alle markiert, sollten eine Durchquerung des »schönsten Gebirges der Welt« (Le Corbusier) ermöglichen, von Hütte zu Hütte, ohne Talabstiege. Das Förderprogramm für den heimischen Tourismus wurde nach und nach verwirklicht, von den Medien begleitet und verbreitet. Insgesamt zehn Routen entstanden, alle zwischen 100 und 180 Kilometer lang, und lockten auch viele deutschsprachige Bergwanderer in das Sehnsuchtsland Italien. Zu einem echten Erfolg wurden allerdings nur zwei der durchnummerierten Alte vie delle Dolomiti. Ein absoluter Klassiker ist die Eins, die vom Pragser Wildsee nach Belluno führt, sehr beliebt auch die Zwei. Sie verbindet Brixen mit Feltre und durchquert bekannte Dolomitenmassive wie die Geisler-Puez, Sella, Marmolada und Pala. Die weiteren Fernwanderwege fristen mehr oder weniger ein Schattendasein. Da haben die Initianten den Bedarf wohl überschätzt. Manche der Wege sind schlicht zu anspruchsvoll, es fehlt auch an Unterkünften oder man muss unter sehr spartanischen Verhältnissen in Biwaks nächtigen.

Die Mehrheit der Dolomitenwanderer liebt halt das Abenteuer light, bitte mit Dusche, Drei-Gänge-Menu und

Nuvolau (mit Gipfelhütte) und Averau. Rechts dahinter der Kleine Lagazuoi, links der spitze Hexenstein

In Belluno, der Provinzhauptstadt am Piave, endet der Dolomitenhöhenweg 1.

sauberem Nachtlager. Und natürlich Handy-Empfang.

Der Erste, il numero uno

Der erste und älteste Dolomitenhöhenweg ist (geschätzt) 200 000 Schritte lang, dabei hat man etwa 8000 Höhenmeter im Anstieg zu bewältigen, kürzere Felspassagen (mit und ohne Sicherungen) inklusive. Beim Abstieg von der Marmolscharte zum Rifugio 7° Alpini handelt es sich um einen ausgewachsenen Klettersteig, der nur mit entsprechender Ausrüstung begangen werden sollte. Der Nachteil dabei: Man schleppt Klettergurt und Helm viele Tage umsonst mit. Die Via ferrata – so war es wohl gedacht – sollte ein Finale Furioso werden, in Sichtweite der Adria. Bei südlichen Winden hat man an der Forcella Marmol, heißt es zumindest, sogar den salzigen Geruch des Mittelmeers in der Nase. Das wünscht man niemandem, denn Südwind in den Dolomiten verheißt nichts Gutes. Ein Adriatief ist Gift für Weitwanderer, denen dann oft nur zwei Möglichkeiten bleiben: auf einer Hütte ausharren oder ins Tal absteigen.

Insgesamt ist festzuhalten, dass der Höhenweg kein Spaziergang ist, untrainiert sollte sich niemand auf den weiten Weg machen, mit einem vergleichsweise schweren Rucksack dazu. Viel Spaß unter der südlichen Sonne!

Die Route in Stichworten

Tag 1
Pragser Wildsee – Seekofelhütte (2327 m); 900 Hm, 3 Std.

Tag 2
Seekofelhütte – Faneshütte (2060 m); 540 Hm, 5 Std.

Tag 3
Faneshütte – Rifugio Lagazuoi (2752 m); 1140 Hm, 5 Std.

Tag 4
Rifugio Lagazuoi – (Nuvolau, 2574 m) – Passo Giau – Rifugio Città di Fiume (1918 m); 780 Hm, 7,5 Std.

Tag 5
Rifugio Città di Fiume – Passo Staulanza – Rifugio Coldai – Rifugio Tissi (2250 m); 940 Hm, 6 Std.

Tag 6
Rifugio Tissi – Rifugio San Sebastiano (1601 m); 640 Hm, 6 Std.

Tag 7
Rifugio San Sebastiano – Rifugio Pramperét (1857 m) – Rifugio Pian de Fontana (1632 m); 1000 Hm, 7 Std.

Tag 8
Rifugio Pian de Fontana – Forcella del Marmol (2262 m) – Rifugio 7° Alpini (1502 m); 880 Hm, 7 Std.

Tag 9
Rifugio 7° Alpini – Belluno (383 m); 4 Std.

Aufstieg durchs Nabige Loch zum Seekofel

69 ZWISCHEN PALA UND LAGORAI: DER ROLLEPASS

Im Schatten des Cimòn della Pala

Das Original thront im Wallis, ist das Wahrzeichen von Zermatt und weltberühmt. Kopien gibt's allüberall in der Welt, eine, die dem Matterhorn recht ähnlich ist, erhebt sich über dem Passo Rolle: der Cimòn della Pala, nicht ganz so hoch, aber vielleicht noch etwas eleganter. In der Liste der schönsten Dolomitenzacken schafft er es jedenfalls locker unter die Top Five – immerhin.

Felsskulpturen als Schattenrisse. Links die Rosetta, der Seilbahnberg von San Martino di Castrozza (unten). Ein schmuckes Kleinstädtchen: Fiera di Primiero (rechts oben). Der Cimòn della Pala, das »Matterhorn der Dolomiten« (rechts unten).

Bei den Rennradlern steht die Rollepassstraße ganz hoch Kurs, da dürfte sie hinter der Großen Dolomitenstraße ins Ziel kommen, mit einigem Abstand allerdings. Die 50 Asphaltkilometer von Predazzo bis Fiera di Primiero warten immerhin mit 40 Serpentinen auf und bieten eine Fülle schönster Gebirgsbilder. Mit Steigungsmaxima knapp unter 10 % ist die Route für gut Trainierte angenehm zu fahren. Und das »Matterhorn der Dolomiten« kommt schon gleich hinter Predazzo ein erstes Mal in Sicht. Den Traumblick auf den Cimòn della Pala muss man sich dann allerdings erarbeiten: fast 1000 Höhenmeter bis zum Pass, freundlicherweise mit einer längeren Flachstrecke vor dem finalen Anstieg. Jenseits der Wasserscheide geht's dann im Links-rechts-Takt hinab nach San Martino di Castrozza. Immer im Blick: die Westflanke des Palamassivs mit ein paar absoluten Models, steinernen, aber kaum weniger attraktiv: Rosetta, Pala di San Martino, Cima della Madonna, Sass Maor.

Die Touristen kommen

San Martino di Castrozza ist für die Pala, was Cortina d'Ampezzo für die Belluneser Dolomiten ist: der Touristenort schlechthin, traditionsreich, aber mit der Zeit gehend, mit allen Annehmlichkeiten einer modernen Infrastruktur. Eingebettet in eine licht bewaldete Talmulde, gegen die kalten Nordwinde geschützt, zur Sonne hin aber offen, liegt die kleine Hotelstadt am Oberlauf des Cismòn.

Ob die Benediktinermönche, die vor acht oder neun Jahrhunderten hier in der Waldeinsamkeit ein kleines Kloster samt Hospiz gründeten, von dieser Umgebung besonders angetan waren, darf eher bezweifelt werden. Für die Menschen jener Zeit war das Hochgebirge vor allem Bedrohung, von allerlei bösen Geistern bewohnt. Das sahen die ersten Touristen – vor allem Engländer –, die nach Mitte des 19. Jahrhunderts in San Martino di Castrozza eintrafen, ganz anders: Ihr Verhältnis zur Bergwelt war ein eher verklärt-romantisches, mit mehr als nur einer Prise Eroberungslust ... Wen wundert's, die halbe Welt gehörte schließlich zum Empire.

Die eigentliche Geburtsstunde des Fremdenorts schlug dann mit der Eröffnung der modernen Rolle-Passstraße im Jahr 1875. Noch vor Ende des Jahrhunderts zählte man in San Martino di Castrozza bereits mehrere Hotels.

Fiera di Primiero

Die Sausefahrt talabwärts endet in Fiera di Primiero, einem schmucken Städtchen, bis 1919 als Primör bei Österreich. Im Spätmittelalter kam der Ort durch den Bergbau zu einigem Wohlstand, wovon der historische Borgo noch heute zeugt. Die spätgotische Pfarrkirche, 1493 geweiht, bildet zusammen mit dem Palazzo delle Miniere, dem romanischen Kirchlein San Martino und dem Palast der Grafen von Welsperg ein malerisches Bauensemble.

Aus Fiera stammt Ludwig Negrelli, der »geistige Vater des Suezkanals«. Er beschäftigte sich bereits 1836 mit der Idee einer Wasserstraße zwischen dem Mittelmeer und dem Indischen Ozean und legte den Geldgebern 20 Jahre später ein ausführungsreifes Projekt vor. Die Verwirklichung seines großen Traums sollte er aber nicht mehr erleben; Negrelli starb ein Jahr vor Baubeginn. Als Generalinspektor der österreichischen Staatsbahnen realisierte er dafür zahlreiche bedeutende Verkehrsprojekte. In der Schweiz leitete er den Bau der ersten, 23 Kilometer langen Eisenbahnlinie, der Spanisch-Brötli-Bahn (1847), die Zürich mit Baden verband. Heute erinnert eine 150 Meter lange Fußgängerbrücke am Zürcher Hauptbahnhof an den (fast) vergessenen Ingenieur.

Fiera ist Basisort für viele Bergtouren und Wanderungen. Genau südlich erhebt sich die flache Pyramide des Monte Pavione (2335 m). Wenn an ihm ein Wolkenfähnchen hängt, sollten Radler, die am nächsten Tag noch mehr Serpentinen abspulen wollen, auf keinen Fall die Regenjacke vergessen. Der Berg ist nämlich ein Wetterzeiger, und wenn sich an der Adria ein Tief entwickelt, zeigt er Flagge.

TOP ★ ERLEBNISSE

★ BAITA SEGANTINI (2172 m)

Gemütliche, an Eindrücken aber starke Talwanderung auf einem alten Militärsträßchen. Stets im Blick: die Dreitausender der Pala-Nordkette, angeführt vom Cimòn della Pala. Zusammen mit der Baita Segantini und dem kleinen Passweiher eines der schönsten Dolomitenmotive.

★ LA ROSETTA (2741 m)

Der Hausberg von San Martino di Castrozza, dessen Gipfel hoch in den Himmel über dem Hotelort ragt, bietet eine sensationelle Aussicht in 3D. Man schaut direkt hinein in das weitläufige Pala-Hochplateau, das links von der Nordkette der Pala flankiert wird. Im Süden bauen sich die berühmten Klettergipfel der Hauptkette auf, im Osten steht markant der steinerne Obelisk des Monte Agner. Mit Lift und Seilbahn bequem erreichbar.

★ CAVALLAZZA (2324 m)

Wanderrunde am Passo Rolle, nahe der geologischen Naht zwischen Schlerndolomit und Vulkangestein. Idyllisch die Laghi del Colbricon, still und einsam der kleinere Lago Cavallazza. Blickfang natürlich: das »Matterhorn der Dolomiten«.

visitfiemme.it,
sanmartino.com,
baitasegantini.com

Steinwüste. Das Pala-Plateau, im Vordergrund der Rest des Fradusta-Gletschers, links der gotische Dom der Pala di San Martino, auf der rechten Bildhälfte die Pala-Nordkette, angeführt vom Cimòn della Pala (oben). Rechte Seite: Die beiden höchsten Gipfel der Pala, der Cimòn (mit Wolkenfähnchen) und die Cima della Vezzana (3192 m).

70 NATURPARK PALE DI SAN MARTINO

Felszähne und Wüstenlandschaft

Die Pala, sie hat ihr Flaggschiff, eines aus Stein allerdings, mit einem spitzen Bug, der hoch in den Himmel ragt: den Cimòn della Pala. Das »Matterhorn der Dolomiten« ist aber nur einer von vielen durch Form und Höhe buchstäblich herausragenden Gipfeln hier. Die Pala, eine steinerne Wunderwelt.

Das »größte zusammenhängende Korallenriff Südtirols und Venetiens« – wie es ein Geologe einmal formulierte – gehört fraglos zu den attraktivsten Dolomitengruppen. Die höchsten Gipfel der Pala überragen die 3000-Meter-Höhenkote deutlich. Teilweise ungewöhnlich groß ist auch die Überhöhung der Täler, bei Fiera di Primiero beträgt sie fast zwei Kilometer. Das ist allerdings charakteristisch für die gesamten südlichen Dolomiten, die noch wildere Landschaftsbilder zeigen, und weit weniger touristische Infrastruktur aufweisen. Über ihren Gipfeln schwebt bereits ein mediterraner Hauch, Venedig ist hier näher als die vergletscherten Dreitausender des Alpenhauptkamms. Das rund 250 Quadratkilometer große Massiv liegt zwischen den Tälern des Cismòn und des Cordévole, mitten durch geht die Grenze zwischen den Provinzen Trento und Belluno. Der Naturpark umfasst nur den Trentiner Teil des Massivs, nach Westen erstreckt er sich noch ein Stück weit in das aus Porphyr aufgebaute Lagorai. Deshalb auch der offizielle Name: Parco Naturale Paneveggio – Pale di San Martino. Touristisches Zentrum ist San Martino di Castrozza, ein traditionsreicher Hotelort im Val Cismòn mit Seilbahnverbindung zum Pala-Plateau – der einzigen Aufstiegshilfe im gesamten Massiv.

Kälte- und Hitzepol

Hinter den großen Gipfeln verbirgt sich das steinerne Herz der Pala, ihr fast zehn Quadratkilometer großes Altopiano, nur Steine, Steine: eine echte Mondlandschaft. Dafür kein Schatten, nirgendwo, im Sommer oft

flirrende Hitze. Kurioserweise haben Meteorologen hier auch den Kältepol Italiens verortet. Die Mulde der Busa di Manna verzeichnete eine Tiefsttemperatur von minus 47 Grad Celsius, ein Wert, der im Dezember 2010 sogar noch geknackt wurde: minus 48,3 Grad Celsius in der Busa Fradusta Nord – sibirisch, und das gerade mal 100 Kilometer von Venedig entfernt!

Von San Martino di Castrozza steigt man auf gutem Weg in etwa 3,5 Stunden hinauf zum Hochplateau. Entschieden schneller (und bequemer) geht das mit der Rosetta-Seilbahn. Die spuckt während der Sommermonate im Halbstundentakt Besucher aus, die sich den langen Weg in alpine Höhen nicht zumuten wollen. Die meisten beschränken sich darauf, die nahe Rosetta zu erklimmen – gerade mal 130 Höhenmeter. Vom Gipfel genießt man einen packenden Tiefblick ins Cismontal und auf die Hotels von San Martino di Castrozza, man überschaut aber auch das gesamte Pala-Plateau bis hinaus zu den Pale di Balconi, die ihren Namen durchaus zu Recht haben. Sie markieren nämlich den nordöstlichen Rand des Altopiano, der über steile Felsflanken in die Täler von Angheraz und Reiane abfällt. Dass sich in dieser steinig-lebensfeindlichen Landschaft sogar ein paar Seeaugen verbergen, überrascht einigermaßen, und niemand würde erwarten, dass die geografische Mitte dieser Wüste den romantischen Namen Riviera della Manna trägt. Überragt wird das Altopiano im Süden von der Fradusta. Die ist nicht der höchste, schon gar nicht der schönste Gipfel der Pala, auch kein Kletterberg, dafür aber so etwas wie der »Nabel« des Massivs mit einer einmaligen Rundschau. Keine andere Höhe gewährt einen vergleichbar umfassenden, so detailreichen Einblick in die Topografie der Pala. Ihre Nordabdachung trägt den größten Gletscher dieser Dolomitengruppe. Noch. Denn auch hier wird der Klimawandel sichtbar, das Eis zieht sich zurück, schwindet von Jahr zu Jahr mehr, der weiße Mantel bekommt Flecken, dafür wächst der grüne See vor seiner Zunge.

Auf dem Pala-Plateau: der Fradusta-Gletscher und sein Eissee (unten). Was für ein Profil! Der Sass Maor über dem Valle dei Canali (rechts unten).

Die Engländer kommen!

Neben der »großen« (Erd-)Geschichte, bei der in Jahrmillionen gerechnet wird, gibt es auch eine »kleine«, anderthalb Jahrhunderte umfassend: Bergsteigerhistorie. Den Anfang machten – wie auch anderswo im Alpenraum – die Engländer. Nachdem sie den halben Erdball ihrem Empire einverleibt hatten, rückten sie nun auch den Gipfeln zwischen Mont Blanc und Großglockner zu Leibe: the Alps, playground of Europe.

Und sie taten es mit echt britischem Sportsgeist, unerschrocken, dabei stets fair: gentlemenlike. Gelegentlich sogar ladylike, befanden sich unter den Gipfelstürmern jener Zeit auch einige Damen, wie Beatrice Tomasson. Sie ist als Erstbesteigerin der Marmolada-Südwand (1901) in die Annalen der Alpin-Historie eingegangen; zusammen mit ihrem Führer Michele Bettega unternahm sie auch in der Pala zahlreiche Touren, wobei ihr zwei Erstbegehungen glückten: am Campanile della Regina Vittoria und am Torre del Giubileo. Der »Sieg« der Bergsteigerin über Letzteren fiel zeitlich mit dem 60. Jahrestag der Thronbesteigung durch die britische Königin Victoria (1897) zusammen, daher der Name (Giubileo). »Good« save the Queen ...

Erstbegeher Michele Bettega

Auf Michele Bettega stößt man in der Pala-Chronik immer wieder; dem aus Mezzano stammenden Führer (lange Jahre der einzige im Primör) gelangen zahlreiche Erstbegehungen nicht nur in der Pala. Im Sommer 1892 führte Bettega auch Theodor Wundt hier auf mehrere Gipfel. Wundt war ein Mann mit vielen Talenten: Berufsoffizier, Alpinist, Fotopionier und Verfasser mehrerer Bücher über die Bergwelt. Ein Wundt'sches Drama mit dem Titel »Matterhorn« erwies sich allerdings als Flop und wurde nach der Uraufführung auf einer Provinzbühne alsbald wieder abgesetzt; die Ehe mit der Engländerin Maud Walters hielt dafür ein Leben lang. Vielleicht lag's ja auch daran, dass die Hochzeitsreise (1894) die beiden auf den berühmtesten Alpengipfel führte, das Matterhorn.

Um die Wende zum 20. Jahrhundert waren neben den Engländern zunehmend auch deutsche und österreichische Bergsteiger in den Pala-Dolomiten aktiv: Demeter Diamantidi, Oscar Schuster, die Gebrüder Emil und Otto Zsigmondy, Emil Purtscheller, Gustav Euringer. Ludwig Darmstädter entdeckte zusammen mit Luigi Bernard und Johann Niederwieser den Normalweg auf den Cimòn della Pala; der gerade 17-jährige Georg Winkler (Winklerturm im Vajolet, Rosengarten) bestieg im Sommer 1886 als Erster die Cima della Madonna.

Ein Wald voller Geigen

Man sagt ja gerne, der Himmel hängt voller Geigen. Wenn das zutrifft, müsste der Himmel quasi am Rollepass liegen. Bergsteiger, die zum Cimòn della Pala, dem »Matterhorn der Dolomiten«, hinaufgucken, bestätigen das gerne. In diesem Fall ist aber kein Felsenthron gemeint, sondern ein Wald. Ein Wald aus Haselfichten. Der »Foresta dei Violini« ist 27 Quadratkilometer groß und damit der größte zusammenhängende Forst in den italienischen Alpen. Hier holte sich die Serenissima Baumaterial für ihre Flotte. Später lernten Instrumentenbauer die Fichten als Klangholz schätzen. Bis heute ist unklar, ob es sich dabei um eine genetisch von der normalen Fichte nur wenig abweichende Art oder um eine Mutation handelt. Charakteristisch ist der sehr schmale und gleichmäßige Jahrringbau; die Form der Holzfasern ist möglicherweise dafür verantwortlich, dass akustische Schwingungen besonders lange nachhallen. Allerdings taugen nicht alle Bäume im »Violinenwald« als Klangholz, in der Regel sind es kerzengerade gewachsene, etwa 200-jährige Bäume, aus deren Holz dann Streich- und Zupfinstrumente entstehen. Auch der legendäre Geigenbauer Antonio Stradivari bediente sich im Wald am Rollepass, und so ertönt der Zauberklang dieses ungewöhnlichen Holzes heute in den berühmtesten Konzertsälen der Welt. Im Sommer wird der »Foresta dei Violini« jeweils zur Freiluftbühne, und dabei spielt die Geige natürlich eine Hauptrolle. Es handelt sich um eine Veranstaltung im Rahmen des Musikfests »I Suoni delle Dolomiti« – Klänge der Dolomiten.

Eine Utopie – oder bald Wirklichkeit?

Der weitaus größere Teil der Pala liegt auf Belluneser Gebiet, und das macht bereits deutlich, wohin die (Zukunfts-)Reise gehen könnte: in die Nachbarschaft. Ein kurzer Blick auf die Landkarte zeigt, dass hier Potenzial für eine erhebliche Erweiterung des Trentiner Schutzgebiets besteht. Rund 100 Quadratkilometer Bergnatur – von der Cima della Vezzana bis zu den Pale di San Lucano und zum Agner – ließen sich ohne gravierende Eingriffe in ein regionales Schutzgebiet verwandeln. Lediglich zwei Weiler liegen innerhalb der angedachten Parkerweiterung (Gares, Col di Prà), die touristische Infrastruktur ist bescheiden, beschränkt sich weitgehend auf Wanderwege; bewirtschaftete Hütten gibt es nur in den Randbereichen. Ein Parco Naturale delle Pale del Bellunese?

TOP ★ ERLEBNISSE

★ CRODA GRANDA (2849 m)

Der mächtige Gipfelklotz ist ein lohnendes Gipfelziel für erfahrene Bergsteiger. Teilweise gesicherter Anstieg über das Bivacco Reali, Abstieg alternativ auf dem Sentiero dei Vani Alti. Eine Tour mit ganz starken Eindrücken. Ausgangspunkt ist das Rifugio Treviso; wer die Dämmerstunden in totaler Einsamkeit genießen möchte, übernachtet im hochgelegenen Biwak. Ab Rifugio Treviso acht Stunden, vom Tal aus zehn Stunden hin und zurück.

★ LAGO DI CALAITA (1604 m)

Idyllisch gelegener Bergsee, anfahrbar von Mezzano via Gobbera und durch das Val Lozen. Sehr zu empfehlen ist der kleine Spaziergang zur Wiesensenke der Forcella di Calaita mit fantastischem Pala-Blick.

★ VAL DEI CANALI

Ihre vielleicht schönste Seite, großartig und idyllisch mit mehr als nur einer Prise Süden, zeigt die Pala im Val dei Canali. Gemütliche Talwanderungen, Gipfeltouren und jede Menge Klettereien bietet der Landstrich zwischen dem Sass Maor und dem Sasso d'Ortiga. Als Stützpunkte dienen zwei Hütten, das Rifugio Pradidali und das Rifugio Treviso.

parcopan.it, sanmartino.com

Der Cimòn della Pala
spiegelt sich im Wasser
des winzigen Bergsees
bei der Baita Segantini.

Álleghe und sein See, links am Horizont die Marmolada (oben). Wahrzeichen von Ágordo: die »Stummen von Crotta« (rechts unten). Álleghe, sein See und die Civetta-Nordwestwand (rechts oben)

71 DAS DOLOMITENSTÄDTCHEN ÁGORDO

Kirchtürme und noch viel größere Zacken

Das Kleinstädtchen inmitten der Belluneser Dolomiten gibt sich eher bescheiden, den monumentalen Part übernimmt die Felskulisse. Daraus resultiert ein feiner Mix von Urbanität und Natur, der gleichermaßen zum Genießen und zu sportlicher Aktivität verführt. Auf geht's!

Der Typ trägt eine Sonnenbrille. Nur: Die Sonne scheint nicht. Kein Problem, wir sind in Bella Italia und wer da als Mann eine »bella figura« machen will, sprich: auf Frauen wirken will, schaut durch getönte Gläser auf die Welt. Bei dem Brillenträger handelt es sich übrigens um einen Angestellten der Firma Luxottica, die 1961 in Ágordo gegründet wurde und weltgrößter Hersteller von schicken Sehhilfen ist.

Wer Ágordo an einem Sonnentag besucht, schaut (mit oder ohne Brille) erst einmal auf die Berge rundum, angeführt vom gewaltigen Agnèr und steht dann bald auf der weitläufigen Piazza della Libertà. Sie wird dominiert von der Kirche San Pietro, deren beide Türme fast ebenso hoch in den Himmel ragen – scheinbar zumindest. Schräg gegenüber steht der venezianische Palazzo de Manzoni, der in jedem Reiseführer seinen Platz hat – der steinernen Grazien wegen, die die Umfriedung des Anwesens schmücken. »Stumme von Crotta« nennt sie der Volksmund, weil sich hinter den Mauern des Palasts vor Zeiten so einiges abgespielt haben soll, was nicht unbedingt für die Öffentlichkeit bestimmt war.

Per Bahn nach Ágordo

Das Städtchen am Cordévole, von dem aus Lecco stammenden, berühmten Naturwissenschaftler Antonio Stoppani einst als »ein wunderschöner Marktflecken, eine Überraschung in dieser wilden Gegend« bezeichnet, hatte früher sogar Bahnanschluss. In den 1920er-Jahren erbaut, führte die Privatbahn von Bribano (bei Belluno) ins Val Cordévole und endete nach knapp 30 Kilometern in Ágordo.

Die von Anfang an elektrifizierte Linie diente allerdings nicht primär der Personenbeförderung; erbaut wurde sie vor allem für den Abtransport der Erze, die der Staatsbetrieb Montecatini im Val Imperina förderte. Der Niedergang des Bergbaus bedeutete auch für die Bahn das Ende; 1955 erfolgte – trotz heftiger Proteste der Bevölkerung – ihre Stilllegung. Die Trasse wird heute teilweise von der Talstraße genutzt; erhalten blieben einige Tunnel und Brücken. Eine Lok der einspurigen Linie steht am Eingang zum Bergwerksgelände mit zum Teil restaurierten Bauten. Im Val Imperina wurde bereits zur Römerzeit nach Silber und Kupfer geschürft, im Spätmittelalter und zu Beginn der Industrialisierung gehörte das Bergwerk zu den ergiebigsten in Europa.

Goldgräberstimmung muss auch am Oberlauf des Misbachs geherrscht haben. Hier wurde nach Zinnober geschürft, dem Ausgangsmaterial zur Gewinnung von Quecksilber. Die Kumpel wohnten in einem eigenen Dorf – einer kleinen »Goldgräberstadt« –, deren Ruinen aber längst überwuchert sind. Nur der Name blieb: California.

Ein Landschaftswunder: das Val di San Lucano

Von Ágordo sind es nur ein paar Kilometer bis ins Paradies. So heißt das Val di San Lucano zwar nicht, doch wer es besucht, früh am Morgen vielleicht, wenn noch ein paar Nebelfetzen an den Felsabstürzen der Pale di San Lucano hängen, die Sonne den Gipfel des Monte Agner umzüngelt, fühlt sich dem Himmel bestimmt ganz nah. Blickfang ist die scharfe Nordkante des 2872 Meter hohen Bergs, eine der längsten Kletterrouten der Dolomiten. Sie wurde 1932 erstmals begangen und 1967 von Sepp Mayerl, Reinhold und Günther Messner im Winter bestiegen. Fast so beeindruckend sind die Felsabstürze der Pale di San Lucano mit ihren ungangbar wilden Schluchten, hier Boral genannt. Dann die wenigen Häusern von Col di Prà, hier öffnet sich der Blick in den Felsenkessel des hintersten Val d'Angheraz mit der Croda Granda – ein Idealbild, Idylle und Wucht in schönster Balance. Dass der Wanderer, unterwegs über den Bärenpass ins Val Canali (noch so eine Traumlandschaft!) das fast immer allein erleben darf, ist noch ein kleines Wunder.

TOP ★ ERLEBNISSE

★ RIFUGIO VAZZOLER

Wer einen Blick auf die berühmten Klettertürme im innersten Val Corpassa werfen möchte, muss zum Rifugio Vazzoler (1774 m) wandern, gut zwei Stunden von der Capanna Trieste auf einem schotterigen Fahrweg. Das Schlussbild der Halbtagstour liefern die »Türme der Jugend«, der Torre Venezia und der Torre Trieste, beides beliebte Kletterziele. Vor allem in den 1930er-Jahren wurden hier zahlreiche schwierige Routen eröffnet.

★ ÁLLEGHE UND SEIN SEE

Álleghe, sein See und die Nordwestwand der Civetta – ein klassisches Dolomitenmotiv. Das sah auch Paul Grohmann so; er schrieb von einer »Idylle in den Dolomiten, wie man sie in dieser Verbindung von Lieblichkeit und Großartigkeit [...] nicht wieder findet.« Entstanden ist sie allerdings durch ein verheerendes Unglück. Im Januar 1771 stürzten gewaltige Felsmassen aus der Ostflanke des Monte Forca zu Tal; mehrere Weiler im Tal wurden zerstört, 48 Menschen kamen ums Leben, der Cordévole wurde zu einem 500 Hektar großen See aufgestaut.

agordo.net,
rifugiovazzoler.com,
alleghe-dolomiti.it

ALS DIE LOKS NOCH DAMPFTEN

Cortina und die Dolomitenbahn

Vor rund 150 Jahren kam die Eisenbahn, das Transportmittel der Zukunft, auch in den Alpen an. Vor allem in der Schweiz erkannte man ihre touristische Bedeutung, und so mancher Aussichtsgipfel erhielt seine Bergbahn, meist mit Zahnstange. Die wenigen Eisenbahnen in den Dolomiten dagegen haben durchwegs »unheilige« Väter: den Krieg.
Der 6. Januar 1956 ist ein Festtag. In Cortina d'Ampezzo auf jeden Fall. Das 1955 eröffnete Stadion ist beflaggt, die Zuschauerränge sind gut gefüllt, Musik schallt über den Platz. Die Sonne scheint, Avery Brundage beschwört den Olympischen Geist. Die siebten Winterspiele sind eröffnet. Auch der italienische Staatspräsident Giovanni Gronchi ist da, angereist im Zug der Società Anonima per la Ferrovia delle Dolomiti, einem modernen Gelenktriebwagen ET007.

Ende der Dolomitenbahn

Die Olympiade verschaffte der chronisch unrentablen Bahnlinie nochmals einen kurzen Aufschwung, den letzten, wie sich zeigen sollte. Das Automobil avancierte zum Liebling aller Italiener, ein Fiat 500 mindestens musste es sein, *per la famiglia*. 1962 wurde der Betrieb auf dem Abschnitt Toblach–Cortina eingestellt, zwei Jahre später, am 17. Mai, kam das endgültige Aus, fuhr der letzte Zug nach von Calalzo nach Cortina d'Ampezzo.

Wohl keine gute Entscheidung, denkt man da rückblickend. Denn die 65 Kilometer lange Strecke hatte touristisches Potenzial. Vor allem der Streckenabschnitt zwischen Toblach und Cortina ist eine Abfolge schönster Dolomitenbilder: der Toblacher See, die Drei Zinnen, der Cristallo, der Dürrensee, die Hohe Gaisl und schließlich die Conca d'Ampezzo – alles Motive, die jeden Dolomitenkalender, jeden Bildband über die »Bleichen Berge« schmücken.
Erbaut wurde die Dolomitenbahn im Ersten Weltkrieg für den Truppennachschub. Die Front verlief wenig nördlich von Cortina, vom Cristallo zu den Tofane. Italienische Genietruppen legten Schienen durch das

Heute verkehren moderne Züge im Pustertal. Bei Olang bietet sich ein Prachtblick ins Antholzer Tal mit dem Hochgall.

Die K.-u.-k.-Feldbahn FB 3, 1908 in Dienst gestellt, war zehn Jahre im Höhlensteintal unterwegs, auf der Trasse der späteren Dolomitenbahn.

Val d'Ampezzo, die Österreicher von Toblach bis zu ihren Stellungen zum Fuß des Monte Piana. Nach dem Rückzug der Alpini von der Dolomitenfront führten die Österreicher beide Strecken zusammen und schufen damit eine durchgehende Versorgungslinie bis Belluno. Die wurde 1921 von den Italienern zur Ferrovia delle Dolomiti und ein paar Jahre später – obwohl chronisch defizitär – sogar elektrifiziert. Andernorts fahren heute Autos, wo einst die Dampfloks unterwegs waren: zwischen Klausen und dem Grödner Tal, von Auer ins Fleimstal. Beide Strecken wurden – wie die Dolomitenbahn – im Ersten Weltkrieg für den Truppennachschub erbaut, später zivil genutzt, die Fleimstalbahn nach ihrer Privatisierung sogar elektrifiziert.

Olympia 2026

Nach 70 Jahren wird Cortina d'Ampezzo (zusammen mit Mailand und ein paar Nebenschauplätzen) zum zweiten Mal Austragungsort der Olympischen Winterspiele, bereits im Jahr 2019 in Lausanne dazu erkoren. Alles ist bereit für den Beginn am 6. Februar, die Pisten künstlich beschneit, die Hotels sind alle belegt, der Medienrummel dem Weltereignis entsprechend. Die Straßen sind vom Neuschnee geräumt, mit gelegentlichen Staus muss allerdings gerechnet werden. Aber die Prominenz reist ohnehin per Hubschrauber an. Nur mit der Bahn kommt niemand mehr, wie damals, als sich Toni Sailer, der »Blitz von Kitz«, zum dreifachen Olympiasieger kürte. Schade.

Lokomotive der ehemaligen Werksbahn, die Belluno mit Álleghe verband – heute ein (prächtiges) Ausstellungsstück

72 WAS FÜR GIPFEL!: CIVETTA UND PELMO

Dreitausender im Südosten der Dolomiten

Wer von Norden anreist, steigt oben ein, am Passo Staulanza, der Wasserscheide zwischen dem Val Fiorentina und dem Val di Zoldo. Begrüßt wird man gleich von den »Wächtern« des Zoldano, der Civetta und dem Pelmo, zwei ganz Großen im Konzert der Dolomitengipfel. Dann geht's hinab ins Tal der Eisverkäufer, vorbei an vielen weiteren Zacken, nicht ganz so groß und nördlich der Alpen weitgehend unbekannt. Hier gibt's also viel zu entdecken.

Giovanni hätte auch Pizzabäcker werden können. Aber eher nicht in Forno. Auch wenn der Name so etwas suggeriert, hier wird nicht gebacken, im Ofen (forno), hier kühlt man. Eis. Denn das Zoldano ist so etwas wie die Welthauptstadt einer Zunft, die in halb Europa für Glück und Gaumenfreuden sorgt: Gelatiere. Sie betreiben ihre chromglitzernden Eisdielen in Österreich, in Deutschland, ja fast überall in Europa. Emigration auf Zeit, über den Sommer. Im Spätherbst geht's zurück in die Heimat, ins Tal des Maè. Der entspringt oben am Passo Staulanza und mündet bei Longarone in den Piave. Mehr als 30 Kilometer lang ist sein Lauf, tief eingekerbt zwischen zerklüfteten Gipfeln und Graten, deren Namen an ganz ferne Weltgegenden denken lassen: Támer, Sfornioi, Prampèr, Zuèl. Zwei Gipfel, die größten hier, kennt man auch in Münchner oder Wiener Bergsteigerkreisen: die Civetta und den Pelmo. Sie, das »Käuzchen« (civetta), ist berühmt für den Felsflügel ihrer Nordwestwand, er ein gewaltiger Klotz, einfach riesig. Als ungleiches Paar beherrschen sie das obere Zoldano, und wer bei ihrem Anblick keine glänzenden Augen bekommt, verbringt seinen Urlaub besser am Strand als in den Dolomiten. Zwei Traumberge!

Gipfeltouren

Natürlich kann man ihnen aufs Haupt steigen, was allerdings bei beiden nicht nur festes

Was für eine Mauer! Die Nordwestwand der Civetta, 1925 erstmals durchstiegen. Die Route von G. Lettenbauer und E. Solleder war die erste im VI. Schwierigkeitsgrad in den Dolomiten (unten). An der Via ferrata Alleghesi im Aufstieg zum Civetta-Gipfel (rechts oben). Was für eine Lage! Das Rifugio Tissi (rechts unten)

Schuhwerk und eine Regenjacke voraussetzt, sondern Erfahrung. Alpinistische. Denn auch die Normalwege – wie die Fachsprache es formuliert – sind mit längeren Felspassagen und reichlich Geröll garniert. Wer in einem Tag rauf und auch wieder runter will, sollte Konditionsprobleme bestenfalls vom Hörensagen kennen. Also viel Arbeit, bevor man oben ist. Zur Belohnung gibt's dann – falls das Wetter mitspielt – eine Dolomitenschau erster Klasse. Wobei jene von der Civetta noch um einen Tick grandioser ist. Weshalb? Weil der Pelmo den absoluten Blickfang in der 360-Grad-Schau gibt. Wer auch noch die Dämmerstunden genießen will, muss oben übernachten, im Rifugio Torrani. Das verströmt zwar den Charme einer alten Militärbaracke, hungern muss aber niemand, und für die notwenige Bettschwere sorgt der Rotwein. Der kommt als Luftfracht an der 3000-Meter-Höhenkote an, per Materialseilbahn. Na dann, gute Nacht!

Civetta und Pelmo lassen sich auch auf markierten Wegen umrunden. Für Schwarzwaldwanderer eignen sich diese Routen allerdings nicht. Zu viel Geröll, manchmal zwar gut festgetreten, oft aber *molto friabile*, was der Bayer im Karwendel mit »zwei vor, einen Schritt zurück« meint. Wer sich die Pelmo-Umrundung vornimmt, kann das gleich mit einer Zeitreise der besonderen Art verbinden. Am Westfuß des Pelmetto, wenig oberhalb des Wegs zum Rifugio Venezia, sind Fußabdrücke von Dinosauriern zu besichtigen. Die Reptilien hinterließen sie vor etwa 200 Millionen Jahren im seichten Uferbereich des Tethys-Meers. Viel später erst, durch die Kollision der Afrikanischen und Eurasischen Kontinentalplatten, wurden sie nordwärts verfrachtet und in alpine Höhen befördert.

Der Festungs- und Museumsberg

Einen besonders schönen Blick auf den Pelmo bietet der Monte Rite. Gerade mal gut 2000 Meter hoch, erhebt er sich zwischen dem Zoldano und dem unteren Val del Bòite, ein kleiner Berg nur, aber eine hervorragende Aussichtswarte, dazu mit üppigem Blumenschmuck. Die strategisch günstige Lage fiel auch dem italienischen Militär auf, vor allem der freie Blick zum (damals österreichischen) Ampezzano. So kam der Monte Rite zu seiner Gipfelfestung samt Zufahrt. Die ist heute ein beliebte Bikerstrecke. Die historischen Mauern beherbergen nämlich Reinhold Messners »Museum in den Wolken«, das der alpinistischen Erschließung der Dolomiten gewidmet ist. So wird der Ausflug zum großen Panorama in doppeltem Sinn zu einer Zeitreise: 200 Jahre Bergsteigerhistorie und drei Jahre Gebirgskrieg.

TOP ★ ERLEBNISSE

★ MONTE RITE (2181 m)

Gute Gründe, dem Höhenrücken über der Forcella Cibiana aufs Dach zu steigen, gibt es gleich mehrere. Sensationell ist das Panorama, berühmt der Blumenreichtum des Bergs. Und da ist noch die alte Festung, mittlerweile ganz unkriegerisch genutzt. Sie beherbergt heute Reinhold Messners »Museum in den Wolken«, das thematisch die Erschließung der Dolomiten behandelt. Der Zugang erfolgt über die sechs Kilometer lange Ex-Militärstraße – zu Fuß, mit dem Rad oder mit dem Jeep-Taxi.

★ ZOPPÈ DI CADORE

Den schönsten Blick auf die riesige Felsbastion des Monte Pelmo hat man von Zoppè di Cadore – ein alpines Idealbild. Wer dem Berg näherkommen will, wandert auf einem Schottersträßchen hinauf zum Rifugio Venezia (2 Std.).

★ MALGA DI PRAMPÈR

Die Felstürme der Mezzodì-Gruppe sind die fantastischen Kulissenberge des Val Prampèr. Sie liefern entsprechend tolle Fotomotive, sehr schön erlebbar auf der leichten Wanderung von Forno di Zoldo zur Malga di Prampèr (1540 m, 3 Std.).

dolomiti.org,
messner-mountain-museum.it,
bergsteigerdoerfer.it

Zwei ganz große Gipfel der südöstlichen Dolomiten: der Pelmo mit seiner Nordwand, im Hintergrund der Antelao.

Über dem weiten Talkessel von Cortina stehen mehrere Dreitausender – die Conca d'Ampezzo. Links im Bild die Hohe Gaisl, rechts der Cristallo (oben). Weite Teile der Ampezzaner Dolomiten stehen unter Naturschutz (rechts oben). Ein Idyll: der Lago Federa, überragt vom Mittagszeiger Cortinas, dem Becco di Mezzodì (rechts unten).

73 HEIMLICHE DOLOMITENHAUPTSTADT: CORTINA D'AMPEZZO

Hotelburgen, Glamour und Dreitausender

Die Lage macht's, sagt man bei Immobilien, und wenn das stimmt, dann dürfen die Hausbesitzer in Cortina d'Ampezzo guter Dinge sein. Eine attraktivere Kulisse für einen Urlaub als die Conca d'Ampezzo mit ihren markanten Eckpfeilern kann man sich kaum vorstellen: den Tofane im Westen, Cristallo und Sorapiš im Osten. Mittendrin die 6000-Seelen-Gemeinde (die im Winter gelegentlich 50 000 Gäste aushalten muss) mit ihren Hotelkästen und Nobelgeschäften.

»Licht und Schatten zaubern auf Fels und Firn die herrlichsten Farbeffekte hervor, besonders gegen Sonnenuntergang, wenn das Tal und die Wälder bereits in bläulichem Dämmerlicht liegen, während das Alpenglühen die fernen Gipfel in flammende Tinten taucht.« So euphorisch beschrieb der »Führer von Cortina« schon in den 1930er-Jahren die Kulisse des »ganz ohne Zweifel bedeutendsten Wintersportplatz Italiens.«

Gute alte Zeit

Rund fünfzig Hotels öffneten zur Saison ihre Pforten. Als erstes Haus am Platz galt das Miramonti Majestic, das sich einer »prachtvollen, ruhigen Lage am Walde« rühmte. Cortina verfügte bereits über eine Bobbahn (die einzige im Land) und drei Sprungschanzen. Dreißig diplomierte Skilehrer kümmerten sich um die Wintergäste, brachten ihnen den richtigen (Telemark-)Schwung bei. In Pocol, bequem mit der im Jahr 1925 eröffneten Seilschwebebahn erreichbar, stand der erste Skilift. Damals reiste man mit der Bahn via Toblach ins Ampezzano, die Italiener kamen von Calalzo di Cadore, die internationale Klientel meistens aus dem Pustertal. Der »Hochtourist« vermerkt 1927, dass im Palace Hotel Cristallo viele Engländer absteigen; zwanzig der insgesamt 150 Zimmer hatten bereits ein Bad, die Pension kostete zwischen 50 und 65 Lire pro Tag. Außerhalb der Saison, die gerade vom 15. Juli bis zum 31. August dauerte, wurden erhebliche Preisnachlässe gewährt ... Im Sommer verkehrte »einmal täglich ein Luxusauto in 11 Stunden für 82,50 Lire über Buchenstein, Sellajoch, St. Ulrich und Waidbruck nach Bozen (115 Kilometer).«

Parco Naturale delle Dolomiti d'Ampezzo
località Rucurto
1 Anello delle Cinque Torri
2 Cinque Torri - Passo Giau
3 Lago di Fedèra - Ambrizzola
4 Val Formin - Giro della Croda da Lago
Le curiosità

Olympia I

Die Seilbahn nach Pocol ist seit Jahren außer Betrieb und abgebaut, doch das Geschäft mit der weißen Pracht floriert weiter – heute mit (wasser- und energiefressender) Unterstützung durch Schneekanonen. Den entscheidenden »Kick« nach den Kriegsjahren erhielt Cortina 1956, als es zu olympischen Ehren kam. Toni Sailer räumte auf den Pisten unter den Tofane und am Pomagagnon ab, die Welt hörte zu. Ein bisschen Fernsehen gab's da auch schon.

Mit den fünf Ringen kam der Jetset ins Tal des Boite, der Corso Italia wurde zur mondänsten Flaniermeile nördlich von Mailand; Grundstücks- und Zimmerpreise schossen in die Höhe. Sogar der berühmteste Kinospion aller Zeiten, James Bond 007 alias Roger Moore, stürzte sich – verfolgt von ein paar Bösewichten – auf schmalen Latten in die Tiefe (und ins Après-Ski). Der Zeit nach Einbruch der Dunkelheit fühlen sich viele Wintergäste auch heute noch besonders verpflichtet. Beliebter Treff ist die legendäre American-Bar des Hotels De la Poste, wo Italiens berühmtester Barkeeper dafür sorgt, dass niemand auf dem Trockenen sitzt.

Olympia II

Nach sieben Jahrzehnten kehrt Olympia ins Ampezzano zurück, zumindest teilweise. Zusammen mit Mailand richtet das Dolomitenstädtchen die XXV. Winterspiele aus, unter Assistenz von Antholz (Biathlon), dem Fleimstal, Bormio und Livigno. Die Schlussfeier soll in Verona stattfinden. Eine Behelfslösung nach diversen Absagen von Kandidaten aus aller Welt. Anreisen wird die Prominenz aus Politik und Gesellschaft nicht mehr mit der Bahn, eher im Hubschrauber. Und wenn rund um Cortina d'Ampezzo zu wenig Schnee liegt, werden die Kanonen halt ein paar Überstunden machen müssen. Da wundern sich vielleicht ein paar Felsaurikeln in den Felsen des Pomagagnon, wenn sie sich das Treiben ansehen. Verrückte Welt?

Cortina im Dämmerlicht, darüber der Cristallo (unten). Der Misurinasee, in den Wolken das Sorapiš-Massiv (rechts unten).

Hütten und Gipfel

Im Sommer sind die Nächte kürzer, das Publikum dafür im Durchschnitt etwas älter, aber gut zu Fuß. Die Campingplätze werden stark frequentiert, die Mercati ebenfalls. Dafür bleibt in den Nobelbeizen der eine oder andere Tisch leer – Natur- und Bergfreunde ziehen die rustikale Minestrone auf der Berghütte vor. Rifugi gibt es hier zahlreiche, und alle mit Aussicht auf Dolomitfels. Also hinaus ins Grüne, hinauf zu den Gipfeln. Einer der höchsten, die Tofana di Mezzo, ist ans dicke Drahtseil gebunden; der Freccia nel Cielo (Himmelspfeil) befördert Aussichts- und Höhensüchtige bis knapp unter den höchsten Punkt. Da treffen sich dann Zobel und Kniebundhose, wird am Schokoriegel geknabbert, in verschiedenen Idiomen parliert und das Panorama bestaunt. Und das kann sich wirklich sehen lassen, ein weites Rund mit hundert Gipfeln.

Jahrmillionen

Angesichts der grandiosen Felskulisse stellen sich so manchem Besucher des Olympiaorts Fragen nach jener Geschichte, die vor vielen Jahrmillionen am Grund des Tethys-Meers begann, mit dem Zusammenprall der Afrikanischen und Eurasischen Kontinentalplatte seinen entscheidenden Kick bekam, dann vom Gletschereis modelliert wurde. Zuletzt sorgte die vom Wasser angetriebene Erosion für einen Skulpturengarten aus Stein, von der

elegantesten Nadel bis zum monumentalen Klotz. Naturwunder, echte.
Denen gehörte auch Rinaldo Zardinis Leidenschaft. 1922, gerade zwanzig Lenze zählend, begann er damit, ein umfangreiches Herbarium anzulegen, das über tausend Pflanzen umfasste, dazu sammelte er Schmetterlinge und Käfer. Dabei entdeckte Zardini im Flussbett des Boite eine versteinerte Koralle. Das sollte die Initialzündung für ein Lebenswerk von epischen Dimensionen sein. Über eine Million Fundstücke – vor allem aus den fossilienreichen Kassianer Schichten rund um Cortina d'Ampezzo – trug er zusammen, was ihn in der Fachwelt zu einer anerkannten Koryphäe machte. Er wurde Forschungsmitglied des Smithsonian Instituts in Washington; die Universität Modena verlieh ihm die Ehrendoktorwürde mit der Begründung, er habe »bei Weitem die Schwelle überschritten, die einen Sammler vom Wissenschaftler trennt.«

Parco Naturale delle Dolomiti Ampezzo

Seit 1990 stehen große Teile der Ampezzaner Dolomiten unter Schutz. Das 112 Quadratkilometer große Parkgebiet erstreckt sich vom Seekofel im Norden bis zu den Fanisspitzen im Süden und zum Cristallo-Massiv im Osten. Höchster Punkt ist die Tofana di Mezzo (3244 m). Vegetation, Flora und Tierwelt unterscheiden sich nicht wesentlich von anderen Regionen der Dolomiten. Lärchen und Fichten sind weit verbreitet. An der Waldgrenze dominiert die Zirbelkiefer als Pionierbaum. Noch höher hinauf steigt die Legföhre; im Grenzbereich zu Schutt und Fels sorgt sie dank ihres verzweigten Wurzelwerks für Stabilität, verhindert so den Abgang von Muren. Murmeltierkolonien bevölkern vor allem die Bergwiesen; im Geröll- und Felsgelände sind Gämsen und Steinböcke heimisch. Letztere wurden vor 20 Jahren am Massiv der Hohen Gaisl wieder angesiedelt; die Population liegt zurzeit bei knapp hundert Tieren. Besucher auf Zeit gibt es ebenfalls im Ampezzaner Park. So ist hier ab und zu ein Braunbär auf der Durchreise, auch der Luchs. Beide sind allerdings (noch?) nicht wieder heimisch geworden. Das gilt auch für den Goldschakal, einen Verwandten des Wolfs, der wohl aus dem Balkan einwandert und immer wieder in verschiedenen Alpenregionen gesichtet wird. Sesshaft geworden ist dagegen der Adler; mehrere Pärchen leben im Park, sorgen auch für Nachwuchs. Der große Raubvogel nistet in unzugänglichen Felswänden, die nach Süden ausgerichtet sind. Sie liegen nicht zu hoch, damit ihn der Adler mit seiner Beute im leichten Sinkflug ansteuern kann. Im Sommer sind es vor allem Murmeltiere, die er schlägt; im Winter gibt sich der König der Lüfte auch mit Aas zufrieden. Ebenfalls ein Räuber ist das Hermelin, das sich im Winter ein weißes Fell zulegt; auf seinem Speiseplan stehen vor allem Mäuse und Maulwürfe. Auch Fuchs und Wiesel sind im Naturpark unterwegs; zu den Waldbewohnern gehören neben Reh und Hirsch der Schwarz- und der Buntspecht. Und auch der größte aller europäischen Vögel, der Bartgeier, wurde wiederholt im Naturpark gesichtet. Ein ausgewachsener *Gypaetus barbatus* weist eine Flügelspannweite von bis zu 2,70 Metern auf; er erreicht die Geschlechtsreife im Alter von fünf bis sieben Jahren. Bartgeier leben monogam; ein Brutpaar nutzt gemeinsam ein Revier, das bis zu 400 Quadratkilometer groß sein kann. Hohe, unzugängliche Felswände sind bevorzugte Nistplätze; der Bartgeier baut seinen Horst gerne in Halbhöhlen oder auf überdachten Felsbändern. Dabei ist er bei der Wahl des Polstermaterials gar nicht wählerisch; da wird schon mal eine Zeitung oder ein verloren gegangener Handschuh zweckentfremdet ...
Bis heute bleibt ungeklärt, weshalb Bartgeier durch wiederholtes Baden ihr Gefieder einfärben. Dabei legen sie sich in eine rotschlammige Suhle und verteilen die Farbe anschließend auf das Gefieder im Bauch-, Brust- und Halsbereich. Alles nur für ein fesches Make-up?

TOP ★ ERLEBNISSE

★ MISURINASEE (1750 m)

Beliebtes Ausflugsziel in der Umgebung von Cortina, leicht erreichbar über den Passo Tre Croci (13 km, Linienbus). Auf dem See fanden 1956 die olympischen Eislaufwettbewerbe statt. Rundweg mit Aussicht auf die Drei Zinnen und das Sorapiš-Massiv, Sessellift zum Col de Varda (2115 m).

★ BELVEDERE DI POCÒL (1539 m)

Wer über die Große Dolomitenstraße anreist, also vom Passo Falzárego, sollte beim Weiler Pocòl unbedingt einen Zwischenstopp einlegen. Das Belvedere, zu Fuß nur wenige Minuten, bietet einen traumhaften Blick auf den Talkessel von Cortina und seine Bergkulisse mit Cristallo, Sorapiš und Antelao.

★ PALÄONTOLOGISCHES MUSEUM RINALDO ZARDINI

Das 1975 eröffnete Museum im Kulturzentrum Alexander Girardi Hall basiert auf der Sammlung von Rinaldo Zardini. Hier werden 200 Millionen Jahre Erdgeschichte sichtbar. Modern konzipierte Ausstellung mit einer auch für den Laien leicht verständlichen Darstellung der erdgeschichtlichen Abläufe.

dolomiti.org,
auronzomisurina.it,
musei.regole.it

Schnee auf den Gipfeln. Die drei Tofane, Blick in die bei Kletterern legendäre Südwand der Tofana di Rozes (3225 m).

Platz ist in der kleinsten Hütte. Das Bivacco Bernardina in der Schiara; links die Gusela del Vescovà (oben). Der Cimon del Piz (2325 m) in der Cimónega-Gruppe (rechte Seite).

74 DER BELLUNESER DOLOMITENPARK

Urwelt am Südrand der Alpen

Wenn bei einer Bergwanderung weder Liftmasten noch Almhütten oder Straßen zu sehen sind, ist die Zuordnung »unberührt« nicht weit. Das trifft nur selten zu, im Parco Nazionale delle Dolomiti Bellunesi allerdings schon. Zumindest fast, denn hier schützt sich die Natur selbst: wild, schroff, kaum nutzbar. Aber wunderschön.

Sie sind eine Randerscheinung, die Belluneser Dolomiten, und das in doppeltem Sinn. Einerseits, weil sie sich am Südrand der Alpen, fast schon in Sichtweite der Adriastrände, erheben. Und dann liegen sie halt ganz hinten, zumindest aus der Nordperspektive. Umso mehr erstaunt es, dass einem Bayer, Gottfried Merzbacher, hier in der zweiten Hälfte des 19. Jahrhunderts gleich mehrere Erstbesteigungen glückten, so am Piz di Mezzodì und am Monte Schiara. Vom Panorama des höchsten Belluneser Gipfels zeigte er sich sehr angetan: »Das Wetter war prächtig, die Szenerie, die sich vor uns aufrollte, zu beschreiben, finde ich nicht Worte. Ich darf kühn behaupten, dass diese Spitze wohl zu den großartigsten Aussichtspunkten der Alpen gezählt werden darf und dass sie sicherlich die zauberischste, mannigfaltigste und großartigste Aussicht von allen Bergen in den Dolomiten bietet.«

Merzbacher fand nur wenige Nachahmer, obwohl seine Reisebeschreibungen in Deutschland, u. a. beim DAV, publiziert wurden. Auch heute sind in den Bergen zwischen der Schiara im Osten und den Vette Feltrine im Westen vor allem Einheimische unterwegs, dazu gelegentlich Fernwanderer, die im Pustertal zur Durchquerung der Dolomiten aufbrechen. Als weißen Fleck auf der Bergsteigerkarte kann man mit Fug und Recht die Monti del Sole bezeichnen. Die Topografie ist extrem, die wenigen Almen wurden schon lange aufgegeben. Von der Alta via dei Monti del Sole, die eine – allerdings anspruchsvolle – Durchquerung des gesamten Gebirgsmassivs ermöglichte, sind

bloß noch in paar verblichene Farbtupfer und verfallende Pfadspuren geblieben. Kein Weg, schon gar keine Straße.

Sedimente, Eis und Wasser

Die Berge des Belluneser Parks bestehen überwiegend aus Hauptdolomit, der an der Schiara eine Mächtigkeit von bis zu 2000 Metern erreicht und am Spiz di Mezzodì eine besonders gleichmäßige, horizontale Schichtung aufweist. Zahlreich sind allerdings Überschiebungen, etwa am Piz di Sagron, wo Dachsteindolomit auf jüngeren Schichten aus der Jurazeit aufliegen. Auch die Vette Feltrine bestehen aus Gesteinen des Jura: Rosso Ammonitico und weichere Biancone. Letztere verwittern zu eher sanften Formen, während die Liaskalke stark verkarsten, was sich sehr schön im Bereich der Piani Eterni beobachten lässt.

Für das riesige Karstplateau interessieren sich vor allem Speläologen, also Höhlenforscher, wurden hier doch bisher über 400 Höhlen und Schächte entdeckt, ein vielfach verästeltes System tief im Berginnern, das noch lange nicht alle Geheimnisse preisgegeben hat. Die Grotta Isabella gilt mit einer Gesamtausdehnung von 30 Kilometern und einer vermessenen Tiefe von 971 Metern als größte Höhle des Veneto. Geforscht wird bevorzugt im Winter, weil dann keine Überschwemmungen drohen, ausgelöst durch starke Niederschläge.

Luftige Passage im Aufstieg zum Monte Pizzocco (unten). Fast grenzenlos weit – die Piani Eterni in den Belluneser Dolomiten (rechts unten).

Lebensräume: Pflanzen, Tiere

So vielfältig wie die Topografie ist die Vegetation, was nicht weiter verwundert, liegen zwischen dem Tal des Piave und dem Gipfel des Pizzocco (2180 m) zwar fast 2000 Höhenmeter, aber keine zehn Kilometer in der Horizontalen. Das berühmte Weinanbaugebiet Valdobbiàdene ist nicht weit und die Poebene auch nicht. Das hat seine Auswirkungen auf das Klima, die Alpenrandlage sorgt – wenn gerade ein Adriatief über dem Wasser kreiselt, gelegentlich für monsunartige Regenfälle. Die trockenste Jahreszeit ist der Winter, doch sinkt die Temperatur in Feltre nur selten unter den Gefrierpunkt. Am Fuß der Berge wachsen Mannaeschen, Hopfenbuchen und Flaumeichen. In diesen Wäldern, die auch von den Menschen seit jeher genutzt wurden, sind Grünspecht, der seltene Wiedehopf und der Eichelhäher zuhause, geht der Waldkauz nachts auf Beutefang. An den sonnigen Hängen der submontanen Stufe gedeihen Eichen und Haselnusssträucher; im Unterholz stehen Alpenveilchen, auf den Wiesen blühen im Frühling die Narzissen, wächst die Schwertlilie.

Im Bereich der montanen Stufe dominiert die Buche, vielfach in schönen Mischwäldern zusammen mit Tannen, Eiben, Bergahornen, Birken und Linden stehend. In lichten, nach Süden gerichteten Waldpartien kann man mit etwas Glück die schönste Orchidee der Alpen, den Frauenschuh, entdecken. Ausgedehnten Buchenwäldern begegnet man in den Monti del Sole, auf der Pian Cadaia und im Val Vescovà. Auch Fichten und Föhren findet man hier; im Ostteil des Parks, zum Piavetal hin, stehen Österreichische Schwarzkiefern. Sie können bis zu 800 Jahre alt werden. Der Baum wird vielfach genutzt, auch gerne bei Aufforstungen eingesetzt. Sogar die Kunst profitiert von dem Holz, bestehen jene Bretter, die die Welt bedeuten, oft aus Schwarzkiefern. Weil das Holz auch bei starken Belastungen nicht knarrt ...

Im Val d'Art, das tief ins felsige Herz der Schiara hineinreicht, steigt die Fichte bis gegen 1700 Meter hinauf. Zur Waldgrenze hin begegnet man im Parkgebiet vor allem Lärchen und Zirben, da und dort sogar Laubhölzern, etwa der Eberesche. Im Randbereich der Piani Eterni und an den Bergflanken der Monti del Sole bilden Legföhren einen fast undurchdringlichen Vegetationsgürtel, oft vergesellschaftet mit Alpenrosen, Preisel-, Schwarz- und Rauschbeeren.

Blumen, Blumen

Außerordentlich artenreich präsentiert sich die alpine Flora der Belluneser Alpen. Darunter finden sich zahlreiche Endemiten, die alle Eiszeiten überdauert haben, wie die Moretti-Glockenblume, Symbolblume des Parks. Die orangefarbene Krainer Lilie, ebenfalls ein Endemit, hat in den Vette Feltrine ihre westlichsten Standorte. Nur an senkrechten Felsen gedeiht die Schopf-Teufelskralle, ein Endemit der Südostalpen und mit ihrem lilafarbenen Blütenschopf eine der schönsten Alpenblumen überhaupt. Natürlich fehlt auch das Edelweiß nicht, so wenig wie das Kohlröschen, verschiedene Steinbrecharten und diverse Enziane. Aus den Schotterfluren der Vette Feltrine leuchtet es bald nach der Schneeschmelze gelb; es sind die tausend Blüten des Obir-Steinkrauts, das vor allem in den Julischen Alpen und den Karawanken heimisch ist, hier seine westliche Verbreitungsgrenze hat. Auf Geröll siedeln auch gerne das Alpen-Leinkraut, der Gelbe Alpenmohn, das Kerner-Täschelkraut und die Alpen-Augenwurz.

Der Luchs ist zurück!

Diese Meldung freut den Naturfreund, auch hierzulande, und die größte europäische Raubkatze – so darf man annehmen – wird sich in den Monti del Sole bestimmt wohlfühlen. Wer schon einmal in dieser alpinen Wildnis unterwegs war, glaubt das gerne. Vor Nachstellungen durch den Menschen dürfte der Luchs hier jedenfalls sicher sein. Auch Schlangen tummeln sich da ungestört; neben der ungiftigen Ringelnatter und der Äskulapnatter (mit einer Länge von bis zu zwei Metern die größte europäische Schlange) auch zwei Giftschlangen, die Aspisviper und die Kreuzotter. Sehr selten und nur in den östlichen Grenzbereichen des Parks anzutreffen ist die ebenfalls giftige Sandviper, unverkennbar mit ihrem markanten Schuppenhorn auf der Schnauze.

Zurückgekehrt ins Parkgebiet ist auch der Steinadler. Heute nistet ein Dutzend Adlerpaare innerhalb des Schutzgebiets; mit etwas Glück kann man bei Wanderungen den König der Lüfte beobachten. Der wiederum hält im Sommer vor allem Ausschau nach Murmeltieren, seiner liebsten Beute.

Zu den Vögeln des Parks gehören das Birkhuhn, das sich am liebsten in lichtem Wald mit reichlich Unterholz aufhält, und das Auerhuhn, ein hochspezialisierter Pflanzenfresser (im Sommer vor allem Heidelbeerblätter und Beeren); weiter das Alpenschneehuhn, das sich alljährlich viermal mausert (die Weibchen dreimal), und das Haselhuhn. Ein gefürchteter Jäger des Walds ist der Uhu, mit einer Spannweite von über 1,5 Metern mit Abstand die größte Eule; er ernährt sich vor allem von kleinen Säugern und Vögeln. Auch Murmeltiere und junge Füchse sind vor ihm nicht sicher, so wenig wie kleinere Eulenarten. Unverdauliches wie Knochen, Krallen und Zähne wird in Gewöllen wieder ausgewürgt.

Ansteigende Tendenz verzeichnet die Hirsch-Population im Park; gleiches gilt für die Gämsen, deren Bestände durch die Gamsräude vor ein paar Jahren stark dezimiert wurden. Größeren Rudeln dieser hervorragenden Kletterer kann man vor allem in den steinigen Hochkaren begegnen. Auch das Mufflon ist im Park heimisch, allerdings erst seit den 1970er-Jahren. Damals wurden die aus Sardinien und Korsika stammenden Tiere hier ausgewildert.

TOP ★ ERLEBNISSE

★ FELTRE

Am Fuß der Vette gelegene Kleinstadt mit rund 20000 Einwohnern. Der historische Kern, nach der Zerstörung durch Maximilian I. im Stil der Renaissance neu aufgebaut, mit teilweise erhaltenen Mauern, krönt einen langgestreckten Geländerücken. Mittelpunkt der Città vecchia ist die Piazza Maggiore mit ihren Palazzi und der Kirche San Rocco.

★ PIANI ETERNI

Wanderklassiker im Val di Canzoi mit starken Eindrücken. Start im Talinneren (7 km von Soranzén, Parkplatz), gute, teilweise steile Wege. Sensationell: die weite, von keiner Seite einsehbare Hochfläche mit ihrem Bergkranz. Im Frühsommer üppige und artenreiche Flora, Einkehr auf den Piani Eterni (Casera Brendòl).

★ CESIOMAGGIORE

Radsportverrücktes Dorf am Fuß der Berge. Hier sind die Straßen nach Berühmtheiten der Zunft benannt, gibt es sogar ein Fahrradmuseum. Das befindet sich – wie passend! – im Schulhaus an der Contrada Jacques Anquetil. Ältestes Ausstellungsstück ist ein bemaltes französisches Holzrad von 1791.

visitfeltre.info, cesiomaggiore.bl.it, dolomitipark.it

Sonnenaufgang über dem türkisfarbenen Lago del Sorapiš. Links der »Finger Gottes« (Dito di Dio)

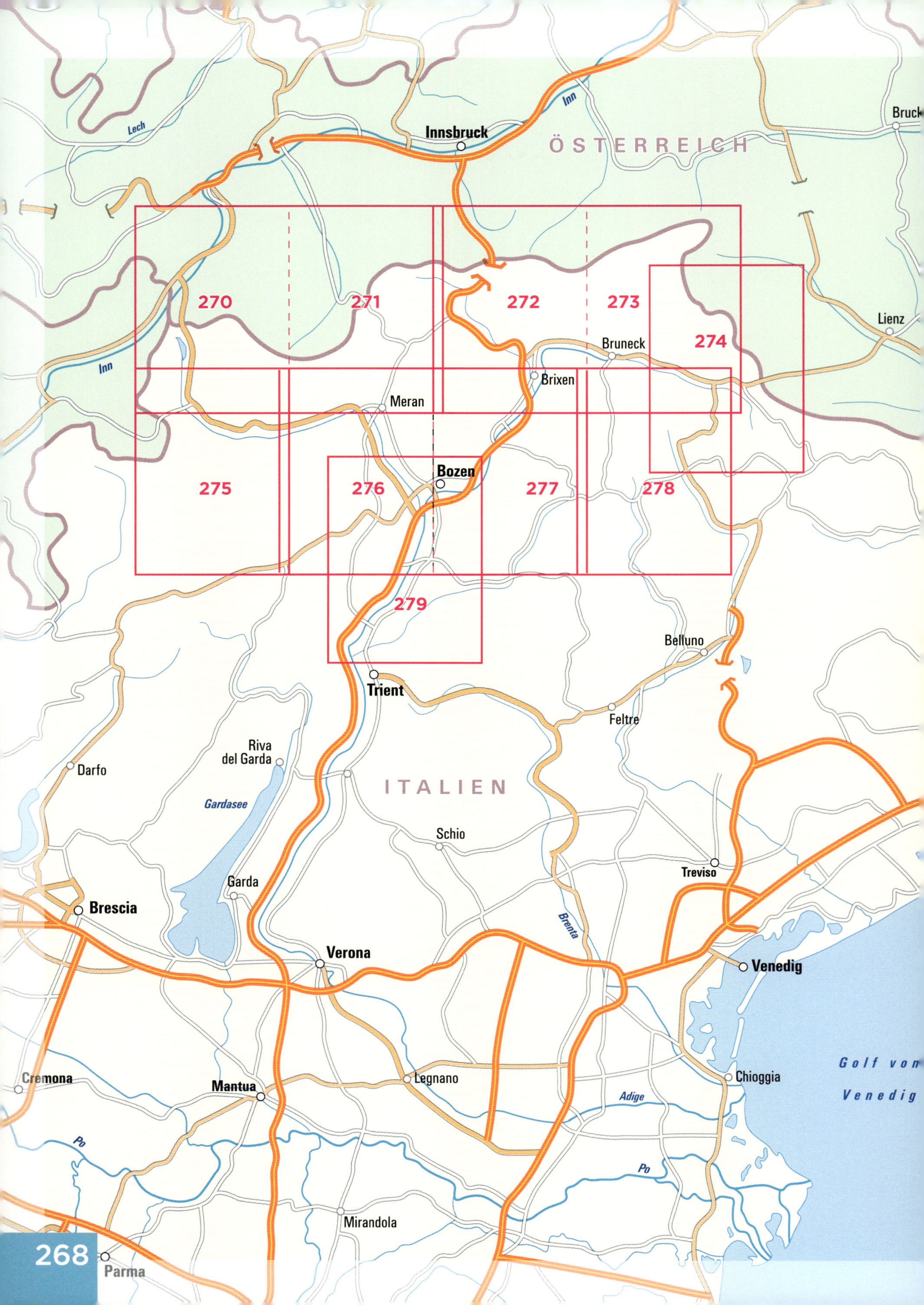

Innsbruck
ÖSTERREICH
Inn
Lech
Bruck
Lienz
270
271
272
273
274
Bruneck
Brixen
Meran
Bozen
275
276
277
278
279
Belluno
Trient
Feltre
Riva
del Garda
Darfo
Gardasee
ITALIEN
Schio
Treviso
Garda
Brescia
Brenta
Verona
Venedig
Cremona
Mantua
Legnano
Chioggia
Golf von
Venedig
Adige
Po
Po
Mirandola
Parma

LEGENDE

- 22 Autobahn
- SS12 Schnellstraße
- SS241 Fernstraße
- Nebenstraße
- Sonstige Straße
- Fußweg
- Eisenbahn
- Flüsse
- See
- Bebauung
- Natur-, Nationalpark
- Staatsgrenze

- Sehenswürdigkeit - Kultur
- Sehenswürdigkeit - Natur
- Sehenswürdigkeit
- Kirche, Kloster
- Schloss
- Schlossruine
- Museum
- Höhle
- Windmühle
- Leuchtturm
- Aussichtspunkt
- Wasserfall
- Flughafen

HUBER
KARTOGRAPHIE

N

0 5 km

1 : 200.000

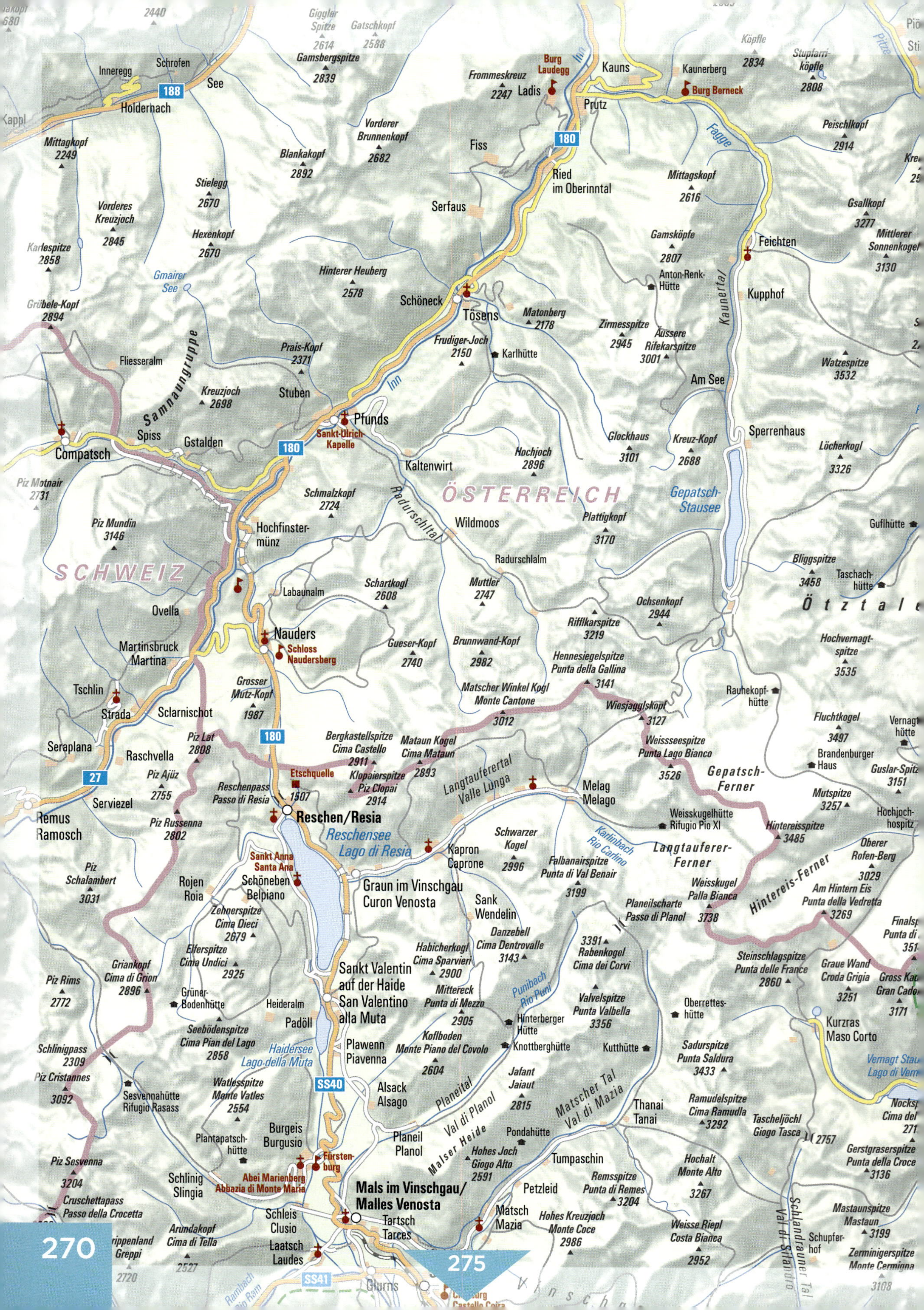
Giggler Spitze 2614
Gatschkopf 2588
Gamsbergspitze 2839
Inneregg
Schrofen
188
See
Holdernach
Mittagkopf 2249
Vorderer Brunnenkopf 2682
Blankakopf 2892
Stielegg 2670
Vorderes Kreuzjoch 2845
Hexenkopf 2670
Karlespitze 2858
Gmairer See
Grübele-Kopf 2894
Samnaungruppe
Fliesseralm
Prais-Kopf 2371
Kreuzjoch 2698
Stuben
Hinterer Heuberg 2578
Schöneck
Tösens
Frommeskreuz 2247
Burg Laudegg
Ladis
Inn
Kauns
Kaunerberg
Burg Berneck
Köpfle 2834
Stupfarri-köpfle 2808
Prutz
180
Fiss
Ried im Oberinntal
Fagge
Peischlkopf 2914
Serfaus
Mittagskopf 2616
Gsallkopf 3277
Mittlerer Sonnenkogel 3130
Feichten
Gamsköpfe 2807
Anton-Renk-Hütte
Kupphof
Kaunertal
Matonberg 2178
Zirmesspitze 2945
Äussere Rifekarspitze 3001
Frudiger-Joch 2150
Karlhütte
Watzespitze 3532
Am See
Compatsch
Spiss
Gstalden
Pfunds
Sankt-Ulrich-Kapelle
Kaltenwirt
Hochjoch 2896
Glockhaus 3101
Kreuz-Kopf 2688
Sperrenhaus
Löcherkogl 3326
Piz Motnair 2731
Schmalzkopf 2724
Radurschltal
ÖSTERREICH
Gepatsch-Stausee
Piz Mundin 3146
Hochfinster-münz
Wildmoos
Plattigkopf 3170
Gufhütte
SCHWEIZ
Radurschlalm
Bliggspitze 3458
Taschach-hütte
Ötztal
Labaunalm
Schartkogl 2608
Muttler 2747
Ochsenkopf 2944
Ovella
Rifflkarspitze 3219
Nauders
Schloss Naudersberg
Martinsbruck Martina
Gueser-Kopf 2740
Brunnwand-Kopf 2982
Hochvernagt-spitze 3535
Hennesiegelspitze Punta della Gallina 3141
Tschlin
Grosser Mutz-Kopf 1987
Matscher Winkel Kogl Monte Cantone 3012
Rauhekopf-hütte
Strada
Sclarnischot
Wiesjagglkopf 3127
Fluchtkogel 3497
Seraplana
Piz Lat 2808
180
Bergkastellspitze Cima Castello 2911
Mataun Kogel Cima Mataun 2893
Weissseespitze Punta Lago Bianco 3526
Brandenburger Haus
Raschvella
Etschquelle 1507
Klopaierspitze Piz Clopai 2914
Langtauferertal Valle Lunga
Gepatsch-Ferner
Guslar-Spitze 3151
27
Piz Ajüz 2755
Reschenpass Passo di Resia
Melag Melago
Mutspitze 3257
Serviezel
Reschen/Resia
Weisskugelhütte Rifugio Pio XI
Hintereisspitze 3485
Hochjoch-hospitz
Remus Ramosch
Piz Russenna 2802
Reschensee Lago di Resia
Kapron Caprone
Schwarzer Kogel 2996
Karlinbach Rio Carlino
Langtauferer-Ferner
Oberer Rofen-Berg 3029
Sankt Anna Santa Ana
Falbanairspitze Punta di Val Benair 3199
Hintereis-Ferner
Piz Schalambert 3031
Rojen Roia
Schöneben Belpiano
Graun im Vinschgau Curon Venosta
Weisskugel Palla Bianca 3738
Am Hintern Eis Punta della Vedretta 3269
Sank Wendelin
Planeilscharte Passo di Planol
Zehnerspitze Cima Dieci 2679
Danzebell Cima Dentrovalle 3143
Elferspitze Cima Undici 2925
Habicherkogl Cima Sparvieri 2900
3391 Rabenkogel Cima dei Corvi
Steinschlagspitze Punta delle France 2860
Graue Wand Croda Grigia 3251
Griankopf Cima di Grion 2896
Sankt Valentin auf der Haide San Valentino alla Muta
Piz Rims 2772
Grüner-Bodenhütte
Heideralm
Mittereck Punta di Mezzo 2905
Punibach Rio Puni
Valvelspitze Punta Valbella 3356
Oberrettes-hütte
Kurzras Maso Corto
Padöll
Hinterberger Hütte
Seebödenspitze Cima Pian del Lago 2858
Haidersee Lago della Muta
Plawenn Piavenna
Koflboden Monte Piano del Covolo 2604
Knottberghütte
Kutthütte
Sadurspitze Punta Saldura 3433
Schlinigpass 2309
Piz Cristannes 3092
Jafant Jaiaut 2815
Vernagt Stausee Lago di Vernago
Sesvennahütte Rifugio Rasass
Watlesspitze Monte Vatles 2554
SS40
Alsack Alsago
Planeital
Matscher Tal Val di Mazia
Thanai Tanai
Ramudelspitze Cima Ramudla 3292
Tascheljöchl Giogo Tasca 2757
Val di Planol
Burgeis Burgusio
Plantapatsch-hütte
Planeil Planol
Malser Heide
Pondahütte
Piz Sesvenna 3204
Fürstenburg
Hohes Joch Giogo Alto 2591
Tumpaschin
Hochalt Monte Alto 3267
Gerstgraserspitze Punta della Croce 3136
Abtei Marienberg Abbazia di Monte Maria
Schlinig Slingia
Remsspitze Punta di Remes 3204
Mals im Vinschgau/ Malles Venosta
Petzleid
Cruschettapass Passo della Crocetta
Schleis Clusio
Tartsch Tarces
Matsch Mazia
Hohes Kreuzjoch Monte Coce 2986
Weisse Riepl Costa Bianca 2952
Mastaunspitze Mastaun 3199
Schlandrauner Tal Val di Silandro
Arundakopf Cima di Tella 2527
Laatsch Laudes
Schupfer-hof
Zerminigerspitze Monte Cermigna 3108
SS41
Glurns

275

Stubaier Alpen
ÖSTERREICH
Längenfeld
Sölden
Obergurgl
Hochgurgl
Vent
Moos in Passeier
Moso in Passiria
Sankt Leonhard in Passeier
San Leonardo in Passiria
Sankt Martin in Passeier
San Martino in Passiria
Dorf Tirol/Tirolo
Schenna/Scena
MERAN/MERANO
Algund/Lagundo
Partschins
Parcines
Rabland/Rablà
Naturns/Naturno
Schnals
Senales
Karthaus
Certosa
Katharinaberg
Santa Caterina
Parco del Gruppo di Tessa
Timmelsjochstraße
Timmelsjoch/Passo del Rombo 2609
Statale del Passo Rombo Timmelsjochstrasse
Bergbaumuseum Schneeberg
Schneeberg Passeier
Jaufenpass Passo di Monte Giovo
Ratschingstal / Valle di Racines
Ridnauntal / Val Ridanna
Pfelderer Tal Val di Plan
Passeiertal Val Passiria
Grossgurgler-Ferner
Niedertal
Unterbergtal
Sulztal
Ötztaler Ache
Wannensee
Pfurnsee Lago del Forno
Trüber See Lago Torbo
Langsee Lago Lungo
Partschinser Wasserfall
Brunnenburg
Schloss Schenna und Mausoleum
Meran 2000
Messner Mountain Museum
B186
SS44
Wildspitze Hohe Mut 2669
Zuckerhütl 3507
Wilder Freiger Cima Libera 3418
Hohe Wilde L'Altissima 3482
Similaun
Texelspitze Cima Tessa 3317
Hochwilde-hütte
Langtaleregg-hütte
Schönwies-hütte
Eissjöchlhütte
Dresdner Hütte (2308)
Amberger Hütte (2135)
Hildesheimer Hütte
Siegerland-hütte
Nürnberger Hütte
Bremer Hütte (2413)
Magdeburger Hütte 2423
Innsbrucker Hütte (2369)
Weisskogel-hütte
272
276

Steinach am Brenner
Trins
Gerichsherrenalm
Nößlach
Stafflach
Nößlachjoch 2231
Kirchdach 2840
St. Magdalena
Gschnitz
Mühlendorf
Am hohen Kreuz 2486
Vinaders
Kapelle St. Josef
Kleiner Tribulaun 2491
Obernberg am Brenner
Sattelberg 2113
Sattel Alm
Obernberger See
Hochleger Alm
Flachjoch Passo del Cambio 2124
Tribulaun 3097
Wandspitze 2917
Grubenkopf 2337
Fleres di dentro
Pflerschtal / Val di Fleres
Aast Lasta
Gossensass Colle Isarco
Ponticolo/ Brenner Ort
Cime Bianche di Telves 2566
Monte Cavallo 2176
Ratschings/ Racines
Telfes Telves
Thuins
Stange
Gasteig
Jägerheim Calice
Enzianhütte
Racines
STERZING/ VIPITENO
Unsere liebe Frau im Moos
Burg Sprechenstein
Burg Reifenstein
Vipiteno/ Sterzing
Elzenbaum Pruno
Mittertal Val di Mezzo
Stilfes Stilves
Egg Dosso
Freienfeld/ Campo di Trens
Wallfahrtdkirche Maria Trens
Valgenäum/ Valgenauna
Mauls Mules
Pfulters Fuldres
Ritzeil Rizzolo
Plann Plan
Auerhöfe Masi d´Ora
Grasstein Le Cave
Sacco
Hochplatte Lasta Alta 2546
Etschenspitze Monte Eccio 2430
Gasscheibenspitze Monte Casa 2455
Penser Joch Passo di Pennes 2214
Weisshorn Corno Bianco 2705
Tatsch-Spitze Montaccio di Pennes 2526
Laste
Pennes
Weissenbach Riobianco
Val di Pennes
Karnspitze Cima di Quaire 2414
Gentersberg Monte dei Masi 2411
Durnholzer See Lago Valdurna
Durnholz Valdurna
Radelspitze Cima Rodella 2422
Getrumjoch Cima Ghetrun 2569
Reinswald San Martino
Egg Dosso
Gufelreit Monte Covolo 2159
Villanderer Berg Monte Villandro
Tagewaldhorn Corno di Tramin 2708
Jakobs-Spitze Cima San Giacomo 2741
Schrotthorn Corno del Ceppo 2590
Latzfonser Kreuz Rifugio Santa Croca
Cima San Cassiano 2741
Klausenerhütte Rifugio Chiusa
Gampberg Monte Campo 2147
Flaggertal / Val di Vallarga
Kar-Spitze Punta di Quaira 2517
Königsanger-Spitze Monte del Pascolo 2436
Schalderer Tal / Val di Scaleres
Schalders Scaleres
Vahrn Varna
Tils Tiles
Tschötsch Scezze
Schnauders Snodres
Feldthurns/ Velturno
Schloss Velthurns
Albeins Albes
Sarns Sarnes
BRIXEN/ BRESSANONE
Neustift Nevacella
Schabs Sciaves
Raas Rasa
Natz Naz
Plosebühel La Plose 2245
Telegraph Monte Telegrafo 2504
Gabler Monte Forca 2652
Kreuztal Valeroce
Afers Eores
Lusen Lusòn
Rodeneck Rodengo
Nauders
Spinges Spinga
Franzensfeste Fortezza
Brixen/ Bressanone
Oberau Prà di Sopra
Eisacktal / Valle Isarco
Mühlbach/ Rio di Pusteria
Meransen Maranza
Getzenberg Monghezzo 1747
Solero Solerno
Tanzlhof
Vintl/ Vandoies
Pirstling-A. Malga Pirsti
Weitental Vallarga
Margen Marga
Gitsch Monte Cuzzo 2512
Valser Tal / Val di Valles
Vals Valles
Altes Karl Monte Campo Qvaira 2032
Kampele-Spitze Cima di Campo 2089
Valsenjoch Passo di Valles 2033
Plattspitz Cima Piatta 2670
Gaisjochspitze Cima della Capra 2641
Fallmetzer Monte Val di Mezzo 2566
Schaldern Le Laste
Grosser See Lago Grande
Camporsino
H.-Grubbach-Sp. Monte Gruppo 2808
Pfunders Fundres
Passenjoch Il Passo 2410
Tschoren Cora 2520
Höllenkragen Giogo di Trens 2373
Tulfer Tulve
L. Sevaggio Wilder See
Wilde-Kreuz-Spitze Picco della Croce 3134
Cima de Cavo 2458
Afens Avenes
Ried Novale
Pfitscher Tal
Valle Vipitena
Pfitsch Val di Vizze
Cima Gallina 2800
Ziragoalm Malga Zirago
Kematen Caminata
Torwand Croda della Porta 2639
Pfundersjoch Passo di Fundres 2568
Grabspitze Cima Grava 3058
Wurmaulspitze Cima di Valmala 3022
Fassnacht Monte Botte 2537
Dengelstein Monte Dengolo 2698
Rote Riffl Scoglio Rossa 2874
Eisbruggsee Lago Ponte di Ghiaccio
Eisbruggjoch Passo Punte di Ghiaccio
Rif. P.so P.te di Ghiaccio
Eisbruggjoch-H.
2584
S. Giacomo St. Jakob i. Pf.
Platz Piazza
Stein Sasso
Flatsch-Spitze Cima Vallaccia 2566
Wolfendorn Spina del Lupo 2774
Brennerpass/ Passo del Brennero 1370
Brennero
Brennersee
Pfitscher Joch Passo di Vizze 2251
Pfitscherjoch-Hs.
Hochpfeiler Gran Pilastro 3510
Haupenhöhe Monte Lavizza 3041
Furtschaglhaus
Gr. Möseler 3479
Schönbichler H. 3133
Schlegeis-speicher
Zamser Tal
Olperer Hütte 2389
Hohe Wand 3289
Kluppen 2999
Landshuter Europa-Hütte
Vennspitze 2390
Brennerbasistunnel (64 km in Bau)
Nocker Alm
Innervals
Altereralm
Gries am Brenner
Außervals
St. Jodok am Brenner
Köpfel 1834
Hohe Warte 2398
Hintertuxer Gletscher Olperer 3476
Friesenberghs.
Hoher Riffler 3231
Hauptling
Zemmtal
Unterwiel
Schmirn
ÖSTERREICH
Schafseitenspitze 2602
Ladins
Sommerberg
Realspitze 3039
Stubaital
22
B182
SS12
SS44
SS508
SS49
Fiume Rienza
Rienz

271

277

Zillertaler
Alpen
Maxhütte
Floitental
Stilluptal
Rosswandspitze 3157
Toxachalm
Hinter Stangenspitze 3225
Kasseler Hütte
Gigalitz 3001
Greizer Hütte (2227)
Grosser Löffler Monte Lovello 3378
Wollbachspitze Punta di Valle 3210
Mitterjoch Giogo di Mezzo 2634
Napfspitze Cima Cadini 3144
Rauchkofel Monte Fumo 3251
Heilig Geist Jöchl Punta Val del Vento 2867
Dreiherrenspitze Picco dei Tre Signori 3499
Rosshuf Pie di Cavallo 3200
Nörl. Malhamspitze 3368
Monte Arca 2264
Schaubergwerk Prettau
Kasern Casere
Neuhaus Canova
Monte Riva di Predoi 2891
Schwarzensteinkees
Keilbachspitze Punta di Conio 3093
Cima Faden 2186
Sankt Peter San Pietro
Prettau/ Predoi
Löffelspitze Pizzo Cucchaio 3132
Rötspitze Pizzo Rosso di Predoi 3495
Quirl 3251
Clara-Hütte
III. Hornspitze 3165
Schwarzenstein Sasso Negro 3369
Pizzo Cella 2123
Gabelspitze Cima Forca 3073
Nationalpark Hohe Tauern
Hohe Kreuz 3159
Mühleck Costa Molini
SS621
Steinhaus Cadinietra
Aurina
Parco Naturale Vedrette die Ries-Aurina
2288
Hörnle 2744
Törfspitze 3052
Rosenspitze 3060
Gelenknock Cima della Costa 2879
Sankt Johann San Giovanni
Valle di Aurina
Jagdhausalm
Klammljöchl Passo di Gola
Sankt Martin San Martino
Durreck Cima Dura 3135
Ahrntal
Österreich
Alplesspitze 3149
Seespitze 3021
Weissenbach Riobianco
Oberluttach Lutago di Sopra
Rein in Taufers Riva di Tures
Valle di Riva
Lenkstein Gasso Lungo di Callatto 3237
Hutnerspitze 2885
Luttach Lutago
Patscher Hütte
Speikboden Monto Spiko 2523
Sand in Taufers/ Campo Tures
Burg Taufers
Hochgallhütte Rifugio Roma
Gatternock Monte Quadra 2887
Rieserfernergruppe Vedrette di Ries
Erlsbach
Reintal
Barmer Hütte
Grosse Ohrenspitze 3101
Hochgall Collalto 3436
Taufers Tures
Winkelbad Bagni di Cantuccio
Cima delle 2667 Otto
Reinbachfälle
Ruthner Horn Monte Nevoso 3358
Naturpark
Mühlwald Selva dei Molini
Kematen in Taufers Caminata di Tures
Deferegger Pfannhorn Corno Fanar 2819
Staller Sattel Passo di Stalle 2052
Obersee
Mühlen Molini di Tures
Valle del Molini
Schwarze Wand Croda Nera 3105
Grosser Windschar Cima del Vento Grande 3041
Knapphenne Cima Valperna 2452
SS621
Tauferer Tal
Rieserferner-Ahrn
Rote Wand Croda Rossa 2818
Hinterbergkofl Monte di Dentro 2726
Antholz-Obertal Anterselve di Sopra
Uttenheim Villa Ottone
La Cima 2528
Auf der Platten Monte Plat 2174
Mühlbach Bad Bagni Riomolino
Dörfl Villa
Antholz-Mittertal Anterselve di Mezzo
Schloss Neuhaus
Ochsenfelder Campobove 2609
Karbacher Berg Monte Quaira 2518
Rammelstein Montone 2483
Gais Gais
Sankt Magdalena Santa Maddalena
Hochstein Sass'Alto 2464
Sankt Georgen San Giorgio
Tesselberg Montassilone
Antholz-Niedertal Anterselve di Sotto
Pfalzen Falzes
Hochnall Monte Nalle 2231
Rasen Antholz/ Rasun Anterselve
Monte Novale die Fuori Eisatz 2495
Preindl Prateria
Kapaiern Capaia
Kiens/ Chienes
Greinwalden Grimaldo
Landesmuseum für Volkskunde
BRUNECK/ BRUNICO
Oberwielenbach Vila di Sopra
Sankt Martin in Gsies/ San Martino
Rudhorn Monte Luta 2145
Rudlhorn Roda di Scàndola 2448
Oberplanken Planca di Sopra
Stegen Stegona
Messner Mountain Museum Ripa
Percha/ Perca
Valle di Casies
SS49
Schloss Bruneck
Pflaurenz Floronzo
Sankt Lorenzen im Pustertal San Lorenzo di Sebato
Wielenberg Montevila
Ober Rasen Rasun di Sopra
Ausserpichl Colle di Fuori
Rosskogel Monte Cavallo 2163
Montel Mantana
SS244
Unter Rasen Rasun di Sotto
Wiesen Prati di Tesido
Innerpichl Colle di Dentro
Saalen Sares
Stefansdorf Santo Stefano
Olang/ Valdaora
SS49
Taisten Tesido
Unterplanken Planca di Sotto
Gsieser Tal
Gsieser See
Schloss Welsberg
Welsberg Monguelfo
Durnwald Durna in Selva
Silvestertal Valle San Silvestro
Bad Rahmwald Bagni di Selva
Geiselsberg Sorafurcia
Pustertal
Ried Novale
Rienz Fiume Rienza
Aufkirchen Santa Maria
Niederdorf/ Villabassa
Stiftskirche
Toblach/ Dobbiaco
Pfaffenberg Prades
Kronplatz Plan del Corones 2273
Messner Mountain Museum Corones
SS49
Innichen San Candido
Zwischenwasser Longega
Bad Bergfall Bagno di Pervalle
Brunstriedel Regoia Brusada 2028
Prags Braies
Außer-Prags
Bad Maistatt Bagni di Piandimaia
Neu-Toblach Dobbiaco Nuovo
Welschellen Rina
1759
Pflung Vallone
Enneberg-Pfarre Pieve di Marebbe
Furkelsattel Passo di Furcia
Maurerkopf Monte Muro 2567
Lüsener Joch Passo di Luson
Vecchia Bagni di Braies
Neunerkopf Cima Nove 2581
Welschmontal Mantena
Sankt Veit San Vito
Bad Neu-Prags
Pragser Tal
Untermoi Antermoia
1120
Sankt Vigil/ San Vigilio
Enneberg Marebbe
Gadertal
Bad Alt-prags
Toblacher See Lago di Dobbiaco
Ruine Schmieden
Piccolein Piccolino
Parco Naturale Fanes-Sennes-Braies
Grosser Rosskofl Campo Cavallo 2559
Bad Untermoi Bagni di Antermoia
Sankt Martin in Thurn/ San Martino in Badia
Pragser Wildsee Lago di Braies
Brückele Ponticello
Birkenkofel Croda dei Baranci
Monte Sella di Sennes 2787
Dürrenstein Picco di Vallandro 2839
Museum Ladin
Riedberg Monte di Rid 1940
Seekofelhütte Rifugio Biella
SS51
Laguschell
Pederoa
Tamers Tamores
Rifugio Sennes
Plätzwiesen
Höhlenstein
274
278
273

273
Österreich
Nationalpark
Hohe Tauern
Lasörlinggruppe
Rein in Taufers
Riva di Tures
Lenkstein
Gasso Lungo di Callalto
3237
Hochgallhütte
Rifugio Roma
Gatternock
Monte Quadra
2887
Rieserfernergruppe
Vedrette di Ries
Patscher Hütte
Hutnerspitze
2885
Weisses Bell
2766
Sant Jakob in Defereggen
Innere Grossrotte
Gritzersee
Gritzeralm
Sankt Veit
Defereggental
Erlsbach
Mariahilf
Gritzen
Osing
Schwarzach
Bruggen
Sankt Leonhard
Rinderschinken
Barmer Hütte
Grosse Ohrenspitze
3101
Hochgall
Collalto
3436
Ruthner Horn
Monte Nevoso
3358
Naturpark
Reinbachfälle
Schwarze Wand
Croda Nera
3105
Staller Sattel
Passo di Stalle
2052
Obersee
Defereger Pfannhorn
Corno Fanar
2819
Stallealm
Jesachalm
Langschneid
2688
Bruggeralm
Hochwand
2731
Rieserferner-Ahrn
Rote Wand
Croda Rossa
2818
Hinterbergkofl
Monte di Dentro
2726
Hochkreuzspitze
Mone Altacroce
2739
Weisse Spitze
2962
Grosses Degen-Horn
2946
Volkzeiner Hs.
Antholz-Obertal
Anterselve di Sopra
Antholz-Mittertal
Anterselve di Mezzo
Dörfl
Villa
La Cima
2528
Karbacher Berg
Monte Quaira
2518
Riepenspitze
Monte Ripa
2774
Unterstalleralm
Rotes Ginggele
2763
Hochgrabe
2951
Remassee
Stallerbach
Ochsenfelder
Campobove
2609
Rammelstein
Montone
2483
Sankt Magdalena
Santa Maddalena
Kreuzspitze
2624
Grumauerberg
2670
Mooshofalm
Antholz-Niedertal
Anterselve di Sotto
Hochnall
Monte Nalle
2231
Hochstein
Sass'Alto
2464
Kapaiern
Capaia
Gabesitten
2665
Rasen Antholz/
Rasun Anterselve
Monte Novale
die Fuori Eisatz
2495
Preindl
Prateria
Gsieser Tal / Valle di Casies
Lipperalm
Innervillgraten
Ahornalm
Oberwielenbach
Vila di Sopra
Sankt Martin in Gsies/
San Martino
Unterfeld
Rudhorn
Monte Luta
2145
Rudlhorn
Roda di Scàndola
2448
Oberplanken
Planca di Sopra
Alfneralm
Villgratental
Winkeltal
Marchginggele
Cornetto di Confine
2545
Tafinalm
Ober Rasen
Rasun di Sopra
Ausserpichl
Colle di Fuori
Innerpichl
Colle di Dentro
Rosskogel
Monte Cavallo
2163
Pfannhorn
Corno Fana
2663
Ausservillgraten
Wielenberg
Montevila
Unter Rasen
Rasun di Sotto
Wiesen
Prati di Tesido
Unterplanken
Planca di Sotto
SS49
Taisten
Tesido
Schloss Welsberg
Gsieser See
Durnwald
Durna in Selva
Silvestertal
Valle San Silvestro
Tessenberg
Welsberg
Monguelfo
Aufkirchen
Santa Maria
Winnebach
Prato alla Drava
Karnische Dolomitenstr.
Sillian
B100
Ried
Novale
Niederdorf/
Villabassa
Pustertal
Rienz
Fiume Rienza
Toblach/
Dobbiaco
Stiftskirche
Unterverschach
Versciaco di Sotto
Hollbruck
Arnbach
Erlach
Bad Maistatt
Bagni di Piandimaia
Innichen/
San Candido
SS49
Oberverschach
Versciaco di Sopra
Forcher Kaser
Brunstriedel
Regoia Brusada
2028
Prags
Braies
Außerprags
Pflung
Vallone
Neu-Toblach
Dobbiaco Nuovo
Helmberg
Monte Elmo
2434
Maurerkopf
Monte Muro
2567
Pragser Tal
Sankt Veit
San Vito
Bad Neu-Prags
Vecchia Bagni di Braies
Neunerkopf
Cima Nove
2581
SS52
Ornischeck
Monte Arnese
2551
Bad Altprags
Toblacher See
Lago di Dobbiaco
Parco Naturale
Tre Cime
Sexten/Sesto
Sextental
San Giuseppe
Moos
Naturale
Sennes-Braies
Grosser Rosskofl
Campo Cavallo
2559
Ruine Schmieden
Birkenkofel
Croda dei Baranci
2943
Bad Moos
Bagni di San Giuseppe
Eisenreich
2666
Pragser Wildsee
Lago di Braies
Brückele
Ponticello
Dürrenstein
Picco di Vallandro
2839
SS51
Höhlensteintal
Dreischusterspitze
Cima Tre Scarperi
3145
Sextenbach
Monte Sella di Sennes
2787
Seekofelhütte
Rifugio Biella
Grosse Dolomitenstrasse
Grande Giro delle Dolomiti
Kreuzbergpass
Passo di Monte Croce di Comelico
Tamers
Tamores
Senneshütte
Rifugio Sennes
Plätzwiesen
Prato Piazza
Strudelkopf
Monte Specchie
2307
Rautkofel
Monti Rudo
2800
Naturpark
Drei Zinnen
Rotwand
Croda Rossa
2939
1636
Fodara Vedla
Lago Grande
Hohe Gaisl
Croda Rossa
3139
L. di Landro
Dürrensee
Elferkofel
Cima Undici
3092
Rifugio Berti
Rifugio Sala
Hochbrunner
Monte Popera
3045
Fanesjoch
Passo San Antonio
1489
Parco
Cimabanche
Drei Zinnen
Tre Cime di Lavaredo
2998
Punta Gamin
2612
Rufreddo
Rifugio Fanes
Faneshütte
Monte Cadin
2367
San Biagio
SS51
Rifugio Lavaredo
Zwölferkofel
Croda di Toni
3094
Monte Parei
2793
Castello Sant'Uberto
Dolomiti
Punta del Forama
2443
Croda di Ligonto
2793
Pàdola
Monte Cristallino
2786
Monte Piana
2324
Monte Campedella
2346
Col S. Angelo
1757
Pie d. Palla
2157
Monte Casale
2781
Col Rosa
2166
Gruppo del Cristallo
Cima Cadini di San Lucano
2839
Giralba
d'Ampezzo
Misurina
Lago di Misurina
SR48
Monte Cavallo
2915
Travenanzes
Pale di Menotto
2248
Monte Rusiana
1767
SS51
Passo Tre Croci
Villagrande
Tofana di Mezzo
3243
La Cesta
2239
SR48
1809
Casa Orsolina
Cosdernoibe
Somprade
274
Rifugio Cantore
CORTINA D'AMPEZZO
Alverà
278
Casa San Marco
Stabiziane
Palus San Marco
Piazza del Gobo
Verver
Pocol
Coianna
La Cesta
2767

270
276
Schlinigpass 2309
Piz Cristannes 3092
Sesvennahütte Rifugio Rasass
Watlesspitze Monte Vatles 2554
Haidersee Lago della Muta
Plawenn Plavenna
Monte Piano del Cop 2604
Knottberghütte
Kutthütte
Sadurspitze Punta Saldura 3433
Vernagt Stausee Lago di Vernago
Alsack Alsago
Burgeis Burgusio
Plantapatsch-hütte
Fürstenburg
Val di Planol
Malser Heide
Pondahütte
Matscher Tal Val di Mazia
Thanai Tanai
Ramudelspitze Cima Ramudla 3292
Tascheljöchl Giogo Tasca 2757
Nockspitze Cima del Dosso 2713
Piz Sesvenna 3204
Schlinig Slingia
Abei Marienberg Abbazia di Monte Maria
Planeil Planol
Hohes Joch Giogo Alto 2591
Tumpaschin
Remsspitze Punta di Remes 3204
Hochalt Monte Alto 3267
Gerstgraserspitze Punta della Croce 3136
Cruschettapass Passo della Crocetta
Mals im Vinschgau/ Malles Venosta
Petzleid
Schlanderauner Tal Val di Silandro
Arundakopf Cima di Tella 2527
Schleis Clusio
Tartsch Tarces
Matsch Mazia
Hohes Kreuzjoch Monte Coce 2986
Weisse Riepl Costa Bianca 2952
Mastaunspitze Mastaun 3199
Krippenland Greppi 2720
Laatsch Laudes
Schluderns/ Sluderno
Schupferhof
Zerminigerspitze Monte Cermigna 3108
Valvertabach Rio Valgarola
SS40
SS41
Rambach Rio Ram
Glurns
Churburg Castello Coira
Vinschgau/Val Venosta
Sankt Johann
Tannas Tanas
Taufers Tubre
Plaschweiler Monte Plagabella 2534
Lichtenberg Montechiaro
Spondigna Spondinig
Maso del Castello
Kortsch Corzes
Schlanders/ Silandro
Müstair
Wallnöfhof
Agums Agumes
Eyrs/Oris
Hohenbalken
Piz Chavalatsch Monte Cavallaccio 2763
Platzhof
Prad am Stilfser Joch Prato allo Stelvio
aquaprad
SS38
Sankt Sisinius San Sisinio
Laas/Lasa
Terza
Sielva
28
Göflan Covelano
Goldrain Coldrano
Castello Untermontan
Munwarther Monte della Guardia 2621
Tschenglsburg
Tschengls Cengles
Mairing
Morter
Santa Maria
Castello Obermontan
Alpenrösli
Stilfs Stelvio
Haselhof
Münstertal Val Müstair
Alp Prasura
Piz Minschuns 3935
Gomagoi
Wasserfallspitze Punta della Cascata 2620
Göflanerhütte Rifugio Covelano
Weisswandl Croda Bianca 2778
Furkelspitz Pizzo della Forcola 3064
Furkelhütte Rifugio Forcola
Hochwand Croda di Cengles 3375
Orgelspitze Punta di Lasa 3305
Bad Salt Bagni di Salto
Piz Umbrail 3033
Muraunza
Punta Rosa 3026
Ausser Sulden Solda di Fuori
Hoher Angelus L'Angelo 3521
Schluderspitze Punta di Sluder 3230
Martell Martello
Flimberg Monte Flim 2359
Trafoi
Hochleitenspitze Punta Alta 2798
Vertainspitze Cima Vertana 3545
Umbrail-Pass 2501
Messner Mountain Museum Ortles
Sankt Gertraud Santa Geltrude
Stilfser Joch Passo dello Stelvio 2757
Franzenshöhe
Payerhütte Rifugio Payer
Parco Nazionale dello Stélvio
Martelltal Val di Martello
Soy Schartl Passo di S 2888
Monte Scortuzzo 3094
Ortlerhütte
Sulden/Solda
Livriohütte Rifugio Livrio
Ortler Ortles 3905
Zufrittsee Lago di Gioveretto
Zufrittspitze Gioveretto 3439
Cresta di Reit 3075
Cime di Campo 3480
Hintere Schöntaufspitze Punta Beltovo di Dentro 3325
Hintergrathütte Rifugio Coston
Madritschhütte
Zufritthaus Rifugio Gioveretto
Monte Zebrù 3735
Schaubachhütte Rifugio Città di Milano
Borromeohütte Rifugio Borromeo
Weissbrunner Spitze Cima Fontana Bianca 3253
Weissbrunner See
Valle dello Zebrù
Rifugio Bertarelli
Zufallhütte Rifugio Corsi
Sällentspitze Cima di Saent 3215
Grünsee
Königsspitze Gran Zebrù 3859
Suldenspitze 3376
Rifugio Casati 3266
Hintere Rotspitze Cima Rossa di Saent 3347
Hinter Eggen Spitze Cima Sternai 3443
Le Crode 2773
San Nicolo
Baite dello Zebrù
Plazzola
Baita del Pastore
Langenferner Joch Passo del Cevedale
Veneziaspitze Cima Venezia 3385
Langsee
Wilder Pludersee
Sant'Antonio
San Gottardo
Baite Cavallaro
Monte Confinale 3370
2919
Cima dei Forni 3240
Rifugio Pizzini
Ortlergruppe
Cima Lagolungo 3135
Gleck Colecchio 2957
Rabbijoch Passo di Rabbi
Sasso della Manzina
Zufallspitze Monte Cevedale 3769
Lago del Careser
Cima Pontevecchio 3179
Rifugio Stella Alpina
Rifugio Ghiacciaio del Forni
Rifugio Cesare Branca
Palon de la Mare 3703
Pala della Donzella 2752
Nationalpark Stilfser Joch
Santa Caterina
Cima San Giacomo 3276
Piazzola
Cima Verdignana 2938
Monte Sole 2350
Punta di Sassalbo 3078
Punta Segnale 3132
Punta Taviela 3612
Rifugio Mantova al Vioz
Sassi Neri 2990
Punta San Matteo 3678
Cima Tremenesca 2726
Malga Caser
Malga Soprasasso
Cima di Gavia 2987
Lago Rotondo
Rifugio La Baita
Monte dei Poltron 2367
Monte Gavia 3220
2621
Peio
Val di Pejo
Cogolo
Cima Vegaia 2890
Cima Mezzana 2845
Peio Fonti
Celledizzo
Trottanera 2367
Passo del Gavia
Lago Nero
Punta di Pietra Rossa 3275
3141
Cima di Caione
3068
Punta di Ercavallo
Lago di Pian Palù
Malga Palù
Comasine
Celentino
Strombiano
Castello
Ortisé
Bivacco Linge
Rifugio Valmalza
Monte Palù 2835
Cima Boai 2685
Termenago
SS42
Redival 2973
Piramide di Somalbosco
Pellizzano

Parco del Gruppo di Tessa
271
Vernagt
Vernago
Unser Frau in Schnals
Madonna di Senales
Schnals
Senales
Karthaus
Certosa
Rattisio Nuovo
Schnalstal
Val di Senales
Penaudbach
Rio di Pinalfo
Vermoi Spitze
Il Marzolo
2930
Sankt Martin am Vorberg
San Martino al Monte
Kastelbell
Castelbello
Tschars
Ciardes
SS38
Latsch/
Laces
Castello Untermontan
Castello Obermontan
Latschinig
Lacinigo
Tarsch
Tarres
Untervinschgau
Vorderkaser
Casera di Fuori
Roteck
Monterosso
3336
Texelspitze
Cima Tessa
3317
Gfallwand
Croda del Tovale
3117
Katharinaberg
Santa Caterina
Zielspitze
Cima di Tel
3006
Messner
Mountain Museum
Juval
Schloss Juval
Staben
Stava
St. Prokulus
Naturns/
Naturno
Tschirland
Cirlano
Tabland
Tablà
Etsch
Fiume Adige
Naturnser Wald
Bosco di Naturno
Hochwart
Guardia Alta
2608
Rötelspitz
Punta Rosa
3037
Langsee
Lago Lungo
Rötelspitze
Cima Rosa
2625
Tschigat Gigot
3000
Partschinser Wasserfall
Partschins
Parcines
Rabland/Rablà
Eisenbahnwelt
Plaus
Plaus
Schloss Dornsberg
Schwarzkopf
Cima Nera
2804
Spitzhorn
Il Corno
2541
Mutspitze
Monte Mutta
2292
Vellau
Velloi
Brunnenburg
Dorf Tirol/
Tirolo
Algund/Lagundo
SS38
St. Nikolaus
Palais Mamming
MERAN/MERANO
Marling
Marlengo
Aschbach
Rio di Lagundo
Schloss Lebenberg
Tscherms
Cermes
Vigiljoch
Monte San Vigilio
Rauhe Bühl
Colle Scabro
2026
Oberlana
Lana di Sopra
Lana
Pawigl
Pavicolo
Sant'Orsola
Prenn
Prene
Klammeben
Hirzerspitz
Punta Cervina
2781
Saltaus
Saltusio
Stafellhütte
Riffian
Rifiano
SS44
Verdins
Videgg
Viadacqua
Kuens
Caines
Obertaser
Tasa di Sopra
Alplattspitz
Laste di Vena
2679
Schloss Schenna
und Mausoleum
Meran 2000
Schenna/Scena
Vernaun
Vernone
Rotwandhütte
Rifugio Parete
Obermais
Maia Alta
Gärten und Schloss
Trauttmansdorff
Falsleben
Untermais
Maia Bassa
Hafling/
Avelengo
Schloss Fragsburg
Castello Verruca
Voraner Joch
Monte di Verano
1932
Sinich
Sinigo
Niederlana
Lana di Sotto
Burgstall
Postal
Vöran/
Verano
Aschl
Eschio
Völlan
Foiana
Fiume Adige
Etsch
Gargazon
Gargazzone
Mölten
Meltina
Bauernmuseum
Schloss Leonburg
SS38
Schlaneid
Salonetto
Versein
Vallensina
Rontscher Joch
Monte dei Romici
2734
Hoher Djeb
Il Gran Ladro
2718
Peilstein
Il Sasso
2542
Tarscher Pass
Passo di Tarres
2517
Hohe Marchegg
Monte Corfinale
2551
Hasenöhrl
L'Orecchia di Lepre
2359
Arzkersee
Lago di Quaira
2257
Muteck
Monte Muta
2658
Breiteben
Kuppelwies
Pracupola
Sankt Walburg
Santa Valburga
Val d'Ultimo/Ultental
Sankt Pankraz
San Pancrazio
Äusserer Berg
Monte di Fuori
1671
Naraun
Narano
Tisens
Tesimo
Südtiroler Weinstraße
Vilpian
Vilpiano
SS238
Prissian
Prissiano
Egg
Dosso
Mitterbad
Bagni di Mezzo
Platzers
Plazzoles
Laugenspitze
Monte Luco
2433
Bad Gfrill
Bagni di Caprile
Grissian
Grissiano
Nals
Nalles
Kreut
Novale
Terlan/
Terlano
Ober Alach
Alago di Sopra
Zoggler Stausee
Lago di Zoccolo
Gampen Bunker
Gampenjoch
Passo delle Palade
1518
Wechsel
Monte del Cambio
1658
Burg Neuhaus
Klaus
Andrian
Andriano
275
Hochwart
Vedetta Alta
2626
Monte Cornicolo
2311
Malga Castrin
Hofbichl
Monte Salomo
1818
Sankt Nikolaus
Santa Nicolo
Urlärchen
Malgasot
Sankt Felix
San Felice
Garitkofel
Monte Macaion
1866
Spiel
Dosso
2178
Ilmenspitz
Monte degli Olmi
2656
Mandelspitz
Monte Ometto
2396
Malga di Brez
Sankt Gertraud
Santa Gertrude
Stübele
Stubele
2671
Monte Ori
1877
Rio Novella
Burg Hocheppan
Castel Boymont
Missian
Missiano
Proveis
Proves
Ris. Nat.
Palù Longia
Sankt Pauls
San Paolo
Berg
Monte
Sinablana
Tanna
SS238
Rio della Malga
Monte Dentro
1508
Eppan/
Appiano
Cima Trenta
2636
Castelfondo
Raina
Lanza
Laurein
Lauregno
Salobbi
Dovena
Sankt Michael
San Michele
2295
Klapfbergjoch
Passo di Val di Clapa
Castel Vigna
Mocenigo
Fondo
Penegal
Monte Penegal
1737
Ganda
Gand
Malga Bordolona
Santa Barbara Hütte
Rifugio Santa Barbara
Monte Pin
2419
Carnalez
Marcena
Mione
Ris. Nat.
Palù Tremole
Rivo
Brez
SS42
Karspitze
Punta di Quaira
2752
Cima Zoccolo
2561
Torrente Barnes
Malga Malgazza
Fontana
Baselga
Monte Ozol
1559
Cloz
Ronzone
Sarnonico
1363
Sankt Nikolaus
San Nicolò
Mendelpass
Passo di Mendola
Kaltern/
Caldaro
Montiggl
Monticolo
Piazzola
Sankt Bernhard
San Bernardo
Le Mândrie
2583
Val di Bresimo
Preghena
Livo
SS42
Romallo
Dambel
Ruffrè
Cavareno
Sankt Anton
Sant'Antonio
Cima Candei
2190
Cagnò
SS43dir
Romeno
Amblàr
Kalterer See
Lago di Caldaro
Cima Lac
2431
Malga Casera
SS42
Revò
Malgolo
Don
Sankt Josef am See
San Giuseppe al Lago
San Giacomo
Cassana
SS43
Casèz
Salter
Sopraso
Caldès
Lago di Santa Giustina
San Romedio
Söll
Sella
Cima Camucina
2287
Cavizzana
Cles
Tavòn
Monte Roen
2116
Dos dei Barbustel
1712
Mechel
Coredo
Tramin/
Termeno
Terzolas
Maiano
Smarano
St. Jakob
Malè
Rallo
Croviana
Pradella
Seiva
Ris. Nat.
Palù di Tuenno
Tassullo
Sfruz
Südtiroler Weinstraße
Presson
Monclàssico
Malga Mezzolo
Tuenno
Castel Valer
Nanno
Taio
Kurtatsch
Cortaccia
Monte Peller
2319
279
Terres
SS43
Segno
Castellazzo
22

272
278
279
BRIXEN/ BRESSANONE
Neustift Nevacella
Feldthurns/ Velturno
Klausen/ Chiusa
Sarnthein/ Sarentino
Kastelruth/ Castelrotto
Seis Siusi
Völs am Schlern Fiè allo Sciliar
BOZEN/BOLZANO
Karneid Cornedo all'Isarco
Leifers/ Laives
Welschnofen Nova Levante
Deutschnofen Nova Ponente
Sankt Ulrich/ Ortisei
Sankt Christina in Gröden Santa Cristina Valgardena
Wolkenstein in Gröden Selva di Val Gardena
Canazei
Pozza di Fassa
Moena
Predazzo
Aldein Aldino
Barbian Barbiano
Villnöss/Funes
Villnösstal / Val di Funes
Naturpark Schlern Parco Naturale dello Sciliar
Seiser Alm Alpe di Siusi
Ritten
Sarntal / Val Sarentino
Eisacktal / Valle Isarco
Grödner Tal / Val Gardena
Tierser Tal / Val di Tires
Eggental / Val d'Ega
Val di San Pellegrino
Val di Fiemme
Erdpyramiden Piramidi di terra
Schlern Monte Sciliar 2564
Langkofel Sasso Lungo 3181
Plattkofel Sasso Piatto 2954
Seceda Monte Seceda 2518
Latemar 2846
Rosengartenspitze 2981
Kessel-Kogel Catinaccio d'Antermoia 3002
Karerpass Passo di Costalunga
Nigerpass Passo Nigra
Sellajoch Passo di Sella
Passo di Lavazè 1805
Reiterjoch Passo di Pampeago
Karersee Lago di Carezza
Bletterbachschlucht
Museo della Scuola Alpina della Guardia di Finanza
Exhibition La Gran Vera
SS12
SS242
SS241
SS48
SS346
SS508
SS50
22

273
274
277
Pfaffenberg Prades
Onach Onies
Sorafurcia
Novale
Villabassa
Santa Maria
Toblach Dobbiaco
SS49
Zwischenwasser Longega
Messner Mountain Museum Corones
Bad Bergfall Bagno di Pervalle
Brunst Regoia Brusada 2028
Prags Braies
Außer-Prags
Bad Maistatt Bagni di Piandimaia
Pflung Vallone
Neu-Toblach Dobbiaco Nuovo
Sankt Nikolaus San Nicola
Welschellen Rina
Enneberg-Pfarre Pieve di Marebbe
Furkelsattel Passo di Furcia
Maurerkopf Monte Muro 2567
Sankt Veit San Vito
Bad Neu-Prags
Vecchia Bagni di Braies
Bad Alt-prags
Toblacher See Lago di Dobbiaco
Lüsener Joch Passo di Luson
Maurerberg Monte Muro 2326
Untermoi Antermoia
1120
Welschmontal Mantena
Sankt Vigil / San Vigilio
Enneberg Marebbe
Parco Naturale Fánes-Sénnes-Bráies
Grosser Rosskofl Campo Cavallo 2559
Brückele Ponticello
Ruine Schmieden
Gaderbach Torrente Gadera
Kurtatsch Monte Curtazzes 2117
Bad Untermoi Bagni di Antermoia
Piccolein Piccolino
Sankt Martin in Thurn/ San Martino in Badia
Museum Ladin
Pragser Wildsee Lago di Braies
Dürrenstein Picco di Vallandro 2839
SS51
Grosse Grande
Würzjoch Passo delle Erbe 1880 2004
Riedberg Monte di Rid 1940
Monte Sella di Sennes 2787
Seekofelhütte Rifugio Biella
Höhlensteintal
Peitlerkofel Sass de Putia 2875
Laguschell Lagusèll
Pederoa
Tamers Tamores
Senneshütte Rifugio Sennes
Plätzwiesen Prato Piazza
Campill Longiarù
SS244
Wengen La Valle
Fodara Vedla
Lago Grande
Hohe Gaisl Croda Rossa 3139
Strudelkopf Monte Specie 2307
L. di Landro Dürrensee
Parco Naturale Puez-Odle
Mischi Misci
Neunerspitze Cima Nove 2967
Fanesjoch Passo San Antonio
1489
Parco
Gadertal
Tschengles Cengles 1963
Sankt Leonhard San Leonardo
Valgreit
Zehnerspitze Cima Dieci 3023
Punta Gamin 2612
Cimabanche
Rufreddo
Zwischenkofel Trasassi 2400
Limojoch Passo di Lombo 2174
Rifugio Fanes Faneshütte
Monte Cadin 2367
San Biagio
Punta del Forama 2443
Puezspitzen Punte del Puez 2913
Abtei Badia
Wallfahrtskirche Heiligkreuz
Monte Parei 2793
Castello Sant'Uberto
Puezest la Gardenaccia 2670
Naturpark Fanes-Sennes-Prags
Dolomiti
Monte Cristallino 2786
Col S. Angelo
Larzonei
Tadegajoch Passo Tadega
2157
Col Rosa 2166
Gruppo del Cristallo
Naturpark Puez-Geisler
Stern
Altin Altino
La Varella 3054
Monte Casale 2781
Misurina
Hochabtei
Costadedoi
Sankt Kassian San Cassiano
Cunturinesspitze La Cunturines 3077
d'Ampezzo
Monte de Sura 2577
Monte Cavallo 2915
Travenanzes
Passo Tre Croci
Colfuschg Colfosco
Pescosta
Piz 2077
Glira Gliera
Tofana di Mezzo 3243
La Cesta 2239
Gröden
2121
SS243
Corvara/ Kurfar
Monte Sellares 2283
SR48
1809
Alverà
Grödner Joch Passo di Gardena
Lagazuoi 2835
Tofana di Rozes 3225
Rifugio Cantore
CORTINA D'AMPEZZO
Sellaronda
Valparolajoch Passo di Valparola 2197
Rifugio Dibona
Verver
Poco
Coianna
La Cesta 2767
Sellagruppe Gruppo di Sella
Rifugio Capanna Fassa
SS244
Settsass 2561
Zuèl
Passo di Campolongo
1875
Passo di Falzarego 2105
Rifugio Cinque Torri
Rifugio Lago d'Ajal
Acquabona
Punta Sorapis 3205
Piz Boe 3161
Sellatürme
Cherz
Col di Lana 2462
Averau 2648
Große Dolomitenstraße
Socol
Arabba
Varda
Corte
Rifugio Palmieri
Pordoijoch Passo Pordoi
SR48
Cermadoi
2236
Cima Ambrizzola 2715
SS51
2239
Rifugio Belvedere
Cordevole
Andraz
Passo di Giau
Becco di Mezzodì 2603
Chiapuzze
Rifugio Tita Piaz
Pieve di Livinallongo
La Sentinella 1624
San Vito di Cadore
Larzonei
Selva di Cadore
Fedaia Pass Passo di Fedaia
Digonera
Rif. Castiglioni
Lago di Fedaia
2017
Colle Santa Lucia
Toffol
Punta 24
Penia
Val Soppera
Rifugio Pian Fiacconi
Val Fiorentina
Pescul
Rifugio Città di Fiume
Borca di Cadore
ex Villaggio
Marmolada 3342
Caprile
Monte Vernazza 2101
Rifugio Passo Staulanza 1770
Rifugio Cotrin
SR203
Monte Pelmo 2996
Malga Ciauta
Forcella Staulanza
Vodo di Cadore
Serrai di Sottoguda
Pettorina
Saviner
Alleghe
Lago d'Alleghe
Sasso Bianco 2412
Pecol
Monte Penna 2196
Cima de Auta 2625
Rifugio Fuciada
Ronch
Masarè
Rifugio Adolfo Sonino al Coldai
Mareson
Zoppè di Cadore
Passo di San Pellegrino
Rifugio Flora Alpina
Monte Civetta 3220
Fusine
Rifugio Giampietro Talamini
Messner Mountain Museum Dolomites
Valle di Zoldo
Avoscan
San Tomaso Agordino
Rifugio Torrani
1919
Andrich
Col Duro 2033
Rifugio Laresei
Caviola
Valle del Biois
Rifugio Vazzoler
SS346
Monte Alto di Pelsa 2415
Dont
M. Pradazzo 2277
Canale d'Agordo
Cencenighe Agordino
Chiesa
Forno di Zoldo
2084
Spiz de San
Falcade
Monte Moiazza 2864
Monte Palmina 2035
SR203
Rifugio San Sebastiano
Col de le Ole 1416
Cima di Pape 2502
Passo Duran 1605
Spiz Di Mezzodì Nord 2305
Cordevole
Listolade
Rifugio Bruto Carestiato
Gares (1381)
Pale di San Lucano 2407
Cima de le Forzelete 2448
2314
Spigol

276
277
Terlan/ Terlano
Nals Nalles
Andrian Andriano
Sankt Felix San Felice
Eppan/ Appiano
Kaltern/ Caldaro
Tramin/ Termeno
Kurtatsch Cortaccia
Margreid Magrè
Kurtinig Cortina
Salurn/ Salorno
Neumarkt/ Egna
Auer/ Ora
Montan Montagna
Leifers/ Laives
BOZEN/BOLZANO
Sankt Jakob San Giacomo
Moritzing San Maurizio
Rencio
Jenesien San Genesio
Ritten
Oberbozen Soprabolzano
Wolfsgruben Costalovara
Klobenstein Collalbo
Karneid Cornedo all'Isarco
Blumau Prato all'Isarco
Steinegg Collepietro
Deutschnofen Nova Ponente
Petersberg Monte San Pietro
Aldein Aldino
Radein
Truden Trodena
Naturpark Trudner Horn
Parco Naturale Monte Corno
Cavalese
Castello-Molina
Masi di Cavalese
Capriana
Segonzano
Bedollo
Baselga di Pinè
Lavis
Zambana Nuova
Mezzocorona
San Michele
Cembra
Fondo
Cloz
Sarnonico
Dambel
Romeno
Amblàr
Don
Malgolo
Salter
Coredo
Smarano
Sfruz
Tres
Segno
Vervò
Mollaro
Dardine
Toss di Ton
Castel Thu
Vigo Anaunia
Ris. Nat. La Rocchetta
Masi di Vigo
Rocchetta
Castelfondo
Malgasot
Messner Mountain Museum Firmian
Südtiroler Weinstraße
Kalterer See Lago di Caldaro
Montiggler Seen Laghi di Monticolo
Etsch / Fiume Adige
Eisack / Fiume Isarco
Eggental / Val d'Ega
Bolzano Sud Bozen Süd
Bolzano Nord Bozen Nord
Egna-Ora Neumarkt-Auer
San Michele-Mezzocorona
SS238
SS42
SS43
SS43dir
SS12
SS241
SS48
SS612
SP323
SS508
22
Monte Roen 2116
Monte Penegal 1737
Corno di Tres 1812
Monte Corno 1781
Cima di Sette Selle 2396
Monte Croce 2490
Monte Ziolera 2478

Morgendämmerung am Speikboden. Links das Ahrntal mit der Pyramide des Rauhkofels, nach rechts Durreck und Rieserfernergruppe

REGISTER

Unterwegs in den Sextener Dolomiten. Der Pojerbach im Ahrntal. Prozession mit dem Schwarzen Herrgott zum Latzfonser Kreuz. Alter Balkon in Salurn. Hier war ein fantasievoller Meister am Werk: Fresko im Brixner Kreuzgang. Kunstvolle Holzschnitzerei an der Tür der Pfarrkirche von Innichen (v.l.n.r.).

Die Sextener Dolomiten: links der Zwölferkofel, in der Bildmitte die Drei Zinnen, rechts die Dreischusterspitze

REGISTER

Da macht der Winter Spaß. Weihnachtsabend am Pragser Wildsee. Tiroler Fahne im Pustertal. Wein vom höchstgelegenen Rebberg der Alpen: Marienberg. Am Toblacher See. Fesch, die Kastelruther Tracht (v.l.n.r.).

Wintermorgen auf der Seiser Alm. Links das Grödner Joch, nach rechts Sella, Langkofel und Rosengarten

Der Autor

Eugen E. Hüsler hat über hundert Reise-, Wander- und Klettersteigführer sowie Bildbände veröffentlicht. Seit fünf Jahrzehnten ist er unterwegs in den Alpen, auch abseits der Renommierziele und immer mit Blick auf die aktuellen Entwicklungen des Bergtourismus.

Der Fotograf

Manfred Kostner lebt mit seiner Familie in Percha bei Bruneck, mit Blick auf die Dolomiten. Diese sind auch sein liebstes Bergrevier, das er wandernd und auf leichten Klettertouren erkundet. Stets mit dabei ist seine Kamera.

Bildnachweis

Alle Bilder des Innenteils und des Umschlags (ausgenommen Cover) stammen von **Manfred Kostner**, außer:
Eugen E. Hüsler: S. 23 o., 25 o., 27, 29 o., 34, 42, 45 u., 54, 55 u., 93 u., 95 o., 112, 114, 115 u., 116, 118, 125 (2), 190, 191 (2), 203 o., 205 (2), 221 u., 231 o., 240, 241 (2), 243, 251 u., 265, 283 u. l., 283 u. M.,

Udo Bernhart: S. 4 u. M.;

Lookphotos: S. 16 u. (Strauß, Andreas); 17 o. (Design Pics); 17 m. (Furlan, Lukas); 17 u. l. (Bias, Helge); 17 u. r. (Strauß, Andreas);
Shutterstock: S. 16 o. (grebeshkovmaxim);

Museum Passeier: S. 57 u.;

A. Kompatscher: 195 u.;

Wikipedia: 251 o. (gemeinfrei).

Winterlicher Sonnenaufgang über der Seiser Alm

Impressum

Verantwortlich: Carola Holzer, Ronja Holzinger
Layout: Roman Bold & Black
Korrektorat: Petra Sparrer
Umschlaggestaltung: Roman Bold & Black
Repro: Ludwig:media
Kartografie: Huber Kartographie, Heike Block
Herstellung: Alexander Knoll
Printed in Poland by CGS Printing

★★★★★

Sind Sie mit diesem Titel zufrieden? Dann würden wir uns über Ihre Weiterempfehlung freuen.

Erzählen Sie es im Freundeskreis, berichten Sie Ihrem Buchhändler, oder bewerten Sie bei Onlinekauf.
Und wenn Sie Kritik, Korrekturen, Aktualisierungen haben, freuen wir uns über Ihre Nachricht an Bruckmann Verlag, Postfach 400209, D-80702 München oder per E-Mail an lektorat@verlagshaus.de.

Unser komplettes Programm finden Sie unter

www.bruckmann.de

In diesem Buch wird aus Gründen der besseren Lesbarkeit das generische Maskulinum verwendet. Weibliche und anderweitige Geschlechteridentitäten werden dabei ausdrücklich mitgemeint, soweit es für die Aussage erforderlich ist.

Alle Angaben dieses Werkes wurden von den Autoren sorgfältig recherchiert und auf den neuesten Stand gebracht sowie vom Verlag geprüft. Für die Richtigkeit der Angaben kann jedoch keine Haftung übernommen werden, weshalb die Nutzung auf eigene Gefahr erfolgt. Sollte dieses Werk Links auf Webseiten Dritter enthalten, so machen wir uns die Inhalte nicht zu eigen und übernehmen für die Inhalte keine Haftung.

Umschlagvorderseite: Blick auf das Grödner Joch bei Sonnenuntergang (mauritius images / ClickAlps / Mirko Costantini)
Umschlagrückseite große Bild: Pragser Wildsee (groß),
v.o.n.u. Frühmorgens in der Sterzinger
Neustadt, frischer Käse auf der Kaserillalm im Villnößtal und etwas Abkühlung in Kleinfanes (Manfred Kostner)

Die Deutsche Nationalbibliothek verzeichnet diese Publikation in der Deutschen Nationalbibliografie; detaillierte bibliografische Daten sind im Internet über http://dnb.d-nb.de abrufbar.

© 2024 Bruckmann Verlag GmbH
Infanteriestraße 11a
80797 München

ISBN: 978-3-7343-2872-5

In gleicher Reihe erschienen ...

ISBN 978-3-7343-2519-9

ISBN 978-3-7343-1339-4

ISBN 978-3-7343-1916-7

BRUCKMANN

www.bruckmann.de